후기 국가독점 자본주의론과 한국사회 성격

 지구적 신자유주의와 국제독점자본의 전개

후기 국가독점 자본주의론과 한국사회 성격

김정호

  지구적 신자유주의와 국제독점자본의 전개

서문

  21세기 초, 우리는 자본주의의 새로운 변곡점에 서 있다. 세계화와 신자유주의, 금융자본의 팽창, 그리고 국가의 역할 변화 등 현대 자본주의의 복합적 변화는 우리 사회의 구조와 삶의 양식을 근본적으로 뒤흔들고 있다. 이 책은 이러한 시대적 격변 속에서 '후기 국가독점자본주의'라는 이론적 틀을 통해 오늘날 자본주의의 본질과 한국사회의 구조적 특성을 해명하고자 기획되었다.

1. 문제의식과 시대적 맥락

  자본주의는 결코 정체되어 있지 않다. 20세기 중반까지 자본주의의 발전 단계는 주로 케인스주의적 국가개입과 독점자본의 결합으로 설명되어 왔다. 그러나 1980년대 이후 세계는 신자유주의라는 이름 아래 '시장'의 자율성과 '자본'의 자유로운 이동을 최우선 가치로 내세우는 새로운 질서로 빠르게 전환되었다. 이 과정에서 국가와 자본, 노동의 관계, 그리고 세계경제의 구조는 근본적으로 변화했다.

  신자유주의는 단순한 경제정책의 변화가 아니라, 사회 전반에 걸친 패러다임의 전환이었다. 시장의 자율기능이 강조되고, 규제 완화와 민영화, 노동유연화, 복지축소 등이 전 지구적 차원에서 확산되었다. 이러한 흐름은 국제독점자본의 팽창과 금융업자본 중심의 '경제의제화'라는 현대 자본주의의 새로운 양상을 낳았다. 이러한 변화의 소용돌이 속에서 한국사회 역시 예외일 수는 없다.

1997년 외환위기와 그 이후의 구조조정, 한미 FTA를 비롯한 대외개방의 가속화, 그리고 재벌체제의 변화는 한국 자본주의의 구조적 변동을 단적으로 보여준다. 그러나 이러한 변화의 본질과 그 사회적, 경제적 함의에 대한 분석은 여전히 부족하다. 이 책은 바로 이 지점에서 출발한다. 후기 국가독점자본주의라는 분석틀을 통해, 신자유주의적 전환 이후 한국사회의 성격과 그 변화의 동인을 체계적으로 규명하고자 한다.

2. 이론적 배경과 연구의 필요성

'국가독점자본주의'라는 개념은 20세기 초반 독점자본과 국가의 결합, 즉 자본의 집중과 중앙집중화, 그리고 국가의 경제적 조정·개입이 결합된 자본주의의 발전단계를 설명하는 데서 출발했다. 이후 이 개념은 각국의 역사적 경험과 이론적 논쟁을 거치며 다양한 해석과 비판을 낳았다. 특히 1980년대 이후 신자유주의적 전환과 세계화, 금융화의 진전 속에서 자본주의의 새로운 질서를 설명하는 데 본서에서 제기하는 '후기 국가독점자본주의론'은 중요한 이론적 자산이 될 수 있다고 본다.

물론 신자유주의와 국가독점자본주의의 관계, 그리고 현대 자본주의의 본질에 대한 논쟁은 여전히 진행 중이다. 신자유주의가 국가의 역할을 축소한다고 하지만, 실제로는 국가의 기능과 권한이 단지 '형태'를 달리하여 더욱 공고해졌다는 점에 주목할 필요가 있다. 국가의 개입은 시장의 자유를 보장하고, 국제독점자본의 이익을 대변하며, 사회적 저항을 관리하는 방향으로 재배치되고 있다. 또한 일국 내 균형 추구에 실패한 자본주의가 국제적 차원에서 새롭게 균형을 추구하려는 변화와도 밀접한 관련을 지닌다. 이 책은 이러한 현실을 '후기 국가독점자본주의'라는 개념으로 재해석한다.

한국사회에 적용할 때, 이 이론은 더욱 중요한 의미를 갖는다. 한국은 식민지적 경험과 분단, 경제개발 국가의 등장, 재벌체제의 형성 등 독특한 역사적 경로를 밟아왔다. 1997년 외환위기 이후 신자유주의적 구조조정과 글로벌 자본의 유입, 그리고 재벌의 지배구조 변화는 한국 자본주의의 성격을 다시 묻는 계기가 되었다. 후기 국가독점자본주의론과 그 한국적 적용인 후기 신식민지국가독점자본주의론은 이러한 역사적 특수성과 세계자본주의 체제 내 한국의 위상을 동시에 분석할 수 있는 유력한 이론적 도구이다.

3. 책의 구성과 주요 논점

이 책은 현대 자본주의의 구조와 발전, 그리고 한국사회의 성격을 체계적으로 분석하기 위해 기획되었다. 본서는 '후기 국가독점자본주의론'과 '한국사회 성격'(즉, 후기 신식민지국가독점자본주의론) 2부로 나누어져 있으며, 각 부는 자본주의의 본질적 변화와 그에 대한 한국사회의 구체적 반영을 심층적으로 다룬다.

전체 10장으로 구성된 이 책은, 먼저 자본의 집중 운동과 국제 분업의 발전이라는 생산과정의 변화에서 출발해, 점차 국제독점체와 상부구조로서의 제국주의로 논의를 확장하는 방식을 취했다. 이는 레닌의 『제국주의론』의 서술 순서를 참고한 것으로, 독자들이 현상적 인식에서 출발해 현대 자본주의의 핵심 문제로 사고의 지평을 넓혀갈 수 있도록 구성하였다.

제1장에서는 신자유주의의 본질과 기원, 그리고 현대 자본주의의 발전 단계를 다룬다. 신자유주의를 단순한 경제정책이 아니라 국제독점자본의 이해와 결합된 사회적·정치적 이념 및 실천으로 파악하며, 특히 오늘날 신자유주의를 금융(업)자본의 운동에만 한정하는 경향과는 차별화된 관점을 제시한다. 이로부터 출현하는 대립각이 본서 전체를 관통하는 주된 선율이 된다.

제2장과 제3장에서는 국제독점자본과 금융업자본의 형성, 발전, 그리고 이른바 '경제의제화'(fictitious economy) 현상에 대한 이론적 분석이 이어진다. 지구화 경제 시대의 주역인 국제독점자본이 어떻게 형성되고 발전되어 왔는지, 지구적 경제 일체화의 진정한 기초인 국제 분업, 그리고 금융화와 경제의제화가 현대자본주의의 불안정성을 어떻게 증폭시키는지를 중점적으로 다룬다.

제4장과 제5장에서는 국제독점 동맹, 현대제국주의의 성격, 달러패권과 세계경제의 불균형, 그리고 제국주의의 쇠퇴 문제를 분석한다. 이 과정에서 현시기 자본주의의 성격에 대한 결론, 국가독점자본주의와 국제독점자본주의의 상호 관계, 신자유주의 하에서의 사유화와 국가 역할의 변화도 함께 조명된다.

제6장에서는 다극화와 신국제질서의 형성, 그리고 중국사회의 성격 문제를 검토한다. 세계자본주의 체제의 변동과 신흥국의 부상, 다극화의 진보성을 비판적으로 평가한다.

제2부에 해당하는 제7장, 제8장, 제9장에서는 한국사회의 구조적 특성에 초점을 맞춘다. 1980년대 사구체 논쟁의 성과를 계승하여 신식민지국가독점

자본주의론의 유효성, 재벌체제의 형성과 변화, 그리고 한국 경제의 구조적 문제와 민족문제에 대한 심층 분석을 시도한다.

여기서는 마르크스가 상품 분석에서 가치와 사용가치의 대립과 통일에 기초하여 각각을 분석하고 다시 종합하였던 방식에서 영감을 얻었다. 즉, 국가독점자본주의적 측면과 신식민지적 측면을 따로 분석하고 이를 다시 종합하는 방식이다. 이를 통해 1990년대 이후 한국사회가 경제적 하부구조와 그 필연적 반영으로서의 정치적 상부구조에서 여러 변화를 겪었음에도 불구하고, 여전히 그 본질은 신식민지국가독점자본주의로서의 성격을 간직하고 있음을 입증하고자 하였다.

마지막 제10장에서는 한국경제의 개조방안과 대안을 모색한다. 공유제기업이 주도하는 시장경제, 재벌 공기업화, 그리고 지구화 시대의 새로운 경제 질서에 대한 전망을 제시함으로써, 독자들에게 현실적 대안과 비판적 성찰의 계기를 제공하고자 하였다.

4. 독자에게 드리는 말씀

이 책은 단순한 이론서가 아니다. 현대 자본주의의 본질과 한국사회의 구조적 모순을 해명함으로써, 오늘날 우리가 직면한 현실을 비판적으로 성찰하고, 대안적 전망을 모색하려는 실천적 문제의식이 담겨 있다. 신자유주의의 지배 아래 심화되는 양극화와 불평등, 노동의 유연화와 사회적 불안정, 재벌체제의 공고화와 민주주의의 위기 등은 모두 후기 국가독점자본주의와 후기 신식민지국가독점자본주의라는 분석틀을 통해 보다 명확히 이해될 수 있을 것이다.

또한 이 책은 학문적 논의에 머무르지 않고, 현실 사회운동과 정책 대안의 모색에도 기여하고자 한다. 사회과학을 공부하는 학생, 노동운동과 시민운동의 실천가, 그리고 한국사회와 세계자본주의의 미래에 관심을 가진 모든 이들에게 이 책이 작은 이정표가 되기를 바란다.

5. 집필을 마치며

이 책은 분량이 비교적 많은 관계로 편의상 상하권으로 나누어 출판하였다. 그러나 각 권을 따로 구매하는 독자들의 사정을 고려하여 상하권이 최대한 자기 완결성을 갖도록 본문 내용과 참고문헌 등의 배치에 있어 신경을 썼다.

이 책의 집필은 오랜 시간에 걸친 자료 조사와 이론적 고민, 그리고 현실에 대한 끊임없는 질문의 산물이다. 집필 과정에서 여러 동료 연구자와 활동가, 그리고 현실의 다양한 목소리로부터 많은 자극과 영감을 받았다. 이 자리를 빌려 깊은 감사의 말씀을 전한다.

끝으로, 이 책이 던지는 문제의식과 분석이 독자 여러분의 비판적 사고와 실천적 상상력을 자극하는 계기가 되기를 소망한다. 후기 국가독점자본주의와 신자유주의, 그리고 한국사회 성격에 대한 논의는 앞으로도 계속되어야 할 과제이다. 이 책이 그 여정의 한 걸음이 되기를 바라는 마음이다.

2025년 6월

차 례

서문   004

1장
신자유주의의 본질   015

1.1. 여전히 주목해야 할 신자유주의   016
1.2. 국내 신자유주의 관점 비판   021
1.3. 신자유주의의 이론과 역사   028
1.4. 현대 신자유주의의 기원 문제   035
1.5. 후기 국가독점자본주의 이념과 정책으로서의 신자유주의   048

제2장
국제독점자본의 형성과 발전   055

2.1. 국제독점자본의 형성에 영향을 주는 요인   057
2.2. 지구화 시대 국제독점자본(I) - 1980년대   061
2.3. 지구화 시대 국제독점자본(II) - 1990년 이후   069
2.4. 국제독점자본과 국제 분업   083
2.5. 다국적기업 내 분업과 국제 분업   101
2.6. 국제독점자본과 국적 문제   114

제3장
지구화 시대 금융업 자본   121

3.1. 지구화 시대 금융업 자본의 집중   124
3.2. 지구화 시대 금융업 자본의 특징   138
3.3. 경제 의제화(Fictitious economy, 擬制化) 현상   158
3.4. '경제 의제화'는 국가독점자본주의 발전의 필연적 산물   172

제4장
국제 독점동맹   185

    4.1. 지구화 시대 이전의 국제 독점동맹   187
    4.2. 지구화 시대의 국제 독점동맹   198
    4.3. 지역경제 집단화   216
    4.4. 사례: 유로존의 성립 동인과 위기   224

5장
현대 제국주의   241

    5.1. 냉전체제 하의 '동맹적 제국주의'   245
    5.2. 탈냉전과 '단일패권적 제국주의'   266
    5.3. 달러패권의 특별한 중요성   286
    5.4. 현대 제국주의 하의 세계 경제의 균형   300
    5.5. 현대 제국주의의 쇠퇴   310
    5.6. 국가독점자본주의인가 국제독점자본주의인가?   325
    [보론] 국가독점자본주의의 기본형식과 신자유주의 하의 '사유화'   332

6장
다극화와 신국제질서   345

    6.1. 다극화로 가는 세계   347
    6.2. 지구화 시대 다극화의 진보성   371
    [보론] 중국 사회의 성격 문제   390

참고문헌   405

상 권

차례

서문   004

7장
한국사회 성격(I)   015

7.1. 신식민지국가독점자본주의론은 여전히 유효한가?   017
7.2. 신식민지국가독점자본주의론의 두 가지 측면   028
7.3. 전기 신식민지국가독점자본주의의 전환   063
7.4. 후기 신식민지국가독점자본주의론   079
7.5. 다극화 세계와 신식국독자   119

8장
한국사회 성격(II)   125

8.1. '재벌체제'의 형성   127
8.2. 통치 권력화한 재벌   143
8.3. 재벌체제의 반(反) 역사성   171
8.4. 재벌개혁 논쟁   186

9장
한국의 민족문제 205

9.1. 한국 민족문제의 특수성 206
9.2. 민족문제와 재벌 문제 215

10장
한국경제 개조방안 223

10.1. 공유제 기업이 주도하는 시장경제 건설 225
10.2. 지구화와 재벌 공기업화 239

참고문헌 251

하 권

1장

신자유주의의 본질

1.1. 여전히 주목해야 할 신자유주의

먼저 왜 신자유주의로부터 본서를 시작하는지에 관한 이유부터 밝혀야겠다. 21세기에 들어선 오늘날에도 지구 상의 대부분 사람은 여전히 자본주의사회에서 생활하고 있다. 본서의 연구 대상은 바로 이 21세기 지구화 시대의 현대자본주의이며, 그것과 관련한 몇 가지 기본적인 문제들 예컨대 현대자본주의의 발전단계, 그 주체인 국제독점자본의 형성과 발전, 현대 제국주의의 성격, 탈냉전 이후의 국제질서 등의 규명을 주요한 연구과제로 삼고 있다. 또 이들 연구의 연장 선상에서 최종적으로는 한국 사회의 성격을 규명하는 문제 역시 그 범위 내에 포함하고 있다.

그런데 현대 자본주의의 특징을 가장 잘 드러내 주는 것은 무엇보다도 신자유주의라고 할 수 있다. 이는 그 이전 시기의 자본주의가 '케인스주의'를 통해 그 특징을 가장 잘 드러냈던 것과 비슷하다. 양자는 여러 면에서 좋은 대조를 이룬다. 예컨대 지금의 신자유주의가 시장의 자율기능을 강조하고 지구적 단일시장 형성을 위한 각국 경제의 자유화와 개방화를 적극 주장한다고 한다면, 케인스주의는 국가의 개입과 조절을 중시하면서 비교적 일국적 범위에서의 자본의 축적 운동에 관심을 가진다. 이러한 의미에서도 신자유주의는 그 이전의 자본주의와 지금 시기의 그것을 가름할 수 있는 특징을 지닌다. 그 때문에 현대자본주의를 이해하는데 신자유주의는 여전히 중요하며 우리의 일차적 관심 대상이 된다.

하지만 현재 신자유주의는 어쩐지 그 전성기가 조금 지난 것 같은 느낌을 준다. 2008년 하반기에 세계적인 금융위기가 폭발한 이래 신자유주의의 기세가 한풀 꺾인 것은 누구의 눈에도 분명하다. 그것이 한창 기세를 떨치던 20세기 마지막 10년과 비교해도, 지금은 그때처럼 세계 경제 일체화의 깃발을 높이 치켜들고 각국의 경제개방을 사정없이 요구하지도 않는다. 그 대표 주자 격인 미국마저 최근에는 자국 시장에 대한 보호주의 정책을 노골화하는 것을 보면, 신자유주의가 더 이상 유효한가 하는 의문마저 든다. 그렇더라도 지금 당장은 이념이나 정책 면에서 당대의 자본주의를 대표할 수 있는 다른 마땅한 대안이 없는 것도 사실이다. 이 때문에 앞으로도 상당 기간 신자유주의는 여전히 우리가 생활하는 자본주의사회를 계속해서 주도할 것으로 예측된다.

신자유주의가 여전히 현대자본주의의 주도적 이념일 수밖에 없는 좀 더 중요한 이유가 있다. 그것은 '지구화'라는 이 시대의 가장 중요한 현실과 관련된다. 지구화가 지금처럼 우리 현실 생활의 자연스러운 기초가 되는 한, 신자유주의 역시도 우리의 신변에서 상당 기간 사라지지 않을 것 같다. 왜냐하면 양자는 밀접한 관련이 있기 때문이다. 사실 오늘날의 지구화 시대를 여는데 밉든 곱든 간에 신자유주의는 큰 공헌을 하였다. 어쨌든 이렇듯 현실에서 객관화한 지구화는, 반대로 이제는 신자유주의를 쉽게 우리 주변에서 떠나가지 못하게 한다. 왜냐하면 비록 단일한 지구시장이 초보적으로 세워지긴 하였지만, 합법적이고 권위 있는 세계정부가 아직 세워지지 못하였다는 사실 때문이다.

이러한 국제질서의 현실은 본질상으로는 여전히 힘의 논리가 지배하는 정글과도 같다. 그 경우 각국 자본의 입장에서는, 비록 냉혹한 이윤추구 논리와 자본 간의 약육강식에 입각하긴 하지만 그래도 나름대로 시장 논리에 입각한 합리적 규칙과 질서를 신자유주의는 제공해 줄 수 있다고 믿는다. 정부의 개입과 조절이 없어도 시장은 자기 균형을 이룰 수 있다는 '신화'의 전파자가 바로 신자유주의임을 우리는 상기할 필요가 있다.

좀 더 자세히 들여다보면 신자유주의는 원래 자신의 이론 속에 국제적 요소를 내포하고 있다. 케인스주의에 대한 대립물로서 '국가'의 역할에 대한 비판의 목소리를 높이고 '시장'에 대한 긍정적 메시지를 전파할 무렵부터, 그 이면에는 **자본주의의 일국 범위 내의 균형 추구에 대한 회의와 함께 국제적 차원에서 새로운 균형을 추구하고자 하는 동기**가 강하게 담겨 있었다. 이 점은 당시 이들의 비판과 대안의 대상이었던 '국가'와 '시장' 각각이 상징하는 바가 무엇인지를 살펴보면 잘 알 수 있다.

먼저 **'국가'**에 대해서 살펴보자. 신자유주의의 비판이 겨냥한 것은 일반적 의미의 국가가 아닌 케인스주의로 대변되는 국가, 즉 국가를 매개로 한 일국 자본주의의에 대한 체계화된 관리이다. 국가가 재정과 화폐 정책 등을 통해 자본주의의 고질병인 생산과 소비의 불균형, 산업부문 간의 불균형, 소득 격차 심화와 실업문제 등을 해결하고 이상적인 균형과 지속적인 성장을 이룰 수 있다는 것이 케인스주의 경제학의 요체임을 우리는 잘 알고 있다. 그 때문에 여기서 핵심적 위치에 자리 잡은 국가에 대한 비판은, 사실상 당시까지 대체로 사람들의 관념 속에 있던 강한 믿음, 즉 국가의 적극적 경제관리를 통해 자본주의의 일국 차원에서의 균형 달성이 가능하다는 믿음에 대한 회의를 의미한다.

물론 그들이 국가 대신 제시한 '시장'이라는 대안만으로 그들이 일국 내 균형 달성을 포기했다고 결론 내리는 것은 아직 섣부르다는 반문을 제기할 수 있다. 그러나 신자유주의자들이 제시하는 **시장**은 사실상 일국적 범위에 제한된 것은 아니었다. 비록 신자유주의 경제학이 처음부터 '지구적 시장'을 명확히 의식한 것은 아니었지만, 그렇다고 그들이 시장을 얘기할 때 그 범위를 '국내시장'만으로 제한한 적도 없다. 오히려 자본주의가 이미 19세기 중후반부터 본격적인 독점자본주의 단계에 들어섰던 정황을 감안할 경우, 그 시장 범위는 자연히 국제시장으로까지 확대될 수 있다고 우리는 추론할 수 있다. 왜냐하면 신자유주의자들이 바라는 진정한 시장기능이 발휘되기 위해서는 시장 주체 간의 자유로운 경쟁이 이루어져야 하는데, 이는 이미 독점이 굳게 자리 잡고 있던 국내시장이 아닌 오직 세계시장을 염두에 두었을 때라야 비로소 성립할 수 있기 때문이다.

더군다나 신자유주의가 본격 등장할 무렵에는 종전 후 30여 년의 발전을 거친 끝에 각국은 케인스주의에 입각한 정밀한 국가경제관리체계가 상당 수준 완성단계에 있었다. 그 때문에 기존의 익숙한 국가관리체계를 바꾸는데 일부 정치지도자 관념의 전환뿐만 아니라 일선 관리집단 및 각종 이익집단의 반발 또한 만만치는 않았을 것이다. 이 경우 개방화 논리와 국제시장 역량에 기대어 당시 국내에 뿌리 깊게 자리 잡은 사회 각 방면의 케인스주의적인 관행을 무력화시키는 것은 좋은 전략이 될 수 있다. 국가는 잘 알다시피 '주권'으로 상징되는 영토와 국민을 그 기본요소로 한다. 그 같은 주권은 주요하게는 일국 내에서만 절대적 권위를 가지며, 국제관계에 들어서며 국가의 권위는 사실상 무력하게 된다. 그 때문에 이 시기 '국가'에 대한 신자유주의자들의 비판은 사실상 '개방경제'를 향한 대문을 활짝 열어놓는 것과 같은 의미를 지녔다. 실제 이후 각국의 신자유주의 개혁은 '개방화' 논리와 결합 되어 진행된 경우가 많았다.

이렇듯 사실상 신자유주의자들이 추구하는 것이 일국적 범위에서가 아닌 지구적 차원에서의 자본주의의 새로운 균형이라는 점은 이후 신자유주의가 현실적으로 전개되는 과정에서 시간이 갈수록 더욱 명백해졌다. 1980년대 들어 미국과 유럽 등 선진 각국의 자본들은 기존보다도 더욱 본격적인 해외투자에 열을 올렸을 뿐만 아니라, 신자유주의자들도 이때부터는 '지구화'라는 이름의 새로운 자본주의의 축적 시대가 열렸음을 명확히 하였다. 이렇듯 1970년대 이후 역사 무대에 전면 등장한 신자유주의는 처음부터 장차 지구화 시대를 준비할 임무를 떠맡았다고 할 수 있다. 신자유주의와 지구화, 양자는 처음부터 밀접한 상호 관련을 지녔다.

2008년 하반기에 금융위기가 발발한 이후, 미국은 유럽연합과 다른 개발도상국의 강력한 항의에도 불구하고 당시 금융위기의 원흉으로 지목받은 국제적인 금융 투기 세력에 대한 규제를 거부했다. 또 그리스 등 유럽연합 회원국의 채무 위기 처리 과정에서 보여주었듯이 독일과 프랑스 등 채권국들은 사회 보장 비용의 축소, 정부 간소화, 노동 규제 완화, 사유화 조치 등 이미 우리 눈에 익숙한 신자유주의적 조치를 해법으로 제시하였다. 이는 미국과 마찬가지로 유럽연합도 위기 탈출의 방향으로 향후 신자유주의 정책을 계속해서 견지할 것임을 시사한다.

한국의 경우는 더 말할 필요도 없다. 지난 1997년 동아시아 외환위기 이후, 한국은 2005년에 미국과 체결한 한미 FTA를 비롯하여 2024년 12월 현재까지 이미 59개국과 자유무역협정을 체결하였다. 이 수치는 앞으로도 더욱 늘어날 전망인데, 이는 한국의 개방화와 국제화가 더 이상 되돌릴 수 없는 현실임을 의미한다. 우리는 지금 신자유주의가 지배하는 현실을 날마다 체험하고 있으며, 재벌기업들은 국제시장의 변화하는 상황에 맞추어 노동자들의 밥그릇을 위협할 대규모 구조조정을 언제든 계획할 수 있다. 이렇듯 우리가 몸을 담고 있는 현실을 제대로 이해하기 위해선 우선 일차적으로 신자유주의의 본질에 대한 정확한 이해가 필요하다.

1.2. 국내 신자유주의 관점 비판

- 신자유주의는 금융자본의 이해를 대변하는가?

그간 신자유주의에 대해 국내 논자들은 각기 자기 나름의 입장을 표명해 왔다. 이들의 견해를 보면, 신자유주의가 단순히 경제학 이론일 뿐만 아니라 사회사상이자 정치적 실천의 성격도 함께 갖고 있으며, 국가의 개입과 조절 기능보다는 시장의 중요성과 역할을 강조한다고 인식한다는 점에서 대체로 일치한다. 또 신자유주의가 대외적으로는 지구화와 개방화 이념으로 활용되고 있다는 인식에서도 별반 차이가 없다.

그런데 국내 학자들의 신자유주의와 관련한 견해를 보면 한 가지 주목되는 공통점이 있다. 그것은 신자유주의가 기본적으로는 **국제 금융자본의 이해를 대변**한다고 보는 관점이 주류를 형성한다는 점이다. 예컨대, "금융적 축적이 지배적인 신자유주의적 자본주의에서는"(지주형, 2011:92)라든지, 혹은 "오늘날 자유주의 프로젝트의 주체는 재벌이 아니라 세계화된 금융자본이다."(장하준·정승일, 2005:237)라는 표현, 그리고 "미국의 새로운 축적 전략에 따라 화폐자본이 주도하는 전 지구적 시장 위계 체계가 꼴을 갖춰갔다."(지주형, 2011:327-328)는 등의 표현이 그것이다.

이러한 견해에 따르면 산업자본과의 관계에서 볼 때 산업자본은 금융자본에 비해 종속적인 지위에 놓이게 된다. 예컨대 산업자본인 다국적기업은 금융

자본이 자신의 금융적 이윤 실현을 매개하기 위한 담체(擔體)에 불과하다고 본다. 작금의 경제 지구화 추세도, 전부는 아니라 할지라도 이들이 보기엔 그 가장 핵심적인 부분에선 국제 금융자본의 움직임과 밀접한 관련이 있다. 예컨대 신자유주의가 주장하는 개인의 재산권 보호에 대한 강조, 국가의 후퇴, 시장에 의한 자원 배분 등의 기본원리도, 결국 따지고 보면 하루 사이에 수십억 내지는 수백억 달러에 달하는 자금을 자유롭게 이동해야 하는 국제 금융자본의 요구를 대변한다고 본다.[001]

이렇듯 신자유주의를 국제 금융자본의 운동과 관련하여 바라보는 견해는 사실 국내만의 현상은 아니며 해외에서도 그 같은 견해가 많이 유행하고 있다. 예컨대 프랑스 좌파학자 장 클로드 드루나이(Jean-Claude Delaunay) 같은 사람은 아예 자본주의가 국가독점자본주의에서 '금융독점자본주의'라는 새로운 역사적 단계에 들어섰다고 주장한다.[002]

그런데 이상과 같이 신자유주의의 본질을 국제 금융자본의 운동과 연관시킬 경우 다음과 같은 적지 않은 문제점이 발생한다.

첫째, 현대자본주의를 주도하는 자본의 운동을 지나치게 추상화하거나 신비화하게 된다. 먼저 위 논자들이 사용하는 '금융자본'이라는 개념 자체가 모

---

[001] 예컨대, "이데올로기로서 신자유주의는 개인의 재산권 보호와 국가의 후퇴, 시장에 의한 자원 배분을 주장한다. 이것은 브레턴우즈 체제의 붕괴에 따른 자본이동의 자유화(재산처분권의 확대) 및 변동환율제(시장에 의한 가격 결정)로의 이행과 직접적인 친화성이 있다."(지주형, 2011:88-89).

[002] 그의 견해에 따르면, 금융독점자본주의는 국가독점자본주의가 자신의 위기를 극복한 결과이며, 작금의 정보기술 혁명은 금융독점자본주의의 성립을 위한 기술과 생산력 기초를 제공하였다. 금융독점자본주의 조건에서 자본주의는 역사적 진보를 실현하였으며, 자본의 가치형식은 화폐자본과 금융자본의 이원 구조로 변화하였다. 이 같은 금융자본의 발전은 상품경제가 고도로 발전한 결과이고 금융상품은 가장 추상적인 상품이 된다. 1980년대 이래 자본주의경제에 있어 가장 심각한 변화가 발생한 곳이 바로 금융영역이다. "**금융 및 그 파생상품의 발전으로 인해, 금융자본은 시간과 공간상에 있어 자본의 사용가치 생산에 대한 전면적이고 중단되지 않는 유효한 통제를 실현**하였으며, 이로부터 자본의 증식 즉 자본의 이윤 극대화를 실현하게 되었다."(李其庆, 2003:97-98). 강조는 인용자에 의한 것임.

호하여 사람들로 하여금 혼란을 일으키게 할 수 있다. 이들이 사용하는 금융자본은 '**금융업 자본**'이라고 부르는 것이 좀 더 정확하다. 즉 금융업종에 전문적으로 종사하는 자본을 지칭하는 것이다. 위에서 드루나이의 견해를 소개할 때, "금융 및 그 파생상품의 발전으로 인해, 금융자본은 시간과 공간상에 있어 (운운)"하는 부분이 이를 잘 말해준다.

그런데 원래 '금융자본'이라고 하면 산업독점자본과 은행자본(오늘날에 있어선 금융업 자본)의 결합을 의미한다. 이런 정의는 20세기 초 제국주의에 관한 논쟁이 한창일 무렵, 힐퍼딩이나 레닌 등과 같은 이론적 선각자들에 의해 확립된 이래 정치경제학계의 전통적 관례가 되었다. 이리하여 그들은 금융자본을 간단히 '산업 자본화한 은행자본'이라고도 불렀다. 이 경우 금융자본이 최종적으로 획득하는 이윤의 원천이 무엇인지도 명확해진다. 그것은 근원에 있어 결코 생산과정을 떠날 수 없으며, 자본의 운동을 추상화하거나 신비화할 여지도 사라진다.

이 같은 금융자본에 관한 정의의 정확성은 2008년 금융위기가 폭발하면서 입증되었다. 현대적 금융기법에 의해 아무리 복잡하고 정교한 파생상품이 개발된다고 할지라도, 그리하여 그 같은 금융상품을 통해 자본이 생산과정과 유리된 채 무한한 이윤 증식을 이룰 수 있는 것처럼 보일지라도, 사실상 이 같은 금융상품 자체는 이윤(그 원천인 잉여가치) 창출이 불가능하며 결국 최종적으로는 직접적인 물질적 생산과정의 제한을 받을 수밖에 없다는 사실이 그것이다.

두 번째는, 마치 산업자본과 금융(업)자본이 서로 대립하고 상호 배척하는 것 같은 인상을 주게 된다는 점이다. 양자 관계를 이렇게 설정하면 금융자본은 전 세계를 무대로 금융적 착취를 감행하는 국제적 투기자본을 상징하게 되고, 산업자본은 상대적으로 국내에 기반을 둔 생산자본을 의미하게 된다. 이리하여 **대립 전선이 국제 금융자본과 국내 산업자본으로** 되면서, 이들 양자가 사실상 '금융자본'이라고 하는 현대 독점자본의 최고의 발전형식을 통해 하나로 통일된다는 사실에는 눈을 감게 된다(본서 제3장 4절 참조).

또한, 이 같은 관점에 입각하면 신자유주의 시대에 노동자들을 착취하는 주범은 국제 금융자본이 되고, 국내의 산업자본(재벌)은 노동자들과 마찬가지로 이 같은 국제 금융자본 때문에 손해를 입는 피해자로 변신한다. 실제 현실에서 이 같은 인식이 적지 않게 번지고 있음을 알 수 있다.[003] 결국, 이 같은 주장은 국내 산업자본은 국제 금융자본에 맞서 타협하고 동맹을 맺어야 할 대상이므로, 국내 산업자본을 대표하는 재벌과 '유럽식 사회계약'을 맺으라는 노골적인 설득으로 변모하게 된다. 다음 글을 한번 보자.

"유럽식 사회계약이죠. 족벌 지배를 인정해 주는 대신 노동자의 경영 참여를 허용하고 세금도 많이 내라는 겁니다. 사실 특정 국가에 뿌리박고 있는 자본가의 입장에서는 그렇게라도 타협하지 않으면 일하기가 굉장히 힘들어집니다. 그러나 노동자들의 얼굴도, 이름도 모르는 초국적 금융자본가들은 그런 타협에 머리를 싸맬 필요가 없어요. 투자한 주식만 돈으로 바꿀 수 있다면, 그 뒤에는 다른 나라에 투자하면 그만이니까요. 반면 이탈리아의 피아트나, 스웨덴의 발렌베리, 한국의 삼성 같은 재벌 가문들은 '투자한 돈만 돌려받으면 우리 나갈게.' 하는 식으로는 못 합니다. 때문에 노동자들과 타협해야 할 필요가 있는 거죠."[004]

---

[003] "초국적 금융자본은 재벌과 노동자들을 함께 공격하거든요. 재벌에 대해서는 핵심역량에 집중하지 않고 사업을 다각화해서 주식 가치를 떨어뜨린다며 압력을 넣습니다."(장하준·정승일, 2005:85-86)

[004] 위의 책, p.86.

이처럼 한국의 노동자들에게 재벌과 타협하여 함께 국제 금융자본에 맞서자고 하는 주장은 일견 황당하기는 하지만, 그러나 다른 한편에서 보면 만약 현재 국내에서 일반적으로 인식되고 있는 것처럼 신자유주의의 본질이 주요하게는 산업자본과 대립하는 금융(업)자본의 이해를 옹호하는 것이라고 한다면, 그것은 결코 나쁜 것만은 아니게 된다. 공동의 적에 맞서 그리고 주요한 적에 맞서, 상대적으로 덜 나쁜 대상과 연대 내지는 타협을 생각하게 되는 것은 자연스러운 선택방안이 될 수 있기 때문이다. 문제는 신자유주의가 본질적으로 산업자본과 금융자본 간의 대립 관계에 기반하여 산업자본에 대한 금융자본의 이해를 옹호하고자 확립된 것이 아니라는 사실이다.

결국 현재 한국에서 공감을 얻고 있는 신자유주의의 본질에 대한 인식은 매우 잘못된 것임을 알 수 있다. 이 같은 인식에 입각하면 당대 자본주의 전반의 변화, 또 그것과 관련된 지구화 현상의 올바른 의미를 제대로 이해할 수 없게 된다. 이리하여 '재벌과의 대타협'과 같은 터무니없는 주장에게 설 자리를 준다.

여기서 한 가지 짚고 넘어갈 필요가 있는 것은, 왜 한국에서 이처럼 신자유주의의 본질을 '금융자본'과 관련 속에서 파악하려고 하는 인식이 유행하고 있는가의 문제이다. 그것은 단순히 인식 상의 오류 때문만은 아니며, 필자의 생각으로는 사실상 이들 논자의 개인적 한계를 넘어선 다른 무엇이 그 배경으로 작용하고 있다고 보인다. 즉 작금의 한국 진보운동 전반의 계급적·정치적 지형을 보여주고 있다. 현재 한국 진보운동을 주도하는 주류는 의식적이든 무의식적이든 작금의 자본주의 위기를 '총체적'이고 '근본적'인 것으로 바라보려고 하지 않는다. 그 때문에 산업자본과 금융자본을 대립시켜 보는 것이며, 산업자본이 주도하던 '케인스주의' 내지는 '복지국가'로 상징되는 신자유주의 이전의 자본주의와 신자유주의의 오늘날의 현실을 주요한 비교 대상으로 삼는다.[005] 이같은 시각에는 이 양자가 모두 포함된, 이제 자신의 수명을 다해가고 있는 자본주의 전반의 **'총체적 위기'**라는 사고가 결여되어 있다. 결국 이들의 결론은 케인스주의식 복지국가가 신자유주의보다는 그래도 낫다는 복고주의적인 성향으로 귀결되는 경향이 있다.[006] 이는 자본주의가 허용하는 한도 내에서의 개량적 해결책에 머무르고자 하는 **사민주의**의 전형적인 정치적 태도를 보여준다고 할 수 있다.

산업자본과 금융(업)자본은 모두 현대자본주의를 구성하는 요소들이다. 그리고 양자는 사실상 밀접한 관련이 있다. 또 케인스주의이든 신자유주의이든 모두 자본주의경제체제를 기반으로 확립된 이론들이다. 결국 이들의 논의가 정작 본질인 자본주의에 대해서는 눈을 감은 채 신자유주의와 케인스주의에 대한 논의에만 머물러 있는 것은, 여기저기 허물어가는 낡은 집을 놓고 지붕에서 새는 비를 막는 것이 나을지, 아니면 벽을 땜질하는 것이 나을지 고심하는

---

005 한국 사민주의자의 현재의 자본주의에 대해 인식은 다음을 보면 잘 나타난다. "결국 (주: 영국) 보수당 18년 집권 이후 등장한 사회는 새로운 지구 자본주의와 직결된 금융적 축적체제가 기존 국민·대중 경제의 잔존물과 공존하는 어색한 결합물이었다."(장석준, 2011:332). 이 글의 저자는 이 같은 현실인식의 기초 위에서, 향후 좌파 운동이 나아가야 할 방향에 대해 다음과 같이 제시한다. "우선 앞으로 좌파 정치운동이 주로 어떠한 노선을 취하게 될지 따져보자. **아마도 가장 유력한 길로 떠오르는 것은 전후 사회민주주의의 복원**일 것이다. …하지만 전후 사회민주주의의 공식들을 그대로 반복하는 것으로는 결코 이러한 약속을 실현할 수 없다는 사실을 직시해야 한다. 즉, 사회민주주의만으로는 사회민주주의를 복원하기도 힘들다. **전후에 일국 케인스주의가 실현될 수 있었던 것**은 브레턴우즈 체제라는 초국적 케인스주의 덕분이었다. 그러한 지구 질서를 새로 갖추지 않고서 복지국가를 복원·확대하거나 새로 건설한다는 것은 불가능한 일이다. 그리고 **이러한 새로운 질서를 향해 나아가자면** 먼저 지금 존재하는 신자유주의 지구 질서를 철저히 해체해야만 한다. …탈자본주의 구조 개혁–필자는 이 비전이 다시 한 번 정치운동의 주된 관심사이자 고민거리로 떠오를 것이라고 전망한다."(위의 책, p.334). 이 글의 필자는 말로만 '탈자본주의 구조 개혁'을 얘기할 뿐이다. 그가 동경하는 전후 케인스주의 국가는 자본주의 국가가 아니었던가?

006 필자는 2009년 1월 20일 노회찬 마들연구소가 주최하는 '이명박 정부 1년 평가: 2009년 대한민국, 위기 진단과 해법 찾기' 주제의 공청회에 방청객으로 참여한 적이 있다. 신자유주의를 비판하고 케인스주의 정책을 옹호하는 한 발표자(모 대학 교수)에 대해, 필자가 케인스주의는 '재정적자' 문제 등을 해결하지 못한 채 파산한 낡은 이론이라는 견해를 제시하자, 이 발표자는 "한국 사회는 그 같은 케인스주의조차 아직 실행해보지 못했다"라는 취지로 응답했다.

모습을 연상시킨다. 이제 수명이 다해서 더 이상 효용가치가 없고 고쳐봤자 수리비만 더 드는 낡은 집을 아예 허물어버리고 새로 멋진 집을 지을 생각은 전혀 하지 못하는 것이다.

신자유주의는 앞서 언급한 대로 학파 이론이면서 또한 현실정책이라는 양면성을 갖고 있다. 또 그것은 오래전에 처음 탄생한 이래 우리가 상식 수준에서 알고 있는 것보다도 상당히 긴 시간을 거치며 몇 차례 자기 변모를 겪어 왔다. 그 때문에 이 같은 측면들을 모두 고려하지 않는다면 신자유주의의 진정한 면모를 이해하기 힘들다. 다음 절에서 신자유주의가 포괄하는 이론적인 입장뿐만 아니라, 그것이 형성돼 온 역사를 살펴보도록 한다. 이를 통해 초기의 일개 학파 이론에서 어떻게 점차 오늘날의 자본주의적 지구화를 추진하는 현대 제국주의의 패권적 이념과 정책으로 전환하였는지에 대해서 보다 잘 이해할 수 있을 것이다.

1.3. 신자유주의의 이론과 역사

신자유주의는 그간 근 100년의 발전을 겪어 왔다. 그 과정에서 관련 학파가 무수히 많이 생겨났으며, 이로 인해 그 사상과 이론체계가 방대하고 잡다해졌다. 협의의 신자유주의는 주요하게는 하이에커로 대표되는 런던학파의 신자유주의이다. 이에 비해 광의의 신자유주의는 런던학파 외에도 프리드만으로 대표되는 화폐학파, 루카스로 대표되는 이성예측학파, 부카난으로 대표되는 공공선택학파, 라프 및 페이얼더스탄으로 대표되는 공급학파 등이 모두 포함된다. 그중 영향력이 가장 큰 것은 런던학파, 현대화폐주의학파, 이성예측학파 및 공급학파이다.

전체적으로 볼 때 그들은 다음 사항들을 강조한다. 즉 정부의 통제를 가장 받지 않는 자유시장경제만이 개인의 자유로운 선택이라는 이상적인 상태를 실현할 수 있으며 나아가서 효율, 경제성장, 기술 진보, 분배의 공정성 등 측면에서 경제적 성과가 가장 최적에 이르도록 한다고 본다. 이 때문에 국가는 재산권을 설정한다든지, 계약의 이행을 보장한다든지, 화폐의 공급을 조절하는 등의 매우 제한된 경제기능만을 담당해야 한다고 본다. 소위 '시장실패(market failure)'를 교정하기 위한 국가의 간여는 단지 사람들의 의혹을 불러일으킬 뿐이며, 이 같은 국가 간여가 가져오는 폐단은 아마도 그것이 해결하는 문제보다 더 많을 수 있다고 주장한다.

신자유주의는 이 같은 사회사상과 이론으로서만이 아니라 **현실정책**으로서의 측면도 동시에 지닌다. 신자유주의의 정책적 주장은 먼저 국내적으로는 복지국가의 잔재인 국가통제 주의를 제거하는 방면에서 집중적으로 표현된다. 예컨대 기업에 대한 규제를 느슨하게 한다든지, 국유기업이나 공유자산의 사유화, 사회복지프로그램에 대한 제한과 축소, 기업과 투자자에 대한 세금 감소 등이 그것이다. 국제적 차원에서 신자유주의는 노동력을 제외한 나머지, 즉 상품·서비스·자본·화폐 등의 국경을 넘는 자유로운 이동을 제창한다. 달리 말해서 기업과 은행 및 개인투자자는 자유롭게 국경을 넘어 이전하고 영리를 추구할 수 있는 권리가 있지만, 유일하게 노동자가 국경을 넘는 자유로운 이동은 신자유주의의 고려 범위 내에 포함되어 있지 않다.[007]

이상의 신자유주의 이론 및 정책적 주장과 함께 우리가 주목할 것은 그 역사적인 **변천 과정**이다. 신자유주의는 자본주의의 경제·정치·사회 각 방면 모순 발전의 산물이며, 그것의 생성과 발전은 그 주변 여건의 변화와 자신의 내적 발전 논리에 따라서 대체로 다음 4단계를 거쳐왔다. 즉 성립 시기, 비주류 학파로 냉대받으면서 자기 연마에 집중하던 시기, 주류학파인 케인스주의를 밀어내고 본격 부흥하던 시기, 그리고 최종적으로 주요 자본주의 국가의 정책으로 정식 채택되어 정치화함과 함께 전 세계로 유행하게 된 시기가 그것이다.[008]

(1) 성립 시기

하나의 경제학 이론이자 사조로서 신자유주의는 1920~1930년대에 탄생하

---

007 이상, 신자유주의의 이론과 실천에 관한 정리는 (李其庆, 2003:3-4)의 내용을 참조하였음.

008 이하 관련한 내용은 (何秉孟, 2004:5-8)을 참조하였다.

였다. 이는 당시 사회·경제 및 정치적 환경과 밀접한 관련이 있다. 한편에선 제1차 세계대전의 종식과 함께 독일 황제 빌헬름 2세가 퇴위하고, 합스부르크가의 오스트리아-헝가리제국의 100년 통치가 종식됨으로써 봉건적 잔재가 철저히 일소되었다. 또한 자본주의는 이 무렵 자유주의 시대를 마감하고 독점자본주의 단계로의 본격 전환이 이루어졌다. 다른 한편 러시아에서 10월 혁명이 승리하고 인류 최초의 소비에트 정권이 수립되는 사건이 발생했다. 유아기의 혁명정권은 내전과 주변 자본주의 열강의 간섭을 이겨내면서 계획경제에 입각한 초기적 발전에 성공하였다. 이로써 자본주의는 현실에서 사회주의 국가와 공존하지 않으면 안 되었다.

이상 두 가지 요인은 각기 다른 의미를 지닌다. 전자는 다소 중층적인데, 유럽 봉건 체제의 잔재들이 전쟁을 거치면서 청산된 점은 부르주아지의 고전적 자유주의경제 이론에 있어 일종의 긍정적인 의미를 지녔다. 다른 한편 자본주의에 새로운 보편적 현상으로서 '독점'의 출현은 기존 자유주의경제 이론에 대한 도전으로 받아들여졌다. 후자 즉 현실 소비에트 국가의 존재는 부르주아지의 고전적 자본주의경제 이론에 대해 전체적으로 일종의 심각한 압박이자 자극으로 작용하였다.

바로 이 같은 복잡한 시대적 상황에서 과거 애덤 스미스 이래의 '고전적 자유주의'는 새롭게 변모할 필요성을 느꼈다. 이것이 초기 **신**자유주의 사조가 출현한 배경이다. 때마침 20세기 20~30년대에 소위 '경제계산 문제(Economic calculation problem, ECP)'에 관한 일대 논쟁이 벌어졌다. 그것은 오스트리아 경제학자인 미사이스 하이에크를 필두로 하는 일군의 부르주아 경제학자들과 폴란드의 오스카 랑게를 비롯한 좌파 경제학자들 사이에서 벌어진 논쟁이다. 그 논쟁은 처음에는 소비에트 계획경제와 자본주의 시장경제 중에서 어느 쪽이 우월한지를 입증하려는 목적에서 시작되었지만, 논쟁은 결국 결론 없이 끝나고 말았다. 하지만 그것은 신자유주의가 역사적 무대로 등장하는데 직접적인 이정표 역할을 하였다.

(2) 자기 연마의 시기

1929년 폭발한 경제 대공황은 1930년대 전반기 내내 전체 자본주의 세계를 휩쓸었다. 이 대공황은 당시까지 아직 횡행하던 자유방임적인 시장경제의 폐단을 철저하게 폭로했다. 그것은 고전적 자유주의경제 이론이 신봉하던 '세이 법칙(Say's law)', 즉 공급은 스스로 필요한 수요를 창출한다는 고전파 경제학자 장 바티스트 세이(1767~1832)의 명제에 대한 한차례의 전면 부정이었다. 이는 또한 사실상 자유경쟁 자본주의 시대의 종결을 선언하는 것이었다.

이즈음 정부지출을 확대함으로써 인위적으로 유효수요를 창출할 것을 촉구하는 케인스주의가 때맞춰 등장하였다. 미국의 '뉴딜정책'은 실제로 정책적 실천을 통해서 케인스주의의 유효성을 입증해주었다. 이로써 케인스주의는 자본주의 국가의 주류경제학이 되었으며, 이후 자본주의 국가에서 거시적 경제 운영을 40년 동안이나 주도하였다. 이렇게 케인스주의가 각광을 받는 동안, 신자유주의는 주변적인 학문으로 냉대를 받아야 했다. 신자유주의의 초기 신봉자들은 이를 자신들의 이론을 더욱 정밀하게 다듬고 체계화하는 계기로 삼았다. 그들은 미국의 시카고대학 등을 근거지로 삼아 이후 빛을 보게 될 신자유주의의 많은 중요한 저술을 산출하면서 소위 '대학에서의 수련 시기'를 착실하게 거쳤다.

(3) 본격 부흥 시기

1970년대 들어 두 차례 세계적인 경제위기가 폭발하면서 서구의 많은 자본주의 국가는 '스태그플레이션(stagflation)'이라는 새로운 현상에 빠져들었다.

이는 한편에선 인플레이션이 출현하고, 다른 한편에선 저성장과 고실업이 동시에 발생하는 것을 지칭한다. 기존의 경제학 교과서에 따르면 이 같은 상호 모순되는 현상의 출현은 원래 불가능하였다. 인플레이션은 경기과열을 의미하는 것이기에 그것은 오직 완전고용과 고성장 하에서만 출현할 수 있다고 가르쳤던 케인스주의로서는, 이러한 새로운 경제 현상에 직면하여 속수무책일 수밖에 없었다.

사실 스태그플레이션은 국가독점자본주의가 충분히 발전하여 자본주의의 고유한 모순이 날로 격화되는 데 따른 필연적인 결과이다. 국가독점자본주의 하의 자본주의는 공급 측면에서는 기술 진보로 인해 생산성이 급속도로 향상되지만, 자본이 이윤 극대화를 추구하는 과정에서 이는 오히려 실업의 증가를 초래한다. 또 경제의 과도한 개발은 에너지의 결핍과 그 비용의 신속한 상승을 초래하게 되며, 정부의 지나친 간여는 정부 기구의 팽창, 정부지출의 증가, 그리고 기업의 세금 부담 가중과 같은 부작용을 낳는다. 이렇듯 당시 스태그플레이션 현상은 여러 가지 복합적 원인에 의해서 초래되었다고 볼 수 있는데, 신자유주의자들은 그것을 단순히 과도한 국가의 경제 간여와 이에 따른 정부지출의 증가 탓으로 돌리면서 주류경제학인 케인스주의를 맹렬히 공격하였다. 이 과정에서 신자유주의는 국가의 경제 간여 반대를 자신 경제 이론의 핵심으로 삼는 특징이 분명해졌다.

신자유주의는 계속해서 그것을 체계적인 이론의 수준으로까지 상승시켰다. 마침내 오랫동안 냉대받던 신자유주의자들에게 좋은 기회가 찾아왔다. 미국과 영국에서 레이건과 대처가 각각 집권하면서 이들의 주장을 실제 정책에 적극 반영하였다. 이리하여 전반적인 케인스주의를 부정하는 시대적 분위기를 등에 업고 신자유주의는 먼저 영국과 미국에서 주류경제학의 지위를 점령하였다.

(4) 정치화와 전 세계로의 만연 시기

국내의 과잉생산 문제와 함께, 1980년대 들어 첨단 과학기술 혁명이 본격화되고 생산력 발전이 한 단계 진전됨에 따라 자본주의는 국내시장의 한계를 벗어나기 위한 개방화와 지구화의 발걸음을 재촉하였다. 이 같은 요구에 부응하여 신자유주의는 이론과 학술 면에서 정치화와 국가 이데올로기화하는 새로운 질적 전환을 겪게 된다.

신자유주의의 이 같은 변화를 상징하는 사건으로 '워싱턴 컨센서스(Washington consensus)'가 많이 거론된다. 그것은 1990년 미국 국제경제연구소가 주도하고 IMF와 세계은행 그리고 미국 재무부 및 라틴아메리카 국가의 일부 학술기구 대표가 참가한 회의에서 최종적으로 합의한 10개 항의 정책수단을 지칭한다. 그 기본원리는 간단히 말하면 무역경제의 자유화, 시장에 의한 가격 결정, 인플레이션의 제거, 그리고 사유화이다. 이러한 '워싱턴 컨센서스'의 출현은 신자유주의가 특히 패권국가인 미국의 국가적 이데올로기와 주류의 가치 관념으로 변질되었음을 상징한다. 이렇듯 신자유주의는 미국과 영국 등의 국제독점자본이 글로벌 경제의 일체화를 추진하는 데 있어 그 이념체계의 중요한 구성 부분이 되었으며, 또 상응하는 정책을 제공하는 기능을 수행하였다.

우리는 지금까지 신자유주의가 그간 겪어 온 몇 차례 중대한 역사적 변화과정에 대해 살펴보았다. 신자유주의는 처음 태어난 무렵인 1920~30년대까지만 하더라도, 비록 당시 새로운 변화된 상황에 맞추어 얼마간 자체 변화가 있었지만 대체로 고전적 자유주의의 기본원리를 옹호하는 일반적인 이념 사조의 차원에 머물러 있었다. 그러나 이후 특히 **두 차례의 질적 전환**을 통해서 신자유주의는 초기 자신의 면모를 완전히 탈피하였다.

그 첫 번째 전환은 1950~60년대에 이루어졌다. 당시 주류경제학으로서 국가의 적극적인 경제개입을 강조한 케인스주의에 맞서 자신을 그 대립물로 정립하였다. 이를 통해 '시장'을 중시하는 이론으로 자신을 더욱 정교하고 체계적으로 가다듬을 수 있었으며, 이는 1970년대 이후 신자유주의가 케인스주의 혁명에 대한 '반혁명'을 완수하고 마침내 주류경제학의 지위를 탈취하는 데 기반이 되었다. 두 번째 전환은 1980년대 이후 신자유주의가 국내 차원을 벗어나 자본주의 국제화를 추진하는 이념과 정책으로 변화한 것이다. 이때부터 신자유주의는 비판의 초점을 국내의 재정적자나 인플레이션에 관한 문제로부터, 차츰 각국의 개방화와 자유화와 관련된 것으로 바꾸었다. 신자유주의는 바로 이 두 번째의 변모를 통해 오늘날 지구화 시대를 여는 첨병 역할을 하게 되었으며, 지금도 여전히 적지 않은 영향력을 발휘하고 있다.

1.4. 현대 신자유주의의 기원 문제

1.4.1. 현대 신자유주의가 시작된 시기는?

전 절에서 살펴본 바와 같이 현대 신자유주의는 분명 한 차례 큰 질적 변화를 겪었다. 즉 1970년대까지의 신자유주의가 주로 국내 차원에서 국가개입에 반대하고 시장기능을 강조하던 케인스주의의 대립물이었다고 한다면, 1980년대 이후 그것은 점차 자본주의적 **지구화의 패권적 이념과 정책**으로 변화한 점이 그것이다. 이 같은 전환은 단순히 신자유주의의 자연스러운 발전이기보다는, 이 시기를 즈음하여 발생한 자본주의 전반의 중대한 변화와 밀접한 관련이 있다.

국내 이론계에서는 이 같은 신자유주의의 그간의 발전과정에 별반 주목하지 않는다. 마치 신자유주의가 처음부터 국제 금융자본의 이데올로기였던 양 취급하는 분위기가 일반적이다. 신자유주의는 1970년대 내내 주로 국내 정책을 놓고 케인스주의와 격전을 벌였다. 국가의 경제개입을 옹호하는 케인스주의에 맞서 시장의 자율기능을 강화할 것을 주장한 것이 주요한 골자였다. 그런데 여기서 '시장'을 강조하는 것과 '금융자본'의 이데올로기와는 서로 별개의 문제임이 분명하다. 앞서 살펴보았듯이 시장을 강조하는 내용에는 금융 자유화도 포함하지만, 그것은 단지 부분을 구성할 뿐이다. 그 외에도 기업 활동에 대한 규제 완화, 국유기업의 사유화, 사회복지계획의 축소, 투자자에 대한 감세와 같은 기타 내용을 포함한다. 물론 이들 조치로 인해 금융업 자본도 이득을 얻을 수 있겠지만, 그러나 이 같은 조치들은 일차적으로 기업(주로 산업자본)의 활동을 지원하거나, 좀 더 크게 보더라도 자본 전체의 이익을 도모하는 조처라 할 수 있다.

그렇다면 과연 **신자유주의가 언제부터 금융(업)자본의 이해를 전면 반영하는 이론 및 정책으로 변모**되었다는 것일까? 이러한 의문을 지니고 있던 필자의 눈에 다음과 같은 글이 눈에 들어왔다.

"브레턴우즈 체제와 국민국가를 중심으로 한 지구적 자본주의 질서는 1970년대 들어 균열이 생기기 시작했다. 1971년 미국의 금 태환 중지선언을 계기로 브레턴우즈 체제의 근간인 금 태환 본위제와 자본이동 통제가 종말을 고하고, 변동환율제와 자본이동의 자유화가 새로운 지구 정치경제 질서를 규정하게 된 것이다. 금 태환 없이도 달러가 기축통화 지위를 공인받고 세계자본주의가 급속히 투기화되는 동시에 월스트리트를 중심으로 한 **금융자본의 힘이 강해졌다**. 또한, 케인스주의에 대적하여 국가개입의 철회 및 **자본이동과 금융의 자유화를 주장하는 신자유주의가 지배적인 정치경제 패러다임으로 대두하게 되었다**. 그 결과 금융적 축적이 증가하고 이를 뒷받침하는 새로운 지구적 질서가 탄생했다."[009] (지주형, 2011:53)

---

009 인용문 중 굵은 강조는 인용자에 의한 것임.

우리는 여기서 국내에서 유행하는 신자유주의의 금융자본 중심론의 출발점을 대강 알 수 있다. 그것은 1970년대 초 브레턴우즈 체제의 붕괴이다. 신자유주의는 이때부터 금융(업)자본을 위한 정치경제 패러다임이 되었으며, 이로부터 기존과는 다른 새로운 지구적 질서의 자본주의가 탄생하였다고 보고 있다. 이 같은 관점은 일정하게 현대 신자유주의의 기원(금융자본의 이데올로기와 정책으로서의)에 관한 해답을 주는 것 같지만, 이렇듯 브레턴우즈 체제의 붕괴로부터 직접 지금의 금융자본의 이해를 대변하는 신자유주의의 출발점을 찾는 것은 문제가 있다.

무엇보다도 먼저 시간상으로 볼 때 맞지 않는다. 금 태환과 고정환율제를 근간으로 하는 브레턴우즈 체제의 붕괴과정은 사실 1960년대 내내 진행되었다(제3장 참조). 그리고 그것이 막상 현실이 된 것은 1971년 미국 닉슨 대통령의 달러에 대한 금 태환 중지 조치와 1973년 변동환율제로의 이동을 통해서이다. 그런데 앞서도 지적하였듯이, 1970년대는 신자유주의가 국내 차원에서 케인스주의의 공격에 열중하던 무렵이다. 또 금융 자유화가 국제경제 관계에서 본격적인 이슈로 되기 시작한 것은 1980년대 중반 이후이며, 특히 그것이 실제로 범지구적 차원에서 실현된 것은 냉전체제가 해체되고 IT 혁명이 본격화한 1990년대 들어서이다. 그 때문에 위의 인용문 저자의 주장과 실제 역사와는 최소한 15~20년의 시차가 존재한다.

결국 국가의 경제개입에 반대하고 **시장기능을 강조하던 신자유주의가 어떻게 해서 국제 금융(업)자본의 이해를 반영하는 정치경제 패러다임으로 변신하였는지**의 의문이 해소되지 않는다. 문제를 좀 더 파고들면 의문은 더해간다. 브레턴우즈 체제가 어찌해서 1970년대 초에 들어서 붕괴하게 되었는지, 이후 왜 국제통화체계는 금 태환 없는 달러와 변동환율제로 바뀔 수밖에 없었는지, 이러한 사건들이 필연적으로 발생하게 된 근저의 자본주의 변화는 도대체 무엇인지와 같은 문제들부터 설명을 해주어야 한다. 그러나 우리는 위의 인용문을 통해서 이 같은 의문만 쌓일 뿐 그에 대한 해답을 찾을 수 없다. 위의 글에서는 신자유주의의 질적 전환과 브레턴우즈 체제의 붕괴와 금융자본주의 시대의 개막은 그야말로 '우연적인 만남'일 뿐이다.

물론 위의 인용문의 저자는 자신의 서술 의도가 신자유주의의 기원과 관련된 '출발점'만을 얘기한 것일 뿐, 그것이 오늘날과 같은 금융(업)자본 주도의 신자유주의 체제 수립을 곧바로 의미하는 것은 아니라고 해명할 수도 있다. 만약 그렇다고 한다면 브레턴우즈 체제의 붕괴는 확실히 일정한 의의를 지닌다고 할 수 있다. 그러나 이 경우도 아직 문제는 남는다. 이후 금융자본이 주도하는 신자유주의 체제의 성립과정은 어떠한 것이었으며, 그리고 완성된 모습은 어떤 것일까 하는 의문이 그것이다. 이와 관련하여 위 저자의 글을 조금 더 인용해 보자.

"이데올로기로서 신자유주의는… 브레턴우즈 체제의 붕괴에 따른 자본이동의 자유화(재산처분권의 확대) 및 변동환율제(시장에 의한 가격 결정)로의 이행과 직접적인 친화성이 있다. 이러한 국제 금융 질서의 변화는 가격변동과 거래 리스크를 증가시켜 금융차익거래와 파생상품 거래, 노동 유연화와 지구적 생산 네트워크의 건설을 촉진했다. 하지만 금융과 생산의 지구화만으로는 전체적으로 안정적 축적이 불가능하며 금융시장을 확대할 수도 신자유주의적 정치경제 질서를 형성할 수도 없다. 따라서 헤게모니적 힘이 축적을 뒷받침해야 한다."

일단 이렇게 문제를 지적한 후, 인용문은 곧이어서 이에 조응하는 상부구조의 구축에 관해서 다음과 같이 서술한다.

"여기서 규제 개편과 위기관리를 통해 축적에 상대적인 안정성을 부여하고 금융·자본 시장 개방으로 투자시장의 확대를 끌어낸 것은 워싱턴 DC의 미재무부와 초국적 통치기구, 슘페터적 근로연계복지 탈국민국가에 의해 뒷받침된 달러-월스트리트 체제였다. 간단히 말해 **신자유주의적 축적체제**가 초국적 자본 주도의 지구적 금융투자(포트폴리오 투자, 차익거래 및 파생상품 거래), 노동 유연화, 초국적 생산 네트워크의 건설(대외 직접투자)로 이루어졌다면, 신자유주의적 축적을 특정한 방식으로 안정화한 일종의 지구적 조절 기제는 달러-월스트리트 체제라 할 수 있다."[010]

위의 글을 보면 나름대로 브레턴우즈 체제의 붕괴에 따른 국제 금융 질서의 변화가 어떻게 다른 중요한 변화, 예컨대 노동 유연화와 국제 분업(지구적 생산 네트워크 건설)을 초래하게 되었는지에 대한 언급이 들어있다. 그리고 인용문은 '달러-월스트리트 체제'라는 상부구조에 관해서도 서술함으로써 '신자유주의적 축적체제'라는 전 지구적 범위에서 성립된 하나의 체제가 우리 눈 앞에 펼쳐질 수 있게 해준다. 그러나 위의 글은 단지 국제화와 관련한 중요 요소들에 대한 묘사에 그칠 뿐 이들 간의 관계에 대한 엄밀한 설명은 여전히 부족하다.

이 글에 의하면 마치 국제 금융 질서의 변화가 지금의 지구화 시대의 자본주의와 관련된 모든 일련의 중요한 변화를 가져오는 '진앙'인 것처럼 보인다. 그런데 이들 변화하는 요소 간의 관계를 보면 수긍되지 않는 측면이 있다. 예컨대 금융차익거래와 파생상품 거래가 증가하는 것과 노동 유연화나 지구적 생

---

010 이상, 위의 책, pp.88-89. 인용문 중 굵은 강조는 인용자에 의한 것임.

산 네트워크와 같은 국제 분업의 발전과는 무슨 상관이 있는지가 그것이다. 위의 글은 비록 양자 관계에 대해 '촉진'이라는 표현을 사용했지만, 지은이의 의도를 보면 분명 전자가 후자를 규정하는 것처럼 보인다. 만약 그렇지 않고서 단지 그냥 조금 '촉진'하는 정도라고 한다면, 브레턴우즈 체제의 붕괴와 같은 국제 금융 질서의 변화가 당대의 금융자본이 주도하는 신자유주의 시대를 가져왔다고 말하려는 위의 글의 취지와는 매우 다르게 된다.

그 정도의 '촉진'은 다른 요인에 의해서도 얼마든지 일어날 수 있는데, 예컨대 국제상품거래의 증가 및 이에 따른 자본간 경쟁의 격화 역시도 노동 유연화나 지구적 생산 네트워크의 발전을 가져올 수 있으며, 어떤 면에서는 더욱 직접적인 요인으로 작용할 수도 있다. 그 때문에 오히려 그 반대의 연관도 성립한다. 즉 지구적 생산 네트워크와 같은 국제 분업의 발전이 더욱 국제 금융거래를 활성화하고, 이에 따라 금융차익거래와 파생상품 거래의 증가를 가져오게 된다는 것이다. 필자가 보기엔 위의 글은 지구화의 중요 요소 간의 상호관계가 분명치 않으며, 그 때문에 지구화의 전개 과정에 대한 보다 합리적인 설명의 필요성이 제기된다.

1.4.2. 지구화의 전개 과정
– 국제금융, 국제무역, 국제 분업 삼자 관계

국내의 적지 않은 논자들은 오늘날의 지구화 경제와 국제질서를 '신자유주의 체제'라고 부르면서, 그 본질을 금융(업)자본 주도의 새로운 자본주의 축적체제라고 인식한다. 그리고 이 같은 새로운 축적체제의 기원에 대해 대체로 1970년대 초에 발생한 브레턴우즈 체제의 붕괴에서 찾는 경향이 있다. 이들은 그때부터 금융(업)자본이 주도하는 지구화 과정이 사실상 본격화되었으며, (이념과 정책으로서의) 현대 신자유주의는 처음부터 이 같은 과정에 봉사한 것으로 간주한다.

그러나 우리가 앞서 살펴본 바와 같이 신자유주의는 자체 발전의 역사를 지니고 있으며, 그것이 자본주의 주도의 지구화 이념으로 본격적으로 기능한 것은 1980년대 중반 이후의 일이다. 이는 이념과 정책으로서의 현대 신자유주의('체제'로서의 그것과는 아직 구분할 필요가 있다!)가 현실 자본주의의 요구에 맞춰 한 차례 자신을 변모한 것을 뜻한다. 그 때문에 **여기서 관건은 과연 현실에서 현실 자본주의의 진정한 요구는 무엇이었는지**를 밝히는 일이다. 과연 그것이 금융(업)자본의 이해를 전격적으로 반영한 것이었는지, 아니면 자본주의 전반의 모순 전개를 반영하고 있는지를 판단하는 일이 우선 중요하다. 여기서 지구화 과정이 실제 어떻게 진행되었는지에 대한 이해가 관건이다. 그런 면에서 보면 앞서 살펴본 인용문의 경우에는 지구화 과정에 대한 설명이 생략되어 있으며, 특히 지구적 경제를 구성하는 중요 요소인 **국제무역**과 **국제금융** 및 **국제 분업** 삼자 관계에 대한 엄밀한 규정이 부족하다. 이하에서 지구화와 관련한 이들 삼자 간의 상호관계에 대해 살펴보기로 한다.

(1) 국제 금융시장

1960년대를 거치면서 서구 선진국들에서 점차 본격화한 과잉생산의 배경 속에서, 먼저 '국제화'를 위한 돌파구를 연 것은 **국제 금융시장**이라 할 수 있다. 이러한 측면에서 볼 때 현대 신자유주의의 기원과 관련하여 브레턴우즈 체제의 붕괴를 주목한 것은 일정 타당한 측면이 있다. 물론 그렇다고 해서 그것이 '금융 주도'의 신자유주의를 성립시켰다는 뜻은 아니며, 또 '지구화' 정책과 이데올로기로서의 신자유주의의 탄생과는 더더욱 거리가 멀다. 그것은 당시 세계 기축통화인 달러를 가지고 있으면서 또한 과잉생산으로 말미암아 국내 일국적 차원의 균형 달성에 제일 먼저 한계에 부닥쳤던 미국의 필요에 따라서 이루어졌다.

미국은 당시 자국의 국방 및 재정지출 확대로 인해 달러의 대량 해외 유출이 발생하고, 이로 인해 국제수지 적자가 심해지자 결국 1971~1973년에 기존 브레턴우즈협정을 스스로 파기하고 달러와 금의 불 태환 조치를 선언함으로써 '변동환율제'로의 이행을 촉진하였다. 이에 따라 국제통화체계에 일대 전환이 발생하였는데, 이 과정에서 성공을 거둔 미국은 국제적 범위에서 국제수지의 균형을 회복할 기회를 얻게 되어 한숨을 돌릴 수 있게 되었다. 그러나 그 대신 미국의 재정적자와 무역수지 적자가 급속히 증가하여 1980년대 들어 '쌍둥이 적자'라는 새로운 현상이 출현하였다.

(2) 국제무역

1980년대 미국의 무역 적자의 급증과 재정수지의 지속적인 악화로 인한 '쌍둥이 적자' 현상의 출현은, 상품무역과 자본수지 양 측면에서 세계 경제의 전례 없는 심각한 불균형을 초래하였다. 그러나 이는 **역설적이게도** 오히려 이후 각국의 시장개방과 금융시장 자유화를 촉진함으로써 지구적 단일시장의 성립에 중요한 기여를 하였다.

표 1-1. 미국의 쌍둥이 적자(GNP 대비 비율) (단위: %)

	1980년	1985년	1990년	1995년
재정적자	-1.3	-3.3	-2.4	-2.0
경상수지	0.0	-3.0	-1.7	-2.7

출처: IMF 평가자료.[011]

미국의 쌍둥이 적자가 가져온 세계 경제의 심각한 불균형이 결과적으로 지구적 단일시장의 성립에 미친 영향은 다음 세 가지 측면에서 살펴볼 수 있다.

첫째, 각국 상품시장의 개방 촉진이다. 미국은 앞서 국제통화체계 변동의 성과에 기초하여 달러 발행을 남용하는 데 따른 면책특권을 일정 부여받음으로써, 외환 보유고에 의해 제약받는 다른 나라와는 달리 '세계 소비시장'으로서의 역할을 할 수 있게 된다(관련 내용은 본서 제5장 4절 참조). 이는 전반적인 과잉생산에 시달리며 위축되어 있던 세계 경제에 일정 출구를 제공해주는 의미를 지녔다.

그러나 일국 중앙은행의 발권력에도 한정이 있듯이 미국의 달러 발권력에도 한계가 있다. 만약 지나치게 그것을 남용하게 되면 미국의 달러패권은 조만간 흔들리게 될 것이다. 그 때문에 그것만 믿고 쌍둥이 적자를 계속할 수는 없는 노릇이었다. 특히 국내 산업의 공동화를 촉진해 실업문제가 심각해지면 이는 곧 체제 안정에 위협이 될 수 있다. 이 때문에 미국은 우선 쌍둥이 적자 중 다른 나라에 쉽게 책임을 전가할 수 있는 '무역 적자'를 빌미로 일대 반격에 나섰다. 예컨대 '슈퍼 301조'를 동원하는 등 1980년대 중반부터 본격화한 세계 각국에 대한 미국의 시장개방 압력이 그것이다. 이로부터 세계 각국의 시장의 문

---

011 (弗朗索瓦·沙奈 등, 1998:101)에서 재인용.

호는 과거에 비해 대폭 개방되었으며, 1986년에는 이후 WTO의 성립을 가져오게 될 우루과이 다자간협상이 시작되는 등 개방화 추세가 강화되었다.

둘째, 각국의 자본 시장 개방을 비롯한 금융 자유화의 촉진이다. 자국의 막대한 무역수지 적자에 대해 미국은 다른 나라의 상품시장 개방만을 요구하지 않고 한발 더 나아가 금융시장 개방과 자유화를 적극 요구하였다. 이는 해외로 흘러나간 자국 달러가 다시 돌아올 수 있는 통로를 마련해 줌으로써, 상품무역과 관련한 경상수지 적자를 자본수지 흑자를 통해 만회하여 전체적인 국제수지 균형을 달성할 수 있다는 논리에 따른 것이다. 대미무역수지 흑자국의 입장에서도 그것은 그리 나쁘지만은 않은 방안이었다. 왜냐하면, 무역수지로 벌어들인 막대한 달러에 대해 미국 국채나 주식 등에 투자할 수 있는 기회가 열리기 때문이다. 이 때문에 일본 등 대미 흑자 국가들은 기존의 엄격한 외환관리제도를 완화하고 자유로운 외환거래를 허락하는 등의 조치를 실행하였다.[012]

셋째, 자본수출(FDI)이 활성화되는 등 다국적기업의 새로운 발전이다. 이는 일본과 유럽 및 미국 기업들이 상대방의 무역 보복과 보호관세를 피해 서로에 대한 직접투자를 경쟁적으로 진행함에 따라 이루어졌다. 1960년대 이래 활성화된 다국적기업의 발전은 이 시기 들어 새로운 발전단계에 들어섰으며, 이 같은 다국적기업의 발전은 이후 지구화의 전면적인 진전과 관련해서 상당히 중요한 역할을 하게 된다.

---

[012] 다음 일본 사례는, 당시 대미 흑자 국가의 입장에서 왜 금융 자유화와 개방이 필요했는지를 이해할 수 있게 한다. "**초과저축의 해외투자를 편리하게 하기 위해**, 자본의 자유 유동제도의 조건을 건설하는 것이 필수적이게 되었다. 이 조건을 갖추게 하는 구체적 조치로써, 1980년대 이래 실시한 외환관리 자유화 및 관제 완화·민간 자본 교역 관제의 폐지는 중요한 작용을 하였다. 1980년에 제정된 새로운 〈외환법〉은 원칙상 자유로운 외환거래를 허락하여, 기왕의 엄격한 금지와 예외적인 외환거래를 허용하는 관제 조치를 대체하였다. 특히 정부 당국은 일본·미국 화폐위원회(1984년)의 충고를 받아들여, 금융·자본거래자유화와 국제화의 환경건설의 노력을 강화하였다."(桥本寿郞 長谷川信 宮島英昭, 2001:227-228) 한국도 1980년대 후반 '3저 호황'으로 막대한 대미 흑자가 발생하자, 이후 외환관리법을 개정 완화하고 금융·자본거래 자유화를 실시하는 등 금융 자유화와 개방화 조치를 본격화하였다.

(3) 국제 분업

1980년대까지 국제금융 및 국제무역과 관련하여 발생한 이상의 성과는 이미 상당한 수준이지만, 오늘날의 지구적인 경제 일체화 수준과 비교할 때 아직 미흡하다고 할 수 있다. 좀 더 큰 시각에서 보면 이제까지는 기껏해야 그 후에 발생할 본격적인 지구 경제 일체화를 위한 예비과정이라 할 수 있다. 진정한 경제 지구화는 1990년대에 접어든 이후라야 비로소 이루어졌는데, 그것은 다음과 같은 이유에서였다.

위에서 서술한 국제유통(즉 국제무역)과 국제금융에서의 진척은 각국 자본 간의 경쟁을 더욱 가열화시켰으며, 이는 1970~80년대 준비되고 있던 신기술 혁명을 촉진하는 역할을 하였다. 이리하여 마침내 생산영역에서의 국제화, 즉 '국제 분업'에서 일대 혁명을 가져왔다.

IT 기술 혁명의 진척이 당시 다국적기업 등의 경제활동과 관련한 영향을 많이 받았던 사실은 다음 사례를 보면 알 수 있다. IT 기술 혁명의 핵심기술이라 할 수 있는 극소전자기술의 개발이 1960년대까지는 주로 군사적 측면에서 추진되었는데, 그것이 민간 부문을 중심으로 한 발전으로 전환하는데 결정적인 계기가 된 것은 1971년 마이크로프로세서의 개발이다. 그런데 이 기술은 "일본 수동계산기 업체의 주문을 맞추기 위해 애쓰던 도중 테드 호프가 발명"한 것이었다. 그리고 IT 기술 혁명에서 또 다른 중요한 기술인 원격통신의 경우 "1980년대의 탈규제와 자유화를 향한 기업주의 움직임은 원격통신의 재편성과 성장에 중요한 역할"을 하였다(이상 마누엘 카스텔, 2014:94, 95).

일단 발생한 신기술 혁명이 다시 지구화 경제의 수립과 관련하여 얼마만큼 결정적인 중요한 의미를 갖는지는 다음 인용문을 보면 잘 알 수 있다.

"충분히 성장한 경제의 지구화는 새로운 정보·통신 기술의 기반 위에 서만 진행될 수 있었다. 첨단 컴퓨터시스템은 복잡한 금융상품을 관리하고 고속으로 거래를 실행할 수 있는 새롭고 강력한 수리적 모델을 허락했다. 정교한 커뮤니케이션 시스템은 실시간으로 지구 곳곳의 금융센터와 연계됐다. 기업들은 온라인 관리로 국가와 세계를 가로질러 활동할 수 있게 되었다. 극소전자 기반의 생산은 부품의 표준화와 완성품의 주문화를 가능하게 했다. 완성품은 국제적인 조립라인으로 편성된 유연한 대량 생산으로 나왔다. …1990년대 말 인터넷은 새로운 형태의 지구적 비즈니스 기업인 네트워크 기업의 기술적 중추가 되었다."(마누엘 카스텔, 2014:182)

1990년대 들어 본격화한 이러한 IT 혁명과 때마침 발생한 냉전의 종식은, 각각 기술과 정치적 차원에서 지구화를 가로막는 불필요한 장벽을 제거함으로써 국제 분업의 비약적 발전을 위한 조건을 제공하였다. **특히 기술 발전은 매우 결정적**이었다. 이로부터 국제 분업은 과거와는 완전히 다른 '지구적 공급 체인'이라는 새로운 발전을 낳게 되었다('지구적 공급 체인' 관련한 내용은 본서 제2장 4절 참조). 그리고 이로부터 앞서 두 가지 영역 즉 국제무역과 국제금융 분야에서의 국제화 또한 더 한 층의 비약적인 발전을 이루게 된다. 이렇듯 이 시기 들어 그야말로 전 영역에서 새로운 차원의 국제화가 이루어졌다.

이때부터 다국적기업은 경제생활에서 흔히 볼 수 있는 일상적인 현상이 되었으며, 또 국내시장과 국제시장을 막론하고 진정한 경제주체가 되었다. 이리하여 이 시기에 마침내 단일한 지구적 경제가 수립되었으며, 이제 지구적 차원의 경제 일체화 과정은 더 이상 역류하는 것이 불가능한 것이 되었다. 그것은 마치 역사적으로 제1차 산업혁명을 통해서 매뉴팩처(공장제수공업)가 기계제 대공업으로 대체됨에 따라 자본주의가 봉건주의에 대한 최종적인 승리를 확정 지은 것과 같은 의미를 가졌다.

우리는 이상의 지구화 경제가 성립하는 과정을 통해 오늘날 신자유주의는 **'생산 국제화' 단계에 진입한 자본주의** 전반의 변화를 그 배경으로 삼고 있으며, 결코 금융(업)자본의 이해를 반영하는 협소한 의미에만 머물지 않는다는 사실을 알 수 있다.

1.5. 후기 국가독점자본주의 이념과 정책으로서의 신자유주의

신자유주의는 1920~30년대에 최초 성립한 이래 몇 차례 중대한 변모를 겪었다. 이는 매 시기 자본주의의 당면한 객관적 요구와 밀접한 연관이 있는데, 1970년대 이후 현대 신자유주의의 발전과정은 그 점을 잘 말해준다. 신자유주의가 그때 이후 지금의 본격적인 자본주의적 지구화를 추진하는 이념과 정책으로 발전하기까지 과정을 시기적으로 정리해보면 다음과 같다.

(1) 1970년대 초~1970년대 말. 이 기간 자본주의 세계 경제는 심각한 경제위기가 발생하였지만, 미국과 서구 자본주의 국가들은 아직 국내에서 일국적 경제 균형을 이루기 위한 노력을 포기하지 않았다. 이 무렵 신자유주의는 서구경제학계의 주류 자리를 놓고 케인스주의와 격렬한 전투를 전개하였다. 그 때문에 신자유주의는 주로 국내 차원의 이념과 이론에 머물렀으며, 이에 따라 신자유주의는 국가 경제개입의 축소와 시장기능 확대를 위한 노력에 초점을 맞추었다.

(2) 1980년대 초~1990년대 초. 이 시기 신자유주의는 영·미 등 자본주의 중심 국가에서 주류경제학의 지위를 확고히 획득하였으며, 이후 점차 패권국가

인 미국의 타국에 대한 대외 개방 압력 수단으로 변해 갔다.

이는 다음과 같은 사정에 기인한다. 한편에선 이 무렵 서구 선진 각국은 두 차례 오일쇼크를 계기로 종전 이후 최대의 경제위기를 경험한 후, 지금까지 케인스주의가 강조해온 국내적 균형에 초점을 맞추고 대외무역과 국제시장을 보조로 삼는 정책을 완전히 포기하였다. 이리하여 1970년대 후반부터 서구 선진국들은 앞다투어 '수출드라이브' 정책을 추진하기 시작했는데, 특히 1980년대 들어 일본의 대두는 매우 눈부신 것이었다.

다른 한편, 이 무렵 미국은 그간 소련과 지나친 군비경쟁에 따른 과도한 국방비 지출로 말미암아 일반상품 영역에서 경쟁력이 서독과 일본 등 다른 경쟁국에 비해 현저하게 열위에 몰리게 되었다. 이리하여 미국은 1970년대 들어 무역 적자가 늘기 시작했으며, 1980년대 레이건 정부가 들어선 이후 전례 없는 '쌍둥이 적자'가 나타난 데서도 볼 수 있듯 미국의 무역 적자는 눈덩이처럼 불어나 더 이상 묵과할 수 없는 지경에 이르렀다. 이때부터 미국은 자신의 무역 적자를 오히려 무기로 삼는 정책을 채택하였으며, 무역 적자를 빌미로 다른 나라에 대해 이에 상응하는 상품과 자본 시장의 '개방'을 요구하였다. 한국과 같은 신흥공업국들도 이 무렵 '3저 호황'으로 대규모 대미 흑자가 발생하자 개방화 압력을 본격적으로 받기 시작하였다. 이로써 신자유주의는 전 세계를 향한 미국의 개방 요구를 전파하는 이념적 무기가 되었다.

(3) 1990년대~2000년대 초. 이 시기 소련과 동구권의 해체와 함께 때마침 IT 혁명의 본격화로 세계자본주의는 새로운 호황 국면을 맞이하게 되었다. 이제 정보통신 분야에서 확실한 주도권을 쥐게 된 미국은 산업경쟁력을 회복하고 지구적 단일시장 수립을 맹렬히 추구하였다. 그리하여 미국은 신자유주의 이념과 정책을 앞세워 가장 적극적이고 급진적인 방식으로 세계 각국에 개방

을 강요하였으며, 유고슬라비아 공습과 제1차 이라크전쟁(걸프전)에서 보듯이 군사적 수단의 사용도 마다하지 않고 신자유주의 정책을 과감히 추진했다. 이 시기는 가히 '팍스 아메리카나'라 부를만하며, 신자유주의가 정책과 이념 모두에서 가장 전성기를 누리던 시기이다.

⑷ 2003년 제2차 이라크전쟁 이후 현재. 제2차 이라크전쟁을 계기로 미국은 국력이 점차 쇠퇴하기 시작하였는데, 특히 2008년 하반기 금융위기가 결정타가 되었다. 이때부터 미국의 패권도 급격히 흔들리게 되었으며, 이러한 미국 패권의 약화는 신자유주의의 동반 쇠퇴를 초래했다. 세계적으로 신자유주의 공세가 매우 무뎌지고, 점차 공세에서 수세로의 전환과 함께 그 설득력도 현저히 약화되었다.

이상 지구화 과정과 1970년대 이후 신자유주의의 발전에 대해 살펴보았는데, 이제 이들을 종합해보면 다음을 확인할 수 있다.

첫째, 지구화 과정에서 이를 추동한 제 요소(국제무역, 국제금융, 국제 분업) 간의 관계에서 국내 이론계의 주장과는 달리 **국제금융의 주도성이 명확하지 않다**. 이 삼자 간에는 상호 추동하는 관계가 성립한다고 할 수 있다. 한편에선 종전 후 꾸준히 지속돼 온 생산과 자본의 국제화 추세가 이어졌으며, 다른 한편에선 국제 금융시장과 국제무역 등 금융 및 유통 분야에서 때마침 발생한 변화들이 서로 상승작용을 일으키며 진행되었다. 이 과정은 장기간에 걸쳐 서서히 이루어지다가 1980년대 들어 비교적 급속히 진행되었다.

둘째, 위 제 요소 간의 관계를 포함한 지구화 과정 전반의 큰 흐름을 결정짓는 배경에는 각국이 직면한 심각한 생산과잉과 자본 과잉의 문제가 존재하였다. 이는 생산의 사회화와 자본주의적 점유 간의 **기본모순** 발전 때문에 생긴 것인데 이 같은 문제는 서구 선진국의 공통적인 문제이긴 하지만 특히 미국이라는 당대 자본주의의 발전을 선도하는 국가를 통해 집약적으로 표출되었다.

셋째, 신자유주의는 이념적으로 이 같은 자본주의의 물적 토대와 각국 상황의 변화를 반영한다. 그 때문에 신자유주의는 일종의 자본주의라는 실체에 대한 **'그림자'**라 할 수 있으며, 역사의 매 시기에 실체의 변화에 따라 신자유주의가 주장하는 바나 내용은 달라지며, 자신은 어떤 일관된 연관성을 찾기 힘들다. 전체적으로 보면 그것은 처음에는 주로 국내 차원에서 국가의 경제개입에 반대하고 시장기능을 강조하는 **케인스주의의 대립물**로 작용하다가, 점차 자본주의적 지구화를 추구하는 **현대 제국주의의 패권 이념 및 정책**으로 변화 발전하였다.

이상의 분석과정에서 얻을 수 있는 결론은 우리가 무엇보다 주목해야 할 사실은 신자유주의의 겉으로 드러나는 모습보다는 그 **이면에 있는 자본주의 변동 자체**라는 점이다. 1970년대 이후 현대자본주의가 겪고 있는 변동은 그 정도와 심각성에서 단순한 자본주의의 산업 자본주의적인 축적방식에서 금융적 축적방식으로 변화라는 차원을 훨씬 뛰어넘는다. 그것은 자본주의가 지금까지 역사적으로 상당 기간 존속하면서 경험했던 일련의 중대한 변화들, 예컨대 19세기 중반 이후 자유경쟁 단계에서 독점단계로의 이행, 또 제2차 세계대전 종식 후 일반 독점자본주의에서 국가독점자본주의로의 전환에 버금가거나 그 이상이라 할 수 있다. 그것은 곧 자본주의가 종전 후 성립한 고전적인 국가독점자본주의 시대를 마감하고 새로운 시대를 시작하였음을 뜻한다. 필자는 이를 '**후기 국가독점자본주의**'[013]라고 부르면서, 기왕의 국가독점자본주의(즉 **전기 국가독점자본주의**)와 구분 짓기를 제안한다. 이 전기와 후기의 가장 중요한 차이점은 자본이 일국이 아닌 **국제적 차원의 축적 운동을 본격화**한 것이다.

케인스주의는 일국적 균형에 치중하던 전기 국가독점자본주의에는 적합한 이론이었을지언정 점차 그 후반에 이르러 시대에 낙후되었다. 신자유주의는 기존 균형이론인 케인스주의의 이 같은 부적합성을 제대로 포착하였다. 그렇다면 무엇이 이처럼 기존 주류이론이던 케인스주의를 현실과 괴리된 것으로 만들었을까?

그 근원에는 케인스주의 이론 자체에 내재한 결함 외에도, 종전 후 국가독점자본주의 자신이 잉태한 생산력 발전이란 요인이 있다. 두 차례 세계대전을 거치면서 오랫동안 준비해온 제3차 과학기술혁명은 1950~60년대 들어 본격적인 꽃을 피웠는데, 이 기간 자본주의는 유례없는 장기호황과 고도성장을 경험하였다. 그러나 이로부터 생겨난 거대한 생산력을 일국적으로 소화할 수가 없었다. 1960년대 중후반에 들면서부터 점차 전반적인 생산과잉 현상이 두드러졌다. 이처럼 생산력 발전으로 인한 생산과잉이 심각해지자, 일정 시점에 이르러 더 이상 국내시장에 중심을 둔 자본 운동만으로는 소화할 수 없게 되었다. 이리하여 자본주의는 그 해결책으로 마침내 국제적 차원의 재생산 운동을 본격화하는 '생산의 국제화' 시대를 열게 되었다.

---

013 여기서 왜 '**국제**독점자본주의'라 부르지 않고 여전히 '국가독점자본주의' 내에서 전기와 후기를 구분하는지에 대해 잠깐 설명하도록 한다. 이 문제를 규명하는 일은 사실 본서의 주요한 임무이다. 여기서 대강 그 이유를 밝히자면 대체로 다음 두 가지를 들 수 있다. 첫째, 현 국제독점자본은 한편에선 전 지구적 시장에서 활동하는 '보편적 자본'의 성격을 지니지만, 다른 한편에선 공간적 차원에서만 지구적일 뿐 그 뿌리는 여전히 특정 국가에 둘 수밖에 없는 '특수적 자본'(즉 민족적 자본)으로서 **이중적** 성격을 지닌다는 점 때문이다(제2장 참조). 둘째, 지금의 국제독점자본은 아직 자신들의 계급적 이해를 반영해줄 상부구조, 즉 진정한 '**자본주의 세계정부**'를 수립하지 못하고 있다는 점 때문이다(제5장 참조). 이 두 가지는 현 단계 국제독점자본의 미성숙성을 반영하고 있으며, 또한 궁극적으로는 비록 지구적 단일시장이 초보적으로 성립되었다고는 하지만 그것이 성숙하기까지는 상당한 시간이 필요하다는 객관적 상황과도 관련이 있다.

지금까지 살펴본 것처럼, 1970년대를 거치며 발생한 케인스주의와 신자유주의 양대 자본주의 주류이론 간의 자리 교체는, 자본분파 간 분쟁이나 축적방식의 변화와 같은 부분적 시각만 가지고서는 설명할 수 없는 매우 심각한 자본주의 자체의 근본적인 문제를 내포하고 있다. 지구화 시대의 자본주의 변화와 관련한 이상의 내용은 **'생산의 국제화'**와 같은 범주가 아니고서는 모두 온전히 담아내기가 어렵다. 이 '생산의 국제화'는 '생산 사회화'의 최고단계를 의미하며, 일국적 차원에서 더 이상 해결할 수 없게 된 자본주의의 과잉생산 위기를 국제적 차원에서 해결하려는 돌파구인 동시에, 다른 한편 새롭고 더욱 복잡한 모순의 출발점을 형성한다.[014]

이 '생산의 국제화'는 '생산 사회화'의 과정에서 가장 높은 고지라고 할 수 있다. 그것은 **'국제 분업'**의 획기적인 발전을 가져오는 것과 동시에, 지구 경제의 일체화에 확고한 것으로 만든다. 국제무역과 국제금융 분야의 성과 역시 지구 경제의 일체화에 상당히 기여한 것은 사실이지만, 그러나 '생산의 국제화'의 결과물인 국제 분업의 성과와 비교한다면 그 깊이와 안정성은 훨씬 떨어진다. 그 때문에 만약 국제 분업에서의 발전이 확고하게 뒷받침되지 않는다면, 기타 영역에서 거둔 성과는 언제라도 취소될 수 있으며 오직 국제 분업에서의 확고한 진전만이 경제 지구화 과정을 불가역(不可逆)적인 것으로 만든다.

이제 본 장의 과제인 신자유주의의 본질에 대한 분명한 규정을 내릴 때가 되었다. 오늘날 지구화 시대의 **신자유주의 본질**은, 넓은 의미에서 보면 **후기에 들어선 국가독점자본주의의 정책과 이념**이라 할 수 있고, 좁은 의미에서는 현대

---

014 그것은 자본주의에 있어 '생산의 국제성과 자본의 민족성 간의 모순'이라는 지구화 시대의 새로운 **주요모순**의 성립을 가져오며, 이는 또 **현대 제국주의**가 성립하는 주요한 근거로서 작용한다(본서 제5장~6장 참조).

제국주의를 상징하는 **미국의 패권주의적 정책과 이념**이라 정의할 수 있다.[015] 그 배경은 전기 국가독점자본주의 내에서 잉태된 생산력의 전반적인 고도한 발전에 따라, 일국 내 균형 추구에 실패한 자본주의가 국제적 차원에서 새롭게 균형을 추구하려는 변화와 밀접한 관련을 지닌다. 자본주의는 이 시기 이르러 생산의 국제화를 본격 추진함으로써, 이미 고도화한 자본주의 기본모순을 최고 수준으로 격상시킨다.

지금까지 본 장의 논의를 통하여 신자유주의의 본질을 살펴보았다. 다음 장에서는 후기 국가독점자본주의의 미시 주체인 국제독점자본 일반에 관해서 살펴본다. 이를 통해 본 장에서 제기한 생산과 자본 국제화에 관해 좀 더 심도 있는 이해를 도모하도록 한다.

---

015 참고로 다른 학자들의 신자유주의에 대한 정의를 소개하자면 이러하다. 우선 신자유주의에 대한 초기 연구자인 촘스키의 규정이 학자들에 의해서 많이 인용된다. 그는 "신자유주의는 이름에서 알 수 있듯이, 고전적 자유주의 사상에 기초하여 수립한 하나의 새로운 이론체계이며, 애덤 스미스가 그 창시자로 불린다. 이 이론체계는 또한 '워싱턴 컨센서스'라고 불리며, 일부 전 세계질서와 관련한 측면의 이론체계를 포함한다"(諾姆·乔姆斯基, 2000:3쪽)고 정의하였다. 프랑스 '맑스 무대 협회'(Association nationale Espaces Marx)의 회장 코온·사이는 직접적으로 지구화의 시각에서 신자유주의에 대해 다음과 같이 규정한다. "신자유주의는 자본주의 지구화의 이데올로기적인 이론적 표현"이다.(위의 책, 2쪽) 이 같은 규정은 조금 추상적인 느낌을 준다. 신자유주의가 고취하는 것은 일반적인 경제 지구화가 아니라 "슈퍼대국이 주도하는 지구적 경제·정치·문화 일체화 즉 지구 자본주의화를 강조하고 추진"하기 때문이다(何秉孟, 2004:4-5쪽). 또 다음과 같은 정의도 있다. 신자유주의는 "국가독점자본주의의 국제독점자본주의로의 전환의 요구에 순응하는 이론 사조·사상체계이며 정책주장이다."(위의 책, 4쪽) 이 정의는 상당히 타당성이 있다. 그러나 '국제독점자본주의'라는 개념이 일정 혼란을 줄 수 있기에, 필자는 이를 피하고 대신 '후기 국가독점자본주의' 개념을 사용하는 것이 좋다고 본다.

제2장

국제독점자본의 형성과 발전

국가독점자본주의는 1980년대 이후 지구화의 물결 속에서 새로운 전환을 맞이하게 된다. 필자는 이 시기를 전기(前期) 국가독점자본주의와 구별하여 후기(後期) 국가독점자본주의로 규정하며 이하의 장은 후기 국가독점자본주의 분석에 할애할 것이다. 후기 국가독점자본주의의 가장 중요한 특징은 '지구적 경제 일체화'라고 할 수 있다. 이 때문에 지구화 시대의 경제주체인 국제독점자본에 관한 논의는 무엇보다 중요하며 다른 모든 논의의 기초를 이룬다. 이에 관한 서술은 본 장과 제3장 둘로 나누어 진행되며, 각각 국제독점자본 일반과 그 특수영역인 현대 금융업 자본에 관하여 논한다.

본 장에서는 지구화 경제 시대의 주역이라 할 수 있는 국제독점자본 일반을 다루도록 한다. 우선 그것이 어떻게 형성되고 발전되어 왔는지에 관한 고찰을 하며, 이와 함께 지구적 경제 일체화의 기초인 국제 분업에 대해선 얼마간 깊이 있게 다룰 것이다. 우리는 이 과정을 통해 오늘날 '지구화'로 대변되는 자본주의의 새로운 발전은 무엇보다 산업자본의 국제화를 기본으로 하며, 그 실질은 '생산의 국제화'라는 점을 좀 더 잘 이해할 수 있다.

어떤 사물의 운동을 관찰하고 그 발전단계를 파악하기 위해서는, 무엇보다 그 사물의 운동과 발전에 영향을 주는 기본적인 요인을 파악하는 일이 중요하다. 먼저 국제독점자본의 형성에 영향을 주는 요인부터 살펴보도록 한다.

2.1. 국제독점자본의 형성에 영향을 주는 요인

국제독점자본의 형성과 발전은 생산력과 생산관계 양 측면과 관련된 여러 요인의 영향을 받는다.

먼저 **생산관계**와 관련된 요인부터 살펴보자. 국제독점자본은 무엇보다 우선 **자본수출**과 밀접한 관련이 있다. 자본은 본래 일국적 성격을 갖고 태어났지만 자본수출을 계기로 비로소 그것은 국제적 자본으로 발전하게 된다. 맑스는 이같은 자본수출 현상을 일찍이 주목하고 그 본질을 가장 먼저 포착한 사람 중 하나이다. 그는 자본수출의 동기와 관련하여 그것은 다름 아닌 '과잉자본' 현상과 관련된다며 다음과 같이 지적하였다. 즉, "만약 자본이 국외로 수출된다면, 이는 그것이 결코 국내에서 이미 절대적으로 사용될 수 없기 때문이 아니라, 국외에서 더욱 높은 이윤율로 사용될 수 있기 때문이다."[016]

여기서 '과잉자본'은 '생산과잉'과는 다른 개념이다. 후자는 이윤을 더 이상 추구할 수 없을 정도로 자본이 절대적으로 과잉된 상태에서 발생하는 것임에 비해, 전자는 아직 그 정도까진 아니지만 자본가가 '만족할 만한 이윤을 얻지

---

016 〈马克思恩格斯全集〉第25卷, p.285.

못해서' 생산에서 유리되어 유휴(遊休)하고 있는 자본이 발생하는 상태를 가리킨다. 이처럼 국내에서 충분한 유리한 투자처를 찾지 못한 '과잉자본'은 결국 더 높은 이윤을 찾아 해외의 투자처를 물색하게 되는데, 그 결과 아직 자본주의가 충분히 발달하지 못한 낙후된 지역이나 국가로 진출하게 된다. 왜냐하면 그곳은 노동력이 풍부하고 임금과 지대 및 원료 가격이 싸며 또 경쟁이 그리 심하지 않아 높은 이윤을 획득할 수 있기 때문이다.

이리하여 자본주의가 자유경쟁 단계에서 독점단계로 진입한 19세기 후반에서 20세기 초에 이르면 자본수출은 상품 수출을 대신해 자본주의의 전형적인 특징으로 떠오르게 된다. 독점자본주의 단계에 이르면 대량의 과잉자본이 필연적으로 형성되게 되는데, 한편에선 소수의 독점자본가계급 수중에 생산과 자본이 대량으로 집중되어 자본주의의 생산능력이 비약적으로 확대 발전하는 데 비해, 다른 한편에선 대중의 상대적 빈곤화로 인해 수요와 공급 간의 모순이 극대화되고 자본 간의 경쟁이 격화된다. 이리하여 높은 이윤율을 추구하는 독점자본은 국내에서 더 이상 마땅한 투자처를 발견하기 어렵게 되어 자연스레 그 시선을 해외로 돌리게 된다. 독점은 이처럼 자본주의의 '과잉자본' 문제를 그 이전 자유경쟁 단계보다 훨씬 더 빨리 출현케 하고 또 심각하게 하여 자본수출은 이 단계에 이르면 매우 두드러진 사회현상으로 세인의 주목을 받는다.

이렇듯 자본수출과 관련하여 국제독점자본의 형성과 발전을 관찰하는 것은 '생산관계' 측면의 시각이라 할 수 있다. 이러한 시각에서 보면 자본주의의 매 시기에 발생하는 생산 및 자본의 집적과 집중 현상은 매우 중요한 고찰 대상이 된다. 왜냐하면 그것은 독점의 형성을 촉진하고 다시 자본수출의 계기를 이루기 때문이다. 이후 언급하겠지만, 지금까지 역사적으로 보면 자본주의는 다섯 차례의 중대한 기업 간의 인수합병 물결이 발생하였다. 매번 대규모의 기업 간 인수합병 물결이 발생할 때마다 자본주의에서 독점은 그 이전에 비해 훨씬 강화되었으며, 이에 따라 다시 머지않은 시점에 새로운 차원에서 자본 과잉 현상이 발생하여 대대적인 자본수출이 일어나도록 하였다. 이 같은 자본의 집적과 집중 현상 외에도, 독점자본 간의 치열한 경쟁, 그리고 그와 긴밀한 연관을 갖는 자본주의 불균등 발전법칙에 따른 선진 자본주의 국가 간의 모순 격화, 이로부터 발생하는 세계전쟁에 이르기까지 이들 요인은 모두 자본수출에 영향을 주게 되며, 이로부터 국제독점자본의 형성과 발전을 촉진하거나 혹은 후퇴시키는 역할을 한다. 이상은 모두 생산관계 측면의 요소라 할 수 있다.

이 같은 생산관계 측면 외에도, 국제독점자본의 형성과 발전에 있어 **'생산력'** 측면의 요인 또한 매우 중요하며 별도의 고찰을 요한다. 이와 관련해서는 '국제 분업'과 '과학기술의 발전'이 특별한 주목을 받는다. 국제독점자본의 형성과 발전에 직접적인 영향을 주는 것은 자본수출이나 생산 및 자본의 집적과 집중 같은 생산관계의 측면이지만, 그러나 국제 분업과 과학기술 같은 생산력 요소는 국제독점자본의 발전을 위한 기본 조건을 제공한다는 점에서 **근본적**인 영향을 준다고 할 수 있다.

예컨대 선진 공업국이 자본 수출을 통해 개발도상국 (혹은 과거 식민지 내지 반식민지) 의 값싼 노동력과 토지 등의 생산요소를 이용하여 높은 잉여가치를 획득하였다손 치더라도, 그것의 최종적인 이윤 실현을 위해서는 '국제무역'을 통하지 않으면 안 된다. 이는 개발도상국의 시장이 협소한 조건에서 선진국 자본에 의해 생산된 제품은 다시 그 본국이나 제3국으로 수출하여야 하기 때문인데, 이 같은 국제무역은 다름 아닌 '국제 분업'을 전제로 한다. 또 국제 분업이 의거하는 가장 기본적인 원리인 '비교우위론'은 후대에 올수록 점점 더 천연자원보다도 과학기술의 발전에 좌우되는 경향이 있다. 지구화 시대인 오늘날에 와서 국제 분업의 이 같은 경향은 더욱 뚜렷하다.

이상 국제독점자본의 형성과 발전에 영향을 주는 제 요인 중, 생산력 측면과 관련된 부분에 대해선 본 장 후반부(제4절, 5절)에서 다루기로 하고, 우선 전반부(제1절~3절)는 그 직접적인 측면인 생산관계와 관련된 생산 및 자본집중 그리고 자본수출을 중심으로 살펴본다. 이는 다시 크게 지구화 시대 이전과 이후 두 부분으로 나눌 수 있지만, 여기서는 본서의 연구목적에 비추어 지구화 시대의 국제독점자본 발전을 중심으로 살펴보기로 한다.

2.2. 지구화 시대 국제독점자본(I)
- 1980년대

　1980년대 초 영국 대처 정부와 미국 레이건 정부의 등장은 지구화 시대의 개막 및 국제독점자본의 형성과 관련하여 중요한 상징적 의미를 지닌다. 이는 1960년대 이후 다국적기업의 밑으로부터의 꾸준한 발전과 이에 수반하는 국제화의 자생적 진행에 대해 '정치적 상부구조' 측면에서 그것을 전면 수용하고 긍정하는 의미를 지녔다. 무릇 역사적으로 중요한 사회적 변화는 먼저 경제적 측면에서 자생적 발전을 선행한 후, 일정 기간이 지나면 다시 정치권력의 변화를 통해 그것을 위로부터 공식 확인하는 절차를 거치는 경우가 많다. 자본주의의 발전사가 바로 그러한데, 자본주의는 15세기에 밑으로부터의 자생적 발전을 시작한 후 17세기 영국의 명예혁명과 18세기 프랑스혁명을 통해 나중에야 정치적으로 그 공식적인 지위를 인정받았다. 이와 마찬가지로 대처 정부와 레이건 정부의 등장을 계기로 1980년대 중반부터 과거와는 질적으로 다른 국제화 운동이 전개되었다.

　따라서 이후부터는 정부의 의지와 정책이 확실히 반영됨으로써 '의식적'이며 '공식적'인 지구화 과정의 촉진을 기대할 수 있게 된다. 이 때문에 이 시기 국제화의 진전은 질과 양 모든 면에서 기존보다는 훨씬 전면적이며 대규모적인 성격을 갖는다.

우선, 1980년대 이후의 본격적인 지구화 시대를 앞두고 한 차례 중요한 기업 인수 합병 물결이 발생하였다. 역사상 '제4차 기업 인수 합병 물결'이라고 불린 그것은 미국의 주식시장을 중심으로 발생하였는데, 그 원인은 미국 기업의 경쟁력이 날로 쇠퇴함에 따라 새로운 돌파구가 필요하였다는 점을 손꼽을 수 있다. 또 마침 세계적으로 경제구조 대조정이 이루어지고 있는 가운데, 당시 레이건 정부의 비교적 온화한 반(反)트러스트 정책과 항공업·은행업·석유화학공업 등 전통적으로 정부 관제가 심한 분야에 대한 관제 해제가 기업합병을 위한 우호적인 조건을 제공하였다.

당시 인수합병의 특징을 보면 융자를 통한 인수합병이 유행하였으며, 차입매수(leveraged buyout)라는 신종 금융기법이 출현하였고 적대적 인수합병이 많았다. 인수합병이 활발한 업종을 보면 석유·화학·의약·의료설비·항공·은행업 등이었으며, 특히 국경을 넘는 **국제인수합병의 출현**이 지구화 경제의 추진과 관련하여 눈길을 끌었다. 이 국제인수합병은 당시에는 그리 많은 것은 아니었지만 1990년대 후반의 인수합병에서는 상당히 보편적인 현상이 된다.

다음으로, 이 시기 해외 직접 투자는 1970년대에 이어 활발히 진행되었으며 과학기술·정보·인력의 국제 유동이 신속히 확대되었다. 세계 해외 직접 투자 유입액은 1985년~90년 연평균 1419.3억 달러였으며, 그 유출액은 1555.8억 달러이었다. 이리하여 해외 직접 투자의 순 보유량(순 누계)은 1980년 5,510억 달러에서 1990년에는 약 1조7000억 달러로(유입 1조7684.7억 달러, 유출 1조7141.5억 달러), 10여 년간 3배가량이 증가하였다.[017]

서구의 다국적기업 숫자를 보면, 1980년 해외 자회사가 9만 8,000개였는

---

017 관련 수치는 필자가 [中]陈秀英 刘仕国 主編, 〈世界经济统计简编2000〉, p.322, 324, 325, 327의 통계를 기초로 계산한 것임.

데 1983년엔 10만 개를 넘어섰다. 그중 350개의 서구 최대 다국적기업의 해외 지사와 자회사는 2만 5,000여 개에 달하여 전체 총수의 1/4을 차지하였다. 1983년 다국적기업의 국제 생산총액은 2조 3,750억 달러로, 같은 해 **자본주의 국가 전체 생산총액의 40%에 해당**되었다. 그들의 활동은 이 시기 들어 이미 상당 정도 세계 경제의 진전과 발전 방향을 통제하고 좌우할 정도에 이르렀다고 볼 수 있다.[018]

1980년대 들어 해외 직접 투자의 두드러진 특징은 1960년대 이후 나타난 **'쌍방향'의 성격이 더욱 강화**된 것이다. 쌍방향의 자본수출이란 한 국가가 자본 유출(자본 수출)국이면서 또한 동시에 자본 유입국이기도 한 것을 가리킨다. 종전 후 1950년대까지 미국은 절대적인 자본수출국으로 다른 선진국과 개발도상국에 대해 '단일방향'의 자본수출을 수행하였으며, 서유럽 국가들은 이때까지만 하더라도 거의 단순한 자본 유입국의 역할만을 하였다. 1960년대 들어 영국·서독·프랑스 등의 서유럽 국가들의 해외 직접 투자가 빠르게 증가하기 시작함으로써 1960년대 후반부터는 이미 이 부문에 있어 미국의 독점시대를 종식시키고 '양강(兩强) 구도'가 형성되었다. 그 같은 사정은 1980년대 들어 일본이 해외 직접 투자에 적극 가세하면서 또 한 차례 큰 변화를 겪었다. 미국의 해외 직접 투자액이 계속해서 증가하였음에도 다른 선진국들의 그것 또한 더욱 빠른 속도로 증가함에 따라, 그리고 이들이 상대방을 우선적인 투자목적지로 선정함으로써 해외 직접 투자의 '쌍방향' 현상은 더욱 두드러졌다.

---

018 관련 통계는 [中]宋则行 樊亢 主编, 〈世界经济史〉(下卷), pp.382-383, 390.

표 2-1. 1980년대 선진공업국의 민간 해외 직접 투자 누계 (단위: 억 달러)

국가	1980		1981		1982		1985	
	투자액	%	투자액	%	투자액	%	투자액	%
미국	2,135	45.4	2,273	43.3	2,215	40.0	2,507	36.2
서유럽	1,972	41.9	2,241	42.7	2,500	45.2	-	-
영국	531	11.3	881	16.8	796	14.4	1,047	15.1
서독	398	8.5	373	7.1	395	7.1	600	8.6
프랑스	199	4.2	255	4.9	248	4.5	216	3.1
일본	365	7.8	464	8.8	531	9.6	836	12.1
기타	230	4.9	272	5.2	288	5.2	-	-
합계	4,702	100	5,250	100	5,534	100	6,933	100

출처: [中]张帆, <美国跨国银行与国际金融>, p.151에서 재인용. 여기서 '기타'는 캐나다, 호주, 뉴질랜드, 남아프리카공화국.

그렇다면 이렇듯 해외 직접 투자에 있어 쌍방향 현상이 두드러지게 된 것은 무슨 이유에서 일까? 여기에는 다음 두 가지 요인이 주요하게 작용하였다.

우선, 1980년대 들어 자본주의 선진제국 간의 **불균등발전 현상**이 두드러져서 이들 간의 경쟁이 본격화된 사정을 둘 수 있다. 종전 후 공업생산력에 있어 압도적인 경쟁력 우위를 보였던 미국은, 냉전체제 아래 지나친 국방지출을 한 결과 1960년대를 경과하면서 차츰 민간 부문의 경쟁력이 쇠퇴하기 시작했으며, 마침내 1980년대에 들어서면 후발주자인 서독과 일본에 뒤처지게 되었다. 이에 따라 경쟁력이 상대적으로 위축된 미국을 중심으로 보호무역주의가 성행하게 되면서 각국 간 경제마찰이 날로 격화되었다. 이 같은 배경에서, 일본과 서독의 다국적기업은 한편에선 생산원가를 낮추기 위해 개발도상국에 대한 직접투자를 증가하였으며, 다른 한편 시장을 확보하고 무역마찰을 회피하기 위한 목적으로 미국에 대한 직접투자를 확대하여 그곳에 지부와 자회사를 세우고 현지생산과 소비를 확대하였다. 이 시기 이들의 직접투자 대부분은 모두 미국을 향하였는데, 그중 일본은 미국과의 무역 불균형이 매우 심해 미국의 무역장벽을 회피하기 위해 일본의 미국에 대한 직접투자가 확대되었고, 이 때문에 1980년대 중반 이후 대미 직접투자에서 차지하는 일본의 비중은 급격히 상승하였다.

이상의 사정은 1980년대 이후 본격적인 지구화를 추동하는 요인으로써, 인터넷으로 상징되는 정보통신기술의 획기적 발전과 같은 기술적 요인 외에도 생산관계의 측면에서 과잉생산에 따른 서구 선진국 간의 경쟁 격화가 중요한 한 몫을 차지했음을 보여준다. 이 시기 정립된 **'3강 경쟁 구도'**는 그 이전 시기(1960~70년대)의 '양강 구도'보다도 자본주의 진영 내부의 경쟁이 한 단계 더 격화되고 복잡화해졌음을 보여준다.[019]

두 번째로, 이 시기 새로운 과학기술의 발전을 들 수 있다. 이 무렵 1950~60년대의 제3차 과학기술혁명과 다른 또 한 차례의 새로운 과학기술혁명이 준비되고 있었다. 그것은 정보기술 혁명을 중심으로 한 생명공항·항공우주·신재료·신에너지 분야의 하이테크의 약진이다. 이들은 대개 지식 산업적인 특징을 갖고 있는데, 이후 1990년대 들어 본격적인 꽃을 피우기에 앞서 이미 1980년대 들어서도 그 성과들이 하나둘씩 가시화되어 나타났다. 만약 이러한 과학기술혁명의 성과에 기초한 새로운 산업과 신제품이 출현하지 않았더라면, 설령 현지 공장을 설립하는 방식으로 자본수출이 이루어졌다 할지라도 자본 유입국 입장에서 보면 그렇지 않아도 심각한 과잉생산을 더욱 부추기는 결과만을 낳기 때문에 별반 환영받지는 못했을 것이다.

이 때문에 이 시기 활발한 '쌍방향' 자본수출이 가능했던 데에는 상대방의 보호 무역장벽을 뛰어넘는다는 동기 외에도, 새로운 과학기술의 발전 혹은 당

---

019 이 같은 역사적 사실로부터 우리는 지구화 시대를 마치 '금융자본의 세계적 통치의 실현'인 양 묘사하는 것이 사실을 왜곡하는 것임을 알 수 있다.

시 일본의 '도요타 생산방식'과 같은 선진적 관리기법에 기초한 관련국 간의 경쟁력 변화, 즉 '비교우위'의 새로운 성립이 존재하였음을 알 수 있다. 이는 산업 간 분업을 뛰어넘는 업종 간 분업을 가능케 하였으며, 심지어는 동일 업종 내에서도 '제품 차별화'와 같은 방식의 좀 더 세분화한 분업을 가능케 하는 등 해외 직접 투자를 매개로 한 다양한 형태의 국제 분업을 발전시켰다. 이하 1980년대 자본수출의 주역을 담당한 미국·일본·서유럽의 각각의 상황에 대해서 살펴보자.[020]

먼저 미국의 경우를 보면, 1980년대 이후 미국의 해외 직접 투자 성장은 완만하였다. 1981년 미국의 해외 직접 투자의 누계액은 2,283억 달러이며, 1984년까지 2,334억 달러로 성장하였는데 3년간 겨우 51억 달러 증가하였다. 따라서 1980년대는 미국의 해외 직접 투자가 상대적으로 위축된 10년이라 볼 수 있다. 이 10년간 미국의 해외 직접 투자의 연평균 성장률은 겨우 5%에 불과하였으며, 투자총액 역시 1970년대에 비해 겨우 491.6억 달러가 증가하였다. 게다가 유럽연합과 일본의 대미 직접투자가 신속히 증가함으로써, 미국은 1980년대 말 종전 후 줄곧 유지해 오던 직접투자 순수출국의 지위를 상실하여 순 수입국이 되기도 하였고, 그 최대 투자국 지위도 한때 일본에 빼앗겼다.

다음으로 일본의 경우를 보면, 1985년에 일본은 세계 제일의 채권국이 되었다. 일본의 해외 직접 투자는 1989년에 이르러 미국과 영국을 추월해 일약 세계 최대의 해외 직접 투자국이 되어 그해 세계 해외 직접 투자 총액의 23%를 공급하였다. 일본의 다국적기업은 이 시기 본격적인 해외 진출에 나서 전 방위적인

---

[020] 이하 각국과 관련한 내용은 [中]郑飞虎, 〈全球生产链下的跨国公司研究〉, pp.20-21, 27-33 참조.

확장을 하였을 뿐만 아니라 그 규모도 매우 컸다. 1980년대 전반만 하더라도 일본의 산업 분야에 대한 자본수출액은 20억~25억 달러 사이에서 배회하였는데, 1986년부터 급증하여 그해 그것은 38.1억 달러가 되었으며, 1988년에는 138억 달러, 1989년엔 163억 달러에 이르러 1980년의 대략 10배가 되었다.

이처럼 1980년대를 통해 일본의 다국적기업 발전은 전례 없는 번영의 시기로 접어들었으며, 이후 세계에서 선두그룹을 형성하게 되었다. 이 무렵 일본의 해외 직접 투자의 3대 영역은 제조업·금융·부동산이었는데 이로부터 점차 체계를 갖춘 나름의 해외투자 구도를 형성하였다. 일찍이 일본의 해외 직접 투자 가운데서 상당한 비중을 차지하였던 원료자원 등 초급산업 부문에 대한 투자는 이 시기 들어 대폭 감소하였다.

다음 서유럽의 상황을 보면, 1980년대 들어 서유럽의 해외 직접 투자의 성장은 많은 경우 선진국 간의 날로 격화하는 '경제전쟁'에 기인한 바가 크다. 이 시기 들어 주요한 자본주의 국가들이 1970년대의 두 차례 경제위기에서 벗어나 점차 회복세를 보임에 따라, 세계 경제의 주도권을 다투기 위한 이들 간의 경쟁은 유례없이 격화되었다. 미국과 일본은 국제시장에서 발걸음을 가속화하였는데, 1980년대 중반에 이르러 미국은 직접투자를 이용해 서유럽의 전자계산기 생산의 80%와 집적회로의 95%, 그리고 반도체와 가전제품의 50%를 통제하였다. 일본 또한 서유럽 녹음기 시장의 80%, 카메라 시장의 14.7%를 점하였다.

이에 비해 서유럽 국가의 제품들은 미국과 일본 및 다른 지역의 전통 시장에서 부단히 위축되는 상황에 몰리게 되었다. 서유럽은 이렇듯 미국과 일본의 국제시장에서의 확장에 대해 깊은 불안감을 느끼고 사태를 이대로 방치하면 자신들은 아마도 미국과 일본의 '경제적 식민지'로 전락할 수도 있다는 위기의식을 갖게 되었다. 이 같은 위기의식은 서유럽 국가로 하여금 해외 직접 투자에 대한 박차를 가하게끔 하였다. 그들은 세계 각지에 생산과 판매기지 및 서비스망을 확충하였으며, 그들의 다국적기업의 수는 부단히 상승하였다. 1983년 서유럽 국가 전체의 해외 직접 투자액은 2,495억 달러에 달했으며, 미국과 일본을 초월하여 세계 1위를 차지하였다.

1983년 이후에도 한동안 서유럽의 해외 직접 투자액은 평균 매년 15%의 속도로 성장을 지속하였다. 유엔의 다국적기업센터 통계에 따르면, 1992년 유럽 전체는 총 4만 565개 다국적기업을 보유(그중 서유럽만 3만 9,715개)하였으며, 이는 세계 다국적기업 총수의 63.5%를 차지하는 것으로서 미국과 일본의 그것을 훨씬 초과하였다. 1990년에 이르면 서유럽 국가 중 매년 해외 직접 투자가 20억 달러를 넘는 국가는 9개로 확대되었으며, 서유럽 전체의 해외 직접 투자 누적 총액은 7,621억 달러에 달함으로써 당시 미국의 5,981억 달러와 일본의 2,014억 달러를 훨씬 초과하였다.

1980년대는 이렇듯 지구화 시대의 개막 및 국제독점자본의 형성과 관련하여 한 시대의 획을 긋는 시기라 할 수 있다. 이 시기는 지구화 시대의 초기에 해당하며, 1990년 이후부터 시작되는 본격적인 지구화를 예비하는 시기의 성격을 갖는다.

2.3. 지구화 시대 국제독점자본(II)
- 1990년 이후

이 시기에 본격적인 지구화 시대가 시작되었다. 1980년대 후반에 발생한 냉전의 종식은 미국의 단일패권을 전 세계적으로 수립하는 계기가 되었다. 이 같은 '팍스 아메리카나'라 불릴 수 있는 국제질서는 1990년대 이후 지구화의 본격적 추진을 위해 상당히 유리한 국제정치 상황을 조성하였다. 또 이와 함께 마침 인터넷 기술로 대표되는 정보통신 혁명의 폭발은 지구화의 진전을 위한 확고한 기술적 기초를 마련해 주었다. 이리하여 마침내 **국제독점자본은 자본주의경제생활에 있어 자신의 주도적 지위를 확고히** 다질 수 있게 되었다.

과거 자본주의 역사를 보면 매번 중대한 역사적 전환의 시기에는 이에 상응하는 한 차례의 커다란 자본의 집적과 집중 운동이 병행하는 것을 목격할 수 있다. 19세기 말~20세기 초와 1920년대에 발생했던 두 차례의 자본합병 운동은, 자유주의 단계에서 독점단계로의 본격적인 전환이 이루어지던 당시 자본주의 상황과 관련이 있다. 1960년대 후반의 세 번째 자본합병 운동은 당시 제3차 과학기술혁명이 가져온 생산력의 고도한 발전에 조응하는 것으로써, 독점자본의 진일보한 발전을 가져왔다. 1980년대 이후 자본은 일국적 범위를 넘는 국제적 범위에서의 축적 운동을 본격화하였는데, 이 과정에서 1980년대 후반과 1990년대 후반 두 차례에 걸친 역사적인 국제적 합병 운동이 출현하였다.

그중 전자와 관련해서는 앞 절에서 이미 소개하였기 때문에 여기선 후자만 다루기로 한다.

2.3.1 제5차 인수합병 물결

이 시기의 국제적 합병 운동은 그 범위와 규모에 있어 특별한 의미를 지닌다. 이번 합병 운동의 직접적인 결과로 향후 지구적 경제 일체화를 주도할 주체인 국제독점자본 즉 거대 다국적기업이 정식 탄생하였다. 이 과정에 대해 이하에서 비교적 상세히 소개하도록 한다. [021]

(1) 진행 과정

1990년대 후반~2000년 초 전 세계를 휩쓸다시피 한 기업 인수 합병 물결은 그 규모와 범위에 있어 기존의 그것과는 비교할 수 없을 만큼 큰 것이었다. 먼저 그 규모부터 살펴보도록 하자.

기업 인수 합병의 규모는 인수합병 시 지급한 자금 액수로 표시할 수 있는데, 1996년 전 세계 기업합병 액수는 1조 1,400억 달러, 1997년 1조 6,000억 달러이었으며, 1998년엔 더욱 증가해 2조 6,000억 달러에 이르렀다. 이 때문에 일부 해외언론은 성급하게 이 한 해를 '기업 인수 합병 최고의 해'로 역사에 기록될 것이라고 예측하였다. 그러나 다음 해인 1999년 전 세계 인수합병액은 이보다 더 큰 3조 3,100억 달러에 달하였으며, 2000년에는 다시 3조 5,000억

---

[021] 이하 관련한 내용은 [中]李琮, 〈当代国际垄断-巨型跨国公司综论〉, pp.55-66 참조함.

달러라는 신기록 갱신을 하였다.

　아래 표 3-4는 당시 성사된 인수합병 거래액 규모 순위 10위까지를 나타낸 것인데 우리는 이를 통해 그 거대한 규모를 엿볼 수 있다.

표 2-2. 세계 10대 기업합병(1996년 6월~2001년 1월)　　　　　　　　(단위: 억 달러)

순위	합병 쌍방	완성 일시	협의 가격	업종
1	Vodafone-AirTouch 대 Mannesmann	2000.4.12.	1,610	통신
2	Pfizer 대 Warner-Lambert	2000.6.19.	1,160	의약
3	American Online 대 Warner Bros.	2001.1.11.	1,060	방송
4	Exxon 대 Mobil	1999.11.30.	810	석유
5	Glaxo Wellcome 대 Smith Kline	2000.12.27.	740	의약
6	SBC communication 대 AMEITECH	1999.10.8.	720	통신
7	Vodafone 대 AirTouch	1999.6.30.	690	통신
8	Bell Atlantic 대 AT&T	2000.5.30.	600	통신
9	Total-FINA 대 ELF	2000.2.9.	540	석유
10	Scandinavia communication 대 CBS	2000.5.4.	500	방송

출처: 톰슨 금융증권 데이터사(AP) [022]

　이번 인수합병은 산업별로 보자면 거의 전 부문을 포괄하였다. 예컨대 신흥 하이테크 업종뿐만 아니라 전통산업도 있었으며, 제조업과 서비스업도 모두 망라되었다. 당시 언론 보도에 따르면 세계 500대 기업이 속한 40여 개 산업부문과 업종이 모두 인수합병의 소용돌이 속에 있었다고 전한다.

---

[022] [中]李琮, 〈当代国际垄断-巨型跨国公司综论〉, p.57에서 재인용.

또 지역별로는 미국과 유럽이 그 중심이 되면서 전 세계를 포괄하였다. 좀 더 세부적으로는 인수합병이 발생한 공간에 따라 세 종류로 나누어 볼 수 있는데, 우선 자국 기업 간의 인수합병을 들 수 있다. 예컨대 미국 보잉사와 맥도널더글러스사의 합병, 미국 AT&T와 미국 전신회사(TCI)의 합병, 미국 최대 석유회사인 엑슨과 그 2위인 모빌(Mobil Corporation)의 합병, 미국 방송사인 American Online과 언론매체인 타임워너사의 결합 등이 대표적인 예이다.

두 번째는 동일 국제 지역 내에서 각국 기업 간의 인수합병인데, 그 전형적인 것이 유럽연합이다. 1999년 1월 단일화폐인 유로화의 사용과 유로존의 설립이 계기가 되어, 그 전후로 회원국 대기업 간의 인수합병이 크게 발생하였다. 이 기회를 통해 거대한 유럽 시장을 독점하고 나아가 미국 경쟁사와 겨루고자 하는 욕망이 유럽 기업가들의 마음을 사로잡았다. 유로화가 정식 가동되기 직전인 1998년 12월 유럽의 양대 제약회사인 영국의 젤리캉과 스웨덴의 아스트라사가 합병을 선언한 것이 그 대표적인 사례이다.

세 번째는 국제적으로 서로 동떨어진 지역의 기업 인수 합병인데, 이는 특히 유럽과 미국 기업 간에 빈번히 발생하였다. 예를 들면, 1999년 유럽기업이 미국 기업을 인수합병 한 횟수는 800차례이며 금액으로는 2,200억 달러에 달했다. 같은 해 미국 기업은 1,050차례의 유럽기업에 대한 인수합병을 진행하였으며 금액으로는 850억 달러였다. 2000년 들어서도 유럽연합 소속 기업들은 더욱 적극적으로 미국 기업에 중점을 둔 국제적 인수합병을 진행하였다. 이에 대해 당시 미국 뉴욕타임스는 다음과 같이 보도하였다. "거의 모든 척도로 판단하더라도 2000년은 유럽기업이 대거 미국에 진출한 해이다. …이 한 해 동안 유럽기업은 대략 800개의 미국 기업을 인수하였으며, 금액으로는 2,639억 달러로 1999년에 비해 10%가 증가하였다."[023]

당시 유럽연합과 미국 기업 간 이루어진 국제적 인수합병의 통계수치는 아래 표 2-4에 잘 나타나 있다. 2000년을 예로들 경우, 이 두 지역 상호 간 발생한 인수합병은 세계 총 국제적 기업 매도와 매수액의 79.6%와 84%로 전 세계 국제적 인수합병의 절대다수를 차지하였다.

표 2-3. 유럽연합과 미국 기업의 국제적 인수합병 (단위: 억 달러)

년도	1995	1996	1997	1998	1999	2000
세계						
매도	1,865.9	2,270.2	3,048.5	5,316.5	7,660.4	11,438.2
매수	1,865.9	2,270.2	3,048.5	5,316.5	7,660.4	11,438.2
유럽연합						
매도	751.4	819.0	1,145.9	1,878.5	3,573.1	5,865.2
매수	814.2	966.7	1,421.1	2,843.7	5,171.6	8,017.5
미국						
매도	532.4	608.7	817.1	2,095.5	2,519.3	3,243.5
매수	573.4	607.4	808.7	1,374.2	1,203.1	1,592.7

출처: 유엔 UNCTAD <2001년 세계투자 보고>[024].

비록 전 세계 인수합병에서 차지하는 몫이 그리 크지는 않았지만, 일본 역시 이 무렵 국제적인 기업 인수 합병 물결에 휩싸였다. 예컨대 1999년 일본 기업의 국제 인수합병의 매도액과 매수액은 각각 159억 달러와 98억 달러로, 이는 전 세계 국제적 기업 매도액과 매수액에 있어 각각 2%와 1.3%에 해당하는 수치이다. 그러나 미국과 유럽기업들의 일본 침투가 본격화하면서 이후 상황이 얼마간 변모하였다. 미국 제너럴모터스와 포드, 프랑스의 르노자동차, 독일

---

023 〈뉴욕타임스〉, 2000년 12월 18일 자, 〈当代国际垄断-巨型跨国公司综论〉, pp.61-62.

024 위의 책, p.61에서 재인용.

의 다임러-크라이슬러사들은 모두 앞다투어 일본 자동차사와 동맹을 맺었으며, 1999년까지 일본 국내 11개 자동차사 중 도요타와 혼다 등 4개 사를 제외한 나머지 7개 사는 모두 외자의 참여를 받아들였다. 이는 외국자본의 자국 기업 침투에 대한 일본인들의 전통적인 보수적 태도가 많이 누그러졌기 때문이며, 일본경제 전반이 더욱 개방적인 방향으로 나아가고 있음을 보여준다. 물론 일본 기업들은 이미 1980년대 후반부터 일찍이 당시 엔고를 이용하여 외국기업 인수전을 시작하였다.

이 시기 기업 인수 합병 물결에는 일부 개발도상국 기업들까지 참여함으로써 그것은 명실상부한 전 지구적인 것이 되었다. 개발도상국 기업의 인수합병은 국내적 범위에서뿐만 아니라 다국적 인수합병도 포함되는데, 1999년 그 국제적 기업 매도액과 매수액은 각각 736억 달러와 577억 달러로, 세계 국제적 기업 매도액과 매수액에서 9.6%와 7.5%를 차지하였다. 이 같은 비중은 비록 크지는 않지만, 상당히 주목할 만한 현상이라 하겠다.[025] (표 2-4 참조)

---

[025] 개발도상국 기업의 다국적 인수합병은 주로 아시아와 라틴아메리카를 중점지역으로 이루어졌다. 예컨대, 1996년 라틴아메리카 기업(국내와 다국적)이 인수된 액수는 355.2억 달러로, 2년 후에는 배 이상 증가하여 823.9억 달러에 달하였고 그 중 67.4%가 라틴아메리카 밖의 기업들에 의해 인수가 이루어졌다. 그해 매도를 발표한 1,094개 기업 중 약 1/3인 328개 사가 브라질 기업으로, 이 지역 전체 인수합병액의 57%를 차지하였으며 금액으로는 468.2억 달러에 달했다. 이는 상당 부분 브라질 '연합전신회사'의 사유화에 따른 것이다. 라틴아메리카 외에 중동부 유럽지역 역시도 사유화는 당시 외국 직접투자를 유인하는 중요한 수단이었다. 위의 책, p.65.

표 2-4. 개발도상국과 중동부 유럽 국가의 국제적 기업 인수 합병 (단위: 억 달러)

년도	1995	1997	1998	1999	2000
세계 총계					
매도	1,865.9	3,048.5	5,316.5	7,660.4	11,438.2
매수	1,865.9	3,048.5	5,316.5	7,660.4	11,438.2
개발도상국					
매도	159.7	645.7	807.6	736.0	696.6
매수	127.8	325.4	192.0	577.0	421.4
라틴아메리카 및 카리브 해 지역					
매도	86.4	411.0	639.2	419.6	452.2
매수	39.5	107.2	126.4	447.7	186.1
아시아					
매도	69.5	212.9	161.0	288.4	221.8
매수	87.6	216.9	639.9	128.7	229.0
중동부 유럽					
매도	59.4	55.3	51.0	91.5	169.2
매수	0.6	1.8	10.1	15.4	16.6

출처: 유엔 UNCTAD <2001년 세계투자 보고>[026].

(2) 의의-국제독점자본의 주류적 지위 확립

1990년대 대규모 국제적 인수합병 물결의 의의는 무엇보다도 향후 생산과 자본 국제화를 본격화하고 국제적 차원의 자본 재생산 운동을 추진할 주체인 국제독점자본(거대 다국적기업)을 정식 성립시켰다는 데 있다.

물론 생산 국제화와 자본 국제화는 자본주의가 독점단계에 들어선 이후에야 비로소 출현한 독특한 현상은 아니다. 18~19세기 자본주의가 자유경쟁 단계에 있을 때부터 생산과 자본은 이미 국제화를 향한 발전 추세를 보여 왔다.

---

026 〈当代国际垄断-巨型跨国公司综论〉, p.64에서 재인용.

다만 당시에 이 같은 추세는 주로 상품 수출과 상업자본의 국제화로 표출되었다. 자본주의가 독점단계에 들어선 후인 19세기 말과 20세기 초에서 제2차 세계대전이 끝나기 전까지, 자본주의의 국제화는 자본수출의 발전과 각국 독점자본의 해외 업무 관계의 확대에 따라 주요하게는 공업국과 농업국 간의 수직적 분업 및 국제무역 발전의 형식을 빌려 표출되었다. 또 '국제카르텔'과 같은 국제 독점 동맹의 형식을 빌리기도 했는데, 단독적인 국제무역을 통한 국가 간의 경제적 연계와 비교할 때 국제카르텔은 생산과 자본 국제화의 진일보한 발전을 의미하였다. 그러나 국제카르텔은 단지 유통영역에서 생산과 자본 국제화의 새로운 발전을 반영했지만, 직접적인 생산과정 자체는 아직 국제화를 이루지 못한 한계를 갖고 있었다. 이 때문에 이에 상응한 이 시기 자본 국제화의 특징을 우리는 '대부(貸付)자본의 국제화'라 부를 수 있다.

제2차 세계대전 후 생산과 자본 국제화에 있어 새로운 진전이 발생하였다. 종전 후 현대 과학기술혁명과 국제 분업의 신속한 발전 하에서, 과거에 비해 상대적으로 산업자본의 대규모적인 국제적 진출이 이루어졌으며, 그 담체(擔體, 실체)인 다국적기업이 전 세계적으로 발전하기 시작하였다. 이는 다시 말해 생산의 국제화가 유통영역에서뿐만 아니라 **직접적인 생산영역**에서도 실현되기 시작하였음을 의미한다.

직접적인 생산과정에서의 국제화의 발전은 각국의 재생산과정이 유통영역을 통해 연결될 뿐만 아니라, 직접적인 생산과정을 통해서도 긴밀히 연결됨을 뜻한다. 따라서 산업자본 국제화의 폭과 깊이가 이처럼 나날이 발전하는 것은 자본주의 각국 경제의 상호의존도가 새로운 수준으로 나아가고 있음을 보여준다. 종전 후 비록 자본주의 세계 각국 간에 근본적 이해관계의 갈등이 존재하였음에도 불구하고 국제경제 생활의 일정 영역 내에서 선진자본주의 국가

간 상호협력이 가능하였던 것은, 상당 부분 이 같은 **산업자본 국제화**의 진전에 기초한 공통이익 때문이었다고 할 수 있다.

종전 후 이 같은 산업자본의 국제화는 대체로 상향적 발전을 이루어왔지만, 그런 가운데서도 미국과 서유럽 및 일본 각국의 경제 상황과 이들 각국 자본의 상호관계에 따라 얼마간 기복이 존재하였으며, 발전 속도에서도 매 시기 조금씩 달랐다. 여기에 전후 자본주의 세계의 경제이념과 정책을 주도했던 케인스주의가 자신의 일국 내적 균형을 중시하는 경향 때문에 일정 정도 자본 국제화의 제도적 걸림돌로 작용하였다. 다른 무엇보다도 자본주의는 1990년대 이전까지만 하더라도 기술적인 측면에서 본격적인 국제화를 이룰만한 조건이 마련되지 않았다. 이러한 의미에서 1990년대 들어서 정보기술 혁명이 본격화한 후에 이루어진 자본의 국제화는 그 이전과는 의미가 완전히 다르다고 할 수 있다. 즉, 이 시기의 자본 국제화는 상당히 고도화한 국제 분업을 기초로 한 국제화이며, 1990년대 중후반의 전 세계적인 기업 인수 합병 물결은 바로 이 같은 배경에서 발생하여 향후 본격적인 국제화 시대를 주도할 거대 다국적기업을 탄생시켰다는데 중대한 의미가 있다.

지구화 경제 시대의 주체로서 거대 다국적기업이 갖는 지위와 중요성은 그들의 절대적 규모와 세계 경제에서 차지하는 비중, 그리고 그들 자신 세계화 정도에 관한 지표를 통해 살펴볼 수 있다. 먼저, 이들 다국적기업의 엄청난 규모는 세계 각국의 국민 경제 규모와 비교해 보면 매우 직관적인 이해를 할 수 있다. 1995년 당시의 통계수치에 따르면, 국민국가와 기업 등을 총망라한 전 세계 100대 경제 실체 중 그 절반 이상인 51개가 다국적기업이었으며, 49개만이 국민국가였다. 놀랍게도 이들 국민국가 중에는 꽤 큰 규모의 개발도상국과 함께 많은 중소형 선진국도 포함되어 있었다. 이는 거대 다국적기업의 경제 규모가 많은 개별 국민국가의 수준을 능가하고 있음을 보여준다.

다음 비중 면에서도 거대 다국적기업은 세계 경제에서 절대적인 지위를 차지하고 큰 영향을 미치게 되었다. 〈포춘〉 잡지가 공표한 기록에 따르면, 1999년 세계 500대 기업의 총매출액은 12조 7,000억 달러로 그해 전 세계 GDP 총액 29조 9,000억 달러의 42.5%를 차지하였다(표 2-5 참조). 다국적기업 내부 자료수집의 어려움 등 기술상의 곤란으로 아직 전체 다국적기업이 세계 경제에서 차지하는 몫에 대한 정확한 통계는 없지만, 대략 추정하기로는 전체 다국적기업의 생산총액은 전 세계 생산총액의 1/3을 초과하며, 그들 내부와 서로 간의 무역액은 전 세계무역액의 2/3, 그리고 그들의 해외투자는 전 세계 해외 직접 투자의 9/10를 차지할 것으로 보인다.[027]

표 2-5. 1999년 대규모 다국적기업 매출액이 세계 GDP에서 차지하는 비중

기업 수	매출액(억 달러)	세계 GDP 중 비중(%)
세계 10대 기업	14,024.8	4.8
20대 기업	22,882.0	7.8
50대 기업	39,635.9	13.5
100대 기업	58,164.3	19.8
500대 기업	126,960.0	42.5

출처: 미국 〈포춘〉지 2000년 7월 24일[028]

세 번째로, 이 시기 더욱 거대한 규모로 새롭게 태어난 다국적기업들은 과거의 독점자본들에 비해 '세계화 수준'에 있어 훨씬 높다. 소위 **세계화 수준**은 다국적기업의 해외 업무가 자신 전체 업무량 중 차지하는 비중을 말하는데, 유

---

[027] 〈当代国际垄断-巨型跨国公司综论〉, pp.37-38.

[028] 〈当代国际垄断-巨型跨国公司综论〉, p.123에서 재인용.

엔무역개발회의(UNCTAD)에 따르면 다음 3개의 지표를 사용하여 그 정도를 측정할 수 있다. 즉 먼저 그 '총자산 중 해외자산 비중'과 '총매출액 중 해외 매출액 비중' 그리고 '총고용원 중 해외 고용인원 비중'을 계산한 후, 다음에 이들 비율을 종합 계산하여 국제화 지수를 도출한다.

1990년대 들어 다년간에 걸쳐 다국적기업의 해외투자와 해외 생산 그리고 해외 매출액의 증가 속도는 모두 그 총액 성장 속도에 비해 현저하게 빨라졌기 때문에 그 세계화 수준도 계속해서 높아져 왔다. 유엔무역개발회의의 통계에 따르면 **1998년 세계 100대 기업의 세계화 지수는 평균 53.9%였다.**[029] 이는 이들 다국적기업의 업무가 평균적으로 절반 이상이 그들 국내에서 이루어지지 않고 국외에서 이루어졌음을 뜻한다.

이렇듯 절대적 규모 면에서나 세계 경제에 대한 비중과 영향, 그리고 기술 수준 등 어느 면에서 보더라도 오늘날 거대 다국적기업은 당대 자본주의를 대표하는 자본의 주류적 지위를 확실히 차지하였다고 볼 수 있다. 이 같은 주체의 탄생은 또한 생산 및 자본 국제화가 과거처럼 일시적이거나 또는 기복을 반복하는 것이 아니라 이미 거스를 수 없는 대세로써 새로운 역사적 단계에 들어섰음을 의미한다.

이 같은 새로운 자본 범주의 정식 성립은 또한 필연적으로 자본주의에서 '**국제독점자본**'이라는 개념을 현대적 시각에서 새롭게 인식할 필요성을 제기한

---

029 위의 책, p.38. 위에서 계산한 세계화 지수는 거대 다국적기업의 세계화 정도를 완전히 반영하지는 못한다. 왜냐하면 이들 다국적기업은 해외에 그들이 직접 통제하는 자회사 외에 일정 수량의 간접투자나 혹은 다른 기업들과 맺은 각종 연맹이 있기 때문이다. 만약 이들을 모두 포함한다면 세계화 정도는 더욱 높아질 것이다. 물론 개별 기업들로 보면 이들이 속하는 업종의 차이, 그리고 모국이 대국이냐 소국이냐에 따라 그 세계화 지수 또한 큰 차이를 보인다. 일반적으로 보면 식품과 음료 그리고 소매업이 그 세계화 지수가 비교적 높은 편이다. 예컨대 스위스 네슬레의 세계화 지수는 무려 94.2%였으며, 미국 제너럴모터스의 세계화 지수는 30.9%였다. 모국이 소국일 경우 다국적기업의 세계화 지수는 자연히 높았고, 반대일 경우 상대적으로 비교적 낮게 나타났다. 위의 책, p.38 참조.

다. 즉 이 개념은 과거 **국내 독점자본에 대한 파생적 또는 부차적 지위로부터**, 이제는 독점자본 일반 범주 중에서도 **지배적이며 통치적인 지위로 전화**하였다고 볼 수 있다. 이 같은 개념 내적인 의미 변화는 자본주의가 이제 국내 차원이 아닌 국제적 차원에서 재생산 운동을 위주로 하는 시대로 접어든 객관 현실을 반영한다.

2.3.2. 해외 직접 투자

이 시기 세계 경제의 지구화 과정의 가속화와 함께 해외 직접 투자 규모 역시 크게 증가하였다. 유엔 다국적기업센터의 〈세계투자 보고〉(1996년)의 자료에 따르면, 해외 직접 투자는 1995년 3,000억 달러를 돌파한 후, 1999년 다시 8,000억 달러를 돌파하였으며, 2000년에는 기록적인 1조 3,930억 달러에 도달했다. 이 같은 해외 직접 투자의 증가는 앞서 살펴본 전 세계적인 인수합병 물결과 관련이 있다.

국가별로 보면, 미국경제는 1990년대 들어 1980년대의 곤경에서 완전히 벗어났으며, 경제가 지속 성장하여 낮은 실업률과 높은 성장률을 상징하는 소위 '신경제 현상'이 출현하였다. 전체 1990년대 기간 미국의 해외 직접 투자는 연평균 26.8%의 속도로 고속 성장하면서 투자 규모도 신속히 확대되었다. 미국의 해외 직접 투자 총액(누계)은 7,930억 달러에 이르렀는데, 그것은 1980년까지의 해외 직접 투자 총액(2,135억 달러)의 3.7배나 된다. 1990~1991년 미국 다국적기업의 연간 해외 직접 투자액은 239억 달러에서 331억 달러로 증가하였음에 비해, 일본 다국적기업은 오히려 480억 달러에서 307억 달러로 감소함으로써 미국은 다시금 세계 1위의 자리를 탈환하였다. 이후 미국의 해외 직접

투자는 계속해서 대폭 증가하여 1994년 732억 달러, 1997년 1,000억 달러에 근접하였고, 1999년에는 1,500억 달러를 넘어섰다. 1990년대 이후 미국 다국적기업은 세계 다국적기업의 해외 직접 투자의 누계액 중 줄곧 1/4 전후를 유지하였다. 2000년대 초 미국·유럽·일본의 해외 직접 투자는 세계 해외 직접 투자 누계액의 약 80% 이상을 차지하였으며, 그중 70% 이상은 미국과 유럽연합이 점하였다.[030]

1990년대 들어 개발도상국의 해외 직접 투자 역시 급증하였다. 1999년 개도국의 해외 직접 투자는 525.7억 달러로 전 세계 해외 직접 투자의 8.1%를 차지하였으며, 2003년에는 9% 성장하여 1,720억 달러에 달하였다. 같은 해 개발도상국의 해외 직접 투자의 누계액은 8,590억 달러로 이는 대략 전 세계 누적 총액의 10%에 해당한다.[031]

표 2-6. 1990년대 세계 일부 국가(지역)의 해외 직접 투자 유입액   (단위: 억 달러)

	1985-1990 연평균	1994	1995	1996	1997	1998
세계총액	1,419.3	2,535.1	3,288.6	3,588.7	4,643.4	6,428.8
선진국	1,167.4	1,463.8	2,083.7	2,111.2	2,732.8	4,604.3
개발도상국	247.4	1,012.0	1,062.2	1,353.4	1,725.3	1,659.4

출처: <世界经济统计简编2000>, p.322.

---

030 이상 관련 통계는 [中]姜春明 佟家栋 主编, <世界经济概论>, pp.95-100 참조.

031 위의 책, p.102. 21세기 초에 들어 해외 직접 투자는 전반적으로 하락세를 보였는데, 이는 세계 경제 쇠퇴 등의 영향을 받아 전 세계 투자가 쇠퇴기에 접어든 것을 의미한다. 유엔무역개발회의(UNCTAD)가 공표한 <세계투자 보고> 통계에 따르면, 전 세계 해외 직접 투자는 2001년에 전년 대비 41%가 감소하여 8,238억 달러였으며, 2002년엔 21% 감소하여 6,512억 달러, 2003년엔 5,600억 달러이었다. 2004년 세계 해외 직접 투자는 6,480억 달러로 얼마간 회복세를 보였다.

표 2-7. 1990년대 세계 일부 국가(지역)의 해외 직접 투자 유출액 (단위: 억 달러)

	1990	1995	1996	1997	1998
세계총액	17,684.7	27,895.9	30,653	34,366.5	40,880.7
선진국	13,948.5	19,823.5	21,226.7	23,123.8	27,854.5
개발도상국	3,706.4	7,692.6	8,960.2	10,556.6	12,192.7

출처: <世界经济统计简编2000>, p.322.

2.4. 국제독점자본과 국제 분업

지금까지 지구화 시대의 경제주체인 국제독점자본이 어떻게 형성되고 발전되어 왔는지를 살펴보았다. 국제독점자본의 역사를 총괄하면 그것은 국내 독점이 국제 독점으로 확대 발전해 가는 과정이라 할 수 있다. 국제독점자본은 제2차 세계대전 전까지 해외증권투자 위주의 대부자본(貸付資本)적 성격을 띠면서 주로 유통영역에 기반을 둔 국제카르텔 형식을 취하였으며, 또 활동 범위에서도 일부 국가와 지역에 국한된 국지적인 국제 독점이었다. 그러나 그것은 종전 이후 점차 해외 직접 투자를 기반으로 하는 산업자본 중심의 다국적기업 형식으로 발전하였으며, 또 전 지구적 활동무대를 갖는 진정한 국제 독점으로 변신하였다.

이상의 국제독점자본 형성과 발전의 과정은 다른 측면에서 보면 그것은 또한 '생산의 국제화'가 실현되는 과정이기도 하다. 생산 사회화의 최고형식으로서 '생산의 국제화'의 발전과정은, 국제독점자본의 운동과 연관된 그간의 국제 분업의 발전역사를 통해 확인할 수 있다.

2.4.1. 국제 분업의 제 유형

15세기 들어 자본주의 생산양식이 처음 출현한 이래 세계 각국 및 지역 간의 경제적 연계가 긴밀해지면서, 국제 분업은 그 이전 시기와는 다른 빠른 발전을 보였다. 국제 분업은 국경을 넘는 노동 분업을 말하는데, 국제 분업의 기초와 원인은 여러 가지가 있다. 예컨대 노동·기술의 차이, 각국 생산요소 부존도(賦存度)의 차이, 각국에 있어 자연 자원 분포의 불균등성, 그리고 각국의 수요와 공급구조의 서로 다른 특징까지 모두 국제 분업이 형성될 수 있는 기초가 된다.

초기의 국제 분업은 각국이 단순히 각자 서로 다른 제품의 생산에 종사하고 그것을 국제무역을 통해 교환하는 것을 의미하였다. 그러나 현대에 올수록 국제 분업은 각국이 서로 다른 생산 부문에 생산을 집중하는 것뿐 아니라, 또한 동일 생산 부문 내지 심지어는 동일 기업 내에서 이루어지는 국경을 넘는 노동 분업으로까지 그 의미가 확대 심화하고 있다. 국제 분업의 유형은 대체로 다음 몇 가지로 나누어 볼 수 있는데, 그것은 또한 대체로 국제 분업의 역사적 발전 과정을 보여준다.

(1) 산업 간 국제 분업

여기서 산업이란 주로 채취·광업 위주의 1차 산업과 제조업 위주의 2차 산업을 지칭한다. 경제 이론에서는 가장 초기에 등장한 천연적인 자연 자원 부존도와 관련한 국제무역 학설이 이 같은 분업을 이론적으로 반영하고 있다. 이 이론에 입각할 경우 첫째 자연 자원의 유무에 따라, 둘째 그 '다소'에 따라, 셋째 경제와 전략적 원인에 의하여 국제 분업이 발생한다.

산업 간 국제 분업은 제2차 세계대전 이전까지만 하더라도 주요한 국제 분업의 형식이었으며, 초기 국제독점자본의 발전 역시 이 유형의 국제 분업과 밀접한 관련을 갖는다. 예컨대, 1920~1939년 새로 설립되거나 혹은 1차 대전 이후 활동을 회복한 각각의 주요한 국제카르텔 협정 및 조직은 세계시장의 100종 이상의 상품을 독점하였는데, 이것들은 주로 원재료, 연료, 반제품, 공업제품과 설비 내지는 농산물, 축산물, 어업 제품이다. 두 차례 세계대전 사이에 세계 중요 공업과 광업 부문-여기에는 채취광업, 야금, 석유, 전기, 전신 기계, 제조, 화학, 방직, 목재와 목재 가공, 식품 및 기타가 포함된다-금융업, 운수업 등등은 거의 예외 없이 모두 각국 독점자본집단과 특히 그들이 만든 각종 국제 독점 조직의 정도가 다른 통제를 받았다.

그런데 그중에서도 원료 산지를 독점하는 것은 각국 독점자본에 있어서는 생명과 관련되는 중대사였다. 이 점은 일본이 2차 대전에서 미국에 전쟁을 도발한 직접적 계기가 다름 아닌 동남아시아 지역의 원료를 둘러싼 쟁탈전이었음을 상기할 필요가 있다. 이처럼 양차 대전 사이에 제국주의 각국은 원료 산지를 필사적으로 쟁탈하려 하였으며, 우선 철광석·석유·동·알루미늄·니켈과 같은 소위 '전략적 원료'와 연료를 둘러싼 자원쟁탈전이 특히 심하였다. 1930년대 식민지와 종속국을 포함한 낙후 된 국가/지역이 가장 중요한 광물자원 22종 가운데서, 7개 주요 제국주의 국가가 그 채취 총량의 87.1%(1937년)를 통제하였다. 그중 미국이 33.2%, 영국이 37.6%, 프랑스가 2.6%, 네덜란드·벨기에·스페인·포르투갈이 13.7%를 독점하였고, 나머지 12.9% 만이 낙후국가와 지역의 민족자본에 속하였다.[032]

이렇듯 **전략적 원료 및 연료와 관련된 영역은 제일 먼저 국제독점자본이 그**

---

032 〈世界经济史〉 中卷, pp.217-218.

통제력을 확고히 한 부분이다. 그리고 이들 영역과 관련한 분야에서 다국적기업이 제일 먼저 발전하였으며, 또 반대로 이처럼 자연 자원에 기초한 선진공업국과 원료 산지와의 국제 분업(즉 산업간 분업)을 성립시키는 데 있어 이를 매개한 것은 바로 국제독점자본 즉 다국적기업이라 할 수 있다. 당시 제국주의 각국의 자본주의 세계의 원료자원을 통제하는 독점기업은 수백 개 정도였는데, 그것들은 각국의 대략 30개 재벌에 속하였으며, 그중 25개 전략원료의 채취는 약 70개 기업이 독점하였다.

종전 후에도 상당 기간 이 유형의 국제 분업은 중요한 비중을 차지하였다. 이는 전후 10년간 미국 다국적기업의 활동이 대부분 남미와 아프리카 등지의 석유 및 광산자원이 풍부한 지역에 집중되었던 것을 보아도 알 수 있다. 그러나 선진국의 기술 진보 특히 정보기술 혁명의 추동 하에 물질적 형식으로 존재하는 원재료에 대한 수요가 상대적으로 점진적으로 감소하고 있는 상황에서, 그 비중과 중요성 역시 시간이 흐름에 따라 점차 줄어드는 추세를 보인다. 예컨대, 현실에서 이 같은 유형의 국제 분업은 선진국의 완제품과 개발도상국의 초급제품 간의 국제무역을 통한 형식으로 나타나는데, 종전 후 완제품 무역이 국제무역 가운데서 차지하는 비중이 부단히 증가하고 있음을 확인할 수 있다.

통계에 따르면 1940년에 완제품의 무역액이 전체 대외무역에서 차지하는 비중은 겨우 40%에 불과하였는데, 이 비중은 1953년 50%, 1960년 55%, 1980년 57%, 1990년엔 70%, 1995년엔 80%, 2004년엔 84%로 발전하였다. 상응하게 초급제품의 무역액이 전 세계 유형무역에서 차지하는 비중은 점진적으로 하락했다.[033] 그럼에도 이 유형의 국제 분업은 아직 상당 부분 그 중요성을 간직

---

[033] 〈世界经济概论〉, p.74.

하고 있으며, 당분간 또한 그러할 것이다. 종전 후 새로 독립을 획득한 개발도상국들은 1960년 석유수출국기구(OPEC)를 설립하였으며, 1960~70년 구리·커피·땅콩·코코아·야자수·천연아교 등 원료생산국 기구들도 이들의 주도로 설립되었다. 또 1974년과 1975년 전후해서 아연·육류·바나나·목재·인산·사철(철가루)·정선 텅스텐 광석 등의 생산국 기구들도 속속 설립되었다. 이들 기구는 지금도 존속하고 관련 상품들의 국제시장가격 형성과 수요공급에 적지 않은 영향을 미치고 있다.

(2) 산업 내 국제 분업(I): 업종 간 분업

이는 주요하게는 제2차 산업인 제조업 분야 내에서 경공업과 중공업 내지는 노동 밀집형과 자본 밀집형에 기초한 국제 분업의 형성을 지칭한다. 이와 관련된 경제학 이론은 처음 노동력을 각국 간 비교우위를 발생시키는 유일한 생산요소로 가정했던 '기술 차이론'-이는 다시 애덤 스미스의 '절대적 기술 차이론'과 리카르도의 '상대적 기술 차이론'으로 나뉜다- 그리고 나중에 이를 확대한 힉스(1919년)와 오린(1933년)의 '생산요소 자질론'을 들 수 있다. 여기서 후자(즉 생산요소 자질론)는 전자(즉 기술 차이론)와는 달리 토지·자본·노동력 모두를 각국 간 비교우위를 발생시키는 생산요소로 간주한다.

이처럼 국제 분업의 폭이 확대되고 이와 관련한 이론이 생겨나는 것은 생산력의 발전에 따라 점차 업종과 기술이 다양해지고 있는 객관적 상황을 반영한다. 즉 2차 대전 이전에 국제 분업은 주요하게는 농산품 생산국과 공업제품 생산국 간의 분업, 원료생산국과 제조품 생산국 간의 분업으로 표현되었는데, 종전 후 새로운 공업 부문이 신기술에 수반하여 형성됨으로써 제품의 생산 역시 한 단계 전문화하게 되었다. 이로부터 일부 국가는 노동 밀집형 제품을 전문적으로 생산하고, 다른 일부 국가는 자본 밀집형 제품을 전문 생산하는 등 과거보다 다층적인 국제 분업이 성립하였다.

역사적으로 보면 1960년대 초만 하더라도 일본은 아직 방직품 생산과 수출을 주로 하는 국가 가운데 하나였다. 이는 업종 간 분업이 종전 후 선진국 내부에서도 한동안 존재하였음을 보여준다. 그러나 이 같은 유형의 국제 분업이 본격 발전한 것은 선진국과 개발도상국 간의 관계를 통해서이다. 1960년대부터 미국 공장들은 일본 기업에 밀리기 시작한 흑백 TV의 생산 라인을 대부분 노동력과 토지가격이 저렴한 멕시코와 타이완 그리고 나중에는 싱가포르로 점차 이전하였다. 이리하여 이들 국가에서 노동집약적인 제조업이 본격 발전하기 시작하였는데, 다국적기업에 의해 생산된 제품들은 일부만 현지에서 소화되었을 뿐 대부분은 국제무역을 통해 다시 미국 본토나 제3국으로 수출되었다.

1970년대 들어 이 같은 국제 분업은 한층 발전하였는데, 이는 자국의 산업구조 고도화를 추진하면서 먼저 이미 경쟁력을 상실한 노동집약적 제조업 분야에 대한 개발도상국으로의 이전을 이 시기 들어 더욱 본격화했기 때문이다. **1970년 미국의 해외 직접 투자에 있어 제조업에 대한 투자가 수위를 차지**하여 기존까지 우위에 있던 **광업과 석유채굴 등 원료 분야가 2위**로 밀려난 변화는 그 같은 사정을 반영한다.

이상에서 우리는 이 유형의 국제 분업이 발전하는 데 있어 선진국의 개발도상국에 대한 직접투자, 다시 말해 다국적기업 형식을 취하는 국제독점자본의 역할이 매우 관건임을 확인할 수 있다. 다른 한편, 이 같은 국제 분업이 먼저 기술적으로 가능하였기 때문에 국제독점자본은 자신의 진출 범위를 기존의 원료 산지를 뛰어넘어 세계 각지로 넓힐 수 있었으며, 투자 범위를 다양화하고 그 규모를 확대할 수 있었다.

(3) 산업 내 국제 분업(II): 업종 내 분업[동종(同種) 제품 내 분업]

이는 제조업 부문 내의 분업이 진일보 발전하여, 업종 간 분업에서 업종 내 분업 즉 '동종 제품 내 분업'으로 한층 심화 발전한 것을 의미한다. '규모의 경제와 제품 차별화에 기초한 국제 분업', '협의(協議)에 의한 국제 분업', '수요 중첩의 국제 분업' 등이 이에 상응하는 경제 이론들이라 할 수 있는데, 이들은 대부분 1970년대 이후 출현하였으며 앞서 고전적 국제 분업이론과 대비하여 '현대 국제 분업이론'이라고 부른다.

이 같은 분업은 현실에서는 동일 부문과 업종 내의 각각의 생산자가 서로 다른 '수준'과 '설계(디자인)'의 제품생산에 종사하는 경우 종종 목격할 수 있다. 예컨대, 자동차나 의류 등 **동종** 상품에 있어 **수평적**으로 다양한 디자인의 제품이 등장한다든지, **수직적**으로 명품과 중저가 등으로 나뉘는 것이 그것이다. 그 때문에 이 유형의 국제 분업은 선진국 간에 그리고 선진국과 개발도상국 간에 모두 발생할 수 있다. 다만 선진국 간에는 수평적 형태를, 선진국과 개발도상국 간에는 수직적 형태를 주로 취하는 차이점이 있다.

이 유형을 좀 더 관찰해보면, 앞서 업종 간 분업이 주로 노동집약성과 자본집약성 간의 차이에 입각하여 성립했던 것임에 비해, 이 유형의 국제 분업은 후자 즉 자본 집약적 분야에 있어 '고급 기술'에 기초한 것과 '중저가 기술'에 기초한 것으로 다시 분화가 일어난 것임을 알 수 있다. 이점은 위의 수평적 분화와 수직적 분화가 발생할 수 있게 하는 전제조건이다. 즉 새로운 공업 부문이 신기술에 수반하여 부단히 출현하고, 제품의 생산 역시 날로 전문화하고 다양화함으로써, 어느 한 국가나 거대 기업이 이들 다양한 부문과 제품들을 모두 독점하는 것이 불가능하게 됨에 따라 이 같은 다층적인 생산 분업이 생겨날 수 있게 된다.

따라서 이러한 국제 분업이 성립하는 데는 다음 두 가지 측면에 주의를 기울여야 한다. 첫째는 기술 발전이며, 둘째는 차별화 및 '규모의 경제'이다.

먼저 **기술 발전**의 측면을 살펴보자. 이는 업종 내 국제 분업이 성립하는 **기본전제**이자, 특히 선진국과 관련한 요구라고 할 수 있다. 만약 선진국들이 고급 기술과 고부가가치 부문을 새로 창출하여 산업과 부문을 더욱 다양화하고 자국의 산업 중심을 점차 고도화의 방향으로 이동하지 않는다면, 선진국 간의 수평적 분업이든 선진국과 개도국 간의 수직적 분업이든 이 유형의 국제 분업은 성립하기 힘들다. 종전 후 국제 분업의 진행에 있어 이 문제는 두 차례에 걸쳐 해결의 실마리가 주어졌다. 첫 번째는 1950~60년대의 제3차 과학기술혁명에 의해서이다. 이 무렵 원자력·전자·고분자 합성·우주기술 등이 크게 발전하였고 자동화 시대가 본격적인 막을 올렸다. 이로부터 소비자들의 각광을 받는 새로운 제품들이 대거 쏟아져 나왔는데, 트랜지스터라디오·TV·냉장고·녹음기·카메라·세탁기·에어컨 및 날로 저렴한 소형자동차 등이 그것이며, 산업구조에서도 중화학공업 비중이 상승하고 경공업 비중이 하락하는 한편 공업 발전의 중심이 원재료공업에서 '가공조립' 중심으로 옮겨갔다. 그리고 새롭게 서비스산업이 발전하여 일정하게 기존의 산업구조를 변화시켰다.[034] 이 같은 산업구조의 변화와 제품의 다양화는 업종 내 분업이 성립할 수 있는 조건을 제공하였다.

두 번째 계기는 1980년대에 들어선 이후 주어졌다. 이 시기 정보기술 혁명을 중심으로 한 생명공학·항공우주·신 재료·신에너지 분야의 첨단 기술의 약진이 이루어졌다. 이 같은 새로운 과학기술 발전의 성과는 각국의 산업구조와 국제 무역의 구조를 크게 바꾸어 놓았는데, 무엇보다도 이 시기 들어 **서비스 분야의 약진**을 통해 잘 나타났다. WTO의 통계에 따르면, 1970년 전 세계 서비스무역

---

034 물질적 재화의 생산 부문인 제1차 산업과 제2차 산업이 국민소득에서 차지하는 비중은, 대략 1950년대 초의 55%에서 1980년대 초의 43%로 줄어들었으며, 대신 비물질적 재화의 생산 부문인 제3차 산업의 비중은 같은 기간 45%에서 57%로 상승하였다. 〈世界经济史〉下卷, p.27.

총액은 710억 달러이었는데, 1982년 4,052억 달러로 5.7배나 급증하였다. 이후 1992년에 1조 800억 달러에 이른 후 1997년 1조 2,950억 달러, 2001년 1조 4,400억 달러로 증가하였으며, 2004년에는 2조 1,000억 달러에 달하는 등 35년 동안 근 29배가 성장하였다.[035] 미국의 경우 이 시기(1980년대) 들어 해외 직접 투자에 있어 두 번째 중요한 변화가 나타났는데[036], 제조업 위주에서 '제조업과 서비스업이 병진하는 국면'으로의 전환이 그것이다. 1985년 서비스업이 미국의 해외 직접 투자 가운데서 차지하는 비중은 42.8%에 이르러 38.7%인 제조업을 앞서게 되었다. 이후 이 같은 비중은 서비스업에 더욱 유리한 방향으로 진행되었으며 양자 간의 격차는 시간이 갈수록 확대되었다.

표 2-8. 미국 정보산업의 GDP 중 차지하는 비중의 변화

년도	1967	1972	1985	1987	1990	2000
비중(%)	46	50	60	67	75	85

출처: [中]王滨, <科技革命与社会发展>, p.126.

이렇듯 과학기술의 진보와 함께 각국에서 새로운 서비스산업이 발전하고 국제 서비스무역이 신속히 발전하는 데는 다음 몇 가지 중요한 원인이 있다.

① 과학기술 진보와 생산력의 거대한 발전에 따라 산업의 구분이 날로 세밀화하고 이에 따라 산업 간의 상호연계 요구 역시 부단히 증가하였다. 그 때문에 이에 부응할 수 있는 각종 자문, 정보, 중개, 기술용역, 금융 등의 서비스에 대

---

035 위의 책, p.76. 여기서 국제 서비스무역은 경제수익을 획득할 목적으로 하는 비물질 제품의 국경을 넘는 교역 활동의 총칭을 의미한다.

036 미국의 해외 직접 투자에 있어 첫 번째 중요한 변화는 1970년 초반에 출현하였다. 기존까지 우위에 있던 광업과 석유채굴 등 원료 분야가 2위로 밀려나고, 대신 제조업에 대한 투자가 1위를 차지하였다.

한 요구가 높아지게 되었다. ② 수요의 각도에서 볼 때, 각국 소득수준의 향상에 따라 사람들의 소비에 대한 수요 역시 날로 세분화하였다. 이러한 다층적인 소비 수요는 서비스업을 크게 발전시키는 원동력이 되었으며, 이에 기초하여 선진 각국의 서비스업은 전반적으로 국민총생산에서 차지하는 비중이 60%를 넘어서게 되었다. ③ 국제관계에서 볼 때, 고도의 과학기술의 기초위에서 세워진 국제통신시스템은 국제적 경제 연계를 위해 편리한 조건을 창출하였으며, 사회적 생산과 경제교류 범위의 확대는 이 부류의 산업이 독립하여 전문성과 효율성을 한층 높일 것을 요구하였다. 이렇듯 국제통신시스템의 산업화로 국가와 국가 상호 간에 전문서비스를 제공하는 것은 바로 국제 서비스무역의 발전을 의미하였다. ④ 국제간 기술 무역의 발전 또한 빼놓을 수 없다. 1980년대 들어 선진국의 산업구조조정 과정에서 산업의 중심이 지식과 기술밀집형 산업으로 이전하였으며, 이와 상응하게 마이크로전자기술, 정보기술, 생물 기술 등 분야의 기술 특허권 양도가 각국 서비스무역 가운데서 매우 중요한 내용이 되었다.[037]

이처럼 국제 서비스무역이 1980년대 이래 신속히 발전하고 있는 기저에는 현대 과학기술의 발전이 그 바탕에 있음을 알 수 있다. 각국에서의 서비스업의 발전은 기존 제조업에 더해 새로운 산업과 부문을 형성케 하였으며, 또 다양한 기호를 갖는 수요층을 창출하여 국제적으로 업종 내 분업이 발전할 수 있는 매우 중요한 역할을 하였다.

다음으로 '차별화' 및 '규모의 경제'와 관련하여 살펴보자. 이는 업종 내 국제 분업이 성립하는 데 있어 경제주체의 **'전략 측면'**의 요구라고 할 수 있는데, 차

---

[037] 이상 국제 서비스무역의 신속한 발전 원인과 관련한 내용은 〈世界经济概论〉, pp.76-77 참조.

별화와 규모의 경제 양자는 상호 의존적이다. 즉 '차별화'만 가지고서는 부족하며 동시에 '규모의 경제'가 반드시 필요하다. 그 이유는 비록 차별화를 통해 어떤 특정 소비 집단의 요구를 만족시킬 수 있는 '틈새시장'의 개발에 성공한다손 치더라도, 그 같은 시장수요는 규모가 한정적이기 때문에 업종 자체가 본래 가지고 있는 '자본 밀집형' 성격에 부합되지 않는다.[038] 따라서 기업으로서는 이 같은 특수 수요에만 의존해서는 생존하기가 힘들다.

이 같은 딜레마는 오직 국제무역을 통해서만 해결될 수 있다. 즉 전 세계 각국에 흩어져 있는 이 제품에 대한 특정한 수요를 모두 합치면 마침내 '규모의 경제'를 이룰 수 있게 된다. 그 때문에 (틈새시장을 겨냥하는) **업종 내 분업은 처음부터 세계시장을 의식한** 생산을 할 수밖에 없으며, 이리하여 그것이 **성립하는 그 자체로써 국제 분업을 크게 발전**시키는 결과를 가져온다. 이는 국제 분업의 최고단계인 '기업 내 분업의 국제화'로 넘어가기 직전에 나타나는 국제 분업의 고차원적 형식이라고 볼 수 있다.

그러나 이처럼 제품차별화와 규모의 경제에 기초한 국제 분업은 안정성이 결여되고, '고정화'되기도 어려우며, 대신 각국 간의 치열한 경쟁을 유발한다. 왜냐하면 한편에선 새로운 과학기술의 진척에 기초하는 산업구조의 고도화 과정은 생각처럼 쉽게 이루어지지 않으며 때로는 수십 년의 기간에 걸쳐 완만하게 이루어지기도 한다. 이 과정에서 낡은 산업과 새로운 산업 간의 교체와 이전이 지체됨으로써 선진국과 후발 신흥공업국과의 격차가 좁혀지거나 겹치는 현상이 발생할 수 있다. 다른 한편에선, '차별화'에 유념한 동종 제품은 본래 경쟁국 상호 간의 기술 수준 격차가 그리 크지 않다. 즉 수평적 차별화의 경우엔

---

038 '업종 내 분업' 자체가 자본 집약적 분야에 있어 '고급 기술'에 기초한 것과 '중저가 기술'에 기초한 것으로 다시 분화된 것이라는 앞서 지적을 상기할 필요가 있다.

선진국 상호 간에, 수직적 차별화는 개도국 상호 간에 기술 수준 격차가 그리 크지 않다. 이 경우 '규모의 경제'를 누가 먼저 실현하여 제품 단가를 낮출 수 있는지가 경쟁의 관건이 된다. 그 때문에 규모의 경제를 먼저 구축하고 다른 후발국들이 신규로 참여하는 것을 배제하기 위한 경쟁이 가열화되며, 대규모 해외 직접 투자를 통한 현지 공장 설립이 활발해지는 등 국제독점자본의 발전이 촉진된다.[039]

이상 업종 내 국제 분업과 관련한 두 가지 요건은 국제적으로 보자면 1960년대에 이미 일차로 형성되기 시작하였다. 예컨대 1960년대 들어 먼저 선진국 간에 업종 내 국제 분업이 출현하였는데, 이 시기 서유럽과 일본의 다국적기업은 미국 본토에 대한 직접투자를 활발히 진행하였다. 이들 삼자 간 교차 투자의 활성화에 따라 다국적기업이 본격적으로 크게 발전한 것은 바로 그 같은 사정을 반영한다.

그러나 이 시기만 하더라도 업종 내 분업은 선진국 간의 수평적 차별화에 그쳤으며, 선진국과 개도국 간의 수직적 차별화는 아직 출현하지 않았다. 1980년대 들어서 선진국들이 차츰 새로운 서비스산업을 중심으로 한 산업구조 고도화에 성공함으로써 그 같은 분업이 출현할 수 있는 계기가 마련되었다. 그 같은 산업구조조정은 선진국 간의 교차 투자를 크게 확대하였을 뿐만 아니라, 다른 한편에서 그들은 1970년대의 노동집약형 산업의 이전뿐 아니라 구조조정을 주도한 미국을 필두로 점차로 철강·화학·조선·전자부품 등 대규모 자본 집약적 산업으로까지 개도국에 대한 설비 및 기술이전을 확대하였다. 이에 따라

---

[039] 예컨대 한국이 반도체·자동차·조선 등에서 성공을 거둔 것은 좋은 실례라고 할 수 있다. 한국은 이들을 전략 분야로 선정한 후 국가적 차원에서 자본과 자원을 집중적으로 지원하여 규모의 경제를 구축함으로써 이후 다른 경쟁국들을 물리칠 수 있었다.

선진국과 개발도상국과의 관계에 있어 새로운 수직적인 업종 내 국제 분업이 성립되게 되었다.

그리고 개발도상국 중에서는 그 이전 단계의 노동 밀집형과 자본 밀집형에 기초한 국제 분업을 통해 자본과 기술 축적에 일정한 성공을 거둔 일부 신흥공업국들이 이 같은 업종 내 국제 분업에도 참여할 수 있는 자격을 얻게 되었다. 제조업종에 있어 자본 밀집형이면서도 기술적 요구가 그리 높지 않은 산업 분야가 이들 신흥공업국의 새로운 진출목표가 되었으며, 또 이들은 앞선 선진국을 추격하기 위한 중간 단계로서 이 같은 업종 내 분업을 적극 활용하였다. 이들 신흥공업국에 속한 일부 독점자본들은 아직 공업화를 이루지 못해 자신보다 낙후한 국가들에 대한 자본수출을 시작하는 한편, 선진국의 보호 무역장벽을 뚫고 기술을 획득하기 위한 목적으로도 선진국에 대한 직접투자를 시도하였다. 이리하여 이 시기부터 개발도상국 내에서도 국제독점자본(다국적기업)이 활발하게 발전하기 시작하였다.

(4) 동일 제품 내 국제 분업-기업 내 분업과 국제 분업의 통일

이는 국제 분업의 최고 높은 발전 형태이다. 크게 보면 이 또한 업종 내 분업의 일종이지만, 그러나 그것이 '동종(同種)' 제품에서 '동일' 제품으로까지 한층 심화했다는 의미에서 국제 분업의 새로운 질적인 변화를 가져오게 된다.

이왕의 국제 분업은 보통 서로 다른 국가의 생산자가 전문적으로 어떤 제품이나 혹은 특정 부품의 생산에 종사하면서 국제무역을 통해서 상호 연결되는 것을 뜻하였다. 그러나 지구화 경제 시대에 들어서 새롭게 출현한 국제 분업은 대기업 혹은 기업집단이 각국의 생산요소 우세를 최대한 활용하여, 한 제품의 서로 다른 생산단계 혹은 공정을 각기 다른 국가에 배치함으로써 이루어진다. 이를 통해 기업은 전체적으로 생산요소 혹은 자원의 종합적인 우위를 추구할 수 있으며, 그 결과 **국제 분업은 '기업 내 분업'으로 전화**되고, **국제 분업과 기업 내 분업은 고도로 통일**되게 된다. 과거의 국제 분업이 생산과정에서는 자기 완결적인 독자적 형식으로 진행된 후 최종적으로 '국제무역'이라는 **유통단계**에 이르러서야 비로소 국제 분업이 실현되는 일종의 '간접적' 형식이었다고 한다면, 동일 제품 내 국제 분업 단계에 이르면 **생산과정**에서부터 무매개로 국제 분업이 직접 실현된다고 할 수 있다.

이 같은 국제 분업의 전형적인 실례는 미국 포드 자동차회사의 국제적인 생산 분업 체계를 들 수 있다. 예컨대, 이 회사의 차체와 차체 밑판은 프랑스에서 생산되고, 모터는 영국에서, 바퀴와 유리는 네덜란드에서 생산된다. 또 열쇠·방향판·연료탱크·앞바퀴는 독일에서 생산되고, 주유관은 노르웨이, 전동 가죽 벨트는 덴마크, 산열기와 스팀계통은 오스트리아, 차축과 바람막이 유리는 일본, 속도계는 스위스, 일반 차 유리와 실린더는 이탈리아, 공기정화기와 저지 및 후시경은 스페인, 차 음향계통은 캐나다에서 각각 생산된다. 기업 본부가 있는 미국에선 단지 차바퀴와 와이퍼만이 생산될 뿐이며, 마지막으로 영국의 헤일우드에서 최종 조립된다. 이렇듯 국제 분업은 기업 내 분업의 부속물이 된다.

이 유형의 국제 분업은 1990년대 이후 새로운 정보통신 혁명의 기술적 바탕 위에서 이루어진 다국적기업의 발전과 밀접한 관련을 갖는다. 물론 1960~70년대부터 미국의 일부 기업들이 멕시코와 동아시아 등에 부품공장을 세운 후 이로부터 생산된 부품들을 다시 국내로 들여와 완제품을 생산하는 식의 사례가 존재하였다. 그러나 이는 오늘날 지구화 시대의 시각에서 보자면 초보적 형태의 의미만을 갖는다고 할 수 있다. 그것은 지역에 있어 전 지구적 범위가 아닌 주로 미국 본토와 가깝거나 교통이 손쉬운 몇몇 지역에 국한되어 있으며, 또 생산 공정의 측면에서 볼 때도 가장 단순한 일부 부품의 생산 혹은 조립과정만이 해외로 분산 배치되었다.

이는 생산과정 일체뿐만 아니라 심지어는 연구개발(R&D)을 비롯해 최종적으로 판촉 활동에 이르기까지 경영활동 전반의 '가치 사슬(체인)'을 지구적 범위에서 분산배치 하는 오늘날의 기업 내 분업과는 많은 차이가 있다. 후자와 같은 수준의 동일 제품 내 국제 분업이 이루어지기 위해서는 여러 가지 정치·기술·사회적 조건이 필요하다. 예컨대 신속하고 안정적인 국제통신과 국제 운수, 국제 제품과 부품에 대한 통일적 표준 제정, 자유롭고 신속한 통관절차 및 안정적인 국제정치 질서가 그것이다. 이러한 조건은 1980년대까지는 아직 성숙하지 않았으며 1990년대 들어서야 비로소 하나씩 갖추어지게 되었다.

2.4.2 소결

이상에서 살펴본 바와 같이, **국제독점자본의 형성과 발전과정의 이면에는 국제 분업이 부단히 심화하고 확대하는 과정, 다시 말해서 생산의 국제화가 실현되는 과정이 동시에 존재**하고 있음을 알 수 있다. 여기서 양자 관계를 규정하자면, 국제 분업은 국제독점자본 운동의 기본전제가 되며, 이에 대해서 국제독점자본은 아직 잠재적 가능성으로만 존재하는 국제 분업을 현실화하는 데 필수적인 요소라고 할 수 있다. 이와 관련하여 다음 인용문은 참고할 만하다.

"자본주의 발전과정에 있어, 생산 국제화와 자본 국제화는 동일한 발전과정의 두 측면이다. 생산 국제화는 생산력의 발전이 민족적 테두리의 한계와 속박을 벗어나는 것으로 나타나며, 생산 사회화의 국제적 범위에서의 발전이고, 이로써 각국의 사회 재생산이 날로 교차하고 밀접해지게 되는 과정이다. 자본 국제화는 각국 자본의 순환과 회전이, 화폐자본·생산자본·상품자본을 포함해서 날로 국제화하는 과정을 반영하며, 자본주의의 세계적 범위 내에서 자본주의 생산관계가 날로 국제화하는 과정을 보여준다. 자본주의 조건에서 생산 국제화와 자본 국제화의 날로 강화되는 추세는 동시에 함께 진행되고 상호 촉진되며, 생산 국제화는 자본 국제화가 발전하는 기초이고, 자본 국제화는 생산 국제화가 발전하는 자본주의적 형식이며 변화상태이다."[040]

국제독점자본의 형성과 발전에 직접적인 영향을 주는 것은 자본수출, 생산 및 자본의 집중, 혹은 자본 간 경쟁과 같은 생산관계 범주에 속하는 요인들이다. 그러나 국제 분업과 같은 생산력 범주에 속하는 요인은 국제독점자본의 발전에서 근본적인 영향 혹은 전제조건을 제공한다. 예컨대 독점자본이 해외 직접 투자를 통해 개발도상국의 풍부한 노동력과 값싼 토지를 이용하여 높은 잉여가치를 획득한다손 치더라도, 그것의 최종적인 이윤 실현을 위해서는 국제무역을 활용하지 않으면 안 되는데, 이 같은 국제무역이 성립하기 위한 전제조건으로써 자본수출국과 자본 유입국(개발도상국) 간의 일종의 '국제 분업'을 상정하고 있다. 즉 농산물과 광산물 등 천연자원이나 노동집약적인 경공업 제품의 선진공업국에로의 수출, 그리고 이들 제품을 생산하는 데 필요한 기계설비 등 자본 집약적 공업제품의 수입과 같은 산업간 내지 업종 간 국제 분업의 존재가 바로 그것이다.

이러한 양자 관계는 개발도상국이 경제성장을 이룬 후에도 보통 시장과 기술을 선진국에 의존하게 된다는 면에서 기본적으로 유지된다. 그러나 이 경우

---

[040] [中]宋涛 陈耀庭 主编, 〈论国家垄断资本主义〉, p.199. 여기서 '자본 국제화'란 결국 오늘날 지구화 시대에 있어 국제독점자본의 형성과 발전을 의미한다.

일정한 변화는 발생한다. 한편에선 양자 분업이 산업 내 혹은 업종 내 분업으로 한 단계 고도화하고, 양자 간에 존재하는 비교우위 역시도 점차 천연자원의 유무나 저렴한 노동력의 보유 여부 위주에서, 자본과 기술 우위에 기초한, 즉 규모화 생산과 차별화 및 첨단 기술 독점에 기초한 것으로 변화한다. 그리고 개발도상국의 경제 발전이 진행됨에 따라 그 시장 규모도 확대하게 되며, 이에 따라 선진국의 고급품(기술과 지식 집적상품)에 대한 수입시장으로서 역할도 일정 수행하게 된다. 이에 따라 개발도상국은 선진국의 다국적기업 내의 지구적 분업 체계를 통해서 새로운 역할을 부여받는다.

이처럼 국제 분업이 국제독점자본의 발전에서 기본전제가 된다는 사실은 선진국들 상호 간의 관계에서도 마찬가지다. 예컨대 1950년대 미국 다국적기업이 서유럽 시장에 진출할 수 있었던 이유는, 당시 미국 기업들의 과학기술과 관리 수준 등 전반적인 생산력 수준이 서유럽 각국에 비해 월등히 높았으며, 이로부터 양자 간 노동집약형과 자본 밀집형에 기반을 둔 비교우위가 발생하였던 데에 기인한다.[041] 그리고 1960년대 이후 '쌍방향' 투자가 이루어졌던 것은 당시 과학기술혁명의 진전에 따라 새롭게 서비스업 등이 발전하면서 '제품 차별화'와 '규모의 경제'에 입각한 수평적인 업종 내 분업이 가능해졌기 때문이다.

---

041 종전 후 초기와 1960년대에, 미국 다국적기업은 서유럽 각국의 경제회복 및 신흥 공업 부문의 형성에 상당히 기여했다. 서유럽에 직접투자를 수행한 미국 기업은 일반적으로 모두 실력이 강하고 기술이 선진적인 대기업들로, 그들은 자신의 선진적 기술을 이용해서 서유럽 각국에 많은 신흥 공업 부문을 창설하였다. 예컨대 서유럽의 석유화학공업·합성섬유·인조 아교·전자 공업 등은 모두 미국 자본이 세운 것들이다. 미국 회사는 서유럽에 선진기술과 공예를 제공하는 동시에, 선진적인 과학관리기법도 대동하여 현지 기업의 경영관리 수준이 제고되도록 하여 서유럽 각국의 경제 효율성과 노동생산성 향상 및 국제 경쟁력 강화에 기여하였다. 또 다국적기업이 현지에 투자하여 공장을 설립함으로써 취업 기회를 증가시켜 당시 서유럽 국가들의 심각한 실업문제를 완화하는 데도 도움을 주었다. 마찬가지로, 1970년대 이래 서유럽과 일본 다국적기업의 경쟁력이 신속히 제고됨에 따라 그들은 미국에 대한 직접투자를 강화하였는데, 일부 대기업은 의약·화공·전자·기계 부문의 선진기술을 미국에 들여와 미국의 일부 공업 부문의 설비가 갱신되고 산업구조조정이 촉진되도록 하였으며, 미국의 국제수지를 개선하고 실업 압력을 줄이는 데 적극적인 역할을 하였다. 〈世界經濟史〉 下卷, p.390 참조.

이처럼 국제 분업은 시종 국제독점자본이 전 지구적 공간을 무대로 자신의 축적 운동을 전개할 수 있는 전제조건을 제공한다. 역으로, 위의 각종 비교우위에 기초한 국제 분업이 실제 현실화하는 데 있어 국제독점자본의 역할 또한 빠트릴 수 없다. 이들은 아직 경제 발전이 채 이루어지지 않은 개발도상국에 필요한 자본과 기술 및 생산설비를 제공하고, 또 생산된 제품에 대해서 국제적인 판로를 열어주어 이들이 초기 자본축적을 이룰 수 있게 하였다. 또 선진국 간에 실제 수평적인 업종 내 분업이 현실화하는 데도 그들 상호 간 '쌍방향' 투자를 통한 다국적기업의 활발한 진출이 필요하였다. 그 때문에 **국제 분업과 국제독점자본은 상호 분리할 수 없는 의존관계**를 이룬다고 할 수 있다.

이상의 사실은 국제독점자본의 기초가 본질적으로 **생산과정 즉 국제 분업**에 있으며, 산업자본 운동은 지구화 시대인 오늘날에도 여전히 중심적인 위치를 차지할 수밖에 없음을 시사한다. 이러한 측면에서 볼 때, 마치 지구화 시대에 산업자본 운동과 아주 동떨어진 별도의 금융(업)자본 운동 내지는 그것의 통치를 상정하는 것은 자본에 대한 신비화에 지나지 않는다.

2.5. 다국적기업 내 분업과 국제 분업

지금까지 선진국이나 개발도상국과 같이 '국가'를 단위로 한 국제 분업에 대해 살펴보았다. 여기서는 주로 국제독점자본이 국가에 의해 결정되는 국제 분업에 적응하는 측면이 강조되었다. 그러나 국제독점자본은 이처럼 주어진 국제 분업에 피동적으로 적응할 뿐만 아니라, 스스로 국제 분업의 발전과 심지어는 그 형식의 결정에 있어서 날로 중요한 역할을 담당한다. 이로부터 오늘날 국제독점자본의 현실적 담체(擔體, 실체)인 다국적기업 내의 분업과 국제 분업과의 관계가 중요한 연구 대상으로 떠오른다. 다국적기업은 오늘날 각국의 자연자원과 생산요소 및 사회문화 등의 차이를 최대한 활용하는 경영전략을 펼치는 과정에서, 지구적 차원의 자원 배치의 효율화를 가져오는 동시에 국제 분업의 성격을 질적으로 변화시키고 있다.

다국적기업이 국제 분업에 기여하는 방식에는 크게 두 가지가 있다. 하나는 다국적기업이 '국제무역'이라는 거시적 차원에서 '국가 간 이미 형성된 기본적인 분업 형태'에 피동적으로 참여하는 방식을 통해서이다. 다른 하나는 다국적기업이 전 세계에 포진한 자신의 자회사와 연구소 등 기업 내 분업 관계를 통해서 국제 분업에 영향을 미치는 방식을 통해서이다. 역사적으로 볼 때 다국적기업과 국제 분업의 관계는 **국제무역을 '매개'로 한 방식에서 직접적인 기업 내 분**

업으로 발전해 왔다.[042] 이하에서 그 진행 과정을 살펴보기로 하자.

2.5.1. 지구화 시대 이전

제2차 세계대전 종식 후 1950년대 초반까지, 다국적기업이 해외에 설립한 자회사 수와 생산하는 제품의 종류는 그리 많지 않았다. 그 때문에 본사와 자회사 간에는 단일한 **횡적인 다국적 경영구조**를 채택하였는데, 그것은 다국적기업 내부에 아직 전문화한 분업을 형성하지 않았음을 의미한다. 실제로 본사와 해외에 분포하는 자회사는 모두 독립적으로 하나의 제품을 생산하였으며, 서로 간에 경영업무 상의 연락은 별로 없었다. 본사는 다만 해외 자회사의 주식을 통제함으로써 정기적으로 배당을 얻는데 머물렀으며, 자회사는 본사의 경영전략에 따라 현지 상황에 맞추어 자율적인 생산과 판매방침을 채택할 수 있었으며 비교적 큰 자율권과 독립성을 누렸다. 1950년대 중반까지 서구 국가들은 대략 절반 이상의 다국적기업들이 모두 이러한 횡적 경영구조를 채택하였다.[043]

---

042 다국적기업 내 분업 역시도 '국제무역'을 필요로 한다는 점에서는 '국가 간 국제 분업'과 다를 게 없다. 오히려 다국적기업 내 분업이 발전할수록, 현실에서는 그 자회사 간 내부 무역 때문에 국제무역 역시 더욱 활기를 띠게 된다. 그러나 다국적기업 내 분업과 국가 간 국제 분업은 겉으로는 똑같이 '국제무역'을 필요로 한다고 치더라도, 그 성격에 있어 매우 다르다. 다국적기업 내 분업의 경우, 본사의 주도하에 각국의 자본·기술·노동·원료·시장 등의 생산요소와 시장 요소의 상태를 충분히 고려하여 그 부분적인 공정들을 적절히 각국에 배치(즉 국제적 생산 분업을 실행)한 후, 최종적으로 다시 이들을 종합하여 완성품을 만든다. 그 때문에 **'국제무역'이 이루어지기 이전인 '생산과정'에서부터 이미 국제 분업은 실현**된다. 이에 반해서 '국가 간 국제 분업'의 경우, 기업은 처음부터 자신이 소재한 국가의 현존하는 생산요소 상태의 근본적인 제한을 받고 먼저 그 한계 내에서 최종적인 완제품을 제작한 후(즉 일국 내적인 생산 분업을 수행), 다시 이것을 다른 나라에 수출한다. 이렇게 되면 국제무역이 이루어진 이후라야 비로소 '결과적'으로 국제 분업이 실현되게 된다. 그 때문에 양자의 '국제무역'에 대한 의존은 그 성격상 근본적인 차이가 있다.

043 〈世界経済史〉下卷, pp.386-388.

이 같은 상황은 앞서 소개했던 국제 분업에서의 초기 형태인 '산업 간 분업'에 대체로 조응하였다. 이 형식에선 원료 산지와 공업 국가 간의 국제 분업이 주요한 것이었으며, 당시 다국적기업은 주요하게는 원료 산지를 중심으로 진출하였으며, 설령 제조업의 경우일지라도 식품·방직·의류업 분야의 다국적기업이 주를 이루었다. 그 때문에 다국적기업은 기술 수준에서나 수적으로나 그 발전은 매우 제한적이었고, 공간적 범위에서도 일부 특정 지역으로 한정되어 있었다. 이 같은 양적 발전의 한계는 다국적기업 내부 분업형식을 매우 단순한 것으로 만들었다. 여기서는 각국과 세계 각 지역에 흩어져 있는 각종 생산요소를 효율적으로 이용하기 위한 경영전략은 별반 생겨날 여지가 없었다. 다국적기업은 단지 피동적으로 주어진 국제 분업의 형식에 순응하면서, '현지 시장 확대'라는 비교적 단순한 기업의 경영 목표를 추구하였다.

1960~70년대 들어 국제 분업의 형식에서 산업 내 분업의 초기 형태인 '업종 간 분업'이 활성화되었으며, 선진국 간에는 산업 내 분업의 진일보한 발전 형태인 '업종 내 분업'도 활발하게 진행되었다. 이 유형의 국제 분업에서는 '노동 밀집형'과 '자본 밀집형'의 분화에 기초한 국제 분업과 '제품차별화'와 '규모의 경제'에 따른 국제 분업이 발전하게 된다. 다국적기업으로서도 이제 해외 자원의 활용을 고려함에 있어 천연원료자원 이외에도 값싼 노동력·자금·기술·시장이라는 기타 요소들이 대폭 증가하게 되는 셈이다. 이에 따라 다국적기업의 해외 지사와 자회사의 수 및 진출 공간과 부문 등이 이 무렵 모두 대폭 증가하게 되었으며, 이들 해외조직을 총괄하는 경영전략이 새로운 과제로 떠오르면서 중시되게 되었다. 이리하여 전후 초기 다국적기업의 국부적인 지역경영 전략에 대비되는 새로운 경영전략과 경영구조가 등장하였다.

이 시기 들어 가장 먼저 나타난 것은 1960년대에 유행했던 **수직적인 다국적 경영구조**이다. 이 시기의 다국적기업은 이전 시기와는 달리 각 해외 자회사가 독립적으로 하나의 제품생산을 완성할 것을 더 이상 요구받지 않게 되었다. 그 대신 자회사의 국제적인 배치와 제품의 전문화 생산을 통일시키는 수직적인 분업방식을 채택하였는데, 즉 원재료·부속품·최종제품을 제공하는 각종 자회사가 그 목적에 가장 유리한 국가와 지역에 설립되어 합리적으로 자원을 분배하고, 각각은 현대화 생산설비를 이용한 대규모의 전문화 생산을 실시하였다.

이리하여 대체로 1960년대 중반까지의 다국적기업들은 일반적으로 모두 엄밀한 권력 집중형의 관리체제를 채택하였는데, 이 같은 경영구조하에선 다국적기업의 본사는 전체 회사의 투자계획·생산배치·가격 결정·이윤 분배 및 다른 중대한 전략 결정에 대해 모두 집중적인 통제를 실시하였다. 본사의 목표가 모든 것 위에 있었으며, 어떤 지부나 자회사도 모두 필히 본사가 설정한 경영 목표와 글로벌 전략에 따라 자신의 계획을 수립하고 기업 전체의 이익에 복종해야 했다.[044]

다국적기업이 이 같은 수직적 일원 구조를 채택한 것은 다음과 같은 사정을 반영하였다. 첫째, 1950년대에 비해서 다국적기업의 업무 활동이 날로 증대하고 제품 종류가 날로 다양화되었으며, 여기에 더해 국제 경쟁이 갈수록 격화되었다. 둘째, 이와 함께 이 시기의 제품생산은 아직 '포드주의적' 표준화된 대량생산체계에 입각하였던 만큼, 오늘날의 다품종·유연 생산체계와 비교할 때 아직 상대적으로 단순하였다고 볼 수 있다.

다국적기업의 경영 및 기업분업과 관련한 두 번째 중대한 변화는 1970년대 들어 출현하였다. 이 시기에 자본주의 국가는 보편적으로 부문과 업종을 뛰어넘는 **혼합합병**의 고조가 일어났는데, 이에 조응하여 다국적기업의 해외 업무

---

044 이상, 〈世界经济史〉 下卷, p.387.

규모도 한층 확대되었으며 경영하는 제품 종류도 더욱 많이 늘어났다. 이에 따라 각종 부문과 업종의 활동이 밀접하게 교차하면서 점점 더 **혼합적인 다각 경영구조**를 갖는 다국적기업들이 출현하였다.[045]

이 같은 구조하에선 본사와 자회사는 서로 다른 제품을 생산하고 때로는 서로 다른 업종을 경영하기도 하였다. 이들 업종과 제품 간에는 유기적인 연계도 없고, 또 서로 맞물리지도 않았다. 예컨대 미국의 유명한 혼합 다각경영을 수행하는 다국적기업인 '제너럴 일렉트릭(GE)'은 원래 전신 기재의 경영을 주요 업무로 삼았다. 그러나 이 기업은 1970년대 이래 여러 차례 혼합합병을 거치면서 그 경영범위가 이미 건축·화학섬유·군수품·석유·자동차부품·식품·여관·부동산·병원·보험·도서 출판 등 많은 업종으로 확장되었다.

다국적기업이 이처럼 날로 종합적인 다각화 경영의 방향으로 발전하고 규모가 방대한 혼합적인 연합기업으로 변신함에 따라 그 경영관리체계 또한 변화할 수밖에 없었다. 즉 고도로 집중·통일된 관리와 분권적 경영을 결합한 '**이원적 중심**'의 관리체계가 채택되었다. 이에 따라 한편에선 중요한 정책결정권과 관리권을 회사 이사회와 총 관리부에 집중시켜 본사가 통일적인 지휘를 수행하면서, 다른 한편 융통성 있게 치러야 할 구체적인 배치와 경영업무는 각 소속 지사와 자회사로 분산시켰으며 책임을 밑에서 위로 나누어 분담토록 하였다. 이렇듯 '이원적 중심'의 관리체제를 채용하는 다국적기업은 그 자회사의 투자·생산·판매·자금 조달·이윤 분배와 인사 배치 등 중대한 결정은 여전히 본사가 결정하였지만, 각 자회사는 본사가 지시한 구체적 임무를 완수한 후 자체

---

045 위의 책, p.389. 미국 재무부의 1982년 통계자료에 따르면, 1965년 미국의 혼합경영구조를 채택하는 다국적기업은 전체 기업 총수의 14.1%를 차지하였음에 비해, 1970년대 말에 이르면 이러한 다국적기업 비중이 25.4%로 상승하였다.

적으로 제품의 생산량을 증가하고 신제품의 개발연구를 진행할 수 있었다.[046]

1960~70년대 다국적기업의 경영구조에서 이처럼 '수직적인 다국적 경영구조'와 '혼합적인 다각 경영구조'가 출현한 것은, 국제 분업에서 다국적기업의 능동적 영향력이 이전 시기에 비해 한 단계 강화된 것을 의미한다. 이 시기 다국적기업의 숫자가 급격히 증가하였는데[047], 이들의 자회사와 해외기구들이 세계 각지에 더 많이 분포하게 됨에 따라 그곳의 각종 생산요소를 능동적으로 활용하기 위한 경영전략이 날로 중시되게 된 것이 그 배경이다.

하지만 이 시기 다국적기업은 국제 분업에서 아직 결정적인 요소가 되지 못한 채 **그 주도권은 여전히 국가**에 있었다. 그 원인은 이 시기에 '지구적 단일시장'의 성립이 아직 이루어지지 않았기 때문이다. 그 때문에 국가 간의 각종 장애 요소 때문에 노동·자본·기술 등 생산요소의 국경을 넘는 자유로운 흐름은 아직 실현될 수 없었으며, 국제시장은 여전히 각국의 일국 시장에 복속된 채 제한적으로 그것을 보완하는 의미만을 부여받았다. 이 같은 상황에서 국제 분업을 결정하는 일차적 단위는 자연히 국가일 수밖에 없었으며, 국가 간에 거시적 큰 틀에서 '국제무역'을 매개로 한 산업 간 내지는 산업 내 분업의 형식이 결정된 연후라야 다국적기업은 그에 순응하는 방식으로 자신의 상대적인 자율성을 확보할 수 있었다.

---

046 위의 책, pp.387-388.

047 유엔 통계에 따르면, 1968년에 1개 이상 해외 지사를 가진 전 세계 다국적기업의 수는 7,276개, 그들의 해외기구는 2만 7,300개였다. 1977년에 이르러 이들 수치는 각각 1만 727개와 8만 2,266개로 증가한 후, 1980년에는 다시 1만 5,000개와 10만 4,000개로 증가한다.

2.5.2. 지구화 시대의 다국적기업 내 분업

1980년대 이후 지구적 단일시장이 점차 형성됨에 따라 국제 분업에 있어서도 중대한 변화가 나타났다. 특히 1990년대 들어 출현한 다국적기업이 중심이 된 새로운 형식의 국제 분업인 '**지구적 공급 체인**(Global Supply Chain)'은 이 같은 변화를 잘 보여준다. 이 형식은 이후 이론과 실천을 통해서 많은 세계적인 다국적기업들이 추구하는 모델이 되었다.

'지구적 공급 체인' 이론의 기원은 1990년대 초 미국 리하이대학(Lehigh University)의 한 보고서로 거슬러 올라간다. 이 보고서가 나오게 된 배경과 관련하여 먼저 당시 미국 기업들이 보편적으로 직면한 문제를 이해할 필요가 있다. 1970년대 이래 기업들의 외부 환경에는 다음 세 가지 측면에서 중대한 변화가 발생하였다.[048]

첫째, 시장수요가 복잡하고 다양해졌으며 그 변화 속도가 매우 빨라졌다. 시장수요의 이러한 변화는 기업이 제공하는 제품과 서비스에 대한 고객들의 다양화와 개성화된 요구뿐만 아니라, 속도에 대한 날로 높아지는 요구로도 표현되었다. 이는 신상품의 생명주기를 점점 짧게 하는 결과를 가져왔는데, 이 같은 시장의 신속 다변성은 기업 경영의 불확실성을 증가시켰으며, 속도와 시간이 과거의 가격과 질량을 대신해 경쟁의 제일 요소로 되도록 만들었다.[049]

---

048 이하 '세 가지' 관련 내용은, [中]刘刚 等著, 〈后福特制-当代资本主义经济新的发展阶段〉, p.2 참조.

049 '속도 경제성'은 하이테크산업의 다국적기업 간의 경쟁에서 중요한 의미를 지닌다. 반도체 집적회로를 예로 들자면, 집적회로는 미국 다국적기업이 가장 먼저 발명하고 응용하였는데, 집적도의 제고에 따라 대규모 집적회로 역시 미국의 다국적기업이 가장 먼저 연구를 시작하였다. 그러나 일본 다국적기업들은 비록 뒤늦게 뛰어들기는 하였지만, **미국보다 1년 앞서 대규모 집적회로의 연구와 개발 및 산업화를 완성하여 규모의 경제성을 획득**하였다. 그러나 훗날 초대규모 집적회로와 그 기초위에서 성립한 마이크로프로세서 분야에서는 미국 인텔사에 선두를 빼앗겨 인텔사가 '속도 경제성'을 획득하였다.

둘째, 경제 일체화의 신속한 발전 특히 1990년대 들어 지구적 통일시장의 성립은 상품과 생산요소의 전 지구적인 범위에서의 자유로운 이동을 크게 촉진시켰다. 이 같은 배경에서 기업의 외부 자원의 통합능력과 유연한 제조 능력은 지속적인 경쟁 우위를 획득하는 데 있어 날로 중요한 조건이 되었다.

셋째, 정보통신기술의 광범위한 응용은 기업의 전통적인 경쟁과 협력 방식을 바꾸도록 만들었다. 새로운 시장 조건에서 고도로 수직적으로 일체화한 전통적인 생산조직 방식은 시장변화나 발전에 적응하기가 어려웠다. 신속히 변화하는 시장에서 기민하게 기회를 포착하기 위해서는 기업은 네트워크화한 협력조직들을 통해서 자원의 외부 통합능력을 제고힐 깃이 요구되었다.

이상의 기업 경영환경 변화에 비추어 볼 때, 기존의 전통적인 포드주의 방식은 새로운 시장 상황에 걸맞지 않다는 점이 누구의 눈에도 분명했다. 과거 대량생산체제 속에서 탄생한 포드주의는 고객수요보다는 생산과 제조의 측면을 강조하였으며, 문제의 출발점을 어떻게 하면 생산원가를 낮출 것인지에 맞추었다. 규모의 경제를 실현키 위한 거대한 시설투자 때문에 새로운 기술변화에도 상대적으로 둔감하였다. 왜냐하면, 막대한 고정투자 비용을 회수하기 위해선 통상 4~5년 이상의 기간이 필요하였기 때문이다. 그리고 조직 형태에서도 수직적인 일체화한 경직된 관료조직을 취함으로써, 이 또한 주변 환경의 신속한 변화에 적응하는 데에 불리하였다.

1970년대 들어선 이후 변화하는 시장 환경에 직면하여 기업이 생존하는 유일한 길은 날로 축소되는 상품 주기에 맞추어 지속적인 혁신을 추진하는 것이었는데, 이 경우 기업들은 또 다른 딜레마에 마주쳤다. 즉 이처럼 지속적인 창의와 혁신을 할 경우, 어떻게 동시에 규모와 범위의 경제를 실현할 수 있는지의 문제에 직면하게 된 것이다. 비록 속도의 경제가 중요하다고는 하나, 다른 한편에선 원가절감 등 가격 요소 역시 무시할 수 없었기 때문이다. 고객들은 다양한 상품들을 신속히 제공할 것을 요구할 뿐만 아니라, 또한 값싼 상품을 당연히 선호하였다. 기존의 생산방식을 대변했던 포드주의는 이 같은 모순적인 요구에 해답을 줄 수가 없었다.

경제 지구화 시대를 맞이하여 이상의 기업 환경의 중대한 변화, 그리고 보다 직접적으로는 당시 미국경제가 직면했던 일본 제조업과의 심각한 경쟁에 대한 대책 마련을 위해서 미국 의회는 1991년 리하이대학의 아이코카 연구소에 의뢰하여 〈21세기 제조기업의 전략〉이라는 보고서를 작성토록 하였다. 리하이대학은 국방부·공업계·학술계 대표들을 초청하여 13개 대기업을 주축으로 삼고 100여 개 기업이 참여하는 합동 연구 소조를 구성한 후, 수년간의 연구를 거쳐 '**민첩 제조**'(Agile Manufacturing, 약칭 **AM**)라는 신개념을 창조하여 향후 21세기 제조방식에 대한 전망을 내놓았다.

보고서의 결론은 지구적인 경쟁으로 인하여 시장변화가 너무 빨라졌기 때문에, 개별 기업이 자신 내부 자원을 재조정하는 것에 의해서는 시장변화 속도를 따라갈 수 없다는 것이다. 이처럼 기업의 생존과 발전에 영향을 주는 세계적인 문제를 해결하기 위해서 '가상기업(virtual corporation)', 혹은 '동태적 연맹'을 기초로 하는 '민첩 생산 모델'을 제창하였다. 여기서 '민첩 생산'이 대면하는 것은 지구화한 경쟁이 격렬한 '수요자 우위' 시장이다. 이 때문에 신속히 재조직할 수 있는 생산 단위로 구성되는 수평식 조직을 채택하여, 충분히 자치적이고 분산적인 협력적인 작업방식으로 기존의 피라미드식 다층 구조의 관리를 대체하여야 한다는 것이다. 이를 통해 내부적으로는 직원들의 창조성을 발휘하는 데 역점을 두며, 다른 기업과는 서로 생사를 건 경쟁을 하면서도 또한 협력하는 공생관계를 동시에 추구하도록 하는 것이다.

이처럼 '민첩 제조'가 출현한 배경에는 경쟁이 갈수록 격렬해지는 수요자 우위의 통합된 지구적인 시장이 존재한다. 이 보고서가 나온 후 미국을 비롯한 서구 선진국의 많은 다국적기업은 전통적인 수직적 계열화의 경영방식을 포기하고, 그 대신 네트워크화를 통해 외부 자원을 통합하여 시장수요에 재빨리 대처하는 방식으로 전환하였다. 이 '민첩 제조'의 정신은 오늘날 국제 분업에 있어 흔히 볼 수 있는 **국제적 아웃소싱(외주화)**의 보급을 낳았다. 이 '민첩 제조' 개념은 이후 더욱 보완되고 다듬어져서 **지구적 공급 체인**(Global Supply Chain)'이라는 개념으로 발전하였다.

여기서 '지구적 공급 체인'을 먼저 정의하자면, 그것은 상품이나 서비스의 가치를 실현키 위해 생산·판매·회수처리 등의 과정을 연결하는 국제적인 다국적기업의 네트워크 조직이라 할 수 있다. 즉 이 개념은 원료의 구입과 운반 그리고 반제품과 완성품의 생산과 판매에서 최종적으로 소비와 회수처리에 이르기까지의 전 과정을 그 안에 포괄하고 있다. '지구적 공급 체인'의 각 부분은 가치 창출의 측면에서 보면 하나의 연속적인 과정이지만, 공간상으로는 몇 개의 국가 혹은 세계 각 지역으로 따로따로 분리되고, 그 책임 단위도 자사 내부 기업뿐만 아니라 외부의 협력업체까지를 포함한다.[050]

일반적으로 거대 다국적기업은 이러한 '지구적 공급 체인'의 총관리자가 되는데, 이 경우 성공적인 외부 자원의 통합주체가 되기 위해서 연구개발 부문과 함께 핵심 부품의 생산만을 붙잡고 나머지는 모두 다른 기업에 외주를 주는 것이 일반적이다. 그 경우 다른 기업의 자원을 활용하여 제품의 출시를 빨리할 수 있으며, 임금 원가를 낮추고 자신이 직접 투자할 경우 초래되는 시설의 건설

---

[050] [中]谢家平 魏航 共著, 〈跨国公司全球供应链运营模式〉, p.27. '지구적 공급 체인'의 보다 엄밀한 정의는 다음과 같다. "지구적인 공급과 수요 및 물류와 서비스 시장에 직면하여, 전 지구적 범위에서 적합한 납품업체와 판매상 그리고 물류와 서비스업체를 선정하여 기업의 공급 체인을 조직·통합하고, 기업의 공급망과 판매망을 부단히 해외로 연장함으로써, 전 지구적 범위에서 자원을 획득하거나 혹은 지구적인 시장수요에 반응하는 속도를 제고하는 방식으로 매출액을 증가시키는 것을 말한다." 위의 책, p.27.

주기 문제와 고정투자 부담을 피할 수 있어 그것을 주도하는 다국적기업은 여러 방면에서 경쟁 우위를 얻게 된다.

이리하여 서구 선진국 기업들은 1990년대 초반부터 전통적인 수직적 계열화의 경영방식을 포기하고, 네트워크화를 통해 외부 자원을 통합하여 시장수요에 대처하는 방향으로 조직혁신을 전개해 나갔다. 이 시기 급속히 발전한 인터넷과 전자상거래의 응용은 의사소통의 속도와 효율을 가속화 함으로써, **기업 간의 경쟁은 점차 공급 체인 간의 경쟁**으로 옮겨가게 되었다.[051] 이렇듯 지구적 공급 체인 개념에 입각한 전략적 아웃소싱은 기업이 원가를 신속히 줄일 수 있는 예리한 무기가 되었으며, 현재는 이미 국제적으로 제조 업무만을 전담하는 계약 제조상(CEM)이 창립되어 전 세계를 대상으로 활약하고 있다. 대표적인 계약 제조상으로는 대만의 팍스콘(Faxcon), 미국 소렉트론(Solectron), 중국의 위스트론(Wistron) 등을 꼽을 수 있다.

이처럼 '지구적 공급 체인' 개념은 '**국제성**'이라는 공간 요소를 내재적 필연성으로 포함하고 있다. 즉 한 상품의 순환주기(그리고 이것이 반영하는 개별 자본의 순환주기)인 '연구개발-제조-유통-판매' 전 과정에서 이 국제성이 관통하고 있으며, 또한 그 가장 핵심적인 위치를 차지하고 있다. 이는 과거에 제품이 그 실현 단계나 제조과정에서 우연적으로만 국제성의 요소가 개입되던 사정과는 질적으로 구분된다. 이렇듯 **국제 분업이 '지구적 공급 체인'을 출현시키는 단계**에 이르러서는, **자본의 재생산 운동**은 더 이상 일국적일 수 없게 되며 그야말로 머리부터 발끝까지 **진정한 '국제적'인 것**이 된다.

'지구적 공급 체인'은 또한 다국적기업 중심의 국제 분업이 오늘날 국가 간 국

---

[051] 위의 책, p.154.

제 분업을 대신해서 **주도적 형식**이 되었음을 보여준다. **지구적 경제 일체화의 수준**은 국제 분업의 주도권을 국가와 다국적기업 중에서 어느 쪽이 갖는지를 결정토록 하며, 그 역(逆) 또한 성립한다. 즉, 지구화의 진척 수준이 낮을수록 국경을 넘는 생산요소의 자유로운 이동은 어려우며, 이에 따라 국제무역과 자본이동을 통제할 수 있는 권한을 지니는 국가의 규정성이 높아진다. 반대로 지구화의 진척 수준이 높을수록 생산요소의 자유로운 이동이 가능해지고, 이에 따라 국가의 권한이 축소되는 대신 다국적기업의 국제 분업에 대한 규정성은 높아진다.

위 명제의 역이 주는 의미 또한 적지 않다. 즉, 우리는 국제 분업의 주도권을 국가와 다국적기업 중 누가 갖는지를 통해서 지구적 경제 일체화의 진행 정도와 그 수준을 판단할 수 있다. 오늘날 다국적기업이 주도하는 국제 분업의 성립은, 그 같은 근본적인 변화를 가져오는 결정적인 요인으로써 다름 아닌 '**지구적 통일시장**'의 객관적인 존재를 입증하여 준다. 같은 지구화 시대임에도 우리가 굳이 1980년대와 1990년대를 구분하는 이유가 여기에 있다. 1980년대까지만 하더라도 수평적 혹은 수직적인 업종 내에서의 국제 분업의 발전에도 불구하고 아직 단일한 지구적 시장이 성립되었다고 보기 어려우며, 1990년대 들어선 이후라야 비로소 그것이 성립되었다고 할 수 있다.

그 때문에 1980년대의 다국적기업의 눈부신 양적 성장에도 불구하고 국제 분업의 주도권은 여전히 다국적기업이 아닌 국가의 손에 쥐어져 있었으며, 그 주요한 형식 역시도 다국적기업 내 분업이 아닌 국가 간의 국제무역을 매개로 한 국제 분업이었다. 그러나 1990년대 이후 지구적 단일시장의 성립과 '지구적 공급 체인'의 전면적인 발전은 다국적기업이 점차 국제 분업에서 국가를 제치고 결정적인 역할을 하도록 만들었다.

다국적기업 내 분업 혹은 '지구적 공급 체인'처럼 다국적기업이 주도하는 국제 분업은 사실상 국제 분업 전반의 구도를 **혁명적**으로 바꾸는 역할을 한다. 그간 국가 간의 국제 분업으로 분류되었던 산업간 국제 분업, 업종 간 국제 분업, 그리고 업종 내 국제 분업들은 이제 다국적기업을 중심으로 한 기업 내부의 국제 분업 형식으로 많은 부분 재포섭되게 되었으며, 이에 따라서 그 의미도 새롭게 부여받게 되었다.

'국가 간 국제무역을 중심으로 한 국제 분업'과 '기업 내부 분업을 매개로 한 국제 분업' 양자는 사실 현실에서 완전히 상호 구별되는 것은 아니며, 많은 부분 상호 교차한다. 또 일부 통계에 따르면, 다국적기업 내부와 다국적기업 상호 간에 발생하는 국제무역이 세계무역의 2/3 이상을 점하는데, 그중 각국에 펼쳐져 있는 자회사와 모회사 등의 **내부거래**(미국을 실례로 들 경우)만도 40%를 차지한다.[052] 이로부터 알 수 있듯이 다국적기업 중심의 국제 분업의 비중은 현재 이미 매우 높으며, 앞으로도 계속해서 높아질 전망이다.

---

052 〈世界经济概论〉, p.109. 〈世界经济史〉下卷 p.392.

2.6. 국제독점자본과 국적 문제

지구화 시대에 들어 자본의 '국적' 문제가 심심찮게 화제에 오르내리고 있다. 현실에서 자본의 '민족성(국적성)'은 여러 측면에서 실제 약화하고 있는 것처럼 보인다. 예컨대, 세금 포탈을 위해 다국적기업들이 기업등록을 조세 피난처에 하는 일이나, 2012년 프랑스에서 올랑드 사회당 정부가 들어선 후 부자들에 대한 세금 징수를 강화하자 아르노 루이뷔통 회장과 안경 사업으로 부자가 된 알랭 아플루 등 프랑스 부자들이 세금을 피해서 벨기에나 영국 등으로 자신의 국적을 바꾸는 일 등이 그것이다.

또 FTA와 투자자유협정 등 각종 쌍무 혹은 다자간 국제협정은 각국 정부의 중립성을 강제하고 국제자본에 대한 국민적 대우를 승인케 하고 있으며, 심지어는 '투자자-국가제소권(ISD)' 조항을 두어 국가의 주권 행사를 상당 정도 제약시키기까지 한다. 이에 따라 자본은 태생적으로 민족국가를 배경으로 한다는 기존 관념은 오늘날에 와서 설득력을 잃어가고 있다. 실제 유럽 단일화폐를 성립시키고, 더 나아가 유럽 통합정부의 궁극적 수립을 추진하는 가장 강력한 세력은 다름 아닌 유럽 각국의 독점자본들이라 할 수 있다. 앞서 살펴본 대로 지구적 단일시장은 이미 초보적으로 성립되었으며, 거대 다국적기업이 주도하는 '지구적 공급 체인'은 오늘날 국제 분업이 도달한 높은 수준을 보여준다.

그러나 이러한 모든 사정에도 불구하고, 오늘날 국제독점자본은 여전히 기본적으로 그 민족성을 탈피할 수 없는 이유가 있다.

첫째, 국제독점자본이 되기 위해서라도, 그 **전제조건은 먼저 일국 내 독점자본이 되어야 한다**는 사실이다. 이 명제는 먼저 지금의 지구시장이 형성되어온 역사적 과정에 의해 뒷받침된다. 지금의 지구시장은 국가독점자본주의 전기의 국내적 균형 회복이 불가능해진 1980년대 이후라야 본격적으로 형성되기 시작했다. 이는 각국 독점자본의 무분별한 생산능력 확장으로 인해 국내시장과 케인스주의적인 유효수요 관리 정책만으로는 그 과잉 생산력을 소화할 수 없었기 때문이다. 새롭게 국제시장을 무대로 전 세계적 차원에서 새로운 자본주의경제의 균형을 모색하는 과정에서 오늘날의 지구시장이 본격적으로 발전하게 되었다.

이처럼 처음부터 지구시장이 존재하여 이 환경 속에서 국제독점자본이 형성되고 발전돼온 것이 아니라, 먼저 각국의 일국적 시장에서 독점자본이 형성된 후 그 외연적 발전의 결과 지구시장과 국제독점자본이 형성되기에 이르렀다. 각국 독점자본의 필요와 그들이 받은 압력은 이렇듯 1980년대 이후 지구적 단일시장을 형성시킨 강한 추진력이다. 처음부터 지구적 단일시장에서 성장한 국적 없는 국제독점자본은 존재하지 않으며, 국제독점자본이 되기 위해선 먼저 국내적으로 독점자본이어야 했다. 이 같은 사정은 과거에도 그랬거니와, 현재와 미래에도 또한 그럴 것이다.

그런데 국내적으로 하나의 **독점자본이 탄생한다는 것은 자본에 철저한 민족성이 각인되는 과정**이다. 즉 자본은 자국 내에서 생산의 집적과 집중을 통해 먼저 각자의 산업 분야에서 산업독점과 은행독점을 형성한 후, 점차 이들 간에 상호연계가 형성되면서 금융자본으로 발전한다. 금융자본에 이르러 일단 정점을 보인 일반 사적독점은 다시 최종적으로 국가독점을 낳고 국가독점자본주의로 이행한다. 이것이 그간의 일국 차원에서 독점자본이 거쳐 온 역사적인 과정인데, 이 같은 순서로 이어지는 과정 하나하나를 통해서 독점자본에는 자연스럽게 민족성이 깊게 스며든다. 오늘날의 국제독점자본은 이론과 현실 어느 면에서 볼 때도 이러한 민족적 과정을 완수한 기초위에 서 있다. 그리고 이렇게 한번 각인 된 민족성은 비록 지구시장이 형성된 이후라 하더라도 그 흔적을 쉽게 제거할 수 없다.

둘째, 위의 명제는 현재 **지구시장의 구조**를 보면 더 잘 이해할 수 있다. 지구적 단일시장의 형성은 상당 정도 자기 완결적이고 폐쇄적인 기존의 각국 개별시장의 각종 규제와 장벽을 철폐함으로써 이들을 하나로 연결해 가는 과정이라 할 수 있다. 이 경우 각국에는 이미 각자의 독점자본이 존재하며 나름의 독점체계가 형성되어 있다. 일국 내에서 이들 민족적 독점자본은 높은 시장 진입장벽을 구축함을 통해 새로운 경쟁자가 출현하는 것을 가로막는다.

예컨대 거대한 생산 규모 내지는 자본투자가 요구되게 하는 것, 높은 브랜드인지도, 원료나 부품공급체계에 대한 통제, 특허권을 이용한 기술 독점, 의도적인 과잉생산능력의 구축, 대규모 광고 공세 등이 그것이다. 그 때문에 어느 정도 상응한 능력을 갖추지 못한 자본으로서는 좀처럼 이에 도전하기가 힘이 든다. 이들 토박이(민족적) 독점자본들이 구축한 기존 각종 시장진입장벽을 뚫을 수 있는 능력을 지닌 경쟁자는 종종 자국 내에서보다, 이들과 동일한 조건을 갖춘 다른 나라의 독점자본으로부터 출현하는 경우가 많다.

예컨대 미국 자동차시장의 경우, 1950년대 초 이래로 위에 열거한 이유로 인해 소위 '빅3'라 불리는 GM과 포드 그리고 크라이슬러 3사 이외는 거의 새로운 기업이 미국 국내 자동차 생산 부문에 출현하지 못하였다. 새로운 경쟁자는 실제로 도요타나 폭스바겐과 같이 모두 해외 자동차 대기업들로부터 출현했으며, 이 경우 국내 다른 자본에 대해선 효력을 발휘하던 미국 자동차 3사의 시장진입 장벽은 새로운 해외경쟁자의 진입을 억제하는 데는 별반 유효하지 못하였다. 왜냐하면 이들 경쟁자 역시 자국 내에서 이 같은 독점적 구조를 누리고 있었기 때문이다.

이렇듯 동격의 해외로부터의 경쟁자들만이 미국 기존 자동차 '빅3'가 구축한 독점의 높은 장벽을 깨트리면서 어느 정도 경쟁 구도를 만들 수가 있었다.

이 사례가 주는 시사는, 지구적 단일시장은 국가 간에 자유무역협정이 체결된다고 해서 하루아침에 완성되는 것이 아니라는 사실이다. 기존의 '토박이' 독점자본이 오랜 기간에 걸쳐 유형무형으로 쌓아 올린 독점 권력을 외부의 독점자본이 부정하고 제거해 가는 과정은 생각보다는 시간을 요하는 과정이며, 또한 많은 우여곡절을 내포할 수밖에 없는 과정이다. 그 과정에서 독점자본의 민족성은 다음 세 번째 원인 때문에 더욱 강한 생명력을 갖게 된다.

셋째, **독점자본 간 경쟁**에는 순수한 시장경쟁과는 다른 특수성이 존재한다. 자본 간의 경쟁은 원래 순수한 경제적인 방식뿐만 아니라 **경제외적**인 방식, 즉 정치 및 폭력 수단을 배제하지 않는다. 이는 자본주의가 자유경쟁 단계에서 독점단계로 이행한 후 두드러진 현상인데, 19세기 후반 이후 고전적 제국주의의 등장은 그 단적인 실례라 할 수 있다.

지구적 단일시장의 출현은 한편에서 자본 간의 경쟁을 더욱 격화시킨다. 지구적 시장의 출현 동기 자체가 1970년대 이후 세계적인 과잉생산이었다는 점을 상기한다면 이 점은 잘 이해할 수 있다. 지구적 시장에서 자본 간의 치열한 경쟁에 따라 필연적으로 각국 경쟁력 차이가 심화하며, 이때 전반적인 경쟁 상의 우위를 점한 국가는 더욱 과감한 자유화 조치 및 시장개방을 요구하는 반면, 경쟁에서 열세에 처한 국가는 상대적으로 방어적이면서 보호주의적인 태도를 취하게 된다. 이렇듯 전략적 이익이 서로 배치되는 상황에서, 공세를 취하는 쪽이든 방어적 입장에 있는 쪽이든 각국 독점자본이 최종적으로 의지하게 되는 것은 **정치적 수단**이며, 이때 국제독점자본의 '민족성'은 강하게 표출하게 된다.

현재의 지구화 과정은 일직선으로 발전하는 것이 아니라 이렇듯 자유주의와 보호주의의 반복적인 교차와 대립적 과정을 거치면서 점진적으로 이루어진다. 처음 자유화와 개방화를 강하게 주장했던 국가도 나중에는 태도를 바꿔 보호주의로 전환하기도 한다. 예컨대, 지구화 과정은 처음 미국에 의해 주도되었는데, 이런 의미에서 1980년대에서 2000년대 초까지의 그것은 상당 정도 당시 패권적 지위에 있던 미국 독점자본의 의지를 반영한 것이기도 하였다. 그러나 이러한 미국도 이라크전쟁과 금융위기를 거치면서 자국의 경쟁력이 쇠퇴하자, 점차 자국 시장을 보호하는 입장으로 선회하였다.

이처럼 지구화의 진행이 각국 사정에 따라 진퇴를 동반하는 양태를 보이는 배후에는, 각국의 **'민족적' 독점자본**의 이해가 강하게 존재한다. 이들은 **사실상 현 국제독점자본의 실체이자 주체**라고 할 수 있다. 국제독점자본이 현시점에서 갖는 개념상의 이중성-즉 '민족적 독점자본'이면서 동시에 국제독점자본-은 바로 이러한 객관 현실을 반영하고 있다. 한편에서 그것은 전 지구시장에서 활동하는 '보편적 자본'으로서의 성격을 지님과 동시에, 다른 한편에서 그것은 공간적 차원에서만 '지구적'일 뿐 그 뿌리는 여전히 특정 국가에 둘 수밖에 없는 '특수적 자본'(즉 민족적 자본)의 성격을 갖는다. 예컨대, 미국의 애플·구글·IBM·마이크로소프트사, 그리고 한국의 삼성 등이 모두 그러하다. 이는 현 단계 국제독점자본 자체의 발전상의 미성숙성을 반영하는 것이며, 자신들의 계급적 이해를 반영해줄 상부구조 즉 진정한 **'자본주의 세계정부'**를 아직 성립하지 못하고 있는 사정에 기인한다(이와 관련한 논의는 본서 제5장 참조).

각국의 국가권력이 지구 경제 시대인 오늘날에도 결코 약화 되는 것이 아니며, 어느 면에선 더욱 강화되는 모습을 보여주는 사례는 우리 주변에서 어렵지 않게 찾아볼 수 있다. 이 경우 가장 대표적인 국가는 다름 아닌 미국이다. 1980년대 이후 미국 다국적기업의 성장은 미국 정부의 기능을 더욱 강화시켰을 뿐 전혀 약화시키지 않았으며, 경제에 대한 관여와 관리기능은 진일보 강화 중에 있다. 미국 정부가 약화시키려 하고 실질적으로 약화 된 것은 다른 나라의 정부 기능일 뿐이다.

미국은 다른 나라에 시장개방을 요구하면서도, 자신들은 정작 법률과 법규를 끊임없이 제정하여 그간 외자에 대한 감독과 제한 규정을 강화하여 왔다. 예컨대 1988년 미국 국회는 〈엑슨 플로리오법(Exon-Florio Act)〉을 만들었는데, 이 법은 외자의 미국자산에 대해 인수합병을 제한하면서 대통령과 외자 투자위원회(CFIUS)에 외자의 대미 투자 혹은 미국 기업에 대한 인수합병에 대해 국가안전심사를 진행할 수 있는 권한을 부여하였다. 1992년 국회는 또 〈엑슨-플로리오 수정법(Exon-Florio Amendment)〉을 통과시켰는데, 외국 정부가 통제하는 기업이 미국에서의 인수합병에 대해 국가안전심사를 진행하는 조항을 증설하였다.

2001년 '9.11' 사건 후, 미국은 외자의 인수합병에 대한 국가 안전 관리를 진일보 강화시켰다. CFIUS는 외자의 미국 내 인수합병의 문턱을 더욱 높였으며, 미국 기업을 인수합병 하는 외자는 미국과 〈국제안전협의〉에 정식 서명하길 요구받았다. 2003년 미국국토안전부가 CFIUS에 참여하였으며, 〈중요기초시설과 자산을 보호하는 국가전략〉을 제정하여 중점 보호 대상인 12개 중요 기초시설 부문을 확정하였다. 그중에는 농업·수자원·공공위생·응급서비스·국방산업·전신·에너지·운수·은행 금융·화학산업·체신·정보기술 등을 포함하며, 사실상 거의 중요한 국민 경제 부문 대부분이 포괄된다. 근래 들어서도 미국 국회는 심사과정에 대한 간여를 증가하는 등 계속해서 관련 규제조항을 강

화하는 내용의 수정 작업을 계속해서 진행 중에 있다.[053]

---

053 [中]李慎明 主编,〈美元霸权与经济危机〉, pp.470-471.

제3장

지구화 시대 금융업 자본

지구화 시대 금융업 자본[054] 역시 크게 보면 국제독점자본의 범주에 속한다. 이 점은 현재 통용되고 있는 다국적기업의 개념 속에 이 부류와 관련한 업무 내용이 포함된 것을 보면 잘 알 수 있다. 유엔의 관련 기준에 따르면 통상적으로 다국적기업이 포괄하는 업무는

①제품 제조·광물 채취와 판촉

②상품의 수출입

③특허·상표와 기술의 이전과 사용

④**국제금융 영역의 금융 대부**

⑤부동산업무 등으로 분류된다.

실제로 오늘날 세계적인 다국적기업에는 금융업에 종사하는 기업들이 많이 있다. 그런데도 본 장에서 금융업 자본을 별도로 다루는 이유는 다음 두 가지 이유 때문이다. 첫째, 지구화 시대에 들어 이 분야의 자본 활동이 유난히 활발해졌으며, 그 규모가 크고 세계 경제에 미치는 영향도 과거에 비해 훨씬 중요해졌다. 그 때문에 오늘날의 지구화 경제를 잘 이해하기 위해서는 이 시대의 금융업 자본에 대한 이해가 필요하다.

둘째, 이 부류의 자본 운동은 본래 일반 산업자본 운동과는 다른 자기 나름의 특징을 지닌다. 특히 지구화 시대에 들어서 '경제 의제화' 현상(본 장 제3절 참조)이 사상 유례없이 진행됨으로써 산업자본과의 괴리가 한층 크게 발생하고 있다. 그 때문에 일각에선 이 부류의 자본 운동을 지나치게 신비화하거나 과대평가하는 경향도 생겨난다. 예컨대 신자유주의의 본질을 '금융업 자본'의

---

054 '금융업 자본'이라 함은 은행 및 기타 금융기관(보험회사 및 각종 투자 펀드 등)과 같이 금융업에 종사하는 자본을 말한다. 이는 통상 제조업과 상업 분야에서 활동하는 산업자본과 구분되는 자본분파를 지칭한다. 일각에서는 이를 그냥 '금융자본'이라고 부르기도 하지만 양자는 엄밀한 의미에서 구분할 필요가 있다.

논리와 연관해서 본다든지, 산업자본과 금융업 자본의 이해가 마치 심각하게 대립하는 양 치부하는 태도가 그것이다. 본 장에서의 지구화 시대 금융업 자본에 관한 논의는 이러한 잘못된 인식을 수정하는 데 도움이 되리라고 생각한다.

먼저 지구화 시대 금융업 자본이 출현하는 배경부터 살펴보도록 하자.

3.1. 지구화 시대 금융업 자본의 집중

3.1.1. 경과 및 사례

　역사적으로 볼 때 활발한 산업자본 간의 인수합병은 동시에 상응하는 은행합병을 동반하는 경우가 많았다. 이는 양자 간에 긴밀한 연관이 있음을 의미한다. 산업자본의 규모 확대와 실력 강화는 자연스럽게 그것을 지원하는 은행과 기타 금융기관의 상응한 변화를 요구하게 된다. 실제로 1990년대 하반기에 출현한 전 세계적인 기업인수합병의 유례없는 규모와 열기는 선진 각국의 은행 및 기타 금융기관의 비슷한 인수합병 물결을 동반하였다. 이하에서 그 과정을 소개하도록 하자.[055]

　금융기관 간의 인수합병은 사실상 앞장에서 소개한 제5차 인수합병 물결의 중요한 구성 부분이다. 그것은 거액의 거래 규모, 국경을 뛰어넘는 국제적인 성격, 그리고 서로 다른 업무에 종사하는 금융기관 간 합병이라는 3가지 측면에서 특징을 보여준다.

---

[055] 이하 1990년대 은행 및 금융기관 인수합병 관련한 자료는 〈当代国际垄断-巨型跨国公司综论〉, pp.205-211을 참조하였다.

(1) 거액의 인수합병

우선 규모 면에서 보면, 당시 대형은행 간의 인수합병은 산업부문과 서비스업종 기업의 인수합병과 마찬가지로 그 액수가 매우 컸다. 예컨대 1996년 1월 미국 웨이얼스파커은행은 123억 달러에 미국 퍼스트인터스테이트은행First Interstate Banc) 을 인수하였다. 1997년 8월 미국 국민은행은 155억 달러에 바니터은행을 인수하였으며, 같은 해 3월 미국 트래블러스그룹(Travelers Group)은 90억 달러에 솔로몬 형제(Salomon Brothers Inc.)를 인수하였다. 같은 해 11월 제일연합은행(First Union Corp)과 커스타이츠 금융회사가 합병을 선언하였는데, 그 금액은 166억 달러에 달했다.

1998년에 들어서 은행 인수합병의 물결은 더욱 거세어졌다. 그해 4월 13일 미국 국민은행(National Bank)과 미주은행(Bank of America)의 합병이 선언되었을 때 그 금액은 600억 달러에 이르렀고 합병 후의 자산은 5,700억 달러나 되었다. 같은 날 미국제일은행(First Bank of the United State)과 제일시카고은행(Bank One Corporation)이 합병을 선언하였는데, 금액은 300억 달러로 합병 후에는 총자산 2,300억 달러를 가진 미국의 제5대 은행이 탄생했다. 같은 시기 미국 은행계의 거두 씨티은행과 트래블러그룹은 820억 달러이 거액 합병을 통해 세계에서 가장 큰 금융서비스 회사를 설립하면서 주식거래에서 담보대출에 이르는 일체 서비스를 제공하겠다고 선언하였다.

일주일 사이에 이처럼 연이어 대규모로 발생한 금융업계의 인수합병은 역사상 유례없는 일이었다. 경제평론가들은 이는 미국 금융업계의 대규모 재편을 의미할 뿐만 아니라 세계 금융업계가 새로운 재편의 시기에 들어섰다고 평가하였다. 그러나 금융업계의 대규모 인수합병은 여기서 멈추지 않았다. 1999년 들어 전 세계적으로 은행과 금융기관의 인수합병 물결이 다시 일어났다. 그해 상반기 미국 내 가장 큰 인수합병인 230억 달러 규모의 아메리칸 인터내셔널

그룹에 의한 미국 GE 보험회사의 인수합병이 발생하였으며, 제일 연합은행이 와코비아(Wachovia)를, 씨티은행이 125억 달러로 멕시코 제2 은행인 멕시코 국민은행을 인수하는 사건이 연이어 발생하였다.

2000년에 들어선 후 기업 인수 합병 물결이 점차 쇠퇴하는 것과 더불어 은행과 금융기관의 인수합병 열기도 조금씩 식기 시작하였다. 그러나 대규모 인수합병은 여전히 완전히 멈추지 않았는데, 이 해에 미국 체이스뱅크 그룹은 J.P 모건 그룹을 인수함으로써 합병 후 회사명을 JP모건체이스뱅크 (JPMorgan Chase & Co)로 개명한 후 총자산 6,600억 달러의 초대형 은행을 탄생시켰다.

이상에서 주로 미국에 관한 사례들을 소개하였는데, 당시 대형은행 간 인수합병은 미국에만 국한된 현상은 아니었다. 유럽과 일본 및 세계 기타 지역에도 파급되어 규모 면에서 미국에 뒤지지 않는 금융기관 간의 인수합병이 있었다. 예컨대 1999년 상반기 독일의 알리안츠 보험그룹(Allianz SE.)은 210억 달러에 둘리 은행을, 같은 해 8월 파리 국민은행은 파리은행을 합병하여 총자산 8,020억 달러의 초대형 금융계 항공모함을 출범시켰다. 일본에선 2000년 9월 제일권업은행(Dailchi Kangyo Bank)과 후지은행과 흥업은행 3개 사가 합병하여 미즈호홀딩스 (Mizuho Holdings Inc.)를 설립하였는데, 그 총자산은 1.3조 달러나 되었다.

2001년 4월 일본 사쿠라은행과 스미도모은행 및 동양신탁은행이 합병하여 '일본연합 금융지주그룹'을 설립하였다. 또 동경미쓰비시 은행, 미쓰비시 신탁은행, 일본신탁은행 3사가 합쳐 '미쓰비시 동경금융그룹'을 창립하였다.

2001년 3월 즉 일본 미즈호홀딩스가 성립되어 세계 최대의 은행그룹이 된 반년 후에, 독일의 도이치은행은 300억 불을 투자해서 경쟁상대인 드래스튼 은행을 매입하겠다고 선언하였다. 만약 이 합병이 성사된다면 그 자산은 1.2조 달러에 이르게 되는데, 본래 그 의도는 미즈호홀딩스를 넘어 세계 최대 은행

자리를 되찾겠다는 것이었지만 이 합병은 실제 성사되지는 않았다.

당시 세계 금융업계의 대대적인 인수합병 물결은 은행 부문에만 그치지 않았으며, 비(非)은행 금융기관들도 그 인수합병 열풍에 적극 참여하였다. 예컨대 당시 생명보험사의 인수합병 수와 규모가 크게 증가하였는데, 스위스 재(再) 보험사가 발표한 연구보고서에 따르면 원래 1996년 이전에는 생명보험사의 인수합병 액수가 50억 달러를 넘어선 적은 한 건도 없었다. 그러나 1998년 미국 최대의 재보험사인 링컨금융그룹이 같은 미국 시그나사의 개인 생명보험과 연금 업무 및 애트나 (Aetna) 사의 국내 개인 생명보험 업무를 인수할 무렵에는 그 총액은 이미 50억 달러를 크게 초과하였다. 1999년 삼사분기까지 주인이 바뀐 생명보험사의 경우 인수합병 총액은 530억 달러에 이르렀으며, 그 중 50억 달러 이상은 4건으로 총액수는 270억 달러를 초과하였다.

(2) 국경을 뛰어넘는 국제적 인수합병

다음으로, 이번 금융업계의 인수합병은 국내에만 한정되지 않았으며 국경을 뛰어넘는 **국제적 인수합병** 또한 적지 않게 발생했다. 각국의 문화적 차이, 지불 방식, 은행과 관련되는 경우 세금 제도 등의 차이 때문에 은행 간 국제적 인수합병은 산업 분야의 인수합병에 비해 그 절차가 더욱 복잡하다. 그 때문에 이번 인수합병 물결 초기에는 은행 간 인수합병은 주로 각국 내부에서만 진행되었다. 하지만 전자 교역 수단의 광범위한 응용과 금융 지구화 추세의 강화에 발맞추어 국제적인 인수합병은 차츰 거스를 수 없는 추세가 되었다.

1998년 이래 미국의 많은 투자은행(증권회사)이 유럽대륙의 독일과 스위스 등의 은행에 의해 합병되었다. 예컨대 스위스 제2의 대형 은행그룹인 크레디트은행은 2000년 115억 달러를 출자해서 관리자산이 1,200억 달러에 달하는 미국의 대형투자은행 도날드슨-루프킨-젠레트은행을 인수한다고 선언하였다.

같은 해 11월 6일 스위스연합은행(UBS)은 118억 달러에 미국 페인 웨버 투자자문회사를 인수하였다.

크레디트 은행은 스위스의 주요 은행 가운데 하나로서 전 세계 금융서비스 업무에 종사하고 있었으며, 현재는 주로 유럽 금융기관을 위해 대략 1조 달러의 자산관리를 하고 있다. 페인 웨버는 미국의 제4위 투자자문회사로서 미국 내에 385개 지점과 2만 명의 직원을 거느리고 있는데, 270만 명의 개인과 기관 투자자를 고객으로 보유하고 있고 그 관리자산만 4,500억 달러에 달하였다. 이 인수거래의 성사로 양자는 3.9만 명의 직원을 가진 세계 최대의 투자서비스 회사를 탄생시켰다. 스위스연합은행은 이 합병 덕택으로 향후 미국의 부유층 고객에게 접근할 수 있게 되었다.

선진국 금융기관들의 국제적인 인수합병 물결은 일부 개발도상국에도 파급되어 특히 라틴아메리카 국가들에 영향을 미쳤다. 1997~98년 아시아 금융위기 여파로 라틴아메리카계 은행들도 상당수 곤경에 빠지게 되었는데, 그 위기 탈출의 방편으로 이들 은행은 한편으론 구조조정을 추진하면서, 다른 한편에선 일부 국가를 중심으로 주동적으로 자국 은행을 외국자본에 매각하는 조치를 취하였다. 이처럼 라틴아메리카 국가들이 실행한 사유화와 금융 부문의 대외 개방은 미국계와 유럽계의 은행들이 이 지역에 진출할 수 있는 좋은 기회를 제공하였다.

1997년 1월~2000년 5월 사이에 선진국 금융기관들은 라틴아메리카에 총 64.8억 달러를 투자하여 현지 금융 자산을 인수하는 데 사용하였다. 그중 가장 많은 투자를 한 국가는 스페인과 미국이며, 이들 자본은 집중적으로 브라질·멕시코·칠레·아르헨티나 등 국가에 투자하였다. 앞서 언급한 것처럼 1999년 미국의 씨티은행은 멕시코 국민은행을 인수하였는데, 당시 이는 신흥공업국 역사상 가장 큰 인수거래에 속하였다. 그 결과로 서구 선진국 은행이 라틴아메리카 은행자산 중 차지하는 비중이 크게 확대되었다. 2000년 현재 아르헨티나와 베네수엘라에서 이들 외국계 은행자산이 차지하는 비중은 45%이었으며, 멕시코 40%, 브라질과 칠레에서는 각각 22.5%와 22.4%에 달했다.

(3) 서로 다른 업무 간의 인수합병

이번 금융기관 인수합병의 또 다른 특징은 **서로 다른 업무 기관 간 인수합병**이 흔하다는 점이다. 이는 은행과 다른 금융기관의 합병 내지는 기타 각종 서로 다른 금융기관 간의 합병을 포함한다.

앞서 열거한 인수합병 중에는 서로 다른 업무 기관 간 인수합병이 적지 않았다. 이에 관한 몇 가지 실례를 들어보면, 1998년 4월 미국 금융서비스회사 메인랜드사와 그린트리 금융회사는 76억 달러 거래액의 합병을 선언하였다. 합병 후 탄생한 회사는 생명보험과 의료보험 및 소비자 신용 업무에 전문 종사하는 최대 기업이 되었다. 1999년 독일 알리안츠 보험회사(생명보험과 재산보험이 주요 업무)는 거액을 투자하여 미국의 고정금리투자에 종사하는 피모커 자산관리회사를 합병하였다. 이 회사는 계속해서 2000년에는 미국 니콜라스·알프레이드 금융관리회사를, 2001년 초에는 다시 독일에 1,150개 지사를 둔 드래스덴 은행을 합병하여 그 산하인 독일투자신탁회사의 계열사로 만들었다. 이 같은 합병을 통해서 알리안츠는 자산관리업무와 공공분야투자펀드를 확장하면서 자신의 전통적인 연금 분야의 실력을 한층 강화하고, 고객을 위한 인터넷뱅크 서비스를 제공하여 금융서비스 기능을 한 단계 높일 수 있게 되었다.

이 시기 또 한 가지 주목할 부분은, 은행과 기타 금융기관의 인수합병이 왕성한 기세로 진행되는 동시에 **국제 증권시장 간**에도 합병 준비에 박차를 가하여 일부는 실제 실행에 옮겨지기도 하였다는 사실이다.

1999년 11월 미국 증권거래자협회(National Association of Securities

Dealers, 약칭NASD)는 런던에서 그 산하 하이테크 주식 거래 위주인 나스닥을 일본 소프트뱅크사와 손잡고 나스닥 일본 증권거래소를 성립한다고 선언하였다. 런던 금융가의 증권전문가들은 이는 나스닥 증권거래소가 24시간 전일적 거래를 하는 '범유럽 증권시장' 계획을 착수한 것으로, 유럽증권업계에 대한 엄중한 도전일 뿐 아니라 또한 당시 런던과 프랑크푸르트 거래소가 자신들이 주축이 된 범유럽증권거래소의 설립을 위해 기울이고 있던 노력에 대한 직접적인 위협으로 간주하였다.

유럽 증권업계는 이에 대한 즉각적인 반응을 내놓았는데, 2000년 3월 20일 브뤼셀과 암스테르담, 그리고 파리 3개 증권시장이 합병하여 통일적인 '신 유럽증권거래소'를 설립하였다. 이 새로운 거래소는 총 가치가 2.4조 유로에 달하였으며, 1,300여 종의 주식을 포괄하였다.

이어서 5월 3일에는 유럽 최대의 양대 증권시장인 런던과 프랑크푸르트 증권거래소가 '국제거래소'라고 불리는 유럽 최대의 증권거래소를 성립할 것이라는 합병계획을 발표하였다. 업계 추정에 따르면 이 '국제거래소'는 유럽 증권거래 총거래량의 53%와 하이테크 주식 거래량의 83%를 차지하게 될 것으로 알려졌다. 그 때문에 이 합병은 "유럽 증권업계가 범유럽 증권시장의 설립을 향한, 더 나아가 전 지구적 주식시장의 성립을 향해 내딛는 견고한 일보"[056]라고 간주 되었다.

그러나 이 합병계획을 선언한 지 5개월 후, 양자는 기능과 경영범위 및 기구 중복 등의 난제들을 해결하지 못하고 합병계획은 결국 유산되고 말았다. 비록 그러할지라도 첨단 전자 거래 수단의 기초위에서 장차 범유럽 자본 시장이 건

---

056 新华社伦敦, 2000년 5월 8일 자 보도.

립되는 것은 이미 대세이며, 그 때문에 유럽 증권시장 일체화의 실현은 다만 시간문제일 뿐이라는 점에 대해선 금융전문가들의 견해가 대체로 일치하였다.

유럽 양대 증권거래소 간의 합병이 잠시 좌절을 겪었다고 한다면, 세계 각국 증권거래소들이 광범위한 연맹을 건립하는 일은 비교적 쉽게 실현되었다. 2000년 6월 세계적으로 가장 큰 10대 주식거래소들은 24시간 영업을 실행하고, 20조 달러의 시가총액과 전 세계 60% 주식을 관장하는 전 지구적 주식시장 설립계획을 선포하였다. 이들 10대 증권거래소는 뉴욕증권거래소와 동경증권거래소를 비롯하여 호주, 파리, 브뤼셀, 암스테르담, 토론토, 홍콩, 멕시코, 상파울루 거래소를 포함하고 있다. 이 같은 지구적 증권거래소는 앞으로 아시아태평양과 유럽, 그리고 중동, 아프리카, 북·남미 등 각 지역의 거래소를 연결하며, 일단 이 주식시장의 연맹계획이 실현되면 증권시장의 지구화 진전은 크게 앞당겨지게 된다.

3.1.2. 배경 및 원인

1990년대 말부터 2000년대 초까지의 금융업 자본의 전 지구적 인수합병 운동의 기본 **동인**은 무엇보다 **동 시기 국제적인 산업자본의 집중**과 관련 속에서 찾아질 수 있다. 산업자본의 규모 확대와 실력 강화는 이에 상응하는 은행과 기타 금융기관의 규모 확대와 실력 강화를 요구하였다. 이는 사실상 동전의 양면과 같은 것으로, 레닌은 일찍이 금융자본의 탄생을 설명하기 위해서 먼저 생산의 집적과 집중, 즉 산업 방면의 '독점'의 형성을 주목하였다. 이는 분석방법론상 매우 타당하였는데, 생산의 집중은 필연적으로 생산자본과 갖가지 대부(貸付) 관계를 맺고 있던 은행자본의 집중을 요구하였으며, 이로부터 제국주의의 경제적 본질인 '금융자본'이 탄생하였다.

역사적으로 18~19세기에 자본주의에서 산업자본의 지배적 지위가 확고히 정립된 이래, 은행 등 대부자본의 주요한 이윤 원천은 산업자본 운동에 기초하게 되었다. 이 같은 사정은 지구화 시대인 오늘날에 와서도 근본적으로 변하지 않는다. 국제 산업자본은 앞장에서 서술한 것처럼 1980~90년대에 급속한 지구화 과정에 직면하였다. 그리고 이러한 과정에 적응키 위해 이들은 우선 자신의 덩치를 키워야 했으며, 이를 위해 상호 간 인수합병을 적극 추진하였다. 이렇듯 지구적 범위에서의 자본축적 운동을 본격화한 산업자본의 움직임에 발맞추어, 기존의 다국적은행과 여타 금융기관들도 필히 최소한 그에 상응할 만큼의 국제화를 진전시키고 규모를 확대할 필요가 있었다.

예를 들면, 다국적기업들은 해외에 공장을 설립하기 위해 거액의 **설비자본**을 필요로 한다. 또 공장이 설립된 이후에는 계속해서 기계설비를 갱신하고 확장하기 위한 중장기 외부자금이 필요하다. 물론 거대 다국적기업의 경우 자체 사내유보금 규모가 상당하긴 하지만, 그러나 오늘날 설비 투자에 소요되는 거액의 자금 수요에 비하면 기업의 내부 자금 조달만으로는 충분히 감당하기가 어렵다.[057]

이러한 장기 자금의 수요 외에, 단기적 금융에서도 거대 다국적기업은 현대 금융업 자본의 중요한 고객이 된다. 서구 선진공업국들의 기업 재무관리에서 중요한 원리 중 하나가 금융 레버리지(지렛대)를 충분히 이용하는 것인데, 다국적기업들은 일반적으로 적극적인 부채경영을 통해 이윤 극대화를 도모한다. 그런데 이 경우 단기적인 유동성 부족은 이들 기업이 항상 대비해야 하는 리스

---

057 일반적으로 미국 다국적기업의 경우 40% 이상, 일본 80%, 서독 70% 정도의 자금이 외부 차입금이라는 통계가 있다. 〈美国跨国银行与国际金融〉, pp.153-154.

크이며, 이 때문에 다국적기업은 일상적으로 금융기관을 통해 단기자금을 차입하여 만기가 도래한 단기채무(외상 매입금·어음·급료·이자·세금 등)를 상환한다. 이 외에도, 필히 일정 액수의 유동자금을 항시적으로 확보함으로써 원료구매와 재고 확충 및 일상적인 기업 경영을 유지하는 운전자금으로 활용할 필요 때문에 금융기관과 원활한 관계 유지가 필수적이다.

이 밖에도 **수출입 업무**는 전통적으로 은행 등 대부자본의 주요한 이윤 원천 중의 하나이다. 지구화 경제 시대의 국제무역은 과거에 비해 더욱 급속하게 확장되는 추세를 보이는데, 수출입 무역에 있어 수입상이든 수출상이든 간에 신용장 발급이나 무역대금 융자 그리고 국제 자금결제 서비스 등과 같은 관련 업무에 있어 어느 것 하나 은행 등 각종 금융기관의 손을 통하지 않는 것이 없다. 거대 다국적기업이 오늘날 국제무역에서 차지하는 절대적 비중을 고려할 때, 이들과 관련한 무역 융자는 현대 금융업 자본의 대출업무에 있어 매우 중요한 부분을 차지한다고 볼 수 있다. 다음의 인용문은 그 같은 사정을 이해하는 데 도움을 준다.

"수입상은 자신이 보유한 현금만으로 지불하기에는 보유자본 수량과 자금 회전속도의 제한을 받게 되어, 생산이나 수입과 판매업무의 중단을 초래할 수도 있다. 수출상은 만약 제때에 자금을 회수하지 못하거나 또 무역 대출자금을 융통 받지 못하면 필히 생산자금이 적체되어 재생산이 중단되게 된다. 이 같은 불리한 결과를 회피하기 위해 **수출입상은 필히 은행이 국제 무역신용을 줄 것을 요구**하게 된다.

전통적인 상업신용 또한 분명 부분적으론 국제무역을 추진하긴 하지만, 그러나 전후 국제무역액의 방대함으로 인해 외상 매출과 상업어음만으로는 대외무역의 수요를 만족할 수 없게 된다. 이외에도 전후 국제시장의 유례없이 넓고 다차원적이며 전 방위적인 상품유통은 수출입상 간의 상호 이해와 신임을 더욱 곤란하게 만들며, 이로써 상업신용은 불안정하거나 위험성이 커진다. 이리하여 은행신용이 날로 두드러지게 되었으며, 국제무역 융자의 주요한 수단이 되었다.

전후 국제무역 상품구조의 중요한 특징은 기초설비와 특정한 공사와 관련된 대형 설비 세트의 수출입 양의 현저한 증가이다. 이러한 수억 심지어는 수십억 달러의 거액 무역은 여러 다국적은행의 융자가 없으면 성사될 수가 없다. 이렇듯이 은행 국제무역 대부의 발전은 전후 국제무역의 확대된 결과이자, 동시에 국제무역 발전을 추동하는 강력한 지렛대이다."[058]

이 밖에도 다국적기업의 대외 확장 시에 즐겨 사용하는 수단인 현지 기업에 대한 인수합병의 경우, 이 같은 인수합병에 소요되는 막대한 비용 역시 많은 경우 다국적은행을 비롯한 금융기관을 통해서 조달해야 한다. 그리고 외환 결제나 환율변동의 방비 등 다른 많은 업무와 관련해서도 다국적기업들은 필히 과거보다 더욱 현대 금융업 자본과의 관계를 긴밀히 유지할 수밖에 없다. 그 때문에 이 같은 막대한 이윤 원천을 제공하는 지구화 경제의 주체인 다국적기업은 현대 금융업 자본이 놓칠 수 없는 중요한 고객이며, 1990년대 들어 다국적기업의 자본집중과 국제화의 진전에 발맞추어 후자의 상응한 변화 역시 불가피한 것이라고 할 수 있다.

1990년대 선진국 금융기관 간의 대규모 인수합병의 동인은 이상의 국제 산업자본과 현대 금융업 자본의 기본적 관계 이외에도, 각국 간의 그리고 금융업 자본 내 분파 간의 **경쟁적 요인** 또한 중요하게 작용하였다. 이러한 요인들은

---

[058] 위의 책, pp.124-125. 인용문 중 굵은 강조는 인용자에 의한 것임. 2차 대전 이후 유로시장과 다국적은행 등 당시 금융시장과 금융업 자본이 종전에 비해서 크게 발달하게 된 배경에는, 이처럼 사실상 생산력 발전이 가져온 국제 분업의 발전 및 이에 기초한 산업자본의 활동이 기초에 있었음을 알 수 있다.

다음 몇 가지로 요약될 수 있다.[059]

첫째, 비금융기업의 대규모 인수합병의 경우와 마찬가지로, 경제 지구화와 정보 인터넷화의 부단한 강화와 경쟁으로 인해서 은행과 여타 금융기관들도 더 큰 우위와 강한 경쟁력을 갖기 위해서는 부득불 최대한으로 규모와 업무 범위를 확대하고, 통폐합과 조직개편을 실시하는 것이 필요하였다. 특히 미국계 은행들이 먼저 인수합병을 통해 이 같은 변화를 선도하였는데, 이는 다른 나라의 금융업계에도 자극이 되었다. 여기서 미국 은행계가 먼저 인수합병을 시작한 것은 나름의 이유가 있다. 1990년대 미국경제가 빠른 성장력을 회복하고 다국적기업들이 빠른 속도로 대외 확장에 나서는 데 비해서, 당시까지 소규모로 분산된 미국 은행들은 더욱 시대에 걸맞지 않게 되었기 때문이다.

둘째, 제2차 세계대전 이후 금융기관들이 날로 다양화하고 각종 전문적인 금융기관이 빠른 속도로 성장하면서 시중 은행의 지위는 지속해서 약화되었다. 당시 메릴린치, 골드만삭스, 찰스 슈왑 등 차세대 투자은행들의 발전으로, 이들이 기존 시중 은행들로부터 대량의 저축과 고객을 빼앗아 감으로써 이름 난 시중 은행들의 예금액이 대폭 줄어드는 현상이 나타났다. 또 1970년대 이후 빈번히 발생하기 시작한 세계 가지익 경제위기, 예컨대 석유 위기(1970년대)와 남미 부채위기(1980년대) 그리고 아시아 금융위기(1990년대) 등은 매번 시중 은행에 큰 손실을 입혔다. 이 때문에 투자은행이나 자산관리회사를 인수하여 이윤이 풍부한 이들 새로운 업무 분야에 참여하는 것은 전통적인 시중 은행들의 인수합병에 있어 중요한 목표가 되었다.

새롭게 부상한 투자은행의 입장에서도, 비록 자신의 영역이 현재 이윤이 풍

---

059 이하 관련 내용은 《当代国际垄断-巨型跨国公司综论》, pp.211-213 참조함.

부하긴 해도 그것은 아무래도 불안정한 것이었으며, 또 시중 은행과 보험회사에 비해서 자신들의 규모가 너무 작아 각종 위험에 대한 저항력이 떨어진다는 점을 고려치 않을 수 없었다. 그래서 많은 투자은행은 주동적으로 독립적인 지위를 포기하고 실력이 있고 규모가 큰 시중 은행에 합병되기를 원했다. 이 같은 서로 다른 금융업종 간 상호필요성 때문에 금융업종 내의 인수합병이 활발하게 추진될 수 있었다.

셋째, 금융업의 발전을 추진함으로써 오늘날 세계 경제가 진입한 지구화와 개방화 시기의 요구에 부응키 위해서, 미국과 유럽을 선두로 한 각국 정부는 모두 금융체계에 대한 개혁을 단행하여 그 발전에 불리한 관제(管制)를 풀거나 취소하였는데, 이 또한 업종과 국경의 벽을 뛰어넘는 금융기관 간의 인수합병 촉진제가 되었다.

넷째, 유럽연합과 일본 금융업계의 인수합병은 미국의 자극을 받은 외에도 또한 각자의 특수한 원인이 존재하였다. 1999년 유럽연합은 내부 단일시장을 건설하였는데, 이로써 자본과 상품 및 노동력이 자유롭게 유동할 수 있게 되었다. 이 기초위에서 유럽연합은 1999년 1월 1일 11개국이 참여하는 유로존(Eurozone)을 결성하였다. 이때부터 유로존 각국의 은행과 기타 금융기관들은 더 이상 단일 국가가 아닌 유로존 전체를 대상으로 한 사업을 할 수 있게 되었으며, 이는 유럽계 은행과 여타 금융기관들이 인수합병을 추진하는 데 매우 좋은 조건을 제공하였다. 각국 대형은행들은 앞다투어 인수합병을 통해서 유럽 금융시장에서 좀 더 많은 점유율을 차지하기 위한 경쟁에 뛰어들었다.

일본의 경우, 1990년대 초반부터 거품경제의 붕괴로 경제 전반이 심각한 후유증에 시달렸다. 대량의 은행과 금융기관들이 산더미 같은 악성 부채 누적 때문에 파산하거나 그와 비슷할 정도로 벼랑 끝에 내몰리는 경우가 적지 않았다. 이러한 상황에서 자유화와 개방화 바람에 힘입은 미국과 유럽 금융기관들의 일본 본토 상륙은 일본 금융기관들의 위기감을 고조시켰다. 그 때문에 일본의 금융기관들은 위기에서 벗어나 생존경쟁에 대처하기 위해서도 합병을 통한 재편을 진행하지 않을 수 없었다.

이하에서 지구화 시대의 금융업 자본이 종전의 금융업 자본과 비교해 어떤 특징이 있는지를 살펴보기로 하자.

3.2. 지구화 시대 금융업 자본의 특징

3.2.1. 지구화 시대 금융업 자본은 국제 금융업 자본

현재의 금융업 자본은 먼저 **국제 금융업 자본**이다. 오늘날의 산업자본과 마찬가지로 지금의 금융업 자본은 자본주의 생산 및 자본 국제화의 산물이다. 국제 분업의 발전에 기초한 지구적 경제의 성립은 자연스럽게 금융 방면에서 지구적 자본축적 운동에 기초한 국제 금융업 자본을 탄생시켰다. 우리는 '자본'과 '시장' 양 측면에서 이 같은 국제 금융업 자본의 존재를 확인할 수 있다.

(1) '자본' 측면에서 본 현대 금융업 자본

앞서 소개한 세계 금융업계의 커다란 인수합병 물결로부터 어떠한 결과가 초래될 것인지를 예측하는 일은 그리 어렵지 않다. 그것은 바로 초대형 금융기관의 출현과 **독점**의 강화이다. 1990년대 후반 금융업계 내의 세계적인 인수합병을 거치면서 금융업 자본의 집중이 유례없이 가속하였다. 그 결과 초대형 금융기관의 출현과 독점의 강화는 일국과 국제적 측면에서 금융업계 구조에 대

한 중대한 변화를 가져왔다.[060]

먼저 **일국** 내적 측면에서 보자면, 선진 각국은 일찍부터 소수 대형은행이 독점적인 지위를 차지하고 있었다. 그런데 이번 금융업계의 대대적인 인수합병을 통해서 각국 금융업계는 독점이 일반적으로 더욱 강화되었다. 예컨대 이번 인수합병 물결의 시발지인 미국의 은행업계는 1990년대 초만 하더라도 비교적 분산되어 8,000여 개에 달하는 은행들이 존재하였는데, 그중 20~30개만 독점적인 대형은행으로 분류될 수 있었다. 그러나 일련의 대규모 인수합병을 거친 후 1990년대 말에는, 미국 은행업계는 기본적으로 씨티은행그룹, JP모건체이스 그룹, 미주은행그룹 등 608개의 초대형 은행을 중심으로 전국적 은행 망을 형성하였다.

일본 금융업계도 일련의 인수합병을 거쳐서 2001년에는 원래의 10대 시중은행 중 이미 8개가 합병을 실현하여 4대 금융그룹(미즈호 파이낸셜그룹, 미쓰비시 도쿄 파이낸셜그룹, 일본연합 금융지주그룹, 미쓰이스모토모 은행)이 주도하는 금융구조를 형성했다. 일본의 원래 20개 대형 재산보험사는 인수합병을 거친 후 5대 재산보험그룹을 형성하였다. 이후 다시 생명보험사와 재산보험 시기 제휴하여 종합적인 보험회사를 구성하는 쪽으로 나아갔다.

유로존에서는 독일의 도이치뱅크, 파리 국민은행, 프랑스 농업 크레디트은행(크레딧 에그리꼴), 네덜란드 암스테르담-노트르담 지주회사를 골간으로 전 지역적 은행망이 기본적으로 형성되었다. 북유럽은 일찍이 1997년 핀란드의 메리타 은행과 스웨덴의 북방은행이 합병하여 북유럽 제2대 은행을 결성한 후, 다시 2001년에는 덴마크의 제2대 은행인 덴마크연합은행을 인수하여 북유

---

060 이하 일국과 국제 양 측면에서 금융업계 구조의 변화와 관련한 내용은 〈当代国际垄断-巨型跨国公司综论〉, pp.215-220 참조함.

럽 최대의 은행그룹을 탄생시켰다. 이 그룹은 스웨덴상업은행(스웨덴과 노르웨이 및 핀란드 3국 합자회사)과 스웨덴스안은행(Skandinaviska Enskilda Banken, 스웨덴과 덴마크계의 은행과 보험회사가 합병하여 결성) 및 스웨덴연합저축은행과 함께 북유럽 4대 은행그룹을 형성하였다. 스위스의 400여 개 은행 가운데서 자산 규모로 볼 때 양대 은행인 스위스연합은행과 스위스 크레디트 은행은 자국 전체 은행자산의 57%를 차지하였다.

다음 **국제적** 측면에서 보자면, 1990년대 이후 세계 대형 다국적은행의 수는 이전에 비해 별반 증가하지 않았다. 유엔 다국적기업 중심센터가 공표한 1978년과 1986년 세계 대형 다국적은행에 관한 통계자료는 각각 84개와 50개의 대형 다국적은행을 열거하였다. 하지만 그 후 UNCTAD(유엔무역개발기구)의 다국적기업과 투자 부문이 매년 제출하는 〈세계투자 보고〉는 다국적은행을 포함하지 않았기 때문에 이후의 과정을 추적하기는 어렵다. 다행히 1995년부터 〈포춘〉이 선정한 세계 대기업 가운데 대형은행이 그 명단 안에 포함되어 있는데, 이 잡지가 공표한 1999년 세계 500대 기업 명단에는 대형은행이 64개가 포함되어 있다. 비록 원래의 유엔 다국적기업 중심센터의 자료와 표준이 일치하지는 않아서 완전한 비교를 할 수는 없지만, 1990년대에 금융업계의 대규모 인수합병 때문에 세계의 대형 다국적은행 수가 증가하지 않았을 뿐 아니라, 이후 추세는 심지어 지속 감소할 수도 있음을 대략 추정할 수 있다.

그러나 이 시기 은행들은 그 규모와 실력 면에서 큰 변화를 겪어 2차 대전 전과는 천양지차라 할 만큼 현격한 차이가 날 뿐만 아니라, 1980년대 이전의 다국적은행과 비교하더라도 큰 차이를 보였다. 예컨대 미주은행(Bank Of America)의 1978년도 자산총액과 해외 지사는 각각 949억 달러와 261개였는데, 2000년에 이르러 그 자산은 6,422억 달러로 증가하였으며, 해외 지사 수도 4,800개가 되어 미국 근 절반의 주와 전 세계 39개 국가 및 지역에 분포하였다. 또 씨티은행의 경우 1978년 자산총액과 해외 지사 수는 각각 871억 달러와 236개였는데, 일련의 합병 특히 1990년대 말 트래블러은행과의 합병을 거친 후 2000년 씨티은행의 자산총액은 9,022억 달러로 급증하였다.

표 3-1. 세계 10대 은행과 투자그룹(2001년 5월 18일 시가총액에 따른 순위)

금융기관	금액(억 달러)
씨티은행그룹	2,604
HSBC	1,163
JP모건체이스	958
미주은행	909
웰스파고은행(WELLS FARG)	784
모건스탠리 투자은행	769
스위스연합은행	666
로열 스코틀랜드은행	627
메릴린치	584
로이드-신탁저축그룹(Lloyd trust savings group)	583

출처: 톰슨 금융데이터 회사[061]

국제 금융업 자본과 관련한 중요한 내용 중의 하나는 당연히 그 **국제화 정도**이다. 이번의 인수합병 물결 과정에서 국제적 인수합병이 매우 큰 비중을 차지하였기에, 그 결과 대형 다국적은행과 금융기관의 국제화 정도는 한층 높아졌다. 1980년대 하반기만 하더라도 대형 다국적은행의 해외자산은 그 총자산 중의 비중이 대략 25%~50% 정도이었는데, 1990년대 들어서 이 비중은 평균적으로 50%를 넘어섰다.[062] 이는 한편으로 그간 금융 지구화 과정에서 대형은행의 해외투자가 늘어났기 때문이며, 다른 한편에선 국제 인수합병 때문이다. 예

---

061 〈当代国际垄断-巨型跨国公司综论〉, p.216에서 재인용.

062 〈当代国际垄断-巨型跨国公司综论〉, p.220.

컨대 네덜란드상업은행은 본래 프랑스상업크레디트 은행의 주주 가운데 하나였는데, 후자가 영국 HSBC은행에 인수되면서 전자 또한 HSBC은행의 대주주가 되었다. 프랑스상업크레디트 은행의 다른 주주, 예컨대 스위스 생명보험사와 태양 생명보험사 등 역시 HSBC은행의 주주가 되었다. 이렇게 해서 HSBC은행 자본의 국제화 정도는 자연적으로 한층 높아지게 되었다.

(2) '시장' 측면에서 본 현대 금융업 자본

제2장에서 언급하였듯이, 현재 국제독점자본은 독점자본 일반에서 차지하는 지위로 볼 때 과거 국내 독점자본에 대해 파생적이고 부차적 지위로부터 **지배적**인 지위를 획득하였다. 같은 맥락에서 볼 때, 여기서 말하는 국제 금융업 자본은 이미 일반적인 의미에서의 국제 금융업 자본이 아니라 국제독점자본의 지위가 이미 역사적으로 전환한 가운데서의 금융업 자본이다. 즉 국제 금융업 자본은 위의 국제산업 자본과 함께 그 상위 개념인 국제독점자본을 구성하는 양대 하위 개념의 자본 범주이다. 그 때문에 이 같은 의미에서의 국제 금융업 자본은 1990년대 이후라야 비로소 성립한다.

사실 일반적인 의미에서의 국제 금융업 자본은 그보다 훨씬 이전부터 존재하였다. 예컨대 다국적은행의 역사는 다국적기업과 마찬가지로 지금부터 한

세기 반 이전으로 거슬러 올라간다.[063] 그리고 종전 후 1958년에 '유로시장'이 형성된 것을 계기로 국제 금융업 자본은 상당 정도 자신의 고유한 국제적 활동무대를 확보하였다. 그 때문에 지구화 시대의 금융업 자본을 그 이전 단계의 금융업 자본과 구분 짓기 위해서는, 앞서 금융업 자본의 '집중'과 이로부터 형성된 초대형 금융기관들이 탄생한 사실을 지적하는 것 외에도, 오늘날의 금융업 자본이 자신의 금융적 자본증식 운동에 있어 **'전 지구적 금융시장'을 무대**로 삼는 금융업 자본임을 밝힐 필요가 있다. 이 같은 이유에서 볼 때 '시장'에 대한 논의는 곧 전 지구적 차원의 단일한 금융시장의 존재에 대한 논증이어야 한다.

이 문제와 관련하여 프랑스 경제학자 프랑수아 샤네의 '금융 지구화 과정'에 관한 이론은 참고할 만하다. 다른 동료들과 공동 집필한 저서인 〈금융 지구화〉에서 그는 지구적 금융시장이 완성되는 과정을 중심으로 그것을 3단계로 나누어 서술하였다. 이하에서 그의 기본관점을 참조하면서 필자의 생각을 몇 가지 덧붙이기로 한다.

먼저 금융 지구화 과정의 1단계와 관련하여, 그는 그 발단을 1960년대까지 기슬러 올라가서 그즈음 성립한 **'유로 화폐시장'**에 주목하였다. 유로 화폐시장

---

[063] 은행업의 국제화는 일찍이 자유주의 자본주의 시기에 이미 출현하였다. 영국과 프랑스의 일부 은행은 19세기에 국경을 넘어 식민지에 적지 않은 지점을 세웠으며, '식민은행'이라 불리는 것들이 바로 그것이다. 20세기 초 자본주의가 자유경쟁 단계에서 독점단계로 이행을 완수하면서 주요 제국주의 국가의 소수 독점은행은 국경을 넘어 해외지점을 적극적으로 설립하면서 발전시켜나갔다. 1914년 영국·미국·프랑스 3국은 이미 50여 개의 다국적은행이 있었으며, 그 해외지점은 약 2,150개였다. 그중 영국이 절대다수를 점하였는데, 다국적은행 32개와 이들의 해외지점 2,014개를 보유하였다. 1차 대전 이후 미국의 다국적은행의 실력이 점차 증가함에 따라서 그 해외지점은 1914년 26개에서 1920년에는 181개로 늘어났고, 이들은 모두 8개의 다국적은행에 속하였다. 그 후 미국의 다국적은행 규모는 계속해서 확대되었다. 예컨대 미국 제일국민은행(씨티은행의 전신)은 1930년 100개의 해외지점을 보유하였으며, 23개 국가와 지역에 분포하였다. 그러나 2차 대전 전까지는 자본주의 국가의 다국적은행은 전체적으로 침체와 축소상태에 있었다. 종전 후에 다국적은행은 비로소 본격적으로 번영하기 시작했다. 1980년대 이후 대형은행들은 혼합경영을 실행하는 동시에 국제화 또한 크게 강화되었다. 이 무렵 일부 개발도상국의 대형은행들 역시 세계 금융시장에 모습을 나타내기 시작하였다. 이상〈跨国银行与国际金融〉, pp.1-2, 28.

이 성립한 시기는 정확하게 말하면 1950년대 후반이다. 한국전쟁이 발발할 무렵 소련과 동구 사회주의 국가들은 미국 정부의 자산동결 조치를 피해 미국 내 달러 예금을 인출한 후 영국과 프랑스 역내의 은행으로 옮겼는데, 이로부터 소위 '유로달러'가 생겨나게 되었다.

그러나 이 같은 우발적인 사건만 가지고서는 유로 화폐시장의 출현을 설명하기에 아직 충분치 않다. 초기 유로 화폐시장의 성립에서 결정적인 계기가 된 것은 런던 은행들의 유로달러에 대한 자유 대출의 실행이다. 1957년 영국 정부가 자국 파운드의 해외 유출을 방지할 목적으로 외환관리를 강화하는 조치를 실행하였는데, 런던 은행들은 이 기회를 이용하여 고객들에게 달러 대출 서비스를 시작했다. 곧이어 1958년 유럽공동체의 출범에 맞추어 유럽 대다수 국가는 외환 자유 거래를 실행하였는데, 이는 유로달러의 자유 대출을 위한 조건을 제공하였다. 이때부터 유로달러시장은 신속하게 발전하기 시작하였다.

유로 화폐시장은 처음 생겨날 때 그 규모가 그리 크지는 않았으며 거래되는 화폐도 달러뿐이었다. 1959년 15억 달러, 1960년 20억 달러, 1964년 200억 달러로 꾸준히 증가하였지만, 1969년에도 아직 900억 달러 수준에 머물렀다. 1970년대 들어 이 시장은 유례없이 팽창하기 시작했다. 1979년 1조 2,450억 달러, 1988년 3월 말에는 무려 4조 5,610억 달러에 달하게 되었다.[064]

이 같은 유로 화폐시장의 성립이 갖는 가장 큰 의미는 무엇보다도 **인류역사상 최초로 통일적인 국제 화폐시장과 단일이자율의 출현**에 있다. 그간 각국 대부(貸付) 시장의 단절로 인해 국제대부 이자율은 대출 국가의 이자율 제약을 많이 받아 경쟁성과 공평성이 뒤처졌다. 유로 화폐시장은 비록 공간적으로는

---

[064] 〈美国跨国银行与国际金融〉, p.39. 본문에서 유로 화폐시장 관련한 구체적인 내용은 주로 이 책을 참고하였다.

세계 각지에 흩어져 있었긴 하지만, 확실히 상호유기적인 관련을 갖는 통일적 국제대부 시장이다. 각종 국제화폐의 '런던은행 간 금리(Libor)'는 전 세계적으로 통일성과 대표성을 지녔으며, 이는 또한 국제 이자율의 기초가 되었다. 이러한 유로 화폐시장이 존재함으로써 국제적인 자금 조달은 신속하고 편리해졌으며, 이제 개별 국가의 영토라는 공간적 격리는 대부자본 운동에 있어 더 이상 넘을 수 없는 장벽이 아니게 되었다.

그러나 아직 위의 통일적 국제 화폐시장과 함께, 여전히 각국 간의 서로 단절된 화폐 및 금융체계가 병존하였다. 유로달러시장과 각국의 금융체계는 평행적으로 또는 '외재적'으로 발전하였기 때문에, 이 무렵의 금융 국제화는 '제한된 금융 국제화'[065]이었으며 금융 지구화의 전(前) 단계로 볼 수 있다.

진정한 현대적 의미의 금융 지구화의 시작은 1960년대 말 국제 외환시장 위기의 폭발과 1971년 8월 미국의 일방적인 브레턴우즈 체제의 폐지선포와 관련된다. 브레턴우즈 체제의 폐지는 달러와 황금을 연계하는 제도를 종식시키고 동시에 변동환율제의 길을 열어놓았다. 그리고 '변동환율제의 채택'은 화폐가 장기간 불안정해지는 기점이 되었다. 그 때문에 이는 국제 외환시장으로 하여금 "금융시장이라는 열차가 현대 금융 지구화에 들어서는 첫 번째 칸"[066]이 되도록 만들었다. 즉 전 지구적 금융시장의 **첫 번째 요소인 지구적 외환시장은 20세기 70년대 초에 정식 성립**하였다.

샤네에 따르면, 금융 지구화 과정의 제2단계는 1979~1981년에 시작된다. 미국에서 폴 볼커가 미연방준비위원회 의장으로 임명되고 영국에선 마거리트 대처가 집권한 후 일련의 신자유주의 정책이 나왔다. 이 가운데 현대 지구화 금

---

065 〈金融全球化〉, p.14.

066 위의 책, pp.14-15.

융체계를 탄생시킨 조처들이 포함되어 있었다. 1979년부터 실시된 조처들은 각국 금융체계가 자유화하거나 혹은 그들이 외부와의 단절을 취소시키게끔 하였으며, 이들 조처는 또한 광범위한 금융규제 완화 운동의 시발점을 형성하였다. 그 결과로 **1980년대 초**에 국제적으로 상호 연결된 **채권시장**의 신속한 발전이 이루어졌다. 미국의 경우 이 시장은 '2급 채권시장'(일명 '거래 시장'이라고도 하며, 이는 1급 채권시장인 '발행시장'과 구분된다)의 구축을 통해서, 그리고 이 시장과 외국과의 단절을 제거하면서 외연을 확대하는 방식으로 구축되었다. 이렇듯 외국 금융투자자에게 완전히 개방된 채권시장의 건설은 전 지구적 금융시장의 **두 번째 요소인 지구적 채권시장의 성립**을 의미한다. 이 시장은 현재 세계 금융시장의 약 30%의 금융자산을 차지하고 있다.

채권시장 단절의 제거와 규제 완화는 곧이어 **금융 지구화 제3단계**를 의미하는 각국 **주식시장 단절의 제거와 규제 완화**를 불러일으켰다. 1986년 런던에서 시작된 '금융빅뱅(Big bang of Financial)'의 발생은 이 단계의 시작을 상징하는 사건으로 기억된다.

'금융빅뱅'은 1986년 영국 대처 정부가 이끄는 런던 금융업 정책의 큰 개혁을 말한다. 이 개혁의 취지는 정부의 관리 감독을 대폭 축소하는 데 있었다. 그 주요 내용은 기존에 각기 영역으로 분리된 은행 업무, 증권, 선물 등의 금융 서비스 관련 법률을 하나로 묶는 것이었다. 또 개혁 후 외국자본은 영국의 상장 기업을 인수하는 것이 허락되었으며, 런던의 금융 투자은행과 중개사의 구성 및 소유권에 모두 커다란 변화가 발생하였다. 런던의 금융가는 더욱 국제화한 관리양식을 도입하였으며, 컴퓨터와 전화 등을 통한 전자 거래 방식을 사용하여 과거의 전통적인 직접 대면 하의 가격흥정 방식을 대체하였다. 이러한 개혁 조치로 말미암아 경쟁이 더욱 활성화되었다. 영국의 금융시장 개혁은 2000년에 은행과 보험 증권 등을 통합하는 '금융서비스 및 시장법'을 제정함으로써 완결됐다.

　이후 다른 금융 중심지들도 금융개방과 자유화 과정을 가속하도록 압박받게 되었다. 그러나 지구적 주식시장의 발전은 오늘날까지도 여전히 지구적 외환시장과 지구적 채권시장의 발전에 비해서 상대적으로 뒤처져 있다고 할 수 있다. 매번 월스트리트의 침체가 일으키는 전 세계 주식시장의 주가 하락은 각국 금융 중심지 간의 상호연계를 직접적으로 반영하는 것만은 아니며, 투자자들의 심리상태에 기초한 모방 반응을 나타내는 경우도 많다. 그렇지만 앞에서 소개하였듯이, 지역 간 그리고 최종적으로는 전 지구적인 단일한 주식시장을 설립하려는 시도는 지금도 계속 중이다. 예컨대 비록 무산되기는 하였지만 2000년 5월 유럽 양대 증권시장인 런던과 프랑크푸르트 증권거래소가 '국제거래소'라 이름 붙인 유럽 최대의 증권거래소를 설립할 계획을 발표한 바 있다. 또 같은 해 6월 세계적으로 가장 큰 10대 주식거래소가 24시간 영업 실행을 내걸고 전 세계 60% 주식을 관장하는 전 지구적 주식시장 설립계획을 선포한 것 등이 그것이다.

　지금까지 현대 지구적 금융시장과 관련한 3대 시장-외환, 채권, 주식시장-의 성립과정을 살펴보았다. 오늘날 이들 3대 시장을 주축으로 통일적인 지구적 금융시장이 이미 형성되었으며, 그것도 상당한 발전 수준에 이르렀다는 두 가지 증거가 있다. 첫째는 '**차익거래**의 보편화'이다. 이는 금융 자유화와 신속한 금융자산 이동 두 가지 조건이 충족되지 않으면 이루어질 수 없는 거래방식이다. 매일 매 시각 주식시장의 거래 홀에서 진행되는 전 세계의 각국 화폐가격 및 이자율과 관련한 금융자산 보유자의 대량의 차익 및 투기 거래는, 오늘날 세계 금융시장이 하나로 긴밀히 연계되어 있음을 보여주는 좋은 실례이다. 두 번째는 20세기 80년대 이후 특히 90년대 들어서 연이어 발생하는 금융위기이다. 이 같은 금융위기는 금융 지구화가 제3단계에 들어선 이래로 보편화한 '직접금융' 즉 주식시장과 같은 자본 시장 중심의 지구적 금융체계와 긴밀한 관계가 있다. 과거 일국적 자기 완결성을 특징으로 하는 은행 위주의 '간접금융' 체계에서는 보기 드문 현상이라 할 수 있다.

3.2.2. 지구화 시대 금융업 자본은 국가독점자본주의 하의 금융업 자본

지구화 시대의 금융업 자본을 이해하는데 빠트릴 수 없는 사항은, 금융업 자본이 이미 지구적 금융시장을 주요 활동무대로 삼고 있음에도 불구하고, 그 본질에 있어선 여전히 국가독점자본주의 하의 금융업 자본의 성격을 벗어나지 못하고 있다는 사실이다. 이 점을 간과하게 되면 마치 국적을 떠난 지구적 금융업 자본이 존재하는 것처럼 착각하게 되며, 그 때문에 오늘날의 금융업 자본 운동의 특징을 제대로 이해할 수 없게 된다.

지구적 범위에서의 금융업 자본의 운동이 이미 존재함에도 여전히 '**국가독점자본주의 하**'에서라는 단서를 붙여야 하는 이유는 무엇일까? 이는 국제산업자본과 마찬가지로, 오늘날의 금융업 자본 역시 특정 '국적'의 배경을 떠나서는 존재할 수 없으며, 그것을 자신의 존재 기초로 삼고 있기 때문이다. 국적 문제와 관련해서 볼 때 현대 금융업 자본의 거시적 기능은, 기본적으로는 전기 국가독점자본주의에서 수행하던 고전적 기본 기능의 대외적인 연장이라 할 수 있다. 즉 본질상 오늘날 총자본을 대표하는 국가의 지휘하에서 그 일국적인 독점자본의 이해에 복무하는 것이다. 이 점은 현대 제국주의, 즉 단일한 지구적 시장을 배경으로 하는 제국주의를 이해하는 데 있어 매우 중요하다. 이하에서 좀 더 자세히 살펴보도록 하자.

지구화 시대 금융업 자본과 국가독점자본주의의 연관성에 관한 위의 명제는, 오늘날 금융업 자본이 몸을 담고 있는 국제 금융시장의 성립 배경과 그것의 실제 역사적 진행에 대한 관찰로부터 도출된다. 먼저 국제 금융시장의 성립 배경을 살펴보면, 그것은 생산력과 생산 사회화의 진일보한 발전에 따라 일국 내적 균형을 중시하던 전기 국가독점자본주의가 사실상 파산을 맞이하고, 각국 경제정책의 중점이 국내에서 국제적 차원으로 이동한 것과 밀접한 관련이 있다. 이에 따라 각국의 경제 운영 기제 역시도 '국가' 중심에서 '시장' 중심으로 옮겨졌는데, 여기서 **시장**은 당연히 생산의 국제화에 상응하는 '지구적 시장'을 의미한다.

경제 전반에 있어 이 같은 변화는 자연히 금융영역에도 반영되어 기존 국가독점자본주의 금융체계에서 그에 상응하는 정책 및 구조의 변화를 가져왔다. 예컨대 전기 국가독점자본주의의 '국가' 중심의 경제관리 기제에 상응하는 금융체계는 바로 중앙은행을 정점으로 하는 '은행체계'였다고 볼 수 있다. 국가는 은행을 중심으로 한 현대 신용체계를 통하여 재정의 긴축과 확대, 통화의 축소와 팽창 등 국민 경제의 거시적 조절의 관건인 재정과 화폐 정책을 실행할 수 있었다. 따라서 이렇듯 은행을 중심으로 한 금융체계는 후기 국가독점자본주의에 접어들어 지구시장을 활용한 국제적 차원에서의 새로운 균형 추구 전략에 맞추어 전환할 필요가 있었다. 이 경우 '은행'을 중심으로 한 기존체계를 대체할 수 있는 것은 당연히 '시장'(즉 금융시장)이 중심이 될 수밖에 없었다.

여기서 '금융시장 중심' 체계는 '은행 중심' 체계와 비교되는 개념으로서, 이 둘은 함께 전체 금융체계를 구성한다. 양자의 차이점을 보자면, 차입자와 대출자를 연계하는 데 있어 은행 중심 체계가 은행을 매개로 한 '**간접금융**'의 성격을 갖는다면, 금융시장 중심 체계는 주식시장이나 채권시장과 같이 차입자와 대출자를 직접 연계시키는 '**직접금융**'의 성격을 갖는다. 따라서 학계에서는 보통 직접금융 중심의 금융체계를 '시장 중심'의 금융체계라고 부르고 이를 은행 중심 체계와 구분 짓는다.

신자유주의가 강조하는 **'시장 중심'의 새로운 금융체계**의 필연성은 바로 여기서 찾아질 수 있다. 이리하여 앞 절에서 서술한 바와 같이, 1970년대와 1980년대에 각각 국제 외환시장과 국제 채권시장이 성립하고, 1980년대 중반 이후에는 국제주식시장의 설립 운동이 본격화되었다. 이렇듯 현재의 국제 금융시장은 그 생성과 발전에 있어 전기에서 후기로의 국가독점자본주의의 발전과 맥락을 같이 하는 것을 알 수 있다.

다음 역사적 진행의 측면에서 보자면, 우리는 이들 세 개 금융시장의 성립 순서에 주목할 필요가 있다. 국가독점자본주의 단계에 들어선 이후 자본주의 경제위기는 최종적으로 국가의 재정위기를 통해서 표출된다. 이는 이 단계에서 국가가 중앙은행제도의 정식 수립을 통해 신용화폐의 발행권을 장악함으로써, 일정 한도 내에서나마 국민 경제에 대한 조절 능력을 갖추게 된 사정과 관련이 있다. 국가는 자본주의의 과잉생산과 유효수요 부족 간의 고질적 모순을 화폐공급의 증가를 통해서 일정 정도 완화할 수 있게 되었지만, 이 같은 통화정책의 결과로써 필연적으로 인플레이션이 '일상화'하는 대가를 치러야만 하였다. 결국 만성적 인플레이션이 일정 수준에 이르게 되면, 이제 더 이상 국가의 통화팽창정책은 경제문제의 해결에 별반 긍정적 효과를 발휘하지 못하고 그 대신 물가만 폭등시키는 결과를 초래하게 되는데 소위 '스태그플레이션' 현상이 그것이다. 이 때문에 결국 국가독점자본주의는 기존의 경제 조절 수단을 포기하고 새로운 수단을 모색할 수밖에 없게 되며, 1970년대 들어 자본주의 진영이 겪었던 역사적 경험은 바로 그것이다.

여기서 우리는 자본주의 국가가 통화를 증발하는 절차에 주의할 필요가 있다. 현대 국가는 비록 발권력을 갖고 있지만, 그렇다고 자신이 필요하다고 함부로 지폐를 찍어 낼 수는 없고 '국채'라는 채무증서를 먼저 발행해야 한다. 이를 보통 시중 은행들이 의무적으로 매입하고, 시중 은행은 다시 자신들이 매입한 국채를 담보로 중앙은행으로부터 유동성을 공급받는다. 이런 식으로 시중의 통화가 점차 늘어나게 되는데, 만약 정부 입장에서 적자재정이 불가피하다면 (현실 경험이 보여주듯 이는 국가독점자본주의의 필수품이다!), 결국 지속적인 통화 증발로 인한 악성 인플레이션의 발발을 억제하는 관건은 적자재정을 위해서 발행한 국채에 대한 사후 처리에 달려있다.

만약 일국 내에서밖에 자신이 발행한 국채를 처리할 수 없다고 한다면, 결국 '시중 은행→중앙은행'의 순서를 거쳐 통화 증발이 발생하고 인플레이션이 유발되게 된다. 그 때문에 일국 밖에서 **국제적 유동성을 이용한 해결방식**이 모색될 수밖에 없다. 이런 논리로 따진다면 국제 금융시장에서 채권시장이 제일 먼저 성립하는 것이 옳다. 그런데 왜 현실에선 1970년대 초에 외환시장이 먼저 성립된 후, 1980년대 들어서서야 채권시장이 성립되었을까?[067]

이에 대한 논리적 해답은 이러하다. 첫째, 채권과 같은 **금융자산이 국제시장에서 거래되기 위해서도 먼저 가격 형성 기제가 수립되어야** 한다. 또 그를 위해신 무엇보다 먼저 국제 화폐체계가 정립되어야 했다. 이 점이 국제 외환시장이 먼저 성립된 이유이다.

역사적으로 보자면 1960년대 중반 이후 미국 민주당 정부의 국내 경기의 진작을 위한 재정적자 확대와 월남전 확전에 따른 군비 지출 증가로, 미국 달러

---

[067] 물론 국제 채권시장이 처음 출현한 것은 1980년대보다 훨씬 이전인 1963년으로 거슬러 올라간다. 당시 이탈리아 모 기업이 1,500만 달러의 장기 유로달러 채권을 발행한 것이 그 시발점이 되었다.(《美国跨国银行与国际金融》, p.75.) 그러나 여기서 논의의 초점은 현대 지구적 금융시장의 성립과 관련된 '지구적 채권시장'의 성립에 관한 것이다. 즉 충분한 규모를 갖고 또한 전 세계 각국의 채권시장을 자유롭게 연결하는 의미에서의 채권시장의 성립에 관한 것이고, 국제 외환시장의 의미 역시 동일하다.

는 독일과 프랑스 등 서유럽 국가와 일본으로 대량으로 흘러들어 가서 이들 국가의 중앙은행들은 미국 국채와 달러를 많이 보유하게 되었다. 이들 국가의 중앙은행들은 브레턴우즈협정에 따라 자신들이 보유한 과도한 외환 자산(즉 해외 잉여 달러)에 대해 미국 정부에 '금 태환'을 요구하였는데, 이 때문에 '이중 연동제'[068]에 기초한 당시의 국제통화체제는 심한 불안정성을 띠게 되었다. 결국 미국 정부가 1971년 달러의 불 태환 선언을 발표하면서 국제통화체제는 1973년 변동환율제로 전환하였다.

변동환율제는 기존의 고정환율제와 달리 각국 화폐 간에 고정적인 국제 교환 비율이 존재하지 않는다. 이 때문에 국제 금융시장은 이에 대해 나름의 합리적인 교환기준을 제시하는 일이 무엇보다 시급한 과제가 되었다. 이리하여 국제 외환시장이 우선적으로 성립하게 되었다. 물론 국제 외환시장은 국제무역과 같이 실제 상거래와 관련된 각국 화폐 간의 정상적인 거래 외에도, 차익과 투기 거래 등 순수 투기목적의 외환거래 역시 많이 이루어지며, 각종 동기를 가진 수많은 거래자의 참여 속에 이 같은 임무가 완성된다. 그러나 이것들은 첫 번째 기능, 즉 각국 화폐 간 합리적 교환 비율의 결정이 이루어진 이후에 생기는 파생적인 혹은 확장적인 기능들이라 할 수 있다.

둘째, 채권시장은 그에 앞서 화폐시장이 일정하게 성숙 된 뒤라야 활성화될 수밖에 없는 나름의 사정이 있다. 이는 수요와 공급, 양 측면에서 모두 그러한데, 즉 채권시장이 발전하기 위해서는 채권이라는 금융상품의 공급과 함께 이를 매개할 수 있는 교환수단 즉 '화폐'가 풍부해야 한다. 그런데 국제통화체제가 변동환율제로 공식 전환한 후라야 각국 정부는 비로소 '금 태환'이라는 구

---

068 소위 '이중 연동제'란 각국 통화는 먼저 미국 달러에 연동되며, 달러는 다시 금(1온스=35달러)과 연동하는 제도를 말한다.

속에서 완전히 벗어나 충분한 유동성을 공급할 수 있게 되었다. 이때부터 유로 시장에는 달러의 공급이 급속히 증가하게 되며, 다른 국가들의 사정도 마찬가지다.

또 다른 한편, 미국과 서유럽 선진국들의 재정적자 규모가 1970년대 이후 빠른 증가세를 보이면서 이에 따라 국채 공급도 매우 빠르게 확대된다. 국채의 증가는 앞서 설명한 대로 사실상 통화 증가를 의미하기에, 국제유동성의 증가와 국채 증가 양자는 동전의 양면과 같다. 이리하여 변동환율제로 전환한 후인 1970년대 이후 국제 금융시장의 국채와 달러의 공급이 모두 풍부해져서 국제 채권시장이 성립할 수 있는 조건이 성숙되었다(표 3-2 참조). 그리하여 1980년대 중반 이후엔 국제 채권발행은 규모 면에서 마침내 국제 은행대출을 앞지르게 된다[069](표 3-3 참조).

---

069 국제 채권시장은 국채 외에도 회사채를 다룬다. 그러나 그중 국채 비중이 다수를 점하며, 국채에 있어서는 미국 국채의 비중이 절반을 넘게 차지한다. IMF가 제공하는 자료에 따르면, 미국 국채만으로도 OECD 국가 국채 전체의 39%를 차지한다. 일부 연구자는 그 수치를 훨씬 높게 잡는데. 그에 따르면 미국 국채는 실제로는 OECD 국가 국채 총액의 50%에 달한다고 본다. 그리고 전체적으로 이 국채시장은 세계 금융시장의 약 30% 금융자산을 차지한다. 이상 〈金融全球化〉, p.16 참조. 이 때문에 "**미국 국채는 금융 지구화의 발동기**"(위의 책, p.101.)라는 명제가 상당 부분 설득력을 갖는다. 1980년대 중반 이후 이 같은 국제 채권시장이 활성화된 데에는 본문의 이유 외에도, 은행대출과 비교해서 채권이 갖는 장점이 일반에 인식되었기 때문이다. 그 가장 중요한 것으로 2급 시장(채권거래 시장)을 통해서 언제든지 현금화가 가능한 점을 들 수 있다. 그 밖에 채권의 구매자로서는 채권발행자(채무자)에 대한 직접 정보를 접할 수 있다는 점, 다양한 대부 기간을 스스로 선택할 수 있다는 점, 이자소득이 면제된다는 점, 그리고 전환사채와 같이 주식으로 전환이 가능한 옵션이 붙는 경우도 있는 점 등도 은행대출이 갖지 못한 장점으로 꼽힌다. 이상 〈美国跨国银行与国际金融〉, p.79 참조.

표 3-2. 각국 국채시장의 놀라운 발전 (일일 평균 교역액, 10억 달러)

	1980년	1981년	1982년	1983년	1984년	1985년	1986년
미국	13.8	18.1	23.5	30.3	38.5	55.5	68.8
일본	1.4	1.6	1.8	2.3	4.8	17.2	29.1
독일	-	-	-	-	-	-	-
프랑스	-	-	-	-	-	-	0.2
영국	1.4	1.2	1.4	1.3	1.4	1.3	2.5

	1987년	1988년	1989년	1990년	1991년	1992년	1993년
미국	77.1	70.1	77.9	76.7	88.1	105.2	119.6
일본	73.9	62.1	49.5	44.1	38.5	44.2	57.6
독일	2.3	3.7	3.7	3.9	4.3	6.2	9.7
프랑스	1.2	2.1	2.5	2.9	3.7	7.6	13.7
영국	7.4	7.9	6.3	6.8	7.8	8.5	9.5

출처: IMF, <국제자본 시장: 발전, 전망과 대책>, 1994년 9월[070]

표 3-3. 국제 채권발행과 국제 은행대출 (단위: 억 달러)

	1981	1982	1983	1984	1985	1986	1987	1988
국제 채권	529.8	761.9	763.3	1044.1	1677.6	2281.1	1772.9	1745
국제 은행 대출	1477	1035.1	820.7	1259.2	1169.7	932.7	1231.1	1032.6

출처: 모건스탠리, <세계금융시장> 각 기별 자료를 편집[071]

 인플레이션의 억제나 재정적자 해결과 같은 국가독점자본주의의 긴급한 문제를 해결하는 것과 비교해 볼 때, 상대적으로 각국 주식시장의 개방은 아무래도 그 긴박성이 떨어질 수밖에 없다. 이 점이 국제 주식시장의 성립이 가장 나중에 이루어지게 되는 이유라 할 수 있다. 또 주식이라는 금융자산의 속성

---

070 필자가 〈金融全球化〉, p.107에서 일부 내용 발췌하여 재인용함.

071 필자가 〈美国跨国银行与国际金融〉, p.78에서 그 내용 일부를 편집하여 재인용함.

상 그 자산가치의 변동 폭이 채권과 같은 금융자산에 비해 매우 크고, 주식시장 전체는 외부적 충격에 대해서 대단히 민감하다. 이렇게 민감한 주식시장이 일단 불안한 움직임을 보이기 시작하면, 그것은 실질적인 통화 수준의 변화를 통해 물가와 실물경제에 영향을 줄 뿐만 아니라, 외환관리와 나아가서 일국 전체 금융시스템의 안정을 해치는 등 그 파급력이 매우 크다.

이렇듯 주식시장의 개방으로 인한 불안정성의 증대는 각국 정부의 자국 경제에 대한 통제력을 더욱 약화시킨다. 그 때문에 일부 금융 강국을 제외하고는 각국 정부는 그 개방에 대해서 대체로 신중하고 소극적인 태도를 취한다. 여기에다 주식시장 개방은 기업소유권 문제와도 직결되기 때문에, 각국의 독점자본가집단과 정부는 외국자본의 진입에 더욱 경계심을 가질 수밖에 없다.

그러나 다른 한편 각국은 결국 주식시장을 개방할 수밖에 없는 이유 또한 존재한다. 근대사회 성립 이후 제2차 세계대전까지 자본주의 국가의 합법성은 주로 '민주주의'에 의거하였다고 한다면, 전후 자본주의 국가의 합법성은 주요하게는 '복지국가'로부터 연유된다. 그 때문에 복지제도를 유지하는 것은 현대 자본주의 국가에 있어 지상 명제와도 같다. 그러나 이 같은 복지 문제도 다른 문제와 마찬가지로 일국 내에 갇혀서는 해결하기가 힘들다. 늘어나는 재정적자, 낮은 경제성장률, 그리고 빈번한 경제위기는 서구 선진국들의 방대한 복지기금의 마련과 확충을 점점 어렵게 만든다. 이는 세계 주식시장의 개방을 촉진케 하는 중요한 요인이 되며, 여기서 연기금과 뮤추얼펀드가 중요한 역할을 한다. 〈金融全球化〉의 공동 저자들은 이 같은 주식시장개방과 복지국가와의 관계를 이렇게 파악한다.

"수요를 확대하여 경제를 활성화하는 정책의 실패, 1970년대 말의 스태그플레이션 내지는 임금노동자들이 자신의 노동력가치와 사회적 성과를 지키려는 노력에 대한 철저히 부정하는 발상은 폴 보커(당시 미연방 준비이사회 의장-역주)가 이끄는 화폐 정책의 전환을 가져왔다. 이 전환은 나중에 대처와 레이건의 '보수혁명'을 초래하였다. 이 같은 전환과 앵글로색슨의 연기금과 유가증권의 집단투자기관들에 의해 모집되는 기금이 일정 한도를 초과하는 성장 시기와 일치한다. **연기금과 뮤추얼펀드는 세계 금융시장 제도 형성의 강력한 추동력**(역자 강조)이다. 그들의 새로운 투자 기회를 찾는 요구는, 정부가 별로 고통스럽지 않게 재정적자를 해결하는 방안이 필요한 상황에서, 매우 쉽사리 만족을 얻을 수 있었다."[072]

이렇듯 현대 국제 금융시장을 구성하는 외환·채권·주식 3대 시장은 모두 국가독점자본주의의 위기와 직접적인 관련이 있다. 그것들은 모두 국가독점자본주의의 내적 모순의 심화와 이를 해결하기 위한 일련의 과정에서 출현하고 발전해 왔다. 우리가 조금만 주의를 기울인다면, 오늘날 지구화 시대의 금융시장은 여전히 이 같은 목적에 복무하고 있음을 알 수 있다. 잠시 후에 다루겠지만, 오늘날 끊임없이 생겨나고 있는 복잡한 금융기법을 활용한 각종 파생상품은 대부분 이들 3대 금융시장의 기초위에서 발전하였다.

지금까지 지구화 시대 금융업 자본과 국가독점자본주의의 연관을 국제 금융시장의 성립 배경과 실제 진행 과정을 통해 살펴보았다. 이 밖에도 현대 금융업 자본이 국가독점자본주의 하의 금융업 자본이라는 또 하나의 명백한 근

---

072 〈金融全球化〉, p.7.

거가 있다. 그것은 비록 **지구적 금융시장**이 성립되었다고는 하나, 그것은 **실제로는 각국 금융시장을 연결한 전체에 불과**하다는 사실에서도 확인될 수 있다.[073] 그 때문에 일국 내 금융시장은 지금도 국제 금융시장의 진정한 기초가 되고 있으며, 또 각국 정부는 자국 금융시장에 대해서 여전히 가장 강력한 영향력을 가진 실체임을 부정할 수 없게 만든다.

금융 자유화와 개방화를 제일 먼저 실행한 미국의 경우 연방정부 차원에서만 해도 화폐 감리국(OCC)·연방준비이사회(FRB)·연방예금보험공사(FDIC)와 같은 엄격한 일국 내 은행관리 체계를 여전히 유지하고 있다. 우리가 매일같이 신문과 TV 등 각종 매체를 통해서 접하게 되는 정부의 경제정책들은 바로 이러한 자국 내 금융시장구조와 현실에 기초해서 수립되는 것이며, 또 이들은 일차적으로는 자국 금융시장을 위해서 봉사하고 또 그것을 통해서 관철된다. 이렇게 볼 때 중앙은행과 시중 은행을 중심으로 한 전기 국가독점자본주의에서 수립된 금융체계의 골간은 결코 사라진 것이 아님을 알 수 있다. 다만 지구화 시대의 개방된 환경 속에서 얼마간 변화된 형식을 통해서 여전히 중요한 자기 기능을 수행하고 있을 뿐이다.

---

073 이와 관련하여 다음과 같은 실감 나는 묘사가 있다. "외환시장은 곧 외환을 사고파는 장소이다. 소수 몇몇 국가를 제외하고는 대부분의 외환시장은 고정적인 장소가 없다. **하나하나의 다국적은행의 외환거래 사무실이 바로 외환시장의 일부분**(역자 강조)이다. 이러한 개개의 외환시장은 우편·전화·전보·팩시밀리·컴퓨터와 같은 단말기를 통해 다른 외환시장과 연결되며, 최종적으로 일국과 전 지구적 외환시장을 형성한다." 〈美国跨国银行与国际金融〉, p.244.

3.3. 경제 의제화(Fictitious economy, 擬制化) 현상

일부 이론진영에선 오늘날 금융상품의 범람과 의제자본이 전체 경제에서 차지하는 비중이 큰 것을 이유로 작금의 지구화 경제를 '금융(업)자본이 통치하는 경제'라고 간주한다. 심지어 어떤 이는 한발 더 나아가 이 같은 금융(업)자본의 '의제적' 성격에 기초한 특수한 축적 법칙을 제시하기도 한다. 이하에선 이 같은 지구화 시대의 의제자본과 경제 의제화 현상에 대하여 살펴보도록 하자.

의제자본(Fictitious capital, 擬制資本)은 일명 가상자본 혹은 가공자본이라고도 한다. 그것은 자본주의의 발전에 따라 '이자 낳는 자본'이 범주로 성립됨을 그 출현의 전제로 삼는다. 예컨대, 만약 규칙적으로 반복되는 일정액의 수익이 있는 경우 그것은 '이자'로 간주하며, 다시 일반적인 이자율을 이용하여 그것을 '자본'으로 환원함으로써 의제자본이 성립되게 된다.

예컨대, 매년 액면가의 5%의 이자 배당을 하는 어떤 회사의 채권을 가지고 있는 경우를 상정해 보자. 사실 그 채권 자체는 상징적인 종이 증서에 불과하다. 그러나 그것은 마치 매년 5% 이자를 낳는 자본으로 간주 된다. 그런 다음 그것을 받을 수 있는 기한과 당시의 일반 이자율(국채금리 또는 표준 시중금

리)을 이용하여 그 자본의 크기를 산출한다.[074]

표 3-4. 금융자산 총액과 GDP 비율의 변화 상황(1980~1996년)

미국	1980	1985	1990	1993	1996
금융자산(X)	6,013.3	10,334.1	15,169.2	18,729.4	24,406.4
GDP	4,447.2	5,040.0	5,743.8	5,973.1	6,462.5
X/GDP	135.2%	205.0%	264.1%	313.6%	377.7%
독일	1980	1985	1990	1993	1996
금융자산(X)	3,077.7	4,273.3	6,033.2	8,093.4	9,978.4
GDP	1,945.0	2,062.2	2,429.4	2,778.5	2,952.4
X/GDP	158.2%	207.2%	248.3%	291.3%	338.0%
일본	1980	1985	1990	1993	1996
금융자산(X)	497.3	748.2	1,186.6	1,297.7	1,376.7
GDP	287.4	345.3	430.0	452.3	477.9
X/GDP	173.0%	216.7%	275.9%	286.9%	288.0%

출처: <高級政治經濟學-馬克思主義經濟學的最新發展>, p.365에서 발췌함.
금융자산과 GDP의 단위는, 미국 10억 달러, 독일 10억 마르크, 일본 1조 엔.

의제자본의 발전은 1960년대 말 국가의 금융 감독을 피하기 위한 '금융혁신'의 성행과 관련이 있다. 그 후 1980년대 들어서 국가의 경제 관제가 느슨해진 틈을 타서 이 같은 새로운 금융 수단이 끊임없이 생겨나면서 의제자본의 '가상적' 수준은 부단히 끌어 올려졌다. 이리하여 의제자본이 발전하여 일정 수준 이상으로 경제 전반에 걸쳐서 범람하게 되면 **경제 의제화** 현상이 출현하게 된다. 1990년대 들어 의제자본은 실제 각국 GDP의 수 배에 이르렀으며, 서구 선진국을 선두로 자본주의는 '경제 의제화' 단계에 본격적으로 들어서게 되었다. 위의 표 3-4는 1980년대 이래 이 같은 의제자본의 신속한 과도한

---

074 그 공식은 이러하다. $PV = FVn \div (1+i)^n$ 여기서, PV: 의제자본 크기, FVn: 액면가, I: 표준이자율, n: 이자 받을 수 있는 기한.

팽창을 잘 보여준다. 일반의 예상과는 달리 금융업이 발달한 미국뿐만 아니라, 독일과 일본처럼 전통적으로 제조업이 강한 국가들까지도 경제 의제화 현상이 미국 못지않게 진척되고 있음을 알 수 있다. 이는 흥미로운 사실이다.

그렇다면 이 같은 경제 의제화의 배경은 무엇일까? 이 질문에 답하기 위해선 먼저 경제 의제화를 추동하는 요인에 대한 인식이 필요하다. 자본주의경제의 의제화를 추동하는 요인은 '의제자본의 발전'과 '의제 화폐의 발전' 두 가지이다. 먼저 '의제자본의 발전'과 관련하여 살펴보자.

3.3.1 의제자본(Fictitious capital)의 발전

주식과 토지와 같이 원래 '가치'[075]가 없는 것들이 단지 '수입'을 가져온다는 이유로 모두 자본으로 간주될 수 있는 것은 자본주의 상품경제의 특성 때문이다. 사람들의 월급·이윤·이자와 같은 수입뿐만 아니라, 정기적으로 원리금 일부를 상환해야 하는 주택과 자동차 대출 등도 그것에 기초한 채권을 발행할 수 있기에 의제자본이 될 수 있다. 그리고 은행의 다른 대출상품 및 기업의 각종 외상 매출금도 그 상환이 확실히 보장되기만 하면 모두 그에 기초한 채권을 발행할 수 있기에 의제자본의 형식을 취하는 것이 가능하다. 이처럼 자본주의 사회에서 수입이 나오는 일체는 모두 '자본'이라는 딱지를 붙일 수 있다.

오늘날 현실에서 운동하고 있는 의제자본의 종류는 대단히 많다. **의제자본의 '의제성'은 그것이 대표하는 실제 자산과의 '거리 정도'에 따라서 달라진다.**

---

075 여기서 '가치'는 노동가치설에 입각한 '가치'를 말한다. 즉 상품을 생산하는 데 있어 지출된 응고된 사회적 평균 노동시간을 말한다.

이 같은 기준에 비추어 보면 의제자본은 대체로 다음 4가지 종류로 분류될 수 있다. 여기서 그 거리가 멀수록 의제화 정도는 높다.[076]

제1종 의제자본은 전통적인 주식, 회사채, 부동산 등을 가리킨다. 이들의 의제성은 그 자신이 본래 '가치'(즉 응고된 노동시간)가 없다는 외에도, 그것들의 가격 결정에 있어 일정 정도 자신이 대표하는 실제 자산의 가치로부터 독립되어 있다는 점에서도 표현된다. 예컨대 주식의 움직임은 그것이 대표하는 회사의 실제 가치와는 떨어진 경우를 많이 볼 수 있다.[077]

그러나 이하에서 소개할 다른 의제자본과 비교할 경우, 주식·회사채·부동산과 같은 제1종 의제자본이 대표하는 것은 화폐자본 혹은 상품자본 내지는 생산자본 혹은 건축 비용으로써, 이들은 모두 **직접적으로** 실제적 자산을 대표한다. 이들의 의제적인 가치증식 운동은 비록 실제 자본의 가치증식 운동과는 일정 정도 떨어져 있긴 하지만, 그렇더라도 그것들이 대표하는 실제 자본이 현실에서 결코 사라진 것은 아니다. 또 이들 실제 자본의 가치증식 운동은 그 의제적인 가치증식 운동과 어떻게든 밀접한 연관성을 유지하고 있다.

제2종 의제자본은 정부 채권이다. 정부 채권은 회사채와는 달리 비록 일정한 화폐자금을 대표하기는 하지만, 이 자금은 '자기 증식'하는 자본은 아니다. 자본주의 국가에서 국채를 발행하여 모집한 자금은 주로 정부의 각종 비생산성 지출, 예컨대 군비나 행정 지출 혹은 저소득층에 대한 소득보조 등에 사용

---

076 이하 의제자본의 분류와 관련한 내용은 [中]张宇 孟捷 卢荻 主编, 〈高级政治经济学-马克思主义经济学的最新发展〉〈高级政治经济学〉, pp.352-359 참조.

077 여기서 부동산의 경우는 약간 문제가 될 수 있다. 일반적으로 부동산은 토지와 부속 건물로 구성되며, 부동산이 의제자본에 포함되는 이유는 그 가격 형성에 있어 토지가격이 중요한 부분을 차지하기 때문이다. 예컨대 부동산가격이 높은 이유는 대부분이 그 '위치' 등 희소가치 때문인데, 그것은 토지의 속성으로 볼 수 있다. 토지 자체는 알다시피 가치생산물(노동생산물)은 아니다.

되며, 이것들은 총수요의 일부로 소비됨으로써 가치증식의 과정에는 진입하지 않는다. 따라서 이 부분의 자금은 정부가 사용한 후에는 더 이상 존재하지 않는다. 그러나 정부 채권은 여전히 존재하면서 그 소유자에게 꼬박꼬박 이자를 지불하기 때문에 마치 가치증식 하는 것 같은 인상을 주게 된다.

제3종 의제자본은 ABS (자산담보증권, Assets-backed Securities) 등과 같은 '파생상품'이다. 자산 증권화와 파생상품의 발전은 그 과정에서 수많은 형식의 의제자본을 낳게 된다. 예컨대 자산 증권화 상품 중의 '패키지' 상품은 일부 신용등급이 낮은 증권들을 한 그룹으로 묶은 후 비교적 신용등급이 높은 증권과 합친 것을 담보로 하여 새로운 채권을 발행할 수 있도록 한다. 여기서 새로 발행한 증권은 원래 증권의 기초위에서 발행한 것으로, 그것들은 **'의제자본의 의제자본'**이라 할 수 있다.

제4종 의제자본은 금융 선물·옵션 혹은 지수 선물·옵션과 같이 '교환할 물건이 아예 없는' 거래계약이나 증빙(證憑)이다. 금융 파생상품이 출현한 이후 의제자본은 더욱 높은 단계로 발전하였다. 주식과 채권의 선물계약은 '의제자본의 의제자본'일 뿐만 아니라, 한발 더 나아가 무(無)에서 유(有)가 생기는 식의 의제자본이다. 왜냐하면 선물거래 중 대다수(약 98% 정도)는 금융자산의 가격 등락에 따라 그 차액만을 지불하는 방식으로 실물자산 인도를 대신한다. 여기서 사는 사람이든 파는 사람이든 그 절대다수는 계약 중 규정한 액수의 증권이나 자금을 실제 보유할 필요가 없으며, 거래를 청산할 때도 실제로 그들 증권을 사거나 팔 필요가 없다. 그 때문에 이런 유의 투자는 레버리지 투자(Leverage Investment, 지렛대효과를 이용한 투자)라고 하며 일종의 투기성 투자이다. 지수 선물과 옵션의 거래에서 거래 쌍방은 개별적 금융 선물이 갖는 '환상적 거래'의 외투마저 벗어 던지고 주식지수 등의 오르내리는 것 자체에 내기를 건다. 여기서는 거래하는 물건이 무엇인지는 전혀 중요하지 않으며, 심지어는 거래할 물건이 존재하는지 유무도 투자자들은 별로 신경 쓰지 않는다.

이처럼 오늘날 각종 의제자본은 날로 다양화하고 추상화하는 방향으로 발전하고 있다. 이리하여 이들 의제자본은 사람들을 현혹하고 그 본질에 대한 인식을 갈수록 어렵게 만든다.

이러한 의제자본의 수수께끼를 푸는 열쇠는 다름 아닌 **'상품의 이중성'**을 이해하는 것이다. 맑스는 〈자본론〉에서 상품이 지닌 '사용가치와 가치'의 이중성이 자본주의사회의 생산과정에서 '물질적 생산과정'과 '가치증식 과정'이라는 이중성으로 전화한다는 점을 올바르게 지적하였다. 우리는 이 원리를 이용해서 의제자본의 비밀을 풀 수 있다. 상품의 생산과정에 있어 '물질적 생산과정'과 '가치의 증식 과정'은 원래 하나로 통일된다. 즉 상품의 생산과정은 한편에선 물질적 생산과정(사용가치의 생산과정)이면서 동시에 가치의 생산과정(추상적 노동의 응고 과정)이기도 한 것이다. 의제자본은 이 양자를 억지로 분리시킨다. '의제적 가치증식'이 의미하는 바가 바로 그것인데, 의제자본은 이 경우 마치 물질적 생산과정과는 상관없이 스스로 '가치증식' 하는 것처럼 보이게 된다.

오늘날 신지유주의 시대에서 의제자본의 급속한 발전은 자본주의 생산방식이 진일보하게 발전한 필연적 결과이며, 동시에 **생산과정**이 날로 **사회화**한 결과이다. 예컨대, 은행이 자신이 보유한 일부분의 장기대출을 조합하여 새로운 ABS (자산담보증권)를 발행하는 경우를 상정해보자. 우리는 잠시 이때 은행이 담보로 삼는 장기대출계약은 모두 생산 분야에 종사하는 기업과 체결한 것이라고 가정해 볼 수 있다. 이 경우 ABS는 생산영역에 진입한 많은 자금을 대표하게 되며, 이는 증권업무의 진일보한 사회화라고 할 수 있다. 과거에는 하나의 기업이 증권발행을 통해 사회자금을 모집했다고 한다면, 이제는 많은 기업

이 공동으로 사회에 대해 자금을 모집하는 셈이다.[078]

또 이 같은 자금모집에 응하는 일반투자자의 관점에서 볼 때도, ABS와 같은 파생상품에 투자하는 투자자는 이미 새로 발행하는 증권이 어떤 기업 혹은 어떤 업종을 대표하는지를 구분하기가 어렵다. 그리하여 그것은 개별적인 실제 자본과의 거리가 날로 멀어지고, 대신 사회 전반의 경제활동과의 거리는 날로 가까워지게 된다. 맑스의 용어를 빌자면 바로 **'사회 총자본'의 운동과의 관계가 날로 밀접**해지는 것으로, 이는 생산 사회화의 고도한 진전을 반영하는 것이라 할 수 있다.

그 결과 이러한 자금 조달 방식은 **경제활동에 참여하는 사회자본의 총 규모를 전반적으로 확대**시킨다. 그간 은행은 전통적으로 사회로부터 여유 자금을 '예금'의 형식으로 흡수하여 다시 이것을 사회에 대출해주는 역할을 맡아 왔다. 물론 이 자체로서도 자본조달은 이미 상당 정도 사회화하였다고 볼 수 있다. 그러나 은행예금은 대부분 다른 사람에게 양도할 수는 없는 것이기 때문에, 이 같은 제약성으로 인해서 그간 투자자금의 조달에서 사회적 저변의 확대를 제약시켜왔다. 이에 반해 '증권'은 양도가 가능하다는 장점을 지닌다. 이 때문에 자금 조달에서 더욱 융통성을 발휘할 수 있으며, 더욱 다양한 사회 유휴자금의 참여를 유도할 수 있다. 이렇듯 의제자본의 발전은 자금의 대차 관계에

---

078 ABS가 만약 생산 분야의 기업이 아닌 개인 소비자에 대한 대출을 기초로 할 경우에도 기본원리는 같다. 예컨대 그것이 '신용카드 대출 담보 조합 증권'이나 '자동차 담보대출 조합 증권'이라면, 그 대출자는 아마도 의사나 변호사 혹은 경찰과 일반 노동자 등의 직업을 가진 사람일 수 있다. 이 경우 이들 역시도 개인이 아닌 **집단의 형식으로 사회를 대상으로 해서 소비자금을 대출받는 셈**이 된다. 그리하여 채권자 (처음에는 은행, 나중에는 은행이 발행한 ABS의 매입자)에 대한 대출금의 상환도 개별적인 능력에만 의존하는 것이 아니라, 상당 정도 사회적 상황에 의존하게 된다. 왜냐하면 그들의 수입은 그들 개인의 일의 성적과 관련될 뿐 아니라, 또한 그들 업종의 경기 상황과도 관련되기 때문이다. 이렇듯 그들의 대출계약을 하나로 조합하여 채권을 발행하는 것은, 많은 부분 채권에 대한 상환을 전체 경제 상황과 더욱 밀접하게 하나로 연계시키는 행위로 간주할 수 있다. 여기서 대출금은 이미 써버렸기 때문에 대출자는 자신의 월급 등의 수입에 의존해서 돈을 갚아 나가야 한다. 많은 대출자를 한 조로 묶어 조합할 경우, 대출금의 상환은 이들이 종사하는 각종 활동과 관련이 있게 되며, 이것이 바로 이 대출계약의 실질적인 내적 의미가 된다.

있어서 사회화의 진일보한 고도화를 의미한다.

의제자본의 발전은 다른 한편 필연적으로 **자본주의사회의 물신숭배**를 더한층 강화한다. 위에서 본 것처럼 의제자본의 형성과 발전과정은 끊임없이 실제의 생산과정으로부터 멀어지는 과정이며, 동시에 사회경제의 전체적 상황에 대한 의존도를 부단히 높여가는 과정이다. 맑스는 일찍이 '상품의 물신숭배'가 '화폐의 물신숭배'로, 다시 이것이 '자본의 물신숭배'로 발전하는 과정을 서술하였으며, 그 각각에서 어떻게 한층 한층 씩 이들 물신숭배의 비밀이 형성되는지를 밝힌 바 있다.

자본물신숭배의 신비함을 가장 잘 보여주는 것은 이자 낳는 자본의 운동이다. 이는 'G-G'로 표시되는데, 그것은 생산과정을 거의 완벽하게 감추면서 마치 화폐 스스로 자기 증식을 할 수 있는 것처럼 보이게끔 한다. 이 같은 이자 낳는 자본에 대해선 사람들은 그나마 그것과 생산과정과의 긴밀한 관계를 어느 정도 발견할 수 있다. 이 때문에 '이자'는 결국 대출된 화폐자본이 생산영역에 진입한 이후에 창조된 것임을 이해할 수 있다. 주식과 채권에 대해서도 그들과 실제 생산과정과의 연계를 발견하는 것은 그리 어렵지 않다. 그러나 자산의 증권화와 파생상품의 출현에 이르러서는 자본물신숭배의 형식은 상당히 고도한 발전을 이룬다. 어떤 부문의 정기적인 수입이 일단 증권화한 이후에는, 사람들은 그 가치증식의 외투 이면에 존재하는 생산과정과의 연계를 더 이상 찾을 수 없게 된다. 지수 선물에 대해선 더욱 그러하다. 그것의 가치증식은 거의 어떤 실제적인 자산과도 관련이 없는 것처럼 보이며, 화폐 자신이 저절로 증식할 수 있는 것처럼 보이게 된다. 이리하여 시장의 신비성과 물신숭배는 의제자본에 있어 최고 수준에 도달한다.

3.3.2. 의제 화폐의 발전

자본주의가 발전하고 그 사회화 수준이 진척됨에 따라 일반적으로 의제자본은 발전한다. 그러나 의제자본이 더욱 충분히 발전하고 자본주의경제의 전반적 의제화가 실현되기 위해서는 '화폐의 의제화'가 반드시 선행되지 않으면 안 된다.

'화폐의 의제화' 문제를 이해하기 위해선 먼저 화폐의 역사적 진화 과정에 대한 얼마간의 이해가 필요하다. 맑스의 〈자본론〉에 따르면 화폐는 처음 조개껍데기·식량·가축과 같은 '일반 상품화폐'로부터 점차 귀금속과 같은 '화폐 상품'으로, 그리고 다시 나중에는 지폐와 같은 '신용화폐'로 발전하였다. 이 같은 화폐의 진화 과정은 화폐가 원래 실제 '가치'(노동 가치를 의미)를 갖는 상품에서, 점차 가치를 갖지 않는 단순한 상징적인 '가치 부호'로 변화되어왔음을 의미한다. 이는 일종의 **'화폐 의제화'** 과정이라 할 수 있다.

사실 각국이 오늘날과 같은 '중앙은행제도'를 채택하고 그에 기초한 신용화폐를 발행하기 시작한 것은 그리 오래되지 않는다. 20세기 들어선 후, 특히 1929~33년 대공황 이후 각국은 차례로 국가신용을 기초로 불 태환 지폐(법정화폐)를 발행한 후 강제 유통시키기 시작했다. 우리는 이를 현대 신용화폐제도의 출발점으로 볼 수 있다. 신용화폐는 그 밖에도 상업신용과 은행신용을 기초로 한 것이 있는데, 이들은 국가신용에 기초한 법정화폐가 나오기 오래전부터 존재하였다. 그리하여 오늘날의 신용화폐는 국가신용에 기초한 것과 은행신용에 기초한 것을 모두 포함하며, 양자는 또한 긴밀한 관계를 갖는다. 즉 시중 은행은 자신이 보유한 어음이나 국채를 담보로 중앙은행으로부터 대출을 받은 후(이는 곧 중앙은행의 지폐 발행과정이다), 그중 법정준비금을 제외한 나머지를 기업이나 개인에게 대출한다. 이후 이 은행으로부터의 대출자(혹은 그에게서 대금 결제를 받은 다른 거래자)가 다른 은행에 그것을 예금하고, 그 은행이 다시 대출하는 등의 절차를 밟는다. 이렇게 몇 개의 은행을 거치는 과정에서 원래 발행된 지폐보다 몇 배나 큰 신용화폐가 창출된다.[079]

　화폐 의제화의 측면에서 보자면, 국가신용에 기초한 법정화폐의 등장은 화폐 의제화의 일대 진전이라 할 수 있다. 왜냐하면 그것은 국내적 차원에서 보면 금과 같은 귀금속과의 태환 약속을 굳이 강제 받지 않기 때문이다. 그러나 설령 위의 법정화폐나 은행권(銀行券)과 같은 신용화폐가 등장했을지라도, 그것이 곧바로 화폐 의제화의 완성을 의미하지는 않는다. 자본주의경제의 성립은 처음부터 국제무역의 존재를 필요로 하였다는 점을 감안할 때, 화폐 의제화의 완성은 반드시 국제적 조건과 결부되어있다. 이리하여 화폐 의제화의 완성은 **1970년대 초** 브레턴우즈협정의 공식적인 수정을 통해서 국제통화체계가 고정환율제에서 **변동환율제로 전환**한 이후에야 이루어졌다.

　종전 후 그전까지 브레턴우즈협정은 이중의 구속 장치를 설치하여 고정환율제를 보호하였다. 즉 각국 화폐가 먼저 달러에 고정되고, 또 달러는 다시 금에 고정(1온스=35달러)되었던 것이다. 이 같은 국제적 협약 때문에 각국 화폐는 최종적으로 금이라는 실물과의 관계를 일정 정도 유지하여야만 하였다. 그런데도 화폐 의제화 과정은 브레턴우즈 체제 내에서도 멈추지 않고 계속되었다. 종전 후 달러가 세계 기축통화로 설정됨에 따라 당시 많은 국가는 달러를 사실상 황금과 동일시하였다. 이렇듯 달러는 황금과 함께 '비축 화폐'로 간주 되어 각국의 외환 보유고에 포함되었으며, 나중에는 결국 각국이 보유한 달러 총액은 미국을 포함한 전 세계 중앙은행의 황금 보유량을 초과하게 되었다. 이는

---

[079] 이를 '예금화폐의 승수효과'라 부르며, 그 계산 공식은 법정준비금율의 역수(K=1/rd)이다. 여기서 rd는 법정준비금율이다.

이들의 외환 보유고가 더 이상 모두 황금과 태환 가능한 '완전 화폐(specie)'는 아니며, 그중 대량의 순수한 지폐 혹은 신용화폐를 포함하고 있다는 것을 의미하였다.

　이는 화폐 의제화 과정이 브레턴우즈 체제가 존속하던 시기에도 이미 상당히 진행되었음을 시사한다. 사정이 이렇게 된 것은 미국의 대규모 대외 군사원조와 국제대출 그리고 대외 직접투자 등을 위해서 미국의 '연방준비위원회'가 '세계 중앙은행'으로서의 지위를 남용하였기 때문이다. 1968년부터 1972년까지 미국 재무부의 전 세계 중앙은행에 대한 채무는 애초 차입 시의 구매력으로 계산하더라도 400억 달러에 달했는데, 1968년 말 미국 연방은행의 황금 보유액은 단지 100억 달러에 불과하였다.

　그러나 브레턴우즈 체제 하에서 이처럼 화폐 의제화가 진행되었음에도 불구하고, 그것의 존재는 화폐 의제화의 더 한 층의 발전을 구속하였다. 왜냐하면 각국의 감시와 압력을 차치하더라도, 미국 스스로 국내 화폐(즉 유통 중인 미 연방준비위원회의 지폐) 가치의 25%는 법률상 황금에 의해서 지지받도록 규정되었기 때문이다. 그 때문에 화폐 의제화의 완성은 이 같은 장애가 모두 제거된 이후에야 가능하였다. 1970년대 들어 미국경제의 쇠퇴와 국제수지의 대규모 적자로 인한 달러 환율의 동요는 역설적으로 이 같은 장애물을 제거할 수 있는 조건을 제공했다. 1971년 닉슨 정부는 마침내 달러와 황금과의 불 태환을 선포하고 공식적으로 양자의 연계를 끊음으로써 세계는 1973년부터 변동환율 체제로 본격 이행하였다. 이때부터 황금은 정식적으로 세계 화폐 무대에서 퇴출당하였으며 각국 화폐는 더 이상 황금과의 연계를 갖지 않게 되었다. 이 같은 **황금의 비화폐화의 완성은 곧 화폐 의제화의 완성**이다. 이렇듯 "완전한 의제 화폐는 일종의 고도한 사회화 조건에서의 화폐 형식으로, 그것의 존재는 고도로 사회화한 중앙은행제도에 의존"[080]하였다.

그렇다면 자본주의경제의 전반적인 의제화에 있어 화폐 의제화가 왜 먼저 충족되어야 할 전제조건일까? 그것은 다종다양한 금융자산을 포함한 막대한 양의 의제자본의 거래가 이루어지기 위해서는 이에 상응하는 사실상 '무한한' 유동성의 공급이 필요하다는 이유에서다.[081] 이 같은 풍부한 유동성은 과거 금속화폐나 금 태환과 굳게 연계된 신용화폐에서는 상상할 수 없는 일이었다. 참고로 금융거래 액수와 GDP와의 비율을 보면, 그 비율은 1970년 15:1, 1980년에는 30:1로, 1990년에는 다시 78:1로 빠른 속도로 확대되어 왔다.[082] 최근에 이 같은 추세는 더욱 빨라지고 있는데, 이는 의제자본의 잠재적 승수가 파생상품의 도입으로 인해서 놀라운 속도로 성장하고 있음을 보여준다.

자본주의경제의 의제화에서 화폐 의제화가 먼저 이루어져야 하는 또 다른 이유는, 의제 화폐는 그 자체가 금융업 자본의 중요한 투자 대상이라는 사실 때문이다. 현대 금융 투기의 많은 부분은 이자율과 환율의 변동 때문에 생겨나는데, 이는 또한 화폐의 의제적 성격과 깊은 관련이 있다. 그 때문에 의제 화

---

[080] 〈高級政治经济学-马克思主义经济学的最新发展〉, pp.363-364.

[081] 의제자본을 고려할 경우 화폐공급량이 어떻게 달라지는가는 다음의 간단한 화폐 수량 등식을 보면 알 수 있다. 즉, 기존의 화폐 수량 등식은 M=P·Q/V인데(여기서 M:화폐공급량, V:화폐유통속도, P:가격, Q:상품유통량), 이를 약간 변형하면 다음과 같은 새로운 등식을 얻을 수 있다. M=(P×Q÷V1)+(SP×SQ÷V2)(여기서 V1:상품 관련 화폐유통속도, V2:의제 자산 관련한 화폐유통속도, SP:의제 자산 가격, SQ:의제 자산 수량). 이 등식은 원래의 것에 비해 복잡한 것 같지만 별반 그렇지는 않다. 앞의 등식(P×Q÷V1) 뒤에 단순히 의제 자산과 관련한 사항(SP×SQ÷V2)을 더한 것에 불과하다. 이것이 의제자본이 충분히 발달한 현대경제에 있어서 새로운 화폐 수량 등식이다. 여기서 물론 V2 (의제 자산 관련한 화폐유통속도)는 V1 (일반상품 관련한 화폐유통속도)에 비해 그 속도가 매우 빠르다는 점을 감안할 필요가 있다. 특히 오늘날 인터넷을 통한 거래와 전자화폐의 사용이 보편화되고 있는 상황에서는 더욱 그러한데, 이것들을 통해서 의제 자산의 거래 속도는 대단히 빨라졌으며 이는 화폐유통량의 수요를 절감시키는 요인이 된다. 그런데도 현대경제에서 금융자산을 포함한 의제 자산이 차지하는 규모가 훨씬 거대한 점을 감안한다면, 이 같은 화폐의 유통속도 증대만으로는 현대 금융거래에 필요한 절대적인 화폐유통량의 수요 증가를 모두 상쇄할 수 없다.

[082] 〈金融全球化〉, p.72.

폐의 존재는 금융업 자본이 투자할 대상을 매우 풍부하게 만들어 준다. 금융 투기가 국제 외환시장만큼 활발한 곳은 없다. 각종 파생상품 등 새로운 금융상품의 출현도 그 연유를 거슬러 올라가면 결국 화폐 의제화와 관련된다. 이 같은 신종 금융상품들은 원래 리스크 회피를 위해 설계되었다.

예컨대 1960년대 중반까지만 하더라도 각국의 물가지수는 대체로 안정적이어서 시중 은행들은 대부분 자신의 일반 업무에 있어 고정이자율을 적용하였다. 그러나 1960년대 후반에 접어들면서 통화팽창으로 인한 인플레이션이 날로 심해지자, 그 위험을 회피하기 위해 시중 은행들은 점차 고정이자율에서 변동이자율로 전환하는 경우가 많아졌다. 이 같은 이자율 변동성의 증대와 앞서 거론한 환율 리스크가 상호 결합하면 매우 복잡한 화학반응을 일으킨다. 이로부터 오늘날 각종 파생상품이 출현할 수 있는 토양이 조성되었다. 이로부터 다음의 관점이 성립할 수 있다.

"만약 국제적 차원에서 경제정책 협의 기제를 통해서 일정한 목표 구간 내에 확실히 안정적인 관건적인 환율을 존재하게 할 수 있다면, 가격(환율과 이자율을 지칭함-역자)변동 때문에 초래되는 의제자본에 대한 수요는 많은 부분 억제될 수 있다. **가격이 안정될 경우, 투기 활동은 많은 활력을 상실**하게 될 것이기 때문이다."[083]

화폐 투기는 금융업 자본에 있어선 저항할 수 없는 매력을 지니고 있다. 다른 경제활동과 비교해서 그것은 실물경제로부터 독립적일 수 있다. 은행의 대

---

[083] 위의 책, p.78. 본문 중 굵은 강조는 인용자에 의한 것임.

부자본의 경우 산업 평균이윤과 대출자 수입의 직접적인 제한을 받을 수밖에 없음에 비해서, 화폐 투기는 이 같은 산업자본의 생산과정이나 대출자의 수입 상황으로부터 상대적으로 자유로울 수 있다. 이러한 상황에서 신용화폐는 의제자본으로서 기능을 충분히 발휘할 수 있게 된다.

3.4. '경제 의제화'는 국가독점자본주의 발전의 필연적 산물

3.4.1. 고정환율제로부터 변동환율제로의 이행과정

화폐 의제화가 완성되는 과정은 경제적 성격보다 사실상 정치적 성격을 지녔다. 국제통화체제의 고정환율제에서 변동환율제로의 이행은 역사적으로 보면 1960년대 후반부터 1970년대 초반에 걸쳐 집중적으로 이루어졌다. 우리는 이 시기를 다음의 몇 단계로 나누어 고찰할 수 있다.[084]

그 첫 단계는 미국과 서구 동맹국들이 기존의 브레턴우즈협정을 지키기 위해 공동 노력했던 시기이다. 이 시기는 대략 국제통화체제에서 처음 달러 위기가 발생하기 시작한 1960년부터 1968년 3월 소위 '황금 풀(Gold Pool)'[085]이 해체되던 무렵까지이며, 케네디와 존슨 민주당 출신 대통령의 집권 시기와 대

---

084 이하는 [美]迈克尔·赫德森, 〈金融帝国-美国金融霸权的来源和基础〉, pp.274-322의 내용을 참조하였다. 이 책은 미국이 제1차 세계대전 이후부터 1970년대 중반에 이르기까지, 어떻게 오늘날의 달러패권을 수립하게 되었는지 그와 관련한 풍부한 역사적 자료를 담고 있다.

085 '황금 풀(Gold Pool)'은 '런던 금 풀'이라고도 하는데, 1961년 서구 주요 8개국이 런던 금시장 개입을 통해 브레턴우즈협정에 따른 달러 가치인 '1온스=35달러'를 유지할 목적으로 결성하였다. 이 협의에 따라 미국이 50%(120톤), 독일 11%(27톤), 영국과 프랑스 및 이탈리아가 각각 9%(22톤), 벨기에와 네덜란드 및 스위스가 각 4%(9톤)의 지분을 투자하였다.

체로 일치한다.

  이 시기 미국은 국내 경기의 진작과 특히 1965년부터 시작된 월남전 확전에 따른 지출 확대로 달러의 해외 유출이 가속화 하였으며, 이로 인해 국제수지적자가 장기간에 걸쳐 누적되었다. 그러나 이 시기만 하더라도 미국 정부는 표면적으로는 국제수지적자의 억제와 기존 국제통화체제의 수호를 위해 다른 동맹국들과 함께 노력하겠다는 의지를 천명하였다. 이에 대해 동맹국들은 한편으론 미국의 진정성을 의심하면서도, 다른 한편 미국이 만약 자신의 해외채무 상환을 거절할 경우 세계화폐 체제의 붕괴가 초래될 수 있다는 사실을 잘 알고 있었다. 그 때문에 그들은 자신들이 보유한 달러에 대해 금 태환 요구를 자제하면서 미국의 자구 노력에 일정 공동보조를 취해주었다.

  이 시기 가장 주목할 만한 사건은 1961년 10월 미국과 영국 등 서방 8개국이 달러의 금 태환과 달러 가치의 유지를 위해서 소위 '황금 풀'을 공동 결성한 일이다. 그것은 해외의 과잉 달러가 가져온 지속적인 달러 위기로 인해서 결국 1968년 3월 18일 해체되고 만다. 이로부터 사실상 달러의 금 태환 중지는 초읽기에 들어갔다. 그 중간인 1967년 9월 'IMF 특별인출권(SDRs)' 제도가 신설된 것도 주목할 필요가 있다. 이는 일정 한도의 국제수지적자 폭을 **합법적으로 용인**받을 수 있는 장치를 국제화폐 기구 내에 도입한 것으로서, 당시 미국 및 영국과 같은 국제수지 적자국에 유리한 조치였다. 이 장치의 신설은 미국 정부가 최종적으로 금 태환의 족쇄를 벗어나는 목표로 나아감에 있어 거둔 단계적 성과라 할 수 있다.

  제2단계는 1968년 3월부터 1971년 8월까지이다. 이 시기 '황금 풀(Gold Pool)'이 공식 해체된 후 미국은 내심 브레턴우즈협정을 전면 수정할 작정을 하고, 그 첫 작업으로 마침내 달러의 금에 대한 불 태환을 공식 선언하고 이를 관철하였다. 미국의 지식계와 정치 엘리트들은 이미 1967년 4월 달러의 금 태환이 앞으로 사실상 불가능하며, 또 외국 정부가 이에 대해 보복할 능력이 없기에 금 태환 의무를 이행하지 않을 수도 있다는 사실을 인식하였다. 실례로, 체이스맨하턴은행이 발간하는 〈비즈니스 브리핑〉 1967년 4월 자에 기고한 디와얼 박사는 이렇게 적고 있다.

"만약 미국 재무부가 자기 멋대로 달러를 매매하기 시작한다면, 외국 중앙은행들은 어려운 양자 선택의 곤경에 직면하게 된다. 그들이 보유한 달러가 자유롭게 황금으로 태환될 수 없기에, 그들은 어떻게 보유한 달러를 처리해야 할지 내지는 자국의 시중 은행이 자국 화폐로 바꾸기 위해 제출하는 달러를 어떻게 처리해야 할지의 결정을 부득불 하지 않으면 안 된다. 그러나 이것은 가장 불유쾌한 선택이다. 한편에선 만약 그들이 달러 절하를 용인하면, 미국 수출품 가격이 상대적으로 자신들의 국내 생산물가격에 비해 하락할 수 있다. 말하자면 이는 미국 수출품이 시장에서 더욱 경쟁력을 갖게 되는 것이다. 대다수 수출상과 상인들은 이러한 해결 방법을 극력 반대한다. 다른 한편 만약 외국 중앙은행이 계속해서 지금의 달러 환율을 지지하면, 이는 더욱 의심할 바 없이 달러 본위를 옹호하게 된다. …일단 위기가 발생하면 미국은 즉각 외국 중앙은행이 자유롭게 황금을 구매할 특권을 중지시킬 수 있다. 그러면 달러를 지킬 것인가에 대한 중임은 미국의 어깨에서 유럽과 기타 국가의 중앙은행으로 옮겨지게 된다." [086]

---

[086] 〈金融帝国-美国金融霸权的来源和基础〉, p.320. 굵은 강조는 인용자에 의한 것임.

1968년 말 외국 중앙은행이 보유한 달러는 125억 불에 달했는데, 이 숫자는 당시 미국이 보유한 총 황금 비축액 100억 달러를 이미 초과하는 것이었다. 이 시기 미국 엘리트들은 각국 중앙은행에 금 태환 요구를 자제해 줄 것을 요청하였는데, 그 명분은 처음에는 "자유세계 수호를 위한 비용의 공동 분담"과 같이 간접적이고 완곡한 표현을 사용하였다.[087] 그러나 이러한 표현은 점차 각국 정부와 중앙은행이 미국의 국제수지적자를 **용인**하고 자국의 외환보유 중에 미국 국채를 포함해야 한다는 좀 더 과감하고 공세적인 태도로 바뀌었다.[088]

새로 등장한 닉슨 공화당 정부는 이 같은 국내 여론을 등에 업고 재정적자 폭을 기탄없이 늘려갔다. 이리하여 마침내 미국 정부의 '금 태환 중지선언'(1971년 8월) 발표가 나오게 되었다. 그 과정에서 물론 서유럽 각국과 일본 정부는 미국의 의도를 사전에 파악하고 강력히 반발하였다. 그러나 결국 국제금융 체제와 국제무역체계의 붕괴가 가져올 손실, 그리고 냉전체제에서 미국의 군사력과 지도력에 크게 의존하고 있던 현실 때문에 미국의 압력에 굴복하고 만다. 이로써 사실상 미국 부채 (즉 해외의 과잉 달러와 미국 국채)의 '화폐화'를 위한 대문이 활짝 열리게 되었다.

---

087 당시 필라델피아 연방준비은행이 주재하는 〈비즈니스평론〉 1970년 9월에 실린 글인 〈자본유동과 국제수지 평형의 조정〉의 저자는 다음과 같이 주장한다. 미국은 "외부적인 군사와 경제 의무를 담당"하고 있으며, 미국이 냉전을 이끄는 지위를 유지해야 한다는 점을 감안하면, 그리고 이로부터 생기는 군사 지출 및 상관된 정부 활동에 따른 자본지출 요구를 감안하면, "어떻게 이 같은 국가의 국제수지 평형이 일반적 표준하의 국가와 동일한 표준과 수단을 준수하면서 그 국제수지 불균형의 비정상적 상태를 교정하기를 바랄 수 있겠는가?"(위의 책, pp.291-292) 이 말은 바꾸어 말하면, 미국의 국제수지 적자의 근원은 바로 대외정책에서 온다는 뜻이며, 미국의 보호 우산에 대한 대가로 반공주의자들은 미국의 국제수지적자를 필히 지불해야 할 대가로서 받아들여야 한다는 것이다.

088 다음의 주장이 그것이다. "사람들은 필히 미국 정부의 적자는 의심할 수 없는 당연한 지출 범주임을 받아들여야 하며, 그 수량(미국의 재정적자 폭-역자)은 국제수지 평형을 위한 제한을 고려할 필요가 없다. 다른 나라는 필히 그 외환보유 중 미국 국채나 미국 연방준비 시스템이 발행한 '로사 채권'을 보유함을 통해서, 직접적으로 미국 재무부를 위해 필요한 자금을 제공하거나, 아니면 미국으로부터 수입을 확대하고 자신의 수출을 제한하여 미국의 민간 부문이 정부지출의 평형에 필요한 대량의 잉여를 유지할 수 있도록 하여야 한다."(위의 책, p.292)

제3단계는 1971년 8월부터 1973년 3월까지로, 국제통화체제가 사실상 고정환율제를 포기하고 변동환율제로 전면 이행을 하기 시작한 시기이다. 미국 정부는 이 시기에 보다 노골적인 재정적자와 통화팽창 정책으로 **달러의 해외 방출을 고의로 조장함**으로써 두 번째 단계의 성과를 더욱 공고히 하는 한편, 한 발 더 나아가 본격적으로 고정환율제를 무력화시키고 각국이 변동환율제를 채택하도록 강제하였다. 물론 이 같은 변동환율제로의 이행은 각국이 달러를 이전과 같이 여전히 사실상 세계 기축통화로 삼는 기초위에서 이루어지는 것이다.

전 단계에서 이미 참패를 맛본 서구 동맹국들은 이즈음 미국 정부의 공세에 맞서 저항할 힘과 의지를 거의 상실한 상태였다. 그리하여 이후 하나씩 각개 격파당한 끝에 결국 '달러를 중심으로 하는 변동환율제'를 기정사실로 받아들이게 되고 만다.

이상의 과정에서 우리가 특히 주목해 볼 부분은 두 번째 단계, 즉 미국이 달러의 금 불태환 정책을 관철하는 과정에서 결정적인 승리를 쟁취한 대목이다. 이 단계는 전 과정에서 가장 관건적이었다. 2차 대전 종식 후 처음으로 비공산주의 국가 진영 내의 동맹국인 미국과 서유럽 및 일본이 각기 채무국과 채권국으로 나뉘어 한판 승부를 벌인 사건이다.

미국은 이 전투에서 결코 양보할 수 없는 입장이었다. 만약 이 전투에서 지게 되면 종전 후 냉전체제를 이끌어 온 자신의 패권적 지위에 큰 상처를 입게 될 뿐만 아니라, 더욱 치명적인 것은 지금까지 누적된 자신의 거대한 외채 즉 해외의 과잉 달러와 미국 국채가 자신을 무너뜨릴 것이라는 압박을 받았다. 이 때문에 미국은 사실상 배수진을 치고 임했다. 유럽공동체 국가들도 채무국이 채권국을 향해 큰소리를 치는 사상 유례없는 사태를 순순히 받아들일 수만은 없었다. 만약 이 전투에서 자신들이 물러서게 되면 미국은 앞으로 더욱 방만하게 재정지출을 남발하고 그 부담을 다른 나라에 전가하려 할 것이다. 이리하여 미국과 서유럽·일본은 국제통화문제를 놓고 처음으로 진검승부를 하게 되었는데, 여기서 승부는 서로의 국제무대에서의 지위를 재확인함과 함께, 향후 성립될 새로운 국제통화체제에서도 지대한 영향을 미치게 될 것이었다.

이 단계의 사건 진행에서 눈길을 끄는 것은 무역전쟁과 환율전쟁을 병행한 미국의 전략이다. 보호 무역의 칼을 처음 뽑아 든 측은 미국이었다. 1970년 5월, 미국 재무부 장관 데이빗 케네디는 만약 다른 나라들이 미국으로부터의 수입을 증가하지 않으면 미국 의회는 외국의 미국에 대한 수출을 제한할 것이라고 경고하였다. 그리고 1970년 겨울 미국 국무부는 미국에 수출하는 방직품에 대해 자발적인 감축을 실행할 것을 일본을 비롯한 대미 흑자국들에 공식 요구하였다. 이러한 미국 측의 무역 분야로의 확전 의도와는 달리, 유럽공동체 국가들은 대체로 대외무역 부문에서의 정면 보복보다는 국제금융과 투자영역에서의 보복을 진행하는 우회적인 대응을 하였다.

예컨대, 1969년 12월 서독은 미국 재정부에 5,000만 달러의 황금을 판매하였는데, 이제 다시 그 황금들을 사들이겠다고 위협하였다. 이는 황금 보유고가 이미 경종을 울리고 있던 미국에게는 일종의 위협이었다. 프랑스도 차분하게 미국 은행에 매월 한 차례씩 자국이 보유한 잉여 달러를 황금으로 바꾸기 시작할 준비를 하고 있다고 통보했다. 이 같은 유럽공동체의 반격에 맞서 미국은 다시 전면적 무역 보복이라는 포탄 세례를 안겼다. 1970년 8월 3일, 5주간의 청문회를 거친 후에 미 하원 세입위원회는 찬성 17표 반대 7표로 '미얼스안'을 통과시켰다. 이 새로운 입법안은 보호주의 경향의 하원 관세위원회로 하여금 미국의 관세정책을 제정토록 요구하는 것으로써, 장차 자동차·녹음기·전자제품·자전거·스포츠용품 및 기타 많은 상품에 대한 수입 할당액 설정을 허락하는 것을 골자로 하였다. 사실상 무역전쟁을 선포하는 것이다.

국제 금융시장과 외환 투기꾼들은 이 같은 미국과 서구 동맹국 간의 긴장감 넘치는 공방을 숨을 죽이며 지켜보았다. 1969년 1월 미국은 종전 이래 처음으로 월별 무역 적자를 기록하였는데, 그 이후 1970년 4월 다시 두 번째 월별 무역 적자가 발생하였다. 이 소식은 가뜩이나 달러 가치에 의구심을 품고 있던 국제 금융시장에 충격을 주었으며, 달러에 대한 황금과 기타 화폐의 환전이 가속화되었다. 특히 스위스 프랑과 독일 마르크가 가장 좋은 피난처가 되었다. 서독의 달러 보유고는 1971년 초 167억 달러로 증가하였으며, 이는 1970년에 비해 30억 달러, 1969년에 비해 96억 달러가 증가한 액수다.

미국의 전략가들은 이러한 달러의 해외 탈주를 막기 위한 아무런 조치를 취하지 않았다. 네덜란드와 벨기에 그리고 프랑스의 중앙은행은 미국에 4.22억 달러의 금 태환을 요구하는 것으로 보복을 실행했다. 1971년 5월 4일 화요일 12억 달러가 서독에 유입되어 마르크로 환전되었고, 이어서 다음날인 5월 5일 수요일에는 거래 한 시간 만에 또다시 10억 달러가 유입되었다. 이로써 서독의 달러 외환 보유고는 190억 달러를 초과하게 되었다. 서독 중앙은행은 이 같은 상황에 직면하여 잠시 아예 외환거래 시장을 닫아버렸다. 이리하여 서독을 비롯한 여타 유럽공동체 국가와 미국의 협상이 시작되었다. 여기서 국제금융체계가 전면적인 붕괴를 일으키지 않는다는 전제하에서 어떻게 당면한 곤란을 수습할 것인지가 논의되었는데, 이는 사실상 서구 동맹국들의 미국에 대한 굴복을 의미하였다.

이 무렵 폴·사뮤얼슨이나 밀턴·프리드만과 같은 미국의 저명한 노벨상 수상자들이 당면한 통화 문제의 해결책으로 제안한 것은 다름 아닌 서독 마크의 변동과 함께 각국이 **변동환율제**를 도입하는 방안이다. 미국 경제학자들의 이 같은 제안은 당시 미국 정부의 진정한 목표가 어디에 있었는지를 잘 보여준다. 이 제안에는 또 장차 유럽공동체 시장의 6개 회원국 간에 서로 긴밀한 화폐 협조가 성립되는 것을 미리 방지하려는 숨은 목적도 담고 있었다.

당시 서독 경제 장관인 칼 쉴러는 "과도기에 모든 공동체 시장의 중앙은행들이 달러 수령을 정지"할 것, "6개국 화폐가 달러에 변동할 시에 서로 간에는 고정환율을 유지"할 것 등의 방안과 함께, 독일 마르크로 공동시장 준비금을 마련하자는 제안을 제출하였다.[089] 이 기금은 장차 프랑스와 이탈리아 등 약세 화폐가 과도기를 넘길 수 있도록 돕는 것을 목적으로 하였지만, 독일이 주도하는 화폐 연맹을 원하지 않았던 프랑스의 강력한 반대에 부딪혔다. 프랑스는 만약 독일 마르크가 변동을 시작하면 유럽 화폐 연맹 설립에 대한 토론을 거부할 것이라고 선언하였다. 이로써 사실상 유럽공동시장 국가의 미국에 맞선 단호한 행동 통일을 기대할 수 없게 되었다. 이리하여 서유럽 국가들은 미국의 의도를 저지할 수 있는 수단을 더 이상 보유하지 않게 되었다.

이 시기 무역전쟁과 환율전쟁을 병행한 데에는 미국 전략가들의 고도한 책략이 담겨 있다. 서독과 일본 등 주요 선진공업국들이 미국 시장에 의존하고 있다는 사실을 겨냥한 것이다. 미국은 사실 1975년까지 줄곧 전체적으로는 경상수지 흑자국의 지위를 유지하였다.[090] 그러나 미국이 요구한 것은 동맹국들이 미국으로부터의 수입을 확대하고 자국의 수출을 제한함으로써, 미국의 민간 부문이 '대량의 국제수지 흑자'를 달성토록 하여 정부지출 부문의 적자를 메꾸고 전체적인 평형에 도달할 수 있도록 도와야 한다는 것이었다. 이 같은 미국의 주장은 방만한 채무자가 채권자를 호통치는 격이었지만, 당시 이는 상당

---

089 〈金融帝国-美国金融霸权的来源和基础〉, p.307.

090 미국은 1965~1969년의 5년간 120억 달러의 경상수지 흑자를 기록하여 서구 7개국 흑자의 46%를 차지하였다. 1970~1974년 그 흑자 규모는 41억 달러로 줄어들어 서구 7개국 흑자의 21%를 차지하였으며, 그 후 1976년에는 -155억 달러의 적자로 반전했다. 이후 그 적자 폭은 날로 확대되어 1977년 -377억 달러, 1978년 -416억 달러, 1979년 -391억 달러를 기록하였다. 이상 통계수치는 〈全球化与新自由主义〉, pp.289-290, 〈世界经济统计简编1982〉, p.250에서 인용.

히 유효적절한 전략이었다.

　이처럼 계획적으로 무역 분쟁을 조성함을 통해서 미국은 수세에서 공세로 국면 전환에 성공하였으며, 또 그 같은 책략은 애초 문제의 발단인 해외 과잉 달러에 대한 미국 측 책임을 모호하게 만들었다. 그뿐만 아니라 각국의 자발적인 무역 제한 조치 요구도 가능하게 했으며, 만약 이를 어길 경우 '무역 보복'이라는 조치를 할 수 있는 명분을 미국 측에 주었다. 무엇보다 핵심은 이를 통해 달러와 금 태환의 회복을 통한 과거로의 복귀가 아닌, 새로운 변동환율제의 채택이야말로 국제통화체제의 불안을 해결할 수 있는 유일한 대안이라는 인상을 심어준 점이다. 이것이야말로 미국 정부의 진정한 노림수였다.

3.4.2. '세계화폐' 문제의 본질

　이상에서 화폐 의제화의 완성 과정, 즉 달러와 금과의 불 태환에 기초한 새로운 국제통화체제가 수립되는 과정을 살펴보았다. 이 과정이 단순히 경제적이지 않고 정치적이었던 이유는 **금 태환에서 자유로운 '세계화폐'를 어떻게 창출하느냐**는 문제와 관련되었기 때문이다.

　물론 여기서 우리는 세계화폐를 창출하는 방식으로 지금까지와는 다른 좀 더 합리적인 방안을 모색할 수 있다. 예컨대 케인스가 일찍이 1944년 7월 '연합국 화폐 금융 회의'(즉 브레턴우즈협정)가 진행될 무렵에 제안했던 '화폐 연맹' 혹은 '세계 중앙은행'이 발행하는 비(非) **주권 화폐** 식의 세계화폐를 사용하여 황금 또는 주권 화폐 형식의 세계화폐를 대체하는 방안이 그중 하나이다. 이 방안은 확실히 달러를 기축통화로 삼는 것보다 '평등하고 공평한' 화폐 체계를 기대할 수 있다.

그렇다면 이처럼 좋은 방안을 놔두고 왜 1970년대 당시 세계화폐와 관련된 논쟁이 그렇듯 격심하게 전개되었으며 국제적인 정치문제가 되었을까 하는 의문이 생긴다. 현실에서 세계화폐의 출현 과정이 이렇게 전개될 수밖에 없었던 데에는 여러 가지 요인이 작용하였다. 예컨대 전후 이미 상당 기간에 걸쳐 구축된 국제통화 질서에서 미국의 기득권이 인정되었던 점, 또 이에 덧붙여 냉전체제에서 공고화된 미국의 정치적 우세도 꼽을 수가 있다.

그럼에도 여전히 완전히 의문이 가신 건 아니다. 왜냐하면 특정 국가의 기득권과 구제도의 관성만이 문제라고 한다면, 이 같은 요인은 새로운 제도를 구축하는 데 일정 기간 영향을 미칠 수는 있지만 결코 장기간에 걸쳐 보다 합리적인 제도의 출현을 막지는 못할 것이기 때문이다. 만약 합리적인 새로운 규칙이 결코 미국을 차별하는 것이 아니라고 한다면(당연히 그러하다!), 비록 세계화폐를 독점하지는 못할지라도 종합적인 여러 사항을 고려한다면 미국도 결코 합리적인 새로운 국제화폐제도의 도입을 반대할 이유는 없다. 왜냐하면 이 같은 국제화폐의 규칙이 마련된다면 현재의 복잡한 변동환율제로부터 생기는 경제활동의 불확실성이 제거될 수 있고, 미국도 당연히 그로부터 이득을 얻게 될 것이기 때문이다. 미국으로서는 지금과 같은 세계화폐의 독점권을 지키기 위해서 자신이 지불하는 비용 또한 만만치 않다는 사실을 감안해야 한다. 도덕적 비난은 둘째 치더라도, 이 비용은 미국의 세계 패권국가 지위를 유지하기 위한 비용과 일치한다. 그 때문에 다른 이유가 없다고 한다면, 미국은 지금처럼 세계화폐의 독점적 지위를 지키기 위해 굳이 사력을 다할 필요가 없다.

이는 좀 더 중요하고 본질적인 이유가 존재함을 의미한다. 그것은 다름 아닌 전기 국가독점자본주의의 국제화폐체계(즉 브레턴우즈협정)가 붕괴하고 새롭게 전환을 모색하게끔 만든 원인과 결부된다. 즉 전기 국가독점자본주의의 내부적 균형의 실패로 인해 발생할 수밖에 없었던 **국내의 통화팽창과 재정적자**

문제를 국제시장에 전가할 수 있는 권력을 누가 갖느냐의 문제와 직결되어 있었던 것이다. 이점이 오늘날 자본주의적 국제질서 하의 '세계화폐' 문제의 본질이다. 이 때문에 세계화폐의 발행권이 각국 간에 공평하게 분배되는 것은 근본적으로 불가능하며, 그것은 오직 '독점적'인 성격일 가질 수밖에 없다. 왜냐하면 그것은 결국 자국의 대외부채를 '화폐화'할 수 있는 권한을 국제적으로 공인받는 일인데, 이에 비추어 만약 이 같은 특권을 누릴 수 있는 국가가 많아질수록 자신의 몫은 줄어들기 때문이다.

물론 전기 국가독점자본주의의 모순이 당시 미국에만 국한되었던 것은 아니다. 그러나 유럽공동체 국가들과 일본 등은 수출을 통해 자국의 과잉생산 문제를 어느 정도 해소함으로써 내부 압력을 낮출 수 있었다. 이에 비해서 미국은 상대적으로 거대한 자신의 경제 규모에 비추어 그렇게 할 만한 마땅한 해외 시장을 찾기가 쉽지 않았다. 그 대신 내부적인 과잉생산의 압력을 좀 더 고차원적인 방식으로 국제 금융시장으로의 모순 전가를 통해서 해결하는 방식을 선택하였다. 양자는 모두 국내적인 균형에 실패했다는 점에서, 그리고 외부 시장의 도움을 빌려 내부균형을 회복할 수 있다는 점에서 일치한다. 다만 그 구체적 방법에 있어선 각자가 처한 형편에 따라 한쪽은 실물경제 위주로, 다른 쪽은 세계 다른 나라에 대한 금융 수탈 위주로 그 해결책을 모색했다는 점에서 차이가 날 뿐이다.

이 점과 관련하여 당시 미국의 한 경제학자의 다음과 같은 불평은 음미할 필요가 있다. "우리의 국제수지 적자는 줄곧 비판받아 왔다. 그러나 우리가 적자를 교정하려고 노력할 때, 특히 전통적인 통화 긴축의 방식을 통해서 그렇게 하려고 할 때, 또한 매우 불만의 원성을 들어야 했다."[091] 이 발언은 당시 미국 달러의 해외 과잉 유출이 한창 문제 시 되던 1960년대 말~1970년대 초에 나온 것이다. 우리는 여기서 상호 긴밀한 유기적 관계를 맺고 있던 세계 경제구조를 엿볼 수 있다. 미국뿐만 아니라 당시 유럽공동시장 각국의 '내부균형' 역시도 미국 등 외부 시장(즉 세계시장)의 존재를 통해서만 비로소 달성될 수 있었다.

사실상 이 같은 성격을 갖는 세계화폐의 창출 과정은 **새로운 형태의 제국주의가 출현하는 과정**이라 할 수 있다. 종전 후 냉전체제 하에서 제국주의가 '진영적 제국주의' 혹은 '동맹적 제국주의'였다고 한다면, 1970년대 초반을 기점으로 이러한 제국주의는 불 태환의 세계화폐에 대한 독점권을 핵심으로 하는 '단일패권적 제국주의'로 이행해 간다.[092] 그 경쟁에서 미국은 일단 우위를 점하였다. 물론 오늘날의 국제 역관계 상 그 독점권을 혼자서 완전히 독식할 수는 없지만, 국제통화체제에서 차지하는 비중에 입각해 볼 때 미국은 그중 가장 많은 부분을 누리고 있으며, 나머지는 서유럽 선진제국들과 일본의 몫이다. 이 같은 사정은 앞서 국제 채권시장 중 미국 국채가 차지하는 비중이 압도적인 현황에서도 잘 나타난다. 그러나 일단 미국이 세계화폐의 주도권을 장악한 지금의 상황에서도, 유럽과 일본은 나름의 지역통합 등의 움직임을 보이는 것을 볼 때 달러의 독점적 지위에 도전하려는 하는 희망을 완전히 접은 것은 아니라는 점을 알 수 있다.

지금까지 논의를 통해 우리는 다음과 같은 결론에 도달할 수 있다. 오늘날 자본주의경제의 전반적인 '의제화' 현상은 생산과 자본의 사회화에 조응하는

---

091 〈金融帝国-美国金融霸权的来源和基础〉, p.293. 미국 '쌍둥이 적자' 하의 세계 경제의 균형에 관해선 본서 제5장에서 다룬다.

092 현대 제국주의와 관련된 문제는 본서의 핵심 쟁점의 하나이며 별도로 제5장에 배치하였다.

의제자본의 일반적 발전 경향과 관련된다. 그러나 더욱 중요하게는 그것은 '화폐 의제화'와 직접적인 관련이 있다. 이러한 의미에서 볼 때, 작금의 자본주의 경제의 의제화 현상은 단연코 국가독점자본주의 발전의 산물이라 할 수 있다. 역사적으로 볼 때 국가독점자본주의의 전기에서 후기로의 이행은 화폐 의제화의 완성 과정, 즉 금 태환에 구속된 신용화폐에서 순수한 신용화폐로의 이행과정과 **정확히** 일치한다. 화폐의 완전한 의제화는 국가독점자본주의가 후기에 진입한 이후라야 비로소 완성되었으며, 후자의 본질적 특징의 하나를 이룬다고 할 수 있다. 신자유주의 세계화가 잘 보여주는 바와 같이, 국가독점자본주의는 이 같은 전환을 통해서 다시 얼마간 새로운 활로를 찾고 자신의 수명을 연장하는 일이 가능해졌다.

제4장

국제 독점동맹

지금까지 제2장과 제3장에서 지구화 경제의 주체인 국제독점자본의 성립을 살펴보았다. 이로써 우리는 후기 국가독점자본주의와 신자유주의의 물적 토대에 대해 보다 분명한 인식을 가질 수 있게 되었다. 이제는 각도를 조금 바꾸어 국제시장을 무대로 활동하는 이들 국제독점자본 간의 **상호연관**에 관해 살펴보도록 한다. 본 장은 '**국제 독점동맹**'이라는 새로운 범주를 도입하여 이 문제를 연구한다. 지역경제 집단화, 국제 경제주체 간 자유무역협정(FTA), 다자간 무역기구인 WTO의 개편 등과 같은 국제경제 현상은 기본적으로 국제시장의 주도 세력인 국제독점자본 간의 경쟁과 협력을 둘러싸고 발생한다. 그 때문에 이들 간의 긴밀한 상호작용을 연구하지 않고서는 이 같은 현상들을 제대로 이해할 수 없다.

물론 국제경제는 그 밖에도 선진공업국과 개발도상국 간의 남북 관계 또는 개발도상국 상호 간의 남남협력 관계 등 다양한 측면을 내포한다. 그러나 적어도 지금까지는 서구 선진국과 국제독점자본이 지구화 과정을 주도해왔기에, 위의 현상들에 대해 먼저 '국제 독점 동맹'이라는 시각에서 논의를 전개하는 것이 큰 문제가 되지는 않는다. 물론 이 범주 속에는 국제독점자본 상호 간의 경쟁 측면 또한 포함하고 있다. 국제독점자본의 경제적 성격을 넘어선 정치 문제에 대해선, 별도로 제5장에서 '현대 제국주의'라는 범주를 통해 다룰 것이다. 마지막으로 개발도상국을 포함한 국제질서 전반의 문제는 '다극화' 범주로 제6장에서 다룬다.

4.1. 지구화 시대 이전의 국제 독점동맹

국제 독점동맹은 역사적으로 보면 오늘날 지구화 시대에 이르러서야 비로소 생겨난 현상은 아니다. 그 정도와 형태에 있어 비록 차이가 있긴 하지만 19세기 중후반 자본주의가 본격적으로 독점단계에 들어선 이후 이미 출현하였으며, 20세기 초반엔 상당한 발전을 보였다. 이 때문에 지구화 시대 이전의 국제 독점동맹에 대한 역사적 고찰이 먼저 필요하다. 지구화 시대 이전의 국제 독점동맹은 다시 두 시기로 나누어 볼 수 있다. 2차 대전까지의 일반 독점자본주의 시기(즉 구제국주의 시기)[093]와, 종전 후부터 1980년대 지구화가 본격적으로 전개되기 직전까지의 전기 국가독점자본주의 시기가 그것이다. 이 양자를 구분하는 근거는 전자에서 국제 독점동맹은 아직 사적 독점자본을 기초로 조직되었음에 비해, 후자는 국가가 직접 나서 국가독점자본주의 간의 국제 독점동맹이 출현한다는 점이다.

---

[093] 국가독점자본주의는 독점자본주의 단계 내에서의 발전이며, 다른 별도의 자본주의 단계를 설정하지는 않는다. 그 때문에 국가독점자본주의로 발전하기 이전의 독점자본주의를 **일반** 독점자본주의라 하여 국가독점자본주의 그것과 구별하였다.

4.1.1. 일반 독점자본주의 시기(구제국주의 시기)

국제 독점동맹은 선진자본주의 국가의 독점자본이 국제적 범위 내의 연합을 통해 세계시장과 세계 경제를 분할 하는 일종의 형식이다.[094] 선진자본주의 국가의 국제 독점동맹은 일찍이 19세기 중반 이후 자본주의가 자유경쟁 단계에서 독점단계로 전환하는 것과 때를 같이해 출현하였지만, 당시는 아직 개별적인 현상에 불과하였다. 19세기 말과 20세기 초에 이르러, 각국의 독점자본은 국내에서 경제적 통치를 확립하고 대거 대외 확장에 나서게 된다. 이로부터 국제적으로 독점자본 상호 간의 첨예한 모순과 격렬한 경쟁이 발생하게 되는데, 이 같은 모순을 완화하고 경쟁이 초래하는 소모전을 회피하기 위해 국제독점자본은 부득이 투쟁형식을 바꿔 잠시의 타협을 취할 수밖에 없게 된다.

이리하여 이들은 국제협정을 통해서 일정 형식의 국제 독점동맹을 결성하게 되는데, 일반 독점자본주의 시기(즉 구제국주의 시기)에 국제 독점동맹은 이미 자본주의 세계 경제에서 보편적인 현상이 되었다. 그러나 이 무렵 국제 독점동맹은 대부분 사적 독점자본을 기초로 조직되었으며, 국가가 나서서 조직하는 국제 독점동맹은 아직 출현하지 않았다. 그것은 제2차 세계대전 후 선진자본주의 국가가 일반 독점자본주의에서 국가독점자본주의로 발전하고, 각국 독점자본의 국제적 범위에서의 모순과 대립이 더욱 발전하여 독점자본 간의 국제 경쟁이 가열하게 됨에 따라 비로소 나타나게 된다.

이 시기 국제 독점동맹이 보편화하게 된 근원에는 생산 및 자본 국제화라는 요인이 있다. 그런데 이 같은 생산 및 자본 국제화는 자본주의 발전이 독점단계

---

094 〈论国家垄断资本主义〉, p.9.

에 도달한 이후에라야 비로소 생겨나는 특이한 경제적 현상은 아니다. 그 이전 자유경쟁 단계에서도 생산과 자본은 이미 국제화의 발전 추세가 일정 출현하였다. 다만 당시 이러한 추세는 주요하게는 상품 수출과 상업자본의 국제화를 통해서 표출되었다. 독점단계에 이르러서야 이와는 다른 자본수출 현상 및 공업국과 농업국 간의 수직적 분업이라는 새로운 특징이 나타났다.

이 시기 국제 독점동맹의 성격을 이해하기 위해선 무엇보다 당시 사적 독점 자본의 재생산과정 상에 처해있던 조건에 대한 이해가 필요하다. 이 시기 독점자본의 요구는 비교적 단순하였는데, 즉 세계 원료생산지를 확실히 확보하고 원료공급을 보장받는 것이었다.[095] 이 같은 요구는 당시의 생산력 수준과 밀접한 관련이 있다. 즉 당시의 산업 상황은 1차 산업혁명을 거치며 형성된 경공업을 뛰어넘어 철강·기계 및 화학 분야를 중심으로 중화학공업이 새롭게 부상했으며, 이들은 모두 철광석·석유·아연 등 천연자원과 농업원료에 대한 직접적인 채취에 기초하였다.

이점은 공업에 있어 인조 합성 원료가 광범위하게 사용되는 오늘날의 상황과 많은 차이가 있다. 하지만 이러한 공업의 비약적인 발전은 당시 상대적으로 낙후된 농업과 광업에 의해서 많은 저해를 받았다. 그런데 이 같은 낙후성은 자연적 제약 때문이기보다는 자본주의의 사적 토지 소유제도에 기인하는 바가 크다. 부하린이 일찍이 자신의 제국주의에 관한 연구에서 지적한 바와 같이, 자본주의의 사적 토지 소유제도는 토지소유자인 지주의 독점권을 강

---

095 이하 내용은 〈论国家垄断资本主义〉, pp.198-200, 〈当代国际垄断〉, pp.17-18, 109-110 참조.

화해서 절대지대[096]를 형성시킨다. 이 때문에 산업자본가들은 농업과 광업에 대한 대규모 투자가 가로막히게 되고, 이들 분야의 상대적 낙후를 초래했다.

이리하여 선진자본주의 국가의 날로 증가하는 공업원료에 대한 수요는 해외 식민지에 대한 약탈에 의존할 수밖에 없게 된다. 제2차 세계대전 직전인 1933년, 식민지와 종속국을 포함한 전 세계 개발도상국이 보유한 22가지 중요한 광산자원의 채굴량은 당시 7개 제국주의 국가가 그 87.1%를 통제하였으며, 세계 원료자원은 대략 100개 독점조직에 의해 독점되었다.

이 시기 국제 독점동맹의 주요한 형식은 **국제카르텔**이다. 소위 '국제카르텔'은 동종 상품을 생산하는 각국 독점기업이 협의를 통해 판매시장을 나누고, 생산량과 가격을 인위적으로 설정하여 경쟁을 제한하며, 이를 통해 회원사들의 독점이윤 취득을 보장하는 것을 말한다. 이 시기 국제 독점동맹의 주요한 특징은 다음과 같다.

첫째, 국제 독점동맹 조절의 중점은 **유통 영역**에 있다. 즉 이 시기 독점자본 간의 국제 독점동맹은 주로 세계시장의 분할을 둘러싼 연합 혹은 동맹의 성격이 강했다. 단순한 국제무역을 통한 각국 경제의 연계와 비교할 때, 국제카르텔은 생산과 자본 국제화에서 진일보한 발전을 낳았다. 하지만 국제카르텔은 단순히 유통영역에서만 생산과 자본 국제화의 새로운 발전을 보였을 뿐, 직접적인 생산과정 자체는 아직 국제화되지 못하였다. 이와 상응하게 이 시기 자본 국제화의 주요한 특징은 대부자본(貸附資本) 즉 '이자 낳는 자본'의 국제화라고

---

096 참고로 지대에는 '절대지대'와 '차액 지대' 두 종류가 있다. 전자는 '토지 소유 그 자체'로부터 나오는 지대임에 비해, 후자는 '토지의 비옥도'의 차이에서 기인한다. 자본주의에서는 개인에 의한 토지의 사적소유를 인정함에 따라 지주는 이 두 가지 지대 형태를 모두 취할 수 있다. 특히 절대지대의 존재로 인해 자본가들은 토지에 대한 자신들의 고정자본 투자로부터 얻을 수 있는 특별이윤의 상당 부분을 '지대'라는 명목으로 지주에게 빼앗기게 된다. 지주는 이 같은 특별이윤이 자신이 소유한 토지의 비옥함 내지는 우월한 입지로부터 나온다고 주장한다. 이 때문에 자본가계급의 농업에 대한 투자 의욕이 많이 감소한다.

부를 수 있다.

둘째, 국제 독점동맹의 참여 주체는 각국의 사적 독점기업이었다. 독점기업은 먼저 국내시장 쟁탈전에서 협정을 맺어 동맹을 결성한 후, 그다음 "최대 독점동맹의 국제적인 연계와 식민지 연계 및 세력범위의 최대한 확장에 따라, '자연히' 이들 독점동맹 간 전 지구적인 협정을 맺어 국제카르텔을 형성한다."[097]

레닌은 당시 이러한 국제적인 사적독점 동맹의 예들을 열거하였는데, 예컨대 미국의 제너럴 일렉트릭사와 독일의 일렉트릭컴퍼니가 1907년에 체결한 세계 시장 분할조약, 미국 록펠러가의 석탄과 석유 트러스트, 이에 맞선 투쟁 과정에서 세워진 독일의 금융 왕인 도이치은행과 독일의 석탄·석유왕 간의 석유 국제 카르텔, 그 밖에 상업 항운·국제철도·국제아연·도로 업종 등 부문에서의 각종 사적 독점동맹이다. 통계에 따르면 당시 독일이 참가한 국제카르텔은 1897년 40개 정도였는데, 1910년에는 이미 100개에 이르렀다.

셋째, 이 시기 국제 독점동맹은 매우 불안정하였으며, '가격동맹'을 주요 내용으로 하는 일종의 느슨하고 일시적이면서 깨지기 쉬운 동맹이었다. 그 설립 업종은 채취광업과 일부 중화학공업 부문 등에 국한되었다. 다른 업종의 경우는 은행업을 제외하고 아직 독점기업에 의해 통제되지 않았으며, 이들 분야에서 사적 자본가 동맹은 별반 중요한 역할을 하지 않았다.

---

097 《列宁选集》第2卷, p.788.

4.1.2. 전기 국가독점자본주의 시기

세계자본주의는 제2차 세계대전을 계기로 일반 독점자본주의에서 국가독점자본주의로 전화한다. 그에 따라 독점자본 간 국제적 범위에서의 모순도 함께 발전하며, 이에 따라 국제 독점동맹에서도 과거와는 다른 새로운 특징이 나타났다. 기존에 유행하던 사적독점 중심의 국제카르텔이 쇠퇴하고, 대신 **국가가 직접 나서 조정하는 국가독점자본주의 간 국제 독점동맹**이 출현한 것이 그것이다. 이는 오늘날까지 이어지고 있는 세계 경제의 중요한 현상 중 하나인데, 여기선 먼저 국가독점자본주의 전기인 2차 대전 종전 후부터 1970년대 후반 즉 지구화 시대 직전까지의 국제 독점동맹에 대해 살펴보기로 한다.

제2차 세계대전 후 국제 독점동맹에서 새로운 변화는, 먼저 당시 생산의 국제화와 자본 국제화의 새로운 진척 상황과 관련이 있다. 종전 후 발생한 제3차 과학기술혁명과 국제 분업의 신속한 발전 하에서 산업자본의 대규모 국제화가 이루어졌는데, 산업자본 국제화의 매개체인 다국적기업이 이 시기 전 세계적으로 발전하기 시작하였다. 이는 다시 말해 생산의 국제화가 유통영역에서뿐만 아니라 직접적인 **생산영역**에서도 실현되고 강화되었음을 뜻한다. 이러한 과학기술과 산업자본의 국제화는 우선 기존에 유행했던 국제카르텔이 쇠퇴하도록 만들었다.

국제카르텔의 퇴조와 대조되는 것이 **국가독점자본주의에 기초한 새로운 국제 독점동맹**의 발전이다.[098] 앞서 언급한 대로 종전 후 생산 국제화의 발전은 각국의 재생산과정을 유통영역에서뿐만 아니라 직접적인 생산과정을 통해서도

---

098 이하 국가독점에 기초한 새로운 국제 독점동맹과 관련된 내용은〈论国家垄断资本主义〉, pp.9-11, p.200 내용을 참조함.

긴밀하게 연계시킴으로써 산업자본 국제화의 발전을 가져왔다. 그런데 산업자본의 국제화는 생산수단과 노동력의 국제적인 범위에서의 효율적인 배치가 필요하고, 이로부터 각국 간의 긴밀한 국제적 경제협조가 요구되었다.

이 같은 객관적 요구에 비추어, 종전 후에 출현한 재생산과정의 국제화는 여전히 각국 독점자본가계급의 협소한 계급적 이해 및 민족국가 이익의 기초위에서 진행되었기에 진일보한 국제화의 발전을 심각하게 저해하였다. 이 같은 장애는 이전의 사적 독점자본가 집단 간의 국제카르텔이라는 형식만으로는 해결하기가 어려웠다. 이리하여 국가가 직접 나서는 국가독점자본주의 집단 간의 국제 독점동맹이라는 새로운 형식이 출현하게 되었다.

종전 후 출현한 국가독점자본주의 집단 간의 국제 독점동맹의 형식은 크게 보아 '국가독점자본주의 간 경제연합'과 '국제경제의 거시적 조절 기구' 2가지로 분류할 수 있다.[099]

먼저 **'국가독점자본주의 간 경제연합'**을 보면, 구체적인 목표 및 연합의 성숙도에 따라서 그것은 다시 저급과 고급 두 가지 종류로 나누어진다.

(1) 국가독점자본주의 간 경제연합의 저급형식. 이 형식은 두 개 혹은 두 개 이상의 선진 자본주의 국가가 나서서 국제무역과 국제금융 등 주로 유통영역에서 비교적 느슨한 연합을 실행하는 것이다. 지금까지 이러한 형식은 1944년 네덜란드·벨기에·룩셈부르크 등 3국이 결성한 베네룩스 관세동맹, 유럽자유무

---

099 여기서 주의할 점은 국가는 정치권력의 주체이기보다는 경제활동을 위주로 하는 국가독점자본의 주체로서 파악한다는 점이다. 그리고 '국제경제의 거시적 조절 기구'는 넓게 보자면 '국가독점자본주의 간 경제연합'의 범주에 포함할 수도 있다. 하지만 이 양자를 구분하는 이유는, '국가독점자본주의 간 경제연합'이 점차 초기의 유통영역에 국한되었던 것을 넘어서, 생산영역 전반을 포괄하는 경제 일체화 혹은 경제통합으로 나아가는 추세(유럽연합과 같이)를 보인다는 점 때문이다.

역연합[100], 그리고 지금의 유럽연합 전신인 유럽공동체(EC) 등이 있다.

(2) 국가독점자본주의 간 경제연합의 고급 형식. 이 형식은 두 개 혹은 두 개 이상의 선진자본주의 국가가 나서서 유통영역에서뿐만 아니라 **생산과 과학기술 분야**에서도 일정 정도의 연합을 실시하는 것이다. 이는 앞서 형식에 비해 더욱 긴밀한 국제 독점동맹이라고 할 수 있다.

이는 다시 두 가지로 분류될 수 있는데, 첫째는 개별적인 생산 분야와 관련되는 국제 독점동맹이다. 예컨대 유럽석탄철강공동체가 그것이다. 두 번째는 국민 경제 전반과 관련된 국제적 연합인데, 이는 국가독점자본주의의 국제 독점동맹의 **최고형식**으로 지금까지 단지 유럽연합(EU) 한 가지 사례뿐이며, 이 형식은 국가독점자본주의 후기에 진입한 후라야 비로소 출현하게 된다.

다음으로, 국가독점자본주의의 또 다른 국제 독점동맹 형식인 '**국제경제의 거시적 조절 기구**'에 대해서 살펴보자. 이런 유의 기구는 자본주의경제 발전의 객관적 추세에 따라 생겨났는데, 이러한 기구가 이 시기 출현한 것은 이하 두 가지 요인의 동시적 작용과 관련된다. 한편에선, 국제 분업과 국제적 생산의 전문화가 확대됨으로써 각국 재생산과정에서의 상호연계 및 의존성이 심화한 점이다. 이로 말미암아 국제적 거시 조절이 없으면 국내의 경제 조절의 효과 역시 기대할 수 없게 되었다. 다른 한편에선, 독점자본집단 간 경쟁의 중심이 날로 국내시장에서 국제시장으로 이전하게 된 사정과 관련이 있다. 이 때문에 국가독점자본주의는 본국의 독점자본과 민족국가의 이익을 옹호하기 위해서도 일

---

100 유럽자유무역연합이 처음 조직된 것은 1960년이다. 당시에는 영국, 스웨덴, 노르웨이, 덴마크, 스위스, 오스트리아, 포르투갈 등 7개 나라가 연합에 가입했다. 이들 7개국은 EU의 전신 격인 유럽공동체(EC)와 갈등을 빚었는데, EC에는 프랑스, 서독, 이탈리아, 벨기에, 네덜란드, 룩셈부르크 등 6개국이 가입했다. 프랑스와 독일을 중심으로 한 EC는 영국 등과 유럽 경제공동체를 만들기 위해 협의했으나 1958년 협상이 결렬됐다. 1959년 영국과 덴마크의 주도로 7개국만 독자적인 지역 경제기구를 만드는 것이 합의되어 이듬해 1960년 유럽자유무역연합이 정식 출범했다.

국 내 경제 조절에만 의지할 수 없게 되었으며, 좀 더 광범위한 국제적 경제 조절이 필요하게 되었다.

이 같은 국제경제의 거시적 조절은 자본가계급의 국가가 국제협조를 통해서 본국의 사적 독점자본의 대외 경제활동의 확장을 위해 복무할 목적으로 실시된다. 여기서 국제적 경제 조절은 그것의 작동하는 범위 및 형식에 따라 다음 세 가지 종류로 분류할 수 있다.

(1) 각종 **국제경제기구**의 **조직**을 통한 조절. 예컨대, 1945년 12월 성립된 국제통화기금(IMF)과 세계은행, 1947년 성립된 관세 및 무역협정(GATT), 1961년 9월 성립된 선진자본주의 국가로 구성된 경제협력개발기구(OECD), 1974년 11월에 성립된 국제에너지기구(IEA) 등이 그것이다. 이들 국제 경제조직 가운데 어떤 것은 회원국의 경제 관련 활동 중 한 측면만을 조정하며 (IMF나 GATT), 그리고 어떤 것은 참가국의 여러 방면의 경제 관련 활동을 조정한다 (예컨대 OECD). 그러나 전반적으로 볼 때 그 결정은 회원국에 대해 강한 구속력을 갖지 못한다.

(2) **정기적 혹은 부정기적인 고위급 회담**을 통한 조절. 이와 관련해서 다시 이하의 두 가지 종류가 있다.

첫째, 국제경제 관계의 어떤 한 분야만의 조절을 위해 개최되는 고위급 회담이다. 비교적 이목을 끄는 사례는 5개국(미국·일본·독일·프랑스·영국) 혹은 7개국(이상 5개국에 이탈리아와 캐나다 추가) 재무장관 회담이 그것이다. 이들 회담은 회원국의 국제화폐와 국제 금융영역에서의 일련의 중요한 관계의 조정을 목표로 한다. 그간 환율과 이자율 그리고 국제 채무 위기 및 상환 문제에 관한 협상을 통해서 일정한 성과를 거두었다고 볼 수 있다.

둘째, 이보다 더욱 중요한 것은 국제경제 관계의 전면적인 조정을 위해 개최되는 최고위급 회담이다. 현재 서방 7개국 정상회담(G7)이 이런 형식의 전형이라 할 수 있다. 1975년 첫 모임 이래 미국·영국·프랑스·독일·이탈리아·캐나다·일본 7개국 정상이 참가하는 연례 회의가 이미 수십 차례 개최되었다. 그 회의 내용은 주요하게는 해당연도의 가장 긴박한 국제경제 현안과 각국 국내 경제문제이며, 때로는 긴급한 국제정치적 현안도 안건으로 상정된다. 그 주요 목적은 경제 분야에서 회원국 간의 정책 조절을 도모하는 것이다.

(3) **각종 지역경제 집단화 조직**을 통한 조절. 이는 앞서 국제 독점동맹의 고급 형식으로 분류했던 부분인데, 본래 조절 기제로서 기능과 경제연합으로서 기능을 모두 지니고 있다. 지구화 시대 이전에는 당시 서구 선진국 중 경제 일체화의 진척이 가장 빠르고 효과가 두드러진 것은 유럽경제공동체이었다. 이 기구의 내부 기제를 통해서 경제공동체의 각종 현안이 논의되며 조절되었다.

전후 국가독점자본주의 국제 독점동맹은 "자본주의 생산관계의 국제적 범위에서의 한 차례 조정"[101]을 의미한다. 즉 그것은 각국 독점자본과 그들 국가에 의한 국제적 범위에서의 상호관계의 조정이자, 다른 한편 자본주의의 세계적 범위에서의 기본모순의 완화 요구에 대한 대응이었다. 종전 후 자본주의 각국 간에는 여전히 근본적인 이해관계에서 갈등이 존재하였다. 하지만 산업자본 재생산과정의 국제화의 진척은 상당 정도 각국 독점자본가계급의 공통적인 이해관계를 형성케 하였으며, 이는 국제 경제생활의 일정 영역 내에서 자본주의 국가 간 공동이익의 추구가 가능하게 하였다. 이렇듯 자본주의 각국 경제의 상호의존성의 새로운 단계로의 발전은, 각국 국가독점자본주의가 국제 독점동맹을 형성하고 선진자본주의 국가를 중심으로 국제적인 경제 조절과 협력

---

101 〈论国家垄断资本主义〉, p.10.

을 할 수 있는 가능성 및 조건을 제공하였다.

4.2. 지구화 시대의 국제 독점동맹

　20세기 80년대 들어 본격화한 경제의 지구화 과정은 생산과 자본의 국제화 수준에서 한 단계 질적 비약을 가져왔다. 생산 국제화 정도의 가장 확실한 지표는 국제 분업의 발전 수준이라고 볼 수 있는데, 앞서 제3장에서 살펴보았듯이 1980년대 이후 국제 분업은 업종 내 분업을 넘어서 동일 제품 내 분업이 새롭게 발전하였다. 특히 1990년대의 거대 다국적기업은 마침 이 시기에 꽃 피운 IT 기술 혁명의 기초위에서 '지구적 공급 체인'이라는 고도한 국제 분업을 출현시켰다. 이 신종 국제 분업은 세계 각 지역에 공간상으로 따로따로 분리된 독립적인 경제활동 단위들을 대형 다국적기업이 주도하는 네트워크 조직망을 통해 통일시켜 냄으로써, 하나의 연속적이고 긴밀한 가치 창출 과정을 전 지구적 범위에서 실현할 수 있게 해주었다. 이하에서 지구화 시대의 국제 독점동맹에 대하여 사적 독점자본 간의 국제 독점동맹과 국가독점자본주의 간의 국제 독점동맹 두 부분으로 나누어 살펴보기로 한다.

4.2.1. 사적 독점자본 간의 국제 독점동맹

일반 독점자본주의 시대에서 국제 독점동맹은 사적독점이 주도하는 국제카르텔이 주요한 형식이었다. 종전 후 국제경제의 새로운 특징은 다국적기업이라고 하는 새로운 경제주체의 등장이다. 지구화 시대에 있어 사적 독점자본 간의 국제 독점동맹 역시 이 같은 다국적기업의 활동과 관련된다.

다국적기업은 세계시장을 그 직접적 활동공간으로 삼는 자본의 한 형식이다. 종전 후 다국적기업은 점차 그 수와 규모 면에서 계속 발전하였으며, 마침내 1980년대 이후 본격적인 지구화 시대를 추동하는 주체가 되었다. 다국적기업은 자신의 실력을 증강하기 위한 방식으로 인수합병을 적극 추진하였으며, 이로부터 1980년대와 1990년대 두 차례에 걸친 전 세계적인 인수합병 물결을 불러일으켰다. (제2장 참조).

이러한 인수합병과 함께 거대 다국적기업 간에 추진된 소위 '**전략연맹**(strategic alliance)'은 지구화 시대의 가장 두드러진 사적 독점자본 간의 동맹 형태라고 할 수 있다. 그 위상은 구제국주의 시대의 국제카르텔에 비견될 수 있는데, 이하에서 이 전략연맹에 대해 알아보도록 한다.

미국의 〈포춘지〉는 2001년 5월 "전략연맹이 미국 비즈니스 업계를 휩쓸고 있다"는 제목의 기사를 게재하면서 그 해 발생했던 두 개의 사례를 소개했다. 이 사례는 비록 미국 회사와 관련된 것이지만, 미국계 거대 기업들은 대부분 동시에 영향력 있는 국제독점자본이라는 측면에서 충분히 우리의 주의를 끈다.

위 두 개의 사례 중 하나는 그해 2월에 있었던 코카콜라사와 프록터&갬블사의 합작인데, 양사는 모두 자신의 부진한 사업 부문을 따로 떼어 공동으로 합작사를 설립하기로 하였다. 예컨대 코카콜라의 경우 판매실적이 부진한 비탄산음료 부문의 음료수 생산을 새로운 회사에 집중시켰으며, 프록터&갬블사 또한 자신의 패스트푸드와 음료수 판매 분야의 실적 부진을 인정하면서 그중 포테이토칩과 Sunny Delight 음료 분야를 신설 회사에 넘겨주었다. 〈포춘지〉가 소개한 또 다른 예는 이 사건 후 2개월이 지나서 발생하였다. 스웨덴의 에릭슨이 자신의 핸드폰 생산 부문이 거의 붕괴상태에 이르면서 일본 다국적기업인 소니 사와 손잡고 무선 핸드폰을 생산 판매하는 합작회사를 설립한 것이다.

〈포춘지〉는 이상 두 가지 사례를 소개한 후, 이는 "금세기 들어 미국 기업계를 휩쓴 가장 유력한 추세"이며 "전략연맹이 한 시대를 풍미하고 있다"[102]는 촌평을 내놓았다. 관련 통계에 따르면 1996년 미국 기업은 모두 5,200개의 새로운 전략연맹을 결성하였으며, 2000년까지 이 숫자는 거의 두 배의 증가를 기록하였다.

여기서 소위 '전략연맹'은 세계 대형 다국적기업의 발전 중 출현한 일종의 주식 혹은 비주식 합작형식을 일컫는다. 이 전략연맹은 일종의 조직형식이자 동시에 또한 일종의 경영전략이라 할 수 있다. 조직으로서의 그것은 합자·합작·공동연구·공급협약·라이선스의 상호교환 등 다양한 형식을 가지며, 경영전략으로서의 그것은 장기적인 경쟁 우위를 획득할 목적의 기업 간 상호합작을 실행한다.

이러한 전략연맹은 **상호 협조하되 통제하지는 않는다**는 점에서 인수합병과는 구분된다. 사실 이런 신형의 기업합작 형식은 종전 후 이미 출현하였다. 다만 그때부터 지금까지 합작방식과 중점 그리고 추구하는 목적 등에서 일정한 변화과정을 겪어 왔다. 예컨대 1960~70년대에는 합자 (合资) 기업 방식이 많

---

[102] 〈当代国际垄断—巨型跨国公司综论〉 p.94. 이하 '전략연맹'과 관련한 내용은 같은 책, pp.93-110을 참조하였다.

이 채택되었으며[103], 업종에서도 대부분 제조업 분야에서 많이 성사되었다. 이후 이러한 합자 기업의 수가 점차 많아지고 분야도 부단히 확대되었는데, 예컨대 제조업에서 금융과 광고 등 서비스업으로, 또 전통산업에서 우주·통신·제약 등을 망라하는 신흥 산업 분야로 확대됐다. 지구화가 시작될 무렵인 1980년대 초에는 한 해 동안 성립된 합자 기업 수가 과거 15~20년보다 더 많을 정도로 활성화되었다.

전략연맹이 1980년대 이래 다국적기업을 중심으로 이렇듯 유행하는 이유에 대해 대체로 다음 몇 가지를 들 수 있다.

첫째, 기술 진보와 밀접한 관련이 있다. 1980년대 이전 다국적기업이 해외에 합자 기업이나 합작사를 설립하는 것은 그곳 시장개척과 시장점유율의 확대가 주요한 목적이었다. 그러나 당시 기술을 지닌 기업들은 대부분 다른 기업과 합작하는 것을 내심 원하지 않았다. 이는 주로 선진기술의 우위를 독점하기 위해서이며 기술 유출을 두려워했기 때문이다. 그러나 1980년대 이후 첨단 기술이 크게 발전하면서부터는 기술 합작이 오히려 광범위하게 유행하고, 특히 유럽과 미국 기업 간의 합작 및 공동 연구개발이 신속히 발전하였다. 그 이유는 첨단 기술 분야의 혁신은 대량의 인력 및 자금 투자가 필요하며, 그 연구개발비용은 종종 한 기업의 힘만으로는 벅찬 경우가 많다. 또 첨단 기술의 응용과 관련하여서도, 현대의 첨단 기술은 다목적이고 종합성을 요하는 경우가 많아서 그것의 유효한 활용을 위해서는 종종 서로 다른 기술과 결합해야만 한다. 첨단

---

103 합자 기업을 세우는 방식은 쌍방이 각기 일부의 자금을 발기인 주식으로 하는 '주식합작' 형식을 많이 취한다. 이외에 지적 재산권(특허·브랜드·상표 등)과 관리능력 그리고 마케팅네트워크 등 무형자산으로 다른 기업과 합작하는 경우는 별도로 '**합작기업**'이라고 부른다. 합자 기업과 **합작기업**을 세우는 취지는 한편에선 다국적기업이 다른 나라에 진입하는 데 있어 이 같은 형식이 비교적 쉽게 받아들여질 수 있고 투자 수용국의 걱정을 덜어준다는 점 때문이다. 다른 한편 투자기업의 입장에서도 그것이 국유화나 본토화 혹은 다른 변고로 인한 위험을 감소시켜 줄 수 있다. 그 밖에 현지의 상황을 쉽게 이해할 수 있다는 점, 현지 정부 및 그곳 기업과의 상호소통이 편리하다는 점, 또 현지 시장에의 진입이 편리하다는 점 등도 장점으로 꼽힌다.

기술의 이 같은 특징은 그 개발과 효과적인 응용 방식을 결정하게 되며, 기업들은 상호 간에 합작과 기술상의 전략동맹을 결성함으로써 개발비용 부담을 줄이는 한편 더 큰 기술적 우위를 기대할 수 있게 된다.

둘째, 국제 분업의 세분화 및 심화로부터 기인한다. 장기적인 추세로 볼 때 국제 분업은 기업의 외부에서 점차 다국적기업을 중심으로 한 분업으로 발전해 왔다. 특히 1990년대 이후 이러한 국제 분업은 새로운 질적 비약을 이루었는데, 즉 '국제적 아웃소싱'의 보급처럼 기업 내부의 분업을 넘어 **국경을 넘나드는 기업 간 네트워크 분업**으로 더욱 확장 심화하였다. 기업들은 이처럼 더욱 고도화된 국제 분업 속에서 상호 밀접한 합작을 수행하고, 이를 통해 생산성을 높이는 등 더 많은 이익을 볼 수 있게 되었다. 이처럼 국제 분업의 발전은 다국적기업 간의 전략연맹을 낳는 한 요인이라 할 수 있다.

이 밖에도 인수합병 수단이 갖는 제약성과 국제정세의 변화를 들 수 있다. 다국적기업은 자신을 강화하고 신속한 발전을 이루기 위한 수단으로 인수합병을 취할 수 있다. 하지만 현실에선 여러 가지 주 객관적 제약 때문에 성사하기까지 난관이 많은데, 만약 상대 기업의 특정 분야의 우세만을 중시한다면 전략연맹을 결성하는 것으로도 충분하다. 또 1990년대 들어 냉전 종식과 함께 각국이 자국 경제의 대외지향성을 강화하고 해외자본에 대한 개방의 문을 활짝 열어준 것 역시, 다국적기업의 발전과 국제 독점 간의 광범위한 전략연맹의 결성을 위한 유리한 환경을 제공했다.

경제 지구화 시대 들어 오늘날 신속히 발전하고 있는 기업 간 전략연맹은 과거 시장 분할과 독점가격 실행을 위한 목적에서 이루어진 국제카르텔보다 분명 상당한 장점과 진보성을 갖는다. 하지만 비록 전략연맹이 일정한 장점이 있다고는 하지만, 본질적으로 그것은 여전히 사적독점 간의 합작이며 애초에 독점 간 치열한 경쟁을 태생적 배경으로 한다는 점에서 그 한계를 넘어설 수는 없다. 예컨대, 그것이 결성된 후에도 대외적으로 전략연맹 밖에 있는 다른 독점자본과의 치열한 경쟁이 여전히 존재하며, 또 내부적으로도 연맹참여자 간의 협력과 동시에 보이지 않는 알력이 끊이지 않는다. 이 과정에서 쌍방 이해의 기본적 평형이 무너지는 순간 전략연맹 또한 더 이상 지속되기 어려우며, 이러한 충돌의 발생으로 인해 연맹이 중도에서 깨지는 경우도 적지 않다.

4.2.2. 국가독점자본주의 간의 국제 독점동맹

종전 후 서구 선진자본주의가 국가독점자본주의로 발전함에 따라 국가를 행위 주체로 하는 국가독점자본주의 간의 국제 독점동맹이 출현하였다. 독점자본 간의 경쟁이 상대적으로 국내시장을 중심으로 전개되던 전기 국가독점자본주의에는 앞서 소개한 국가독점자본주의 간 국제 독점동맹의 두 가지 형식 중 '경제연합'은 관세동맹이나 자유무역협정과 같은 비교적 낮은 차원에 머물렀고 숫자도 그리 많지 않았다. 다른 형식인 '국제경제의 거시적 조절 기구'의 경우, 그것은 주로 IMF와 GATT와 같은 국제적인 경제협력기구를 통해서 이루어졌다. 이는 전기 국가독점자본주의에 있어 생산 및 자본의 과잉 정도가 그 후기만큼 심각하지 않음에 따라, '복지제도'와 같은 국가독점자본주의의 내부적인 조절 기제만으로도 상당 부분 자본주의의 불균형 문제를 해소할 수 있었던 데 기인한다.

그러나 이 같은 상황은 이후 생산 및 자본의 과잉이 한층 심해지고 산업자본의 국제화가 본격적으로 이루어지는 후기 국가독점자본주의에 이르러선 상당한 변화가 나타난다. 이 시기 들어 자본의 재생산과정은 민족국가 차원을 넘어서 주로 국제적 차원에서 이루어지게 되며, 이에 따라 기존 국가독점자본주의의 국제적 협력 형식만으로는 고질적인 문제를 충분히 해결할 수 없게 되었다. 이리하여 국제 독점동맹의 새로운 발전이 요구되었으며, 한편에선 기존에 존재하던 IMF와 GATT 등 '국제경제의 거시적 조절 기구' 내부에서 성격상의 상당한 변화가 발생하고, 다른 한편 '국가독점자본주의 간의 경제연합'에서도 지역 경제 일체화와 관련한 상당히 높은 수준의 '공동시장'과 '경제동맹' 형식이 출현하였다. 대체로 다음 4가지 측면에서 이 같은 변화를 살펴볼 수 있다.

(1) IMF와 세계은행의 변화

IMF는 원래 종전 후 자본주의 각국 간(주요하게는 선진공업국 간) 국제무역과 관련된 화폐 결제를 원활히 진행할 목적으로 설립된 국제적인 협약기구이다. 또 이와 함께 세워진 세계은행은 회원국들의 전후 복구자금을 지원할 것을 주요한 목적으로 하였다. 이 양대 기구는 상호유기적인 분업 관계를 형성하면서 전후 자본주의 세계 경제 질서의 회복에 상당한 기여를 했다.

이후 이것들은 차츰 애초의 국제독점자본 내부의 이해관계를 조절하는 것에서 한발 더 나아가, 개발도상국과의 관계에서 선진국의 주도적 지위를 확보한다는 새로운 기능이 추가되었다. 1970년대 이전까지는 대체로 전자가 주요한 측면이었다고 한다면, 그 이후에는 후자의 측면이 더욱 두드러졌다 이는 제국주의 지배로부터 독립을 획득한 신흥국들이 국제무대에 대거 등장하고, 또한 서구 선진국들이 1980년대 이후 신자유주의 정책을 시행하면서 광범위한 개발도상국 시장의 개방에 적극적으로 나선 때문이다.

이들은 우선 개발도상국들이 자신들의 주요 수출상품인 원료상품의 무역조건을 개선하려는 노력에 맞서 서구 선진국의 이익을 수호하는 데 앞장섰다. 예컨대 1970년대에 OPEC이 석유수출을 무기로 삼아 자신들의 협상력을 높이려 하였을 때, 세계은행은 선진국들이 개별적으로 이들 원료생산국과 특혜적인 일방 협의를 맺는 것을 가로막고 그들 상호 간에 잠재적인 경쟁이 형성되는 것을 예방하였다. 또 선진국들이 획득하는 원료공급이 증가할 수 있도록 다각적인 노력을 기울임으로써, 이들이 개발도상국들과의 흥정에서 유리한 입지를 차지하게끔 하였다.

1980년대 이후 지구화에 편승한 금융 투기가 한창 기승을 부릴 무렵에는, 이들 기구는 지속적인 노력을 통해 개발도상국들이 국제독점자본의 요구에 복종하도록 만드는 수고를 아끼지 않았다. 이들은 함께 손잡고 1980년대부터 2000년대 초에 걸쳐 여러 차례 발생한 개발도상국의 채무 위기를 처리하였으며, 이 과정에서 그들은 이들 채무국이 서구 선진국에 대한 자신들의 상환의무를 다하도록 압박을 가하였다.

이와 관련하여 유엔의 한 보고서에는 다음과 같은 내용이 들어있다. "1983~89년, 부유한 대출자들은 채무자인 개발도상국의 장기대출로부터 2,420억 달러라는 놀랄만한 순 자금을 회수하였다." 그런데 총채무는 1970년에 겨우 1,000억 달러이었는데, 1980년대에 들어 6,500억 달러가 되었으며, 1990년에 도달하기 전에 다시 그 두 배인 13,500억 달러가 되었다.[104] 이 밖에 IMF와 세계은행이 1988~95년 기간에 개발도상국을 위해 작성한 사유화 계획은 이들 국가가 11,000억 달러에 가까운 국유자산을 매각하게끔 하였으며, 그중 50% 이상은 다국적기업의 소유가 되었다.[105]

이렇듯 IMF와 세계은행은 미국을 수뇌로 하는 서구 선진국의 금융 자유화 정책을 추진하는 중요한 도구로 변모하였으며, 그 과정에서 발생하는 그들 상호 간의 이해관계를 조정하는 역할을 하였다.

---

104 〈新自由主義和全球秩序〉, pp.167-168.

105 위의 책, pp.116-117.

(2) G7 회의의 변화

앞서 지적한 것처럼, 전기 국가독점자본주의가 끝나갈 무렵인 1970년대에 발생한 경제위기와 격화하는 사적 독점자본 간의 국제 경쟁, 그리고 이에 따른 국제경제의 무정부 상태의 심화가 G7이 출현하는 배경이다. G7 정상회담은 1년에 한 번씩 각국의 대통령과 총리가 참여하며, 처음에는 경제문제에 초점을 맞추었으나 1980년 아프가니스탄을 침공한 소련군에 대한 철수 요구를 제기하는 것을 계기로 정치와 외교 분야까지 그 관심이 확대되었다.

매번의 G7 정상회담은 전 세계 언론의 이목을 집중시켰는데, 그도 그럴 것이 G7의 GDP 합계는 1970년대 출범 당시 세계 총량의 2/3, 그리고 무역액은 1/2을 차지함으로써 명실상부한 '부자구락부'이었기 때문이다. 이들은 한때 과거 프랑스혁명 시기에 등장한 '총재정부'를 빗댄 '세계 총재정부' 혹은 '지구 서기국'이라고 불리 울 만큼 세계 경제와 국제정치 전반에 미치는 영향이 대단하였다. G7은 냉전이 끝나기 전까지 미국 주도하에서 공산권 진영에 대한 서구 진영의 단결과 세력을 과시하는 역할을 충분하게 수행하였다.

G7 회의는 1980년대부터 2000년대 초반까지 자신의 전성기를 누렸다. 이 시기 G7은 신자유주의에 입각하여 세계 경제와 전 지구적인 발전전략을 주도하였으며, 세계 경제활동에 대해서 자기들끼리 규칙을 제정하고 제도화를 꾀하였다. 이 때문에 2001년 제노바 정상회담 기간에는 국제적인 반대 시위가 그 어느 때보다도 격렬하게 진행되었는데, 이 무렵은 자유화와 개방화의 미명 하에 지구화의 진전이 매우 급속하면서 과격하게 추진되던 무렵이다.

그러나 이러한 G7 회의의 기세도 21세기 들어서 시간이 지날수록 수그러드는 모습이 두드러졌다. 먼저 그것은 서구 선진국 경제의 상대적 쇠퇴에 기인하는 바가 크다. 신세기 들어 G7이 세계 GDP에서 차지하는 비중은 과거 70%에서 50% 정도로 축소되었다. 다음으로 G7의 내부 단합 또한 예전만 못한 점도 영향을 미쳤다. 냉전체제의 종식과 함께 미국의 단일패권에 대한 추구가 노골화되면서, 과거와 같은 G7 내부의 결속력을 찾아보기 힘들게 되었다. 또 G7은 자신의 느슨한 회의 기구적인 성격 때문에, 각국 간 날로 긴밀하게 연계를 더해가는 지구적 환경 속에서 중요한 경제 현안의 처리에 무기력함을 노출했다.

사실 G7은 형식상으로 보자면 일부 선진국들의 협상과 토론을 수행하는 비정식적인 '구락부'에 불과하다. 법인 자격을 갖추지 못하고 있으며, 또 상설사무국도 없어서 어떠한 강제적 조치도 취할 수 없다. 그 때문에 정책조정력과 추진력에서 유엔이나 세계무역기구 혹은 다른 국제금융기구에 비해 훨씬 뒤처졌다. 따라서 작금의 다극화 추세에 맞추어, 과거 G7이 맡았던 역할은 점차 '브릭스' 등 신흥 개발도상국들이 대거 참여하는 G20으로 그 중심이 이전하는 모습을 보여준다.

(3) GATT의 세계무역기구(WTO)로의 발전적인 대체

GATT의 경우 상황은 좀 더 복잡하다. '관세와 무역에 관한 일반협정'인 GATT는 원래 관세와 무역장벽의 축소 등을 통해서 국제무역의 자유화를 촉진할 목적으로 1947년에 출범하였다. 이는 당시 일반제조업과 국제무역에서 압도적인 경쟁 우위를 갖던 미국과 일부 서구 선진국들의 이해를 대변하였다. 이후 GATT는 1994년에 이르기까지 총 8차례 다자간 무역 담판을 개최하였으며, 1993년 12월 15일 개최된 제8차 담판(우루과이 회담)에서는 세계무역기구(WTO)를 창립하여 본질상 임시 기구인 GATT를 대체할 것, 또 전 세계 무역규칙을 농산품과 서비스업에로까지 확대할 것 등에 합의하는 등 중대한 진전을 이루었다. 이에 따라 1994년 12월 12일, GATT의 128개 회원국과 단체들이 제네바에서 마지막 회의를 개최하고 GATT의 역사적 사명 완수를 선언함으로써, 1995년 1월 1일부터 세계무역기구(WTO)가 GATT를 정식 대체하게 되었다.

이러한 GATT의 변화에는 앞서 IMF와 마찬가지로 선진국 독점자본의 국제시장 개척을 위한 도구로 전환한 측면이 분명 존재한다. 그러나 동시에 그 내부에 선진국 상호 간의 무역마찰 심화와 이에 따른 주도권 경쟁이 격화된 측면도 무시할 수 없다. 특히 2000년대 들어 중국의 부상과 개발도상국의 세계 경제에 대한 날로 증대하는 영향력에 따라, WTO의 내부 개혁을 둘러싼 투쟁은 더욱 복잡한 양상을 띠고 있으며 이에 따라 그 성격에서 중대한 변화가 일고 있음에 우리가 주목할 필요가 있다.

GATT와 WTO를 앞세워 그간 지구화와 개방화를 주도해왔던 미국과 서구 선진국들은 최근 들어 점차 이 같은 다자간 무역 협상에서 소극적인 태도로 돌아서고 있는 반면에, 중국을 비롯한 개발도상국들이 오히려 다자간 무역 협상에서 적극적인 태도를 보이는 등 양자 관계의 역전 현상이 나타나고 있다. 이는 이제 GATT와 WTO를 단순하게 '국제 독점동맹'의 한 형식으로 이해하는 기존의 시각이 더 이상 유효하지 않음을 말해준다. 이와 관련하여 조금 설명을 덧붙이자.

2001년 카타르 수도 도하에서 WTO의 '도하 라운드'가 시작된 이래, 기존 WTO 체계 내에서 서구 선진국이 주도하던 단일 구조에 변화가 발생하였다. 이 협상을 계기로 WTO 내에 원래 형성되어 있던 '구 4극'(미국, 캐나다, 유럽연합, 일본)을 대신해서 '신 4극'의 대립구조가 형성되기 시작한 것이다. **'구 4극'**은 그간 GATT 시기에 개최된 모든 협상을 좌지우지해왔는데, 그 단적인 예는 소위 '그린 룸'(GATT의 밀실 회담이 이루어지는 장소)의 정책 결정 기제를 모두 장악한 것이다. 이미 1999년 시애틀 회의에서 이 '구 4극'의 안정적 지위에 동요가 발생하기 시작하였지만, 그러나 당시까지만 해도 개발도상국 내에서 아직 핵심적인 지도역량이 형성되지 않았다.

2001년 도하 라운드가 시작되면서, 인도와 브라질을 선두로 한 개발도상국이 점차 단합을 이루기 시작하였으며, 위 '그린 룸' 회의에 참여할 수 있는 개발도상국의 숫자도 증가하기 시작했다. 2005년 '홍콩 회의'가 개최될 무렵에는 이제 미국, 유럽연합, 인도, 브라질로 구성되는 **'신 4극'** 개념이 많은 WTO 회원국에 의해 인정되게 되었다. '신 4극'의 출현으로 인하여 처음으로 WTO 체계 내에서 서구 선진공업국과 개발도상국 간의 균형 국면이 출현하였다.[106] 그러나 이때까지만 하더라도 아직 진정으로 안정적인 균형 국면이 형성되었다고 보기에는 일렀다. 왜냐하면 최대 개발도상국인 중국이 당시 가입 초기였던 관계로 WTO 내에서 비교적 온건한 태도를 보였기 때문이다. 앞으로 중국의 태도는 WTO의 대립 구도와 향후 진로에 있어 관건적 영향을 미칠 것이 분명하다.

이 같은 변화에 대한 보다 올바른 이해를 위해서는 지구화와 탈냉전 시대의 국제질서에 대한 좀 더 포괄적인 인식이 선행될 것이 요구되며, 이와 관련한 자세한 논의는 제6장에서 다루도록 한다.

(4) 경제 일체화와 '지역경제 통합'의 진전

지구화 시대에 들어서 생산과 자본의 국제화가 고도한 발전을 이룩함에 따라, 경제 일체화 및 '지역경제 통합'에서 약진이 두드러지게 나타났다. 이 시기 자본의 국제적 범위의 효율적 경영이 가능하도록 더 많은 국가 간 협정이 이루어졌다. 이리하여 1993년 11월 마침내 '유럽연합'과 같은 생산과 유통 및 과학기술 협력 등 각 분야를 포괄하는 매우 높은 수준의 국제 독점동맹이 출현하기에 이르렀다.

---

106 이상 내용은 [中]程大为, 〈WTO 体系的矛盾分析〉, p.107 참조.

오늘날 자본주의 세계 경제에서 '경제 일체화'는 주로 '시장 일체화'를 지칭한다. 이는 그 수준에 따라서 다음 6종의 기본유형으로 구분할 수 있다. 즉 (ㄱ) 특혜 관세 지역 (ㄴ) 자유무역지역 (ㄷ) 관세동맹 (ㄹ) 공동시장 (ㅁ) 경제동맹 (ㅂ) 경제의 완전 일체화가 그것이다. 이들 간의 차이는 아래 표 4-1과 같다.

표 4-1. 경제 일체화의 수준과 그 포괄 내용

유형	상호 관세 낮춤	상호 관세 장벽의 취소	공동의 대외관세 세율	생산요소의 자유로운 이동	재정과 화폐 정책의 협조	통일적인 재정정책 및 정치상 모종 일치
특혜관세지역	○	×	×	×	×	×
자유무역지역(FTA)	○	○	×	×	×	×
관세동맹	○	○	○	×	×	×
공동시장	○	○	○	○	×	×
경제동맹	○	○	○	○	○	×
경제의 완전 일체화	○	○	○	○	○	○

출처: <论国家垄断资本主义>, pp.210-211.

위의 분류법에 따르면 현재 '유럽연합'으로 대표되는 경제 일체화는 '생산요소의 자유로운 이동'과 '재정과 화폐 정책의 협조'가 달성된 제5단계의 '경제동맹'에 속한다고 볼 수 있다. 이는 가장 높은 단계인 '경제의 완전 일체화'의 바로 전 단계이며, 한발 더 나아가면 그것은 바로 '정치통합'임을 알 수 있다.

1990년대 경제 일체화에서 유럽연합과 함께 주목받는 것은 미국·캐나다·멕시코 3국을 회원국으로 1994년 1월 1일 정식 출범한 NAFTA(북미자유무역지역)이다. 이 역시 지역경제 통합을 지향하는 조직이긴 하지만, 앞서 유럽연합과는 성격이 다르다. NAFTA의 가장 큰 특징은 선진국과 개발도상국 간의 전형적인 남북 합작이며, 또한 미국과 같은 대국이 주도한다는 점이다. 이는 동구권 붕괴 이후 '동유럽으로의 확대' 정책을 시행하기 이전의 유럽연합이 사회제도와 경제 발전 수준 그리고 역사·문화·전통에서 모두 서로 근접한 선진국으로 구성되었으며, 또 참여국 중 어느 한 국가도 절대적인 주도권을 갖지 않았던 것과 구별된다.

NAFTA에서 미국의 주도권은 절대적이다. 미국은 그 제창자일 뿐만 아니라, 이 자유무역지역의 확실한 주도국이고, 그 운행에 있어 절대적인 영향력을 행사한다. 역내 각국의 내부 실력을 비교하자면, 미국은 2/3의 인구와 90%의 경제력으로 그 절대적인 비중을 차지하고 있다. 이에 비해서 캐나다는 단지 7%의 인구와 8%의 경제력을 갖고 있고, 멕시코는 비록 26%에 근접한 인구를 갖지만, 경제력은 2%에도 못 미친다. 이 같은 회원국 간의 이질성 때문에 NAFTA의 조직화와 규범화 정도 등 경제통합 수준은 유럽연합에 많이 못 미쳤다.

NAFTA의 출범 배경에는 1980년대 이후 급변하는 세계정세가 존재하였다. NAFTA는 일차적으로는 유럽공동체와 당시 아시아에서 급속히 성장하는 일본을 견제하기 위한 대응책으로 창립되었다. 그러나 그것은 기본적으로는 미국의 세계전략구상과 맞물려 있다. 즉 미국은 NAFTA를 발판으로 전체 미주 대륙에 대한 자유무역지대의 건립을 목표로 삼았으며, 나아가 아태지역경제의 주도권을 장악한 후 이를 통해 유럽 및 다른 잠재적 경쟁 세력들을 모두 누를 수 있다는 계산을 했다.

물론 다른 한편, NAFTA의 창립이 캐나다와 멕시코의 이익에 부합했던 측면 또한 간과할 수 없다. 캐나다는 경제적으로 줄곧 미국에 강하게 의존해 왔는데, 기존에 양국 간 존재했던 자유무역협정은 이미 새로운 형세변화에 적합하지 않아 수정이 요구되었다. 멕시코의 경우 그간 비록 일부 역사적 원인으로 인해 장기간 미국과의 경제동맹을 맺는 것에 대한 거부감을 가졌지만, 1980년대 중반에 터진 '외채위기'로 멕시코의 국내 경제가 부단히 악화되는 상황에서 미국과의 협력을 더 이상 미룰 수만은 없는 처지였다.

4.2.3. 소결

이상에서 지구화 시대 국제 독점동맹과 관련하여 사적 독점자본과 국가독점자본주의 두 부분으로 나누어 살펴보았다. 지구화 시대 이전과 비교할 때 이들은 모두 상당한 변화가 발생하였다. 특히 국가독점자본주의와 관련한 국제 독점동맹의 경우, 이는 1980년대 이후 생산의 국제화가 본격적으로 진행됨에 따라 이에 수반되는 생산수단과 노동력의 국제적 범위에서의 효율적 배치, 자금의 자유로운 이동, 그리고 개발도상국 문제에 대한 공동대처 등 긴요한 문제에 있어 선진 국가독점자본주의 간의 긴밀한 국제적 공조 필요성을 반영한다. 이는 앞서 언급한 바처럼 종전 후 나타난 자본주의 생산관계의 국제적 범위에서의 한 차례 조정이었으며, 그 심화 및 확대라 할 수 있다.

이 같은 생산관계의 조정은 지구화 시대에 들어 자본주의의 세계적 범위에서의 기본모순의 완화에 일정 정도 기여를 하였다. 1970년대 스태그플레이션 위기를 넘긴 후 1980년대부터 2000년대 초반까지 지속된 신자유주의 하의 세계자본주의의 발전, 냉전 대결에 있어 자본주의 진영이 소련과 동구권에 대해 거둔 승리는 일정 부분 이러한 국제 독점동맹을 통한 각국 국가독점자본주의 간의 이해 조절 및 경쟁의 완화, 또 경제 일체화를 진척시킴에 따라 획득한 생산력 발전에 기인하는 바가 크다.

예컨대, 유럽연합과 NAFTA와 같은 지역 통합적 시장의 성립은 확실히 기존의 국경 장벽을 제거함으로써 자본의 협소한 일국적인 운동 범위를 크게 넓혀 각국의 경제 발전에 상당 부분 기여하였다. 유럽연합은 그 성립 초기에 역내의 경제 발전을 일정 정도 촉진시켰으며, NAFTA 성립 후에는 관세 인하, 투자 자유화, 화물운송의 편리 등으로 각국이 얻은 경제적 혜택이 결코 적은 것은 아니었다.

그렇지만 국제 독점동맹이 자본주의 모순을 완전히 제거한 것은 아니다. 오히려 이 시기에 들어 자본의 재생산 운동이 민족국가 차원을 넘어서서 국제적 범위에서 본격적으로 이루어지게 되면서, 자본주의 기본모순은 새로운 차원으로 확대 발전하였다. 국가독점자본주의 전기에 성립한 IMF·GATT·G7 등 국제경제의 거시적 조절 기구들이 지구화 시대에 들어서 그 내용 면에서 상당한 변화를 겪게 된 것은 이런 이유 때문이다. 이 시기에 이루어진 재생산과정에서의 국제화의 진전은 여전히 각국 자본가계급의 협소한 계급적 이해의 기초위에서 세워진 것이었다. 이 때문에 그것이 진행될수록 각국 독점자본 간의 이해는 끊임없이 상충 되고 충돌하였으며, 그 조절은 날로 어렵게 되고 더 한층의 생산과 자본의 국제화 진전은 심각한 저해를 받았다. 유럽연합과 같이 일견 총체적인 경제 일체화의 실현 가능성을 보여주는 형식조차도 이 같은 모순을 완전히 제거하지는 못하였다. 오히려 그것의 양면성을 우리가 주시할 필요가 있다. 생산력 측면에서 보자면 그것은 분명 '생산요소의 자유로운 이동'을 허용하는 등 각국 독점자본 간의 일체화를 보여주는 과정이라 부를 수 있다. 하지만 다른 한편으로 그것은 처음부터 상당한 대외적인 배타성을 갖고 태어났다. 유럽연합과 NAFTA 등이 시간이 지남에 따라서 보여주는 모습은, '지구경제의 일체화'에 복무하기보다는 오히려 **지역경제 집단화** 경향을 강하게 띠고 있다는 인상을 준다.

여기서 잠깐 **경제 일체화**와 **경제 집단화** 양 개념의 차이에 관해서 언급하자. 우리는 유럽연합이나 북미자유무역지대 등에 관해 논할 때 때로는 경제 일체화라는 개념을 쓰기도 하고 경제 집단화라는 용어를 빌리기도 한다. 엄밀히 말해서 **경제 일체화는 생산력 범주**에 속하는 개념이다. 경제 일체화는 자본주의 생산력이 일정 수준까지 발전한 산물이며, 그것이 반영하는 것은 자본주의 생산의 국제화와 이로부터 야기되는 자본주의 재생산과정이 날로 국경을 뛰어넘어 국제무대를 향해 나아가는 것이다. 이 같은 경제 일체화와 대비되는 개념이 생산관계 범주에 속하는 국가독점자본주의의 국제 독점동맹이다. **경제 집단화는** 바로 이러한 국제 독점동맹의 한 형태이기 때문에 **생산관계 범주**에 속한다. 그것은 자본주의 생산의 국제화 발전 요구에 순응하면서 출현한 자본주의 생산관계의 자본주의 세계적 범위에서의 국부적 조정이다. 예컨대 유럽연합은 생산의 국제화 측면에서 보면 자본주의의 경제 일체화이며, 생산관계 측면에서 보면 그것은 국제 독점동맹의 한 형태인 경제 집단화이다.[107]

이렇듯 이 시기 자본주의는 생산의 유례없는 국제화의 진전으로 인해서 자신이 태생적으로 지닌 협소한 '민족성(국적)'과의 모순을 새로운 차원으로 발전시켰다. 그러한 상황에서 국가가 독점자본 간의 국제적 협력과 이해조정에 있어 간여를 적극화함으로써, 자본의 국적성(민족성) 문제는 기존과는 전혀 다른 내용을 갖게 되었다. 즉 과거의 '국적성'이나 '민족성' 문제가 개별 자본이나 개별 국가의 소속을 주로 문제 삼는 것이었다고 한다면, 지구화 시대의 그것은 국가 간의 **협력 기제의 국적성, 즉 그 기제를 형성하는 규칙이나 규범 혹은 조직과 기구가 궁극적으로 어느 나라(혹은 국가집단)의 독점자본에 유리**하며

---

[107] 이상 두 개념의 구분은 〈论国家垄资本主义〉, p.225 참조함.

누구의 이익을 반영하는지가 더욱 문제 시 된다. 이 같은 원리는 나아가 현대 제국주의의 성격을 규명하는 데서도 직접적으로 적용된다. 다음 장에서 다루게 될 상부구조로서의 현대 제국주의와 관련한 문제는 이 같은 자본의 '국적성' 내지는 '민족성'과 관련된 모순이 가장 고도로 집약적으로 표출된 것이라고 볼 수 있다.

'지역경제 집단화'는 현시기 국제경제에서 주목받는 쟁점 중 하나이며, 국가독점자본주의 간의 국제 독점동맹의 주요한 형식으로 대두되고 있기에 보다 많은 관심이 요구된다. 이하에서 '지역경제 집단화' 현상에 대해 좀 더 살펴보기로 한다.

4.3. 지역경제 집단화

　경제의 지역 집단화 현상은 일찍이 1950~60년대에 국제경제를 연구하는 경제학자들의 주목을 받았다. 그러나 세계 경제 발전의 중요한 추세로서 관련된 국가가 많고 또 세계 경제의 진척에 미치는 영향이 큰 지역경제의 집단화 현상은 1980년대 후반기에야 비로소 시작된 일이라고 할 수 있다. 1990년대 들어선 이후 세계 경제의 지역 집단화 추세는 더욱 명확해졌다. 현재 규모와 내용 면에서 상이한 각종 지역성 경제 집단과 조직은 수십 개에 이르며, 유럽·북미·아시아태평양·중동·아프리카·라틴아메리카 등에 걸쳐 존재한다. 이들의 형식과 연합 정도는 각기 다른데, 내용 면에서 국제무역뿐만 아니라 자본·기술·노동력과 같은 생산요소의 국제적 이동을 포함하며, 또 재정·신용·화폐 분야에서 각국 간 정책협조도 대상이다.

　현재 존재하는 경제적 지역 집단을 보면 유럽연합과 북미자유무역지구(NAFTA) 그리고 동아시아 경제 일체화 지역이 세계 경제에 미치는 영향이 가장 크며, 앞으로 세계 경제를 좌우할 3대 경제권이 이들 기초위에서 형성될 가능성이 높다. 지역경제 집단화는 주요하게는 자본주의 선진국이 본국의 이익을 위해 추진하는 것이지만, 그러나 일부 개발도상국과 그들이 집결한 지역들 역시 여러 가지 이유에서 - 예컨대 자신들도 선진국으로 나갈 목적에서, 혹은 본국의 공업을 보호하고 민족경제를 발전시킬 목적에서 - 이 같은 지역 집단화에 대해 적극적인 태도를 보이기도 한다. 여기서는 본문의 주제에 맞추어 서구 독점자본의 국제 독점동맹으로서 지역경제 집단화 현상을 주로 다루며, 특히 그 최고 수준에 도달한 유럽연합에 초점을 맞출 것이다.

일반적으로 볼 때 세계 경제의 지역 집단화는 자본주의 생산과 자본 국제화의 발전단계의 산물이자, **보다 직접적으로는** 자본주의 **불균등발전의 산물**이다. 제2차 세계대전 후 일정 기간 자본주의 진영은 미국이 다른 서구 선진국과의 동맹을 기초로 패권을 행사하였다. 1950년대에 비록 유럽경제공동체와 같은 지역적 경제 집단이 출현하기도 하였지만, 그러나 당시 이는 주요하게는 서유럽의 '자조(自助)적 연합체'로서의 성격이 강했다. 전체 자본주의 진영은 여전히 미국의 주도하에 있었으며 아직 이에 대항하는 지역 집단화는 출현하지 않았다.

1970년대 들어서 미국의 경제력이 급속히 쇠락함에 따라 서구 동맹국 내부의 역관계에 변화가 발생하였다. 미국은 이 무렵 국제적인 채권국에서 채무국으로 전락하였으며, 이와 동시에 일본경제가 신속히 부상해 적지 않은 영역에서 미국을 따라잡았다. 일본은 1985년에는 일약 세계 최대의 채권국이 되기도 하였다. 서유럽은 1950~60년대에 비교적 빠른 경제성장이 이루어져 한때 일정 수준 과거의 실력을 회복하기도 하였다. 그러나 1970년대 이후 다시 경제침체에 빠져들면서 미국과 일본의 강력한 과학기술의 도전과 날로 격화하는 국제 경쟁에 직면하게 되었다. 이 때문에 서유럽은 다른 어떤 지역보다도 지역 경제 집단화의 움직임이 가장 먼저 일어났다. 이는 원래 기존의 유럽경제공동체(1958년 설립)의 기초위에서 연대를 한 단계 강화하는 방식으로 유럽지역의 종합적인 경제적 실력의 제고를 꾀하였다. 미국과 일본 또한 이 같은 서유럽 국가들의 강력한 연합 추세를 목격하면서, 시간이 갈수록 자신들이 속한 지역의 국가들과 밀접한 협력이 필요하다는 점을 인식하게 되었으며, 이리하여 세계경제에서 지역 집단화 추세 및 그들 간의 상호대항이 출현하였다.

위의 역사적 과정이 보여주는 것은, 작금의 지역경제 집단화 추세는 한편에선 생산의 국제화에 따른 요구지만, 또 그것은 사실상 자본주의 기본모순이 오늘날 지구화 경제라는 특정한 역사적 조건에서의 표현이라는 사실을 알 수 있다. **자본주의 기본모순**-생산의 사회적 성격과 자본주의적 사적 점유 간의 모순-은 지구화 시대인 오늘날 **'생산의 국제성'과 '자본의 민족성' 간의 모순**으로 집약되어 나타난다. 물론 과거에도 그 같은 대립이 존재하였지만, 그러나 아직 국가독점자본주의가 성립하기 전의 일반 독점자본주의 단계에선 독점자본 간의 국제적 경쟁은 국내적 경쟁에 비해서 부차적인 지위에 머물렀다. 그것은 사적독점 간의 개별적인 경쟁이 국제적 차원으로 연장된 것에 불과하였다. 이 때문에 자본의 민족성 문제 역시 '어느 나라의 기업'인지를 확인하는 식의 개별자본의 국적을 묻는 차원이었다.

그러나 국가독점자본주의가 성립된 이후 사정이 달라졌다. 국가가 국내에서 뿐만 아니라 국제적 차원에서도 독점자본의 축적과정에 적극 간여함으로써, 사적독점이 주도하는 국제 독점동맹 이외에도 국가독점자본주의가 주도하는 국제 독점동맹이 출현하였다. 이는 국가 간의 공식적 협약이나 규칙의 제정 혹은 공식 기구 등의 출범을 통해서 이루어지기 때문에, 법률적 **'규범성'과 보편적 '합리성'을 상당 정도 지향**한다. 이 점에서 그것은 사적독점 간의 비공식적이며 개별적인 국제동맹과 차이가 있다. 하지만 그것은 본질적으로 여전히 각국 독점자본가계급의 협소한 계급적 이해와 민족국가 이익의 기초위에서 세워진 것이기에 자본의 민족성 문제를 근본적으로 해결하지는 못한다.

이리하여 한편으로 자본은 지구화 시대의 경제 일체화에 대한 객관적 요구에 따라서 국경을 넘어 이해를 같이하는 인접 국가 간의 다양한 지역경제 집단을 형성하면서, 다른 한편 이렇게 형성된 '지역 집단' 상호 간에 배척하고 대립하는 현상이 동시에 존재한다. 이때부터 개별 국가 단위를 넘어서는 국가독점자본주의 간에 더 큰 범위에서의 국제적 협력 체제를 누가 먼저, 그리고 가능한 최대한도의 범위로 결성하여 세계 경제에 대한 영향력을 선점할 수 있는지가 경쟁의 초점이 된다. 즉 국가독점자본주의와 지구화 시대에는 국제경제의 **경쟁 단위의 확대**로 인해 최종적으로는 지역경제 집단 간의 대립이 자연스럽게 형성된다. 이 때문에 지구화 시대 자본의 민족성 문제는 과거처럼 단순히 개별 자본의 국적을 따져 묻는 차원을 넘어서, 이러한 **'협력 기제' 자체의 민족성** 즉 국가독점자본주의 간에 지역적으로 형성하여 전 지구적 범위로의 관철을 꾀하는 그 같은 기제의 '규칙'이나 '규범', 혹은 '기구'가 궁극적으로 어느 나라(혹은 집단) 독점자본의 이익을 반영하는지가 주요 문제가 된다.

여기서 지역경제 집단화의 형성 및 발전과 관계되는 모순운동을 작동시키는 중요한 현실적 계기는 바로 자본주의의 **불균등 발전법칙**임을 알 수 있다. 이 같은 법칙이 관철되는 데 있어 두 차례 세계대전의 상황과 오늘날의 상황은 그간의 국제정세 변화를 반영하여 형식상에서 차이가 있지만, 내용상으로는 상당한 공통점이 존재한다. 즉 당시 식민지 분할의 형식인 제국주의 블록과 이들 블록 간의 상호 대치는 당시의 역사적 조건에서 자본주의 불균등발전 법칙의 산물이었다고 한다면, 종전 후 식민지의 앞다툰 독립은 이 같은 구제국주의 식민체제의 분할과 상호 간의 대치 형세를 타파하였다. 하지만 자본주의 발전의 불균등법칙 작용에 따라 1980년대에 이르러 자본주의 세계 경제는 새로운 재편이 이루어지게 되었다.

그 주요한 표현은 종전 이후 1970년대 이르기까지 미국을 중심으로 하는 미국·일본·유럽 3극(極) 간의 **'잠재적' 대치 형세**가, 1980년대에 이르러 미·일·

유럽 **삼분천하(三分天下)의 태세**로 한층 분화되고 명료화하였다는 점이다.[108] 이 과정에서 '3극'은 자본주의 세계 경제 가운데서 각자의 지위에서 변화가 생겼으며, 이로부터 그들 간의 모순과 주도권 쟁탈전은 날로 격화되었다. 이처럼 각국이 불균등하게 발전하는 상황에서, 원래 우세를 점한 국가는 그것을 계속해서 유지할 목적으로, 그리고 경제력이 날로 상승하는 국가는 원래의 낮은 구도를 타파하기 위한 목적으로 각자에게 가장 유리한 경제적 세력범위를 찾게 되었다. 이리하여 지역경제 집단과 그것들끼리 상호 대항하는 자본주의 세계 경제의 새로운 구도가 형성되게 되었다.

그렇다면 세계 경제에서 지역 집단화의 발전 추세에 따라 세계 경제의 불균등성은 점차 완화될 수 있을까? 답은 부정적이다. 세계 경제의 지역 집단화는 자본주의경제의 불균등발전이 불러일으켰지만, 이는 다시 반대로 세계 경제의 불균등성을 더욱 심화시킨다. 이는 불균등 발전법칙이 내포하고 있는 '인과관계의 상호전화'에 따른 변증법적 과정이라 할 수 있다. 그 구체적 이유로는 다음 3가지를 들 수 있다.[109]

첫째, 세계 경제의 지역 집단화 추세는 **선진국 간의 마찰과 모순을 격화**시켜 이들 간의 경쟁은 더욱 격렬해지며, 이와 함께 발전의 불균등 현상도 더욱 두드러지게 된다. 현재 세계 각지의 주요 선진국들이 이미 대부분 특정한 지역경제 집단에 편입되어 있기에, 세계적 범위에서 공정하고 의미 있는 경쟁은 기대하기가 어렵다. 그 때문에 기술과 노동력의 유동성도 상당 정도 제한을 받게 되는 것은 두말할 필요가 없다. 이렇듯 선진기술의 더욱 큰 범위에서의 보급이

---

[108] 〈论国家垄断资本主义〉, p.14. 물론 이 같은 국제정세는 1980년대와 1990년대에는 유효하였지만, 21세기 들어서서는 또 다시 상당한 변화가 발생하였다. 이와 관련해선 제6장에서 다룬다.

[109] 이하 세 가지 내용은, 위의 책, pp.230-232 참조.

장애에 직면함에 따라, 지역 집단 간 경제 균등화의 진척은 지연되고 지역 집단 내부에서는 일부 낙후산업이 비교적 쉽게 생존을 이어 갈 수 있게 된다.

이는 결국 선진국 간 경제 발전의 불균등성 및 산업 발전의 불균등성이 더욱 심해지게 만든다. 예컨대 1980년대~90년대 초 일본의 경제 발전이 한창일 무렵, 미국은 북미 자유무역지구를 보호막으로 삼아 일본의 욱일승천하는 기세로부터 일정 정도 자국 시장을 지킬 수 있었다. 하지만 IT 이외의 분야에서 결국 일본에 의해 추월당하는 추세를 막을 수가 없었다. 중요한 점은 미국은 이 때문에 철강과 섬유 등 아직도 많은 낙후산업이 정부의 보호를 받으면서 잔존한다는 사실이며, 이로 인해 미국경제는 상당한 이중 구조를 보여준다.

둘째, 세계 경제의 지역 집단화 추세는 지구적 범위에서 **선진국과 개발도상국 간의** 경제 발전상의 격차를 더욱 크게 만들며, 불균등발전의 모순을 더욱 두드러지게 한다. 작금의 지역경제 집단화는 그 보호무역주의 색채와 더불어 대외 배척의 성격을 강하게 띠고 있다. 각 지역 집단은 모두 지역 내부의 경제이익 특히 지역 내 주도적인 강대국의 경제이익에 복무함으로써, 지역 집단 밖에 있는 국가 특히 광범위한 개발도상국들은 국제적 상품교환과 기술·자금 도입에 있어 더욱 불리한 위치에 처하게끔 되었다.

예컨대 1980~90년대 초 당시 유럽공동체는 반덤핑 조치를 남발하였으며, 이러한 반덤핑 조치에 연루된 국가 중 다수는 개발도상국이었다. 그러나 이는 단지 유럽연합이라는 통일시장이 출범하기 전의 서곡에 불과하였으며, 통일시장이 형성된 후에는 유럽 이외의 개발도상국과 지역들이 유럽 시장에 진입하기가 더욱 곤란해졌다. 유럽연합은 사실상 회원국 간의 내부 장벽을 철거한 벽돌을 이용해 더 높은 외부 장벽을 쌓았다.

미국·캐나다·멕시코 3자 간 북미 자유무역지구(NAFTA)의 개발도상국에 대한 불리한 영향은 더욱 확연하다. 일부 개발도상국 제품들은 미국 시장과 캐나다 시장에서 자취를 감추었으며, 그것을 대신한 것이 멕시코 제품이었다. 많은 경제학자는 현재 국제경제 영역에서 새로운 '베를린장벽'이 세워지고 있다고 지적한다. 그 장벽 내에서는 역내 회원국들이 지역경제의 이익을 누릴 수 있지만, 그 장벽 밖의 국가 특히 개발도상국들은 자신의 경제적인 취약성 때문에 가장 큰 손실을 입게 된다. 이처럼 지역경제 집단화의 불리한 영향 때문에 선진국과 개발도상국 간의 경제적 격차는 앞으로도 더욱 확대될 것이며, 양자 간의 모순 역시 더욱 격화될 수밖에 없다.

셋째, 지역경제 집단화는 그 **내부 성원 간 모순과 불균등 현상**을 결코 제거할 수 없다. 지역경제 집단의 규모가 크고 포괄하는 국가의 수가 많을수록 이같은 경제 발전의 불균등성은 더욱 두드러진다. 예컨대, 유럽공동체가 6개국으로 구성되었을 무렵에는 그중 경제 발전 수준이 가장 높은 서독과 경제 발전 수준이 가장 낮은 이탈리아 간의 차이가 그리 크지 않았다. 그러나 그것이 12개국으로 확대된 후 선두에 있는 독일과 후위에 있는 그리스·포르투갈 등과의 격차는 매우 커졌다. 일부 동유럽국가의 가입으로 인해 27개 회원국을 갖게 된 지금의 유럽연합은 그 내부 성원 간의 경제 발전의 불균등성은 더욱 두드러진다. 2008년 금융위기 이후 이들 간 격차가 좁혀지기는커녕 더욱 심화하는 경향을 보여준다.

경제 지구화의 진전과 전 지구적 분업의 발전은 앞으로 점점 더 '지역경제 집단화'로부터 많은 제약을 받게 된다. 지역경제 집단화는 분명 내부 성원 간에 '경제 일체화'를 달성한다는 측면에서 보면 진보적이지만, 일체화 과정이 일단락된 후에 이 지역경제 집단이 곧 대외적인 배타성을 보이면서 더욱 높은 수준의 경제 지구화 진척에 저해 요소로 전화되는 경우가 종종 발생한다. 지역경제 집단화가 갖는 이 같은 양면성 중 후자의 부정적 측면이 주요하게 부각되고 있는 것은 사실이다.

　여기서 한 가지 짚고 넘어갈 것은, 지금까지의 지역경제 집단화와 관련한 분석은 모두 서구 선진자본주의 국가 혹은 그것이 주도하는 국제 독점동맹의 형식에 국한하였다. 오늘날 진행되는 경제 집단화는 이 밖에도 개발도상국 상호 간 혹은 사회주의 국가와 개발도상국 간의 일체화 과정을 포함하기에 좀 더 복잡한 양상을 띤다. 예컨대 아시아와 태평양 지역을 하나의 자유무역지대로 통합하는 '역내 포괄적 경제동반자협정(RCEP)'이 그 대표적 사례라 할 수 있다. 이 협상에는 동남아시아국가연합(ASEAN) 10개 회원국과 한·중·일 3개국, 그리고 호주·뉴질랜드 등 총 15개국이 참가하였다.

　2017년 당시 RCEP 예상 창립 회원국들은 34억 명의 인구를 보유하고 있었으며, GDP는 전 세계 GDP의 약 39%인 49조 5천억 달러에 이를 것이라 추산되었다. 이는 북미자유무역협정(NAFTA)과 유럽연합(EU)을 모두 능가하는 규모이다. 2019년 11월 4일 RCEP 정상회의에서 인도를 뺀 15개국이 협정문에 가서명하고, 2020년 11월 15일 한국 등 15개국이 정식 협정을 체결했다.

　이 같은 지역경제 집단은 분명 앞서 서술한 국제 독점동맹과는 성격이 다르나. 지역경제 집단의 진보성과 관련하여 그 판단 기준으로 추진 주체의 성격 및 회원국 상호 간의 관계, 그리고 향후 대외 개방성의 견지 여부가 중요하게 고려되어야 한다. 특히 그것이 지구 경제의 진일보한 일체화 과정에 기여할 것인지, 아니면 단순히 지역경제의 블록화를 재촉하는 요소인지가 관건이라 할 수 있다.

4.4. 사례: 유로존의 성립 동인과 위기

　지역경제 집단화는 대내외 관계에 있어 다층적 모순을 포함하고 있다는 점에서 그에 대한 연구는 당대 국제 독점동맹을 이해하는 데 매우 필수적이다. 그리고 이러한 연구에서 화폐통합의 수준까지 도달한 유럽연합을 빼놓을 수 없다. 유럽연합의 출범을 단순히 국제 분업 발전의 일반적 추세나 경제 일체화의 시각만으로 보는 것은 불충분하며, 앞 절에서 지적한 바와 같이 '지역경제 집단화'라는 **생산관계** 측면의 관점이 특별히 요구된다.

　지역경제 집단화와 관련된 국제 독점 간의 모순은 중층적이다. 그것은 외부 집단과의 '경쟁' 관계를 포함할 뿐만 아니라, 내부 회원국 간의 경쟁 또한 포함한다. 본 절에서는 2개의 분석 사례를 제시하는데, 먼저 유로존의 성립과정을 소개한다. 우리는 유로존 성립의 동인을 추적하는 과정에서 선진 국가독점자본주의 상호 간, 즉 미국과 서유럽제국 간, 그리고 유로존 협상 참여국 상호 간의 치열한 경쟁을 엿볼 수 있다. 두 번째 사례로 2008년 금융위기와 함께 불거진 유로존 위기를 소개한다. 이를 통해서 우리는 지역경제 집단이 성립한 이후 성원국 간의 불균등성이 어떻게 심화하였는지를 확인할 수 있다.

4.4.1. 유로존의 성립 동인

유럽연합은 '단일시장의 건설'과 '단일통화 실현'이라는 두 가지 내용을 지닌다. 특히 단일통화인 '유로화'의 탄생은 신세기를 여는 기념비적 사건이라 할 수 있다. 유로존에 참여한 각국은 어떻게 현대 국가에서 관건인 화폐 주권을 과감하게 포기할 수 있었을까? 유럽경제통합은 바로 카우츠키가 일찍이 예상했던 '초제국주의'가 부분적이나마 실현되었음을 의미하는 것일까?

그러나 실상을 보면 유럽연합의 출범은 제국주의 간 범 국제협력 조직으로서 '초제국주의'와는 거리가 멀다는 사실을 알 수 있다. 그것은 오히려 국가독점자본주의 후기의 국제 독점 간 경쟁과 더욱 밀접한 관련을 갖는다. 특히 이 단계에 진입하면서부터 본격화한 **'세계화폐' 주도권**을 둘러싼 경쟁이야말로 이 경제 집단화를 추동한 진정한 배후 요인이었다고 할 수 있다. 이하에서 그 구체적 과정에 대해서 살펴보기로 한다.

(1) 화폐통합을 둘러싼 양 진영의 대립

먼저 당시의 세계화폐와 관련한 정황을 이해할 필요가 있다. 우리는 앞서 제3장에서 화폐의 의제화와 관련하여 1970년대 초를 전후하여 브레턴우즈협정에 기초한 기존 세계통화체계가 붕괴하는 과정을 살펴보았다. 그 무렵 유럽공동체 국가들은 전반적으로 금과 달러 연계에 기초한 기존 고정환율제의 국제통화체제를 고수하는 태도였다. 그러나 이에 대한 미국의 의도적인 도전에 맞선 싸움에서 패배함으로써, 유럽공동체 국가들은 어쩔 수 없이 변동환율제에 기초한 새로운 화폐체계를 받아들이지 않을 수 없었다.

이 같은 화폐 질서의 변동으로부터 가장 큰 이득을 얻은 국가는 물론 기축통화인 달러의 발행권을 갖고 있던 미국이었다. 그러나 미국과 유럽공동체 간에는 '세계화폐'의 주도권을 둘러싼 화폐 전쟁이 종식되지 않고 더욱 본격화하였다. 여기 소개하는 유로존의 성립과정은 그 후속편이라 할 수 있다.

1970년대 초 벌어진 일전에서 패배한 유럽공동체 국가들은 자체 공동화폐 건설의 필요성을 절감한 후 그 작업에 적극 나섰다. 종전 이후 꾸준히 진전을 보여 온 유럽경제통합은 이제 당사국들이 '화폐통합'이라는 더욱 크고 분명한 목표를 의식하게 됨으로써 기존과는 질적으로 다른 과정에 진입하게 되었다. 우리는 당시 신문보도나 중요 정치인·관료들의 발언 등 관련 자료를 통해서 이후 화폐통합의 추진이 1970년대 초 화폐 전쟁과 직접적인 연관이 있으며, 종국적으로는 '세계화폐'를 둘러싼 주도권 장악을 목표로 하고 있음을 확인할 수 있다.

예컨대, 1970년 11월 2일 영국의 중앙은행인 잉글랜드은행의 한 내부 문건은 유럽공동체 비엔나 화폐 연맹위원회가 당해 10월 제출한 보고서에 대해서 평가하면서 다음과 같이 지적하였다.

> (화폐 연맹의 결성은 단순히) "하나의 연방식 유럽합중국을 창립하는 것은 아니다. 화폐 연맹의 목표는 미국 패권에 필적할 수 있는 하나의 유럽을 창건하는 것이며, 유럽이 국제문제에 있어 더욱 강력한 발언권을 누릴 수 있게 하는 것이다. 화폐 연맹의 주요한 목표 중 하나는 유럽 화폐가 달러의 화폐 패권 지위에 도전할 수 있게 하는 것이다."[110]

1977~79년 독일연방은행장을 지냈으며 1970년 이 은행의 고위 관리였던

---

110 [英]戴维·马什, 〈欧元的故事——一个新全球货币的激荡岁月〉, p.47. 인용문 중 굵은 강조는 인용자에 의한 것임.

아이밍걸은 그해 성탄전야에 쓴 한 편지에서 당시 위의 화폐 연맹결성과 관련한 프랑스와 서독 간의 담판에 대해서 이렇게 평가하였다.

"사람들은 일반적으로 프랑스가 일체의 노력을 기울여 하루빨리 화폐 연맹과 관련한 담판을 완성하려 한다고 인식한다. …프랑스는 그렇게 할 많은 이유를 가지고 있다. 첫째, 수많은 프랑스인은 미국 달러패권에 대항할 수 있는 유효한 무기로서 하나의 유럽 화폐 집단을 건립하기를 바란다."[111]

또 유럽 단일화폐 계획이 확정된 후인 1992년, 당시 프랑스 총리였던 베레고부아는 유럽 화폐 연맹에 반대하는 자국 내 드골주의자들을 맹렬히 공격하는 자리에서 다음과 같이 공언하였다.

"우리의 화폐 정책을 추진케 하는 것은 유럽이 아닌 개방적인 세계 경제이다. 단일화폐는 장차 우리가 개방경제체제의 도전을 환영할 수 있게 하는 주요한 수단이다. …미국 달러의 패권적 지위가 다른 나라로 하여금 미국의 재정적자를 감내하도록 압박하는데, 이는 유럽 단일화폐를 추동하는 또 다른 중요한 이유가 아닌가? 우리는 달러 및 엔화와 대등한 유럽 단일화폐를 필요로 한다."[112]

이렇듯 화폐통합을 구상한 정치인들과 다른 많은 유럽인은 유럽의 화폐통합

---

[111] 위의 책, pp.47-48.

[112] 위의 책, p.126.

이 미국의 달러패권에 맞서 유럽대륙의 독자적이고 자주적인 능력을 크게 향상시키고 국제사회의 더욱 광범위한 존중을 가져올 것이라고 믿었다. 그런데 이 같은 공동화폐를 위한 열망에도 불구하고 유럽의 화폐통합과정은 1970년대와 1980년대의 여러 차례 우여곡절을 경험한 끝에 결국 1990년대에 들어서서야 겨우 일단락 지을 수 있었다. 그 이유는 무엇일까?

그것은 자신의 달러패권에 도전하는 강력한 단일화폐가 유럽대륙에 출현하는 것을 바라지 않은 미국의 견제 이외에도, 유럽공동체 내부에서 화폐통합을 누가 주도할 것인지를 둘러싼 지루하고 격렬한 암투가 있었기 때문이다. 이 내부 투쟁을 이해하기 위해선 당시 화폐통합을 둘러싼 팽팽한 두 가지 입장을 먼저 이해하는 것이 필요하다.

먼저, 소위 '경제학자파'라 불리는 그룹의 주장이다. 이들 집단은 독일과 네덜란드 양국 정부와 그 중앙은행에 의해 주도되었는데, 이탈리아가 부분적으로 그 주장을 지지하였다. 이들의 입장은 이러하다. 유럽공동체 내 각국이 '고정환율제를 영구히 하기'(당시 이 말은 주로 '화폐통합'과 거의 같은 의미로 쓰임)에 앞서, 필히 **먼저 '경제정책'에 있어서 각국 간의 정합(整合)과 일치를 실현**해야 한다는 것이다. 왜냐하면 단일화폐를 창출하기 위한 화폐 연맹의 전제조건의 하나는, 각국이 먼저 매우 비슷한 정책의 실행을 통해 가격·임금·세수·예산·무역 등 중요 경제 사안에 있어 비슷한 결과에 도달하는 것이기 때문이다. 화폐 연맹은 결국 이런 오랜 정책적 정합과 협조 과정의 자연스러운 결과이다. 어떤 국가에서 만약 국제수지 적자가 출현한다면, 이는 이 나라의 국제 경쟁력이 취약하다는 점과 정부의 경제 확장정책이 지나쳤다는 것을 보여주기 때문에, 이 나라는 엄격한 긴축 조치를 실행해 이를 반드시 교정해야만 한다는 것이다.

이같은 경제학자파의 주장에 따르면 장기간 방대한 규모의 무역 적자를 지속하는 국가는 그것을 시정하기 전까지는 결코 화폐 연맹에 가입할 수 없다. 또 각국 경제가 화폐통합을 할 수 있는 비슷한 조건을 갖추게 되는 것도 상당한 시일이 필요하게 된다. 그 때문에 이들의 입장은 화폐 연맹결성과 관련하여 '장기전'을 고려하는 신중파의 입장으로 간주 됐다.

이러한 경제학자파와 반대되는 것이 소위 '화폐주의파'이다. 이 그룹의 주요한 성원은 프랑스·벨기에·룩셈부르크를 들 수 있는데, 이들은 또한 유럽위원회의 폭넓은 지지를 받았다. 이들의 주장은 앞서 경제학자파의 주장과 그 논리적 순서에 있어서 정반대이다. 즉 **경제정책의 정합을 이루기 위한 길은 바로 먼저 화폐 문제에서 일치된 정책을 취하는 것**이라는 것이다. 화폐주의파는 국제수지 적자가 재정 불균형의 결과임을 인정하지만, 그러나 이 같은 국제수지 적자를 시정하기 위해서는 적자 국가와 흑자 국가가 공동으로 책임을 져야 하며 또 함께 상응한 행동을 취해야 한다고 주장한다.

이 말의 의미는 다음과 같이 해석될 수 있다. 즉 당시 유럽공동체 국가 가운데서 국제수지 적자국의 경우, 대개는 국내에서 먼저 인플레이션이 발생하고 그로 인해 국제 경쟁력이 약화 된다. 그리하여 수출이 줄고 수입이 늘어나는 결과가 초래되는데, 이 같은 인플레이션의 배후에는 재정적자와 이를 메우기 위한 중앙은행을 통한 통화 증발이 있다. 그 때문에 국제수지 적자는 결과적으로 재정 불균형의 결과이며, 긴축재정을 하지 않고서 방만한 재정을 펼친 결과임을 먼저 인정한다.

하지만 국제수지 적자 국가의 입장에서도 할 말이 있다는 것이다. 자신들에게 재정 불균형이 출현하는 것은 따지고 보면 독일 등 수출국들의 수출품 때문이다. 이로부터 국내 경기가 침체되고 실업자가 발생하게 되어, 경기 진작과 실업자를 구제하기 위해선 정부가 할 수 없이 돈을 많이 풀 수밖에 없다는 논리이다. 이 때문에 먼저 수출국(서독 등 국제수지 흑자 국가)들의 공조가 필요하다는 뜻이다.

이러한 인식에 기초하여 화폐주의파는 가능한 한 조속히 영구적인 고정환율제를 채택하여 이를 전면적 화폐 연맹을 건설하는 전 단계로 삼아야 한다고 생각하였다. 또 조속한 영구적인 고정환율제 실행의 필요조건으로서, 국제수지에서 잉여를 보유한 강세 화폐의 국가는 필히 외환시장에 대한 간여와 외환보유고의 건설을 통해 약세 화폐 국가의 환율안정을 지지할 의무를 져야 한다고 보았다. 이렇게 화폐·환율정책을 확립하기만 하면 각국 정부는 적당한 정책수단을 통해서 예산과 경제성장 그리고 세수 정책의 정합을 실현하게 될 것이라는 입장이었다.[113]

이상 두 가지 이론 간의 대립은 겉으로 보기에는 경제와 화폐 이론 간의 학문적인 입장 차처럼 보인다. 그러나 그 배후에는 프랑스와 독일 간의 반세기에 이르는 오래된 깊은 골, 그리고 유럽공동체 내의 국제수지 적자 국가와 흑자 국가 간의 이해관계의 대립이 존재한다. 당시 제조업 강국으로 국제수지에서 막대한 흑자를 누리고 있던 독일은 자연스럽게 경제학자파의 입장을 지지하였으며, 이에 비해 경쟁력이 열세이고 국제수지 적자 국가이었던 프랑스 등은 화폐주의파의 주장을 지지하였다. 이렇듯 각국의 이해관계 때문에 유럽의 화폐통합 진행 과정은 기대와는 달리 좀처럼 순조롭지 못했다.

(2) 정치적 급변과 화폐통합의 진전

이들 두 입장 간의 오래된 대립을 타파하고 최종적으로 화폐통합 협정의 조인이 가능하게 한 것은, 1980년대 후반 들어 발생한 냉전의 갑작스러운 종식

---

113 양대 이론진영과 관련한 내용은 〈欧元的故事——一个新全球货币的激荡岁月〉, p.34 참조.

과 동서독 통일을 가져온 일련의 정치적 급변이다. 정치적으로 통일된 독일이 그 막강한 경제력을 기초로 다시 유럽의 패자(覇者)로 등장할 것을 두려워한 프랑스와 다른 서유럽 국가들의 압력에 의해 일정한 정치적 거래가 이루어지게 되었다. 그것은 프랑스 등이 동서독 통일을 묵인하는 대신에 서독은 화폐통합에 동의하는 것을 골자로 하였다. 유로화의 탄생은 이처럼 정치적 타협의 직접적인 산물이라고 할 수 있는데, 그 구체적 과정은 이러하다.[114]

프랑스의 미테랑 대통령과 서독의 콜 총리는 그간 길게 끌어온 유럽 화폐통합을 끝내는 역사적 주역을 맡게 되었다. 1980년대 프랑스를 이끌던 미테랑은 소련의 쇠퇴에 따른 동서 진영관계의 이상기류를 일찍이 감지하면서, 그에 따른 필연적 결과로 동서독 관계가 급변할 것을 예측하였다. 그는 예민한 정치적 감각과 남다른 상상력으로 독일의 경제력과 프랑스의 국방력을 정합한 대담한 정치적 타협 및 세력균형 실현에 관해서 구상하였다. 독일 화폐의 우월성은 독일연방은행의 독특한 지위와 강한 독일 마르크 화폐로 표현된다고 할 수 있다. 다른 한편 프랑스 국방역량은 핵 보유와 2차 대전 기간 중 연합국의 일원으로 참가한 정치적 지위로 상징되었다. 프랑스는 이에 의거해 그간 동서독으로 분열된 독일에 대해 일정한 정치적 우위를 누려왔다. 만약 독일이 다시 통일하게 된다면, 프랑스는 그 조건으로 화폐 권력을 자신과 함께 누리도록 독일을 설득하고, 그 대가로 프랑스는 안전보장을 제공할 것을 제안한다는 것이 미테랑 구상의 골자였다.

미테랑은 이상과 같은 구상에 따라 독일의 콜 총리에게 1990년 말 이전에 유럽의 경제 및 화폐 연맹에 관한 진지한 담판을 시작할 것을 강력하게 요구하

---

[114] 이하 위의 책 pp.83-130 참조.

였다. 그렇지 않으면 독일은 장차 과거 두 차례 세계대전 때와 마찬가지로, 프랑스와 영국 및 소련 '삼국동맹'에 의해서 고립되게 될 것이라는 협박도 가했다.[115] 이처럼 생각지 못한 강한 위협에 직면하여 콜은 마침내 표면상의 양보를 하였다. 그는 1989년 12월 8일 스트라스부르 유럽 정상회담에서, 1990년 하반기부터 화폐 연맹의 성립조건에 관한 정부 간 담판을 개시할 것에 대해 동의하였다. 이는 프랑스와 독일 간의 관건적 거래가 마침내 성사되었음을 의미한다. 유럽은 이로부터 마스트리히트 화폐 연맹조약(1992년)의 체결을 향해서 전력 질주할 수 있게 되었다. 이 때문에 후세 평론가 중에는 "만약 독일통일이 발생하지 않았다면, 프랑스는 콜 총리를 설득하여 유럽 화폐 연맹을 창건하는 시간표를 확립하고, 최종적으로 유로화로 독일 마르크를 대체하는 것이 거의 불가능하였을 것이다"[116]고 평가하는 사람도 있다.

그러나 위의 역사적 거래에 있어 독일이 일방적으로 손해를 본 것만은 아니었다. 왜냐하면 화폐통합의 실질적인 방안에서 사실상 독일의 오래된 입장이 채택되었기 때문이다. 1989년 4월 발표된 유럽공동체위원회 의장 쟈크 들로르(J.Delors) 보고서는 후에 화폐통합방안의 기초가 되었는데, 그 가운데 가장 분명한 부분이 '새로운 화폐 기구'를 창립하여 화폐 연맹을 관리하자는 건의이었다. 이는 독일연방은행 제도를 그대로 본뜬 것이다. 즉 이 기구는 "응당 연방 형식을 취하며, 우리는 그것을 유럽중앙은행 체계(ESCB)라고 부를 수 있을 것이다. 이 새로운 체계는 마땅히 완전히 독립적이고 자주적인 지위를 부여받아

---

115 미테랑은 당시 서독 외무장관 겐셔에게 경고하길 "우리는 장차 1913년의 세계로 돌아가게 될 것"이라고 하였다. 위의 책 p.115.

116 〈欧元的故事——一个新全球货币的激荡岁月〉, p.112.

야 하며, 유럽공동체의 기구이지만 어떠한 국가에도 소속되지 않는다"[117]고 규정하고 있다.

또 보고서는 "만약 어떤 국가의 경제가 장기간 균형을 잃고 교정을 하지 못하면 곧 지역적인 균형 상실로 발전하게 된다. 그 때문에 각종 정책조치를 설계해서 생산요소의 국경을 넘는 흐름과 가격 유연성을 강화할 것이 요구되며, 이렇듯 함께 협조하여 이 같은 경제 불균형을 교정해야 한다"[118]는 건의를 하였다. 이 또한 제조업 강국인 독일의 입장을 강하게 반영한 것인데, 이는 어찌 된 사연일까?

사실 이것들은 독일과 유럽 각국의 화폐 연맹조항을 둘러싼 힘겨루기가 예상보다 매우 뜨겁고 팽팽하였음을 말해준다. 독일 민중은 당시 자신들의 화폐인 마르크를 버리고 '유로'로 전환하는 것을 달갑게 여기지 않았다. 여기에다 독일 언론과 독일연방은행은 불에 기름을 붓는 식으로 번갈아 가며 이들의 거부감을 부채질했으며, 콜 총리는 이런 기세를 등에 업고 독일이 마르크를 포기하는 희생이 너무 크다면서 흥정가격을 계속해서 높여갔다. 화폐 연맹계획은 분명 당시 독일 민중의 환영을 받지 못한 것이 사실이며, 이 때문에 콜이 움직일 수 있는 공간도 확신히 한계가 있었다. 하지만 역설적으로 이런 사정 때문에 그는 최종적으로 독일이 내건 화폐 연맹 조건을 유럽 각국에 강제할 수 있었다. 그중에서 가장 중요한 조항은 바로 신설될 유럽중앙은행에 대해 반드시 독일연방은행과 같은 '슈퍼은행'으로서 독립적인 지위를 부여하는 것이었다.

단일화폐인 유로는 이렇게 해서 탄생했다. 화폐통합을 이룬지 이미 수십 년

---

[117] 위의 책 p.101. 이 새로운 유럽중앙은행 체계는 자신의 대차대조표를 가진 한 개의 중앙기구와 각국 중앙은행으로 공동 구성된다. 이 새로운 체계의 직책은 주요게는 물가안정을 유지하는 것이다.

[118] 위의 책 p.130.

이 지난 지금, 많은 사람은 유로의 앞날에 대해 낙관보다는 비관적 견해를 표시한다. 그들은 유로가 정치적인 산물이며, 차이가 매우 심한 유로존 회원국 간에 경제적으로 충분한 정합을 이루지 못한 채 출범을 너무 서둘렀다고 새삼 한탄한다. 또 출범 후의 유럽중앙은행의 화폐 정책에 대해서도, 그것이 회원국들의 구체적인 형편을 충분히 고려하지 않은 채 너무 경직되게 운영되는 경향이 있다고 비판한다.

유로존의 두 기둥이라 할 수 있는 독일과 프랑스의 양국 관계에서도 균열이 목격되고 있다. 독일은 재통일에 기반하여 유로존 내에서 새로운 자신감과 역량을 더해가고 있지만, 이와는 대조적으로 프랑스는 유럽 문제에 대한 영향력이 점차 쇠약해지고 있는 느낌을 준다. 이처럼 단일화폐의 등장에도 불구하고 기존 역내에 존재하던 각국 간의 갈등과 경제 발전의 불균등은 기대만큼 해소되지 않고 있다. 그 때문에 회원국 간에 단일화폐를 자국에 유리한 방향으로 활용키 위한 투쟁이 지금도 멈추어지지 않고 있다.

4.4.2. 유로존 위기[119]

유로존은 일종의 회원국 간의 관세 및 화폐동맹이다. 경제공동체 내에서 단일한 관세와 화폐제도를 채택하는 한편 각국 정부는 자국 내 재정정책에 관한 권한을 보유한다. 이는 유로존 회원국 간에는 적어도 경제교류에 있어선 상호 '완전 개방'이 이루어졌음을 뜻한다. 유로존 내의 최근 집단적인 재정위기의 폭

---

[119] 다음 글은 필자가 계간지 〈새롭게 다르게〉 2011년 가을호에 투고한 글인 〈세계적 재정위기는 신자유주의 2기 진입을 알리는 신호탄〉의 일부이다. 원문에 기초해서 약간의 수정을 가하였다.

발은, 이같이 완전 개방 조건에서 화폐 정책 수단을 상실한 각국에 어떠한 일이 발생하는지를 잘 보여준다.

유로존은 창설 당시 미국의 '달러 지배'에 맞설 수 있는 새로운 경제공동체의 건설이라는 큰 포부를 꿈꾸었다. 유로존 계획을 제시한 경제학자들의 청사진에 따르면, 그 같은 경제공동체는 회원국 간의 국경 장벽을 철폐하고 상품 및 자본과 노동의 자유로운 이동을 보장함으로써 자연스럽게 달성될 수 있다. 회원국의 기업들은 이 과정에서 규모의 경제를 이룰 수 있으며, 자국의 비교우위에 입각한 산업을 집중육성 하여 유로존이라는 광범위한 범위 내에서 자원의 합리적인 재배치를 실현할 수 있다는 것이다.

이러한 경제학자들과 정책 입안자들의 장밋빛 설계에 중대한 차질을 가져온 장애물은 다름 아닌 노동이었다. 그들은 단순한 생산요소로서의 '노동'이 아닌 살아있는 주체적인 '노동자'였던 것이다. 유로존 성립 후 오래 지나지 않아 독일 등 북유럽 선진공업국들의 질 좋고 상대적으로 저렴한 상품이 그리스 등 남유럽국가들의 시장을 신속히 잠식하였다. 동시에 이들 북유럽 자본은 값싼 노동력을 찾아 구사회주의권 해체 후 자본주의 진영에 새로 편입된 체코 등 중유럽 국가들에 대거 투자되었다. 그러나 독일 등에 의해 시장을 잠식당해서 대량 실업이 발생했음에도 불구하고, 여전히 복지 수준이 높고 상대적 고임금을 유지하던 남유럽국가에는 별반 자금이 유입되지 않았다.

위의 부르주아 경제학자들의 주장이 허구임이 드러나는 것은 그때부터이다. 그들의 이론에 의하면 물이 위에서 아래로 흐르듯, 생산요소로서의 노동과 자본은 자연스럽게 각각 더 높은 임금과 저임금을 찾아 이동함으로써 새로운 균형이 찾아질 수 있어야만 한다. 예컨대 경제가 활성화된 지역인 독일과 중유럽 국가의 경우, 먼저 경기 활성화로 인해 노동수요가 증가함에 따라 임금 상승 요인이 발생한다. 그러면 한편으론 우선 지나친 임금 상승을 피해 일부 자본이 저임금을 찾아 이 지역을 떠나게 되고, 다음으론 경제침체 지역의 노동자들이 몰려옴으로써 이 지역의 임금 상승은 제약된다. 또 반대로 경제가 침체한 그리스와 이탈리아의 경우, 먼저 경기침체로 인해 노동수요가 감소하고 임금 하락 요인이 발생한다. 그렇게 되면 한편으론 저임금을 찾아 이 지역에 새로 유입된 자본에 의해서 신규고용이 이루어지고, 다른 한편에선 일부 실업 노동자들의 타지역 방출로 노동 공급을 줄임으로써 지나친 임금 하락을 막아준다.

이리하여 유로존 경제 전체로서는 자본과 노동의 생산요소 시장의 균형이 실현되며, 그다음 상품시장의 균형이 순차적으로 이루어지게 된다. 결국 상품 수출국(독일, 중유럽 국가)과 상품 수입국(그리스, 남유럽국가) 간의 무역 불균형과 경제 불균형은 이렇게 하여 해소되고 균형을 찾을 수 있게 된다.

그러나 실제 현실은 어떠한가? 노동자들은 불경기라고 해서 자본가들의 임금 삭감 요구에 순순히 응하지 않았을뿐더러, 설령 해고된다고 하더라도 정든 가족을 두고 언어와 문화가 완전히 다르고 또 배타적인 극우세력들이 판칠지도 모르는 타국을 향해 떠나지도 않았다. 그것은 당연하다. 이들은 오늘날 노동조합으로 조직되어 있으며, 또한 개개인이 '선거권'이라는 중요한 무기를 가지고 있다. 이 때문에 어떤 정당도 그들의 요구를 무시할 수 없다. 이러한 그들이 고분고분하게 자본가와 부르주아 경제학자들의 희망대로 자신의 고통을 더해줄 '타국 이민'을 선택할 이유는 없다.

그 대신 이들은 자국 정부를 향해 더욱 강한 실업 대책과 사회보장책을 요구하고 나섰다. 유럽연합의 화폐 조약은 각국의 재정정책 권한까지 박탈한 것은 아니었기 때문이다. 이리하여 고용 문제를 시장에 맡겨 해결하려 했던 자본가들의 의도는 무산되었으며, 각국 정부는 현지의 실업 부담을 고스란히 지지 않을 수 없게 되었다. 이에 따라 그리스 등 남유럽국가들은 실업률이 높아지는 만큼 정부의 구제비용이 더욱 늘어나게 되었으며, 반면 경제침체로 인해 세원은 크게 줄어들어 어쩔 수 없이 적자재정의 폭이 커지게 되었다. 여기서 이들 국가가 재정적자를 메우기 위해 발행하는 국채는 유로존 내 수출국들인 북유럽국가들의 넘쳐나는 잉여 자본에 의해 소화되었다. 국채의 발행국과 그것의 주요한 매입 국가 모두 같은 유로존 회원이면서 또 단일 유로화를 사용하고 있었기 때문에, 이 과정은 초기에는 비교적 순조롭게 진행될 수 있었다. 각국은 화폐 발권력을 이미 상실한 상태였기 때문에 무역 적자 국가들의 재정적자는 중간에 그것의 **화폐화를 통한 완화 과정 없이** 빠르게 누적되었으며, 이에 따라 재정위기는 예상을 뛰어넘는 규모로 폭발하였다.

여기서 말하는 '재정적자의 화폐화'란 각국 정부가 화폐 발권력을 갖는 중앙은행을 동원하여 필요할 때 화폐를 함부로 찍어 내는 것을 통해 정부의 부채 부담을 완화하는 행위이다. 미국 연방정부의 최근 양화 정책을 생각하면 쉽게 이해할 수 있을 것이다. 일반적으로 말해 국가독점자본주의에서 자본주의 모순은 '재정위기'를 통해 집약적으로 표출되는데, 결국 이 같은 '화폐화'를 통해서 국가는 최종적으로 부채 부담을 완화하는 방법밖에 없다. 따라서 이 화폐 수단을 박탈한 것이 유로존 재정위기가 폭발한 중요한 원인이 된다.

현대 국가독점자본주의 체제 아래 화폐 수단과 재정 수단의 통일은 필수적이며, 양자는 원래 분리될 수 없다. 따라서 유로존의 재정위기를 피하려면 애초 재정 수단 역시 단일화를 이루어야만 했다. 즉 마치 단일 국가 내에서 중앙정부가 '재정교부' 정책을 실행하는 것과 마찬가지로, 경제가 상대적으로 발전한 지역에서 많이 걷힌 세금을 상대적으로 낙후된 지역을 위해서 재정지원을 수행하여 국가 전반의 균형발전을 도모하는 방식이다. 그러나 이 같은 재정 수단의 단일화까지 이루려면 명실상부한 '유럽 중앙정부'가 수립되는 것을 전제로 한다. 이는 현 유럽연합의 통합수준을 훨씬 뛰어넘는 것으로, 결국 이 같은 현실적인 한계로 인해 화폐통합에만 성공하고 재정통합은 이루지 못한 채 각국이 재정정책에 관한 권한을 그대로 보유토록 했다. 이점이 앞서 '노동력 이동'에 관한 오판과 함께 유로존 경제학자들과 정책 입안자들의 원래 계획에 차질이 빚게 된 두 번째 요인이라 할 수 있다.

이상이 당시 유로존 재정위기가 진행되는 과정의 전모이다. 이리하여 유로존은 고도한 유기적 통일체를 향해 점차 발전해 갈 것이라는 애초 기대와는 달리, 현실에선 북부의 수출국과 남부의 수입국으로, 그리고 이에 상응하는 채권국과 채무국 양대 진영으로 갈리게 되었다.

아래 표 4-2는 유로존 내부 불균등화의 한 단면을 보여준다. 북유럽국가들은 대부분 2000년 이래 경상수지 적자가 출현한 횟수가 별로 없고, 금융위기 이후인 2010년에도 무역에서 모두 경상수지 흑자를 기록하고 있음을 알 수 있다.

문제의 핵심은 독일이다. 독일은 지금까지 줄곧 유럽에서 가장 강대한 경제집단이었으며, 2008년에 이르면 아직 완전히 회복된 것은 아니지만 18년 전 동서독 국가통일이 가져온 진통에서도 상당 부분 벗어났다. 유로존의 영구 고정환율제(즉 단일화 폐지)는 독일제품의 경쟁력을 크게 상승시켰으며, 원래 수출 지향성이 강한 독일경제에 더욱 커다란 시장 공간을 제공하여 독일의 무역흑자는 역사적인 기록을 낳게 되었다. 유로존 가입 이전에는 독일 이외의 다른 유로존 국가들 또한 무역흑자를 기록하였는데, 그 전체 규모는 통상 독일의 3배 내지 5배였다. 그러나 유로존 가입 후 독일의 무역 순차가 신속히 확대됨에 반해 다른 국가들의 수출은 줄어들어 2005년에는 적자로 변화하였다. 유로존 전체의 수출입 총액이 기본적으로 큰 변화가 없다는 점을 감안하면, 이는 독일 무역흑자의 상당 부분이 유로존 내부 무역에 기인한다는 점을 의미한다. 과거 10년간 인구 8천만 명의 독일이 벌어들인 1.42조 유로화(약 1.8조 달러)에 달하는 무역흑자는 같은 기간 인구 13억의 중국이 벌어들인 1.32조 달러의 무역흑자보다도 훨씬 많았다.

표 4-2. 2010년 북유럽국가 GDP 대비 경상흑자 비율 및 2000년 이래 경상 적자 출현 횟수

	오스트리아	벨기에	덴마크	핀란드	독일	룩셈부르크	네덜란드	노르웨이	스웨덴
흑자 비율	3%	2%	3.2%	2.4%	6%	6.3%	5.3%	16%	6.3%
적자 횟수(회)	2	1	0	0	1	0	0	0	0

출처: OECD[120]

이와 대조적인 것이 프랑스·이탈리아·스페인·포르투갈·그리스와 같은 국가들이다. 프랑스와 이탈리아는 화폐통합 전까지만 하더라도 국제수지가 흑자였지만, 유로존 탄생 후 불과 몇 년 사이에 국제수지 적자 국가로 전락하였다. 그리고 원래 적자 국가이었던 스페인과 그리스는 화폐통합 이후 그 적자 폭이 더욱 크게 확대되었다(표 4-3 참조). 상황이 이러함에도 이들 국가는 유럽중앙은행의 단일화폐 정책에 구속되어, 이전과는 달리 자국 화폐의 평가 절하를 통해 경쟁력을 회복할 기회가 막혀버렸다. 이점이 2009년 이래 유로존이 국가채무 위기로부터 여전히 벗어나지 못하고 있는 중요한 원인이다.

표 4-3 유로존 일부 국가들의 경상수지 현황 (단위: 억 달러)

	1995년	1999년	2000년	2005년	2010년
프랑스	53	55	-121	-470	-917
그리스	-149	-175	-173	-393	-393
이탈리아	280	149	19	-119	-401
스페인	-223	-344	-396	-966	-719
독일	595	694	547	1975	2054

출처: KOSIS의 OECD 국가 주요 지표 중 필자가 수출과 수입 관련 수치를 기초로 작성.

본 장에선 지금까지 국제 독점동맹과 관련한 내용을 지구화 시대 이전과 이후로 나누어 살펴보았다. 국가독점자본주의의 국제 독점동맹은 개별 자본주

---

[120] 필자가 〈欧元的故事——一个新全球货币的激荡岁月〉에서 재인용함.

의 국가가 그 경제 주권의 일부를 이들 국제기구나 협의에 양도함으로써 성립된다는 측면에서 볼 때, 그것은 생산 국제화에 조응하는 자본주의 생산관계의 국부적인 조정이라는 의의를 지닌다. 그러나 여전히 권력의 중심이 개별 국가에 있으며 이들 국가의 이해가 앞선다는 점에서, 그리고 이들 개별 국가는 근본적으로는 자국 독점자본의 이익을 대변한다는 점에서 국가독점자본주의 하의 이들 국제 독점동맹과 조절 기구의 기능은 근본적인 한계가 있다.

이 때문에 국제적 차원에서 생산력과 생산관계의 모순, 예컨대 오늘날 '지구적 공급 체인'과 같은 국제 분업의 발전 추세와 이를 가로막는 '지역경제 집단화'라는 국제 독점동맹 간의 모순은 결코 경제적 범주만으로는 해결할 수 없다. 결국 **현대 제국주의**라는 현실 정치역량이 객관적인 요구로 떠오르게 되는 필연성이 여기서 제기된다. 우리는 이로부터 현대 제국주의의 중요한 본질을 역(逆) 추론할 수 있다. 만약 어떤 역사적 시기에서 제국주의가 등장하는 것이 나름의 현실적 의미를 갖는다면, 오늘날의 그것은 분명 생산의 국제화와 관련된 지구화의 추진과 연관이 있을 것이다.

이는 앞서 제3장 4절에서 고전적 국가독점자본주의의 내재적 발전 논리와의 연관 속에서 살펴본 현대 제국주의의 의미, 즉 '세계화폐'를 통해 전기 국가독점자본주의에서 발생한 내부 불균형을 외부에 전가하는 것에 더해서, 새로운 의미가 한 가지 덧붙여짐을 뜻한다. 원래 자본 간의 경쟁, 특히 독점자본주의 단계에서의 경쟁은 경제와 정치의 모든 수단을 가리지 않는 '전면전'의 성격을 갖는다. 그런 면에서 **'제국주의' 역시 독점자본간 '경쟁'의 한 특수형식**에 불과하다고 할 수 있다. 이렇게 볼 때 제국주의 범주는 '국제 독점동맹' 범주에 연이어서 나올 수밖에 없는 필연성이 도출된다. 다음 장에서 '현대 제국주의'에 관해서 살펴보도록 한다.

5장

현대 제국주의

현대 제국주의는 과거 식민지지배로 상징되는 구제국주의와 구분되는 의미에서 제국주의이다. 그것은 제2차 세계대전 종식 후 냉전체제와 함께 성립한 이래 오늘날 지구화 시대에 이르기까지 존속하고 있다. 앞장의 논의를 통해서 우리는 지구화 시대 현대 제국주의 성립의 객관적 조건에 대한 인식에 접근할 수 있었다. 즉 '생산의 국제성'과 '자본의 민족성' 간의 모순으로 집약되는 국제적 차원에서 생산력과 생산관계의 모순이 그것인데, 이는 현실에서 국제 분업의 더 한 층의 발전에 대한 객관적 요구와 이를 가로막는 '지역경제 집단화'라는 국제 독점동맹 간의 모순 등으로 구체화 되어 표현된다.

그러나 이 같은 모순이 존재한다고 해서 정치적 상부구조로서의 제국주의[121]가 곧바로 성립하는 것은 아니다. 과거 독점자본이 지배하는 국가가 모두 제국주의가 될 수 있었던 것은 아니었듯이, 제국주의 문제에서도 반드시 그 객관적 필요성과 주관적 능력 간의 관계가 고려되어야 한다. 이 말의 의미는 오늘날에 와서는 더욱 의미심장하다. 왜냐하면 국부적이고 지역적인 영향력만 가지고서도 출현할 수 있었던 구제국주의와는 달리, 지구화 시대의 현대 제국주의는 반드시 전 지구적인 범위에서 '슈퍼 제국주의'이어야 하기 때문이다. 이 같은 제국주의는 아무 국가나 될 수 있는 것은 아니다.

그렇다면 이렇듯 전 지구적 범위의 거대한 슈퍼 제국주의가 애초 어떻게 생겨날 수 있었을까? 현대 제국주의를 다루는 데 있어 우선 부딪치는 문제가 바로 현대 제국주의의 기원과 관련한 것이다.

---

[121] 여기서 제국주의 개념은 주요하게는 정치적 상부구조 측면에서 파악한다. 이 같은 규정은 엄밀한 것은 아니지만, 레닌이 언급한 "금융자본의 기초위에서 성장한 비(非)**경제적 상부구조**, 즉 금융자본의 정책과 이데올로기"로서의 제국주의 규정에 가깝다.[《列宁全集》(第29 卷), p.397.] 레닌은 원래 '제국주의'를 독점자본주의 단계에서 자본주의의 경제와 정치 모두를 포함하는 개념으로 사용하였다. 이 점은 레닌의 제국주의에 관한 '5가지 지표'를 보면 알 수 있는데, 즉 ①독점 형성 ②금융자본의 형성 ③자본수출 ④경제적 세계 분할 ⑤영토 분할이 그것이며, 그중 앞의 네 가지 지표는 경제와 관련되고 마지막 다섯 번째는 정치와 관련된다.

독점자본의 상부구조로서 제국주의는 한편에선 자신이 발 딛고 서 있는 경제 관계의 궁극적인 규정을 받으면서도, 다른 한편 그 자신 상대적인 독자성을 갖고 나름의 역사적 진화를 겪어 왔다. 그 때문에 얼마간 역사적 시기가 근접한 제국주의 간에는 그 내용과 형식에서 일정한 **연계와 계승성**이 존재한다. 여기서 지구화 시대의 현대 제국주의는 냉전체제에서 성립한 현대 제국주의를 직접적인 발판으로 삼고 있으며 그 계승자임을 주목할 필요가 있다. 즉 현대 제국주의의 출발점은 2차 대전의 종식이고, 이를 전후로 구제국주의와는 질적으로 큰 획을 긋지만, 그러나 종전 이후 출현한 현대 제국주의 내에서도 다시 그것의 발전에 따라 서로 다른 두 형태의 제국주의가 구분된다는 점이다.

이 점은 지구화 시대의 현대 제국주의를 이해하는 데 관건이라 할 수 있다. 비록 과거나 지금이나 현대 제국주의에서 미국의 패권적인 지위에는 변화가 없지만, 그러나 이러한 '미국'이라는 동일성 때문에-즉 미국의 현대 제국주의 내의 동일한 지배적 지위 때문에- 그것이 대표하는 현대 제국주의가 중간에 **질적 변화**가 발생한 점을 놓쳐서는 안 된다. 종전 후 냉전체제에서 존속했던 제국주의는 냉전 종식 후에 나타난 제국주의와는 상당한 차이점을 보여주며, 사실상 현대 제국주의의 이 같은 내적 변화는 일찍이 1970년대 초반부터 진행되었다고 할 수 있다. 따라서 현대 제국주의를 그 성격 변화에 따라 **전기와 후기**로 구분하는 일이 필요하다.

전기 현대 제국주의는 대체로 '냉전체제'에 상응하는 것으로서, 제2차 세계대전 종식부터 1990년대 초반까지의 제국주의에 해당한다. 그리고 후기 현대 제국주의는 냉전체제가 해체된 1990년대 초 이후 지금까지 존속하고 있는 제국주의를 지칭한다. 이 같은 현대 제국주의에 관한 시기 구분은 완전하게 일치하는 것은 아니지만, 크게 볼 때 대체로 그 경제적 하부토대인 국가독점자본주의 내에서 발생한 성격 변화에 조응한다. 앞서 서술한 바와 같이 서구의 국가독점자본주의는 1980년대를 전후로 하여 전기와 후기로의 변화를 겪었다.

후기 현대 제국주의는 전기 현대 제국주의를 모태로 하며, 그 때문에 전기 형식에 대한 올바른 이해는 오늘날 지구화 시대 제국주의를 이해하는 데 열쇠가 된다. 필자는 전기의 그것을 '동맹적 제국주의', 후기의 그것을 '단일패권적 제국주의'로 부르고자 한다.

5.1. 냉전체제 하의 '동맹적 제국주의'

5.1.1. 구제국주의와 현대 제국주의

현대 제국주의 초기 형태가 그 성격에서 '동맹적'이었으며 또 왜 그 같은 형태로 출범할 수밖에 없었는지를 이해하는 것은 매우 중요하다. 그것은 무엇보다도 구식민주의와 신식민주의의 차이, 그리고 현대 제국주의가 갖추어야 할 주체적 조건의 차이에서 비롯되었다고 할 수 있다. 여기서 '동맹적'이라는 개념은 현대 제국주의를 형성하고 있는 주체인 서구 선진자본주의 국가 내부에서의 **상호관계를 지칭**하며, 그것의 외부적 표현인 객관적 국제질서를 의미하지는 않는다.

식민지에 대한 직접적 점령 여부는 구제국주의와 현대 제국주의를 가르는 가장 기본적인 표지이다. 구제국주의는 식민지 영토에 대한 강제적 점령을 토대로 하였으며, 정복과 군사력 그리고 행정적 통치에 의존하였다. 이에 비해서 현대 제국주의는 간접적 지배를 특징으로 하며, 주요하게는 국경과 지역을 초월하는 일종의 '규범' 혹은 '규칙'에 의존하였다. 두 차례 세계대전을 거치는 동안 광범위한 식민지 민중들의 자각과 전쟁 당사국인 구 식민제국의 쇠락, 그리고 다른 한편에선 강력한 현실 사회주의진영의 출현은 더 이상 과거와 같은 직접적 점령 및 강압적인 식민 통치가 불가능하게 만들었다. 이리하여 새롭게 출현한 것이 '규범' 혹은 '규칙'에 의거한 통치인데, 이는 현대 제국주의에 강압적인 인상 대신에 일정한 합법적 외투를 걸칠 수 있도록 해주었다.

현대 제국주의는 이렇듯 **일종의 규범적 국제질서**라고 할 수 있으며, 또 이 때문에 **처음부터 전 세계적 규모로 출범**할 수밖에 없었다. 양자는 상호 의존적인데, 세계적 범위에서 통용되지 않으면 감히 국제질서라 부를 수 없고, 또 범세계적 차원에서 관철되기 위해서는 형식상으로 보편적 규범에 입각한 국제질서이어야만 하였다.

이에 비하면 전통적 제국주의는 일종의 국부적이고 지역적인 존재에 불과하다. 과거 대영제국이 강점한 식민지가 비록 아시아-라틴아메리카-아프리카 3개 대륙에 걸쳐 있어 "해가 지지 않는 제국"이라고 불렸지만, 그러한 영국조차도 모든 식민지를 점령하지는 못했으며, 더구나 지구적인 통치를 구축하는 차원에는 이르지 못하였다. 따라서 구제국주의와 현대 제국주의가 갖추어야 할 조건은 확연히 다르다고 할 수 있다.

구제국주의의 경우 침략당하는 국가에 비해 경제와 기술 그리고 군사 방면의 실력이 일정 정도 우위를 갖추기만 하여도 식민주의자가 될 수 있었다. 심지어 포르투갈이나 스페인과 같은 식민주의 국가들은 당시 정복 대상이 대부분 아직 노예제나 씨족사회의 단계에 있었기 때문에, 신식 항해 기술을 장악하고 조총이나 대포로 무장한 얼마 되지 않는 모험가 대오만으로도 자신들보다 인구, 면적 면에서 수십 배에 달하는 식민지를 점령하는 일이 가능하였다.

그러나 이런 일은 오늘날에 와서는 불가능하다. 왜냐하면 현대 제국주의가 상대해야 하는 대상은 이미 독립을 획득하고 주권을 지닌 국가들이며, 또한 일부 지역의 소수 몇 개 국가가 아니라 전 세계 모든 국가이기 때문이다. 그 때문에 현대 제국주의가 하나의 세계질서와 세계 패권을 수립하고 유지하기 위해서는 강력한 군사·경제·과학기술 방면의 하드 파워가 필요할 뿐만 아니라, 또한 상당한 정치·문화·사상·이데올로기 방면의 소프트 파워 역시 필요하다. 이 같은 실력과 영향력을 갖출 때만이 비로소 각종 국제법과 국제규칙을 제정하고 그것을 집행할 수 있는 권력을 지닐 수 있다. 형상적 비유를 빌자면 현대 제국주의는 '지구 사령관임'에 비해 전통적 제국주의는 '지방 성주'에 불과하다고 할 수 있다.[122]

그런데 2차 대전이 막 종식되었을 때만 해도 기존의 전통적 제국주의 국가들을 포함해서 이 같은 현대의 새로운 형태의 제국주의 국가 자격을 갖춘 나라는 지구상에 존재하지 않았다. 새로운 강자로 떠오른 미국조차도 이러한 기준에 비추어 보면 훨씬 자격 미달이었다. 종전 직후 미국은 비록 경제와 군사 면에서 다른 나라에 비해 압도적인 우위에 있었지만, 미국의 영향력은 그때까지만 하더라도 '지구적'인 것이기보다는 '국부적'인 것이었다. 〈강대국의 흥망성쇠〉의 저자 폴 카네기는 2차 대전 종전 무렵 미국 군사력에 대해서 다음과 같이 서술하고 있다.

"그러나 나중의 분석이 지적하는 것과 같이, 미국의 군사 역량은 실질적으로는 사람들이 상상하는 것처럼 강대하지는 않았으며 (미국은 단지 몇 개의 원자탄을 준비하고 있었으며, 또한 원자탄 사용이 일으킬 커다란 정치적 결과를 고려하여야만 했다), 미국은 또한 그 군사력을 이용해서 소련과 같은 멀리 떨어져 있고 의심으로 가득 차 있는 수수

---

122 이상 현대 제국주의에 관한 규정 및 관련한 내용은 [中]王金存, 〈帝国主义历史的终结—当代帝国主义的形成和发展趋势〉, p.101-104 내용을 참조하였음.

께끼 같은 나라의 행동에 영향을 미치기가 어려웠다."[123]

실제로 미국은 독립 후 줄곧 국내 문제에 집중했기 때문에, 해외 식민지 개발에 있어 다른 서구 열강에 비해 크게 뒤처져 있었으며 그 같은 상황은 제2차 세계대전 발발 직전까지 큰 변화가 없었다. 비록 2차 대전 기간 중 연합국 진영에 참가하여 국가의 위신을 크게 격상시켰다고는 하나, 객관적으로 보자면 종전 직후 미국의 경제·정치·군사적 영향력은 자신이 2차 대전 기간 중 직접 군대를 주둔시키거나 점령한 서유럽, 그리고 아시아태평양 일부 국가 및 지역의 범위를 크게 벗어나지는 않았다.

1945년 미국은 유럽에 69개 사단과 아시아 태평양 지역에 26개 사단을 주둔하고 있었으며, 미국 본토에는 한 개의 사단도 없었다. 이 같은 조건을 감안하면 종전 후 전 세계적 범위에서 규칙 제정권을 요하는 현대 제국주의의 성립을 위해서는 반드시 다른 유력한 국가들의 협력이 필요하였으며, 이 때문에 현대 제국주의의 초기 형태는 **'동맹적'** 성격을 가질 수밖에 없었다. 다시 말해서 당시 신흥 강대국인 미국은 오직 서유럽의 전통적인 구제국주의 국가, 그중에서도 특히 영국과의 동맹을 통해서만 새로운 형태의 제국주의 질서를 구축하는 일이 가능하였다.

종전 후 미국과 몇몇 서유럽 국가들이 수립한 '동맹적 제국주의'는 우선 국제연합(UN)의 설립과 'IMF-GATT 체제'의 구축을 통해서 실현되었다. 'IMF-GATT 체제'는 제4장에서 '국제 독점동맹'이라는 생산관계 범주에서 다룬 바 있다. 여기서는 제국주의 범주에 포함하여 그 상부구조로서 다루는데, 이는

---

[123] [英]保罗·肯尼迪,〈大国的兴衰〉下卷, p.92.

'IMF-GATT 체제' 자체가 이중적 성격을 갖고 있기 때문이다. 그것은 한편에선 '국제 독점동맹' 즉 생산관계의 성격을 지니면서, 다른 한편 전후 '국제 규범체계'의 중요한 내용을 이루면서 '규범과 질서를 통한 통치'라는 현대 제국주의 본질을 실현키 위한 제도(즉 상부구조)이기도 하다.

이들 기구의 출범이 갖는 의의는 초기의 참여국들 규모가 가졌던 의미를 훨씬 초월한다. 1944년 45개 연합국은 7월 1일부터 22일까지 미국 뉴햄프셔주 브레턴우즈(Bretton Woods)에 집결하여 국제적인 자유무역과 새로운 국제 금융질서를 확립하기 위하여 "관세와 무역에 관한 일반협정"(GATT: General Agreement on Tariffs and Trade) 및 국제통화기금(IMF: International Monetary Fund) 체제의 출범에 합의하였다. 1945년 4월 25일에는 샌프란시스코에서 국제기구에 관한 연합국 회의(샌프란시스코 회의)가 열렸다. 회의에 참석한 연합국 50개국 대표들은 1945년 6월 25일 111개 조항으로 구성된 유엔 헌장에 합의했으며, 6월 26일 헌장에 서명했다. 이들에 의해 제정된 규칙은 종전 후 정치와 경제 양 측면에서 국제질서를 규정하였는데, 이후 회원국들도 지속적으로 확대되어 이들 기구는 명실상부한 전 지구적인 질서와 규범의 상징으로 자리 잡게 되었다.

우선, 국제 정치조직으로서 국제연합(UN)은 연합국 진영이 제2차 세계대전 중에 천명한 '반파시스트 투쟁 정신'을 계승할 것을 자신의 설립 취지로 삼았다. 유엔헌장 제1조 제1항은 국제연합의 설립목적과 관련하여 "국제평화와 안전을 유지하고, 이를 위하여 평화에 대한 위협의 방지, 제거 그리고 침략행위 또는 기타 평화의 파괴를 진압하기 위한 유효한 집단적 조치를 취하고, 평화의 파괴로 이를 우려가 있는 국제적 분쟁이나 사태의 조정·해결을 평화적 수단에

의하여 또한 정의와 국제법의 원칙에 따라 실현한다."[124]고 밝히고 있다. 이렇듯 국제연합의 이념에는 전 세계의 항구적인 평화에 대한 지지, 회원국 간의 상호 평등과 존중 및 공존 정신이 깃들어 있다.

또 국제 경제조직인 IMF와 GATT는 개방적이고 자유로운 세계무역 질서의 수립을 그 설립 취지로 삼았다. GATT는 이와 관련하여 그 서문에서 "상호이익이 되는 방식으로 관세 및 기타 무역장벽을 상당히 줄이고 특혜를 없애는 것"이라고 명시하고 있다. IMF는 국제통화 협력과 환율안정, 환율조정, 경제성장과 낮은 실업률을 조성하고, 즉각적인 재정 보충을 통해 국가들의 지불 적응을 쉽게 해주기 위한 목적으로 조직되었음을 밝히고 있다.

비록 위의 국제기구들이 정치조직인 유엔의 경우 거부권을 갖는 안보리 5개 상임이사국의 존재를 인정하고, 또 경제조직인 IMF는 일국 화폐인 미국 달러를 세계 기축통화로 삼았다는 면에서 일정한 형식상의 불평등이 존재하였지만, 우리가 너무 이상에만 치우치지 않는다면 그 정도 내용만으로 '패권적'이라 규정할 수는 없다. 오히려 당시의 현실에 비추어 보면 세계 각국이 수용하고 공감할 수 있을 정도의 상당한 합리성을 지니고 있었다. 예컨대 오늘날 논란이 많은 'IMF 통화체제'라 할지라도, 당시에는 달러가 국제협약에 의하여 '1온스=35달러' 가치로 황금과 연계되어 있었으며, 또 이를 준수하기 위해 미국 국내법 차원에서 제도적 장치도 마련했다. 미국의 국내 화폐(즉 유통 중인 미국 연방준비이사회 지폐) 가치의 25%를 법률상 황금에 의해서 지지하도록 한 규정이 그것이다. 따라서 이 같은 국제통화제도는 '준 금본위제'에 가깝다고 할 수

---

[124] 출처: 대한민국 외교부 사이트: 유엔헌장(영문 및 국문). 원래 유엔의 설립목적은 크게 4가지로 되어 있다. ▲세계의 평화와 안전 유지 ▲우호 관계 발전과 나라 사이의 다툼을 평화적으로 해결 ▲경제 사회 문화 등에서의 국제협력 ▲인권 및 기본적인 자유 신장을 위한 노력 같은 목적을 달성하기 위해 각국의 행동을 조절하는 역할이다.

있다. 만약 이러한 규정이 제대로 지켜졌더라면, 이 제도의 형식상의 '공정성'은 어느 정도 보장받을 수 있었다.

이렇듯 2차 대전 종식 후 형식상으로나마 국제적으로 통용될 수 있는 보편적인 규범이 마련되었으며, 이는 현대 제국주의가 출현할 수 있는 기본 조건이 갖추어졌음을 의미한다. 그러나 이는 아직 필요조건일 뿐이고 충분조건까지 만족시킨 것은 아니었다. 즉 이것만 가지고서는 형식상 '공정경쟁'을 위한 규칙을 제공해줄 뿐 아직 '제국주의 질서'라고까지 부를 수는 없다. 이 같은 규범과 규칙이 실제 어떻게 제국주의적인 것으로서 **기능**하게 되었는지, 또 이러한 질서 구축을 위해서 서유럽 국가들과 '동맹' 관계를 맺은 미국은 어떻게 자신의 입지를 강화해서 최종적으로 '패권적' 지위를 확보할 수 있었는지 아직 밝혀지지 않았다.

여기서 일국 내 법률관계에서와 마찬가지로, 국가 간의 관계에서도 '규칙' 그 자체뿐만 아니라 그것을 자신에게 유리한 방향으로 **해석**하고 **집행**할 수 있는 **능력**이 더욱 관건이다. 그리고 이러한 능력은 결국 경제력과 군사력에 의존한다는 사실도 함께 기억하여야 한다. 그중 경제력은 궁극적으로는 한 국가의 패권 실현에 있어 가장 중요한 기초가 되지만, 현실적으로는 정치·군사적 요인이 좀 더 직접적이다. 비록 미국은 당시 경제와 군사 두 방면 모두 우세를 지니고 있었지만, 미국의 이 같은 우세는 모두 전쟁 종식 후의 특수한 상황에 기인한 것이었기 때문에 일시적일 뿐 결코 항구적인 것은 아니었다. 이후 전후 복구를 통해 서유럽 동맹국들이 경제부흥에 성공하게 되면, 그들은 얼마든지 다시 강력한 경쟁자로 등장하게 될 것이고, 또 만약 미국의 경제적 우위가 지속될 수 없다면 그 군사적 우위 역시 오래 갈 수는 없다.

그 때문에 미국은 종전 후 국제질서를 어떻게든지 자신의 이해에 맞게끔 재편해야 할 강력한 동기를 가졌다. 마침 서유럽 국가들이 소련을 선두로 새롭게 출현한 사회주의권의 도전에 직면한 상황은 이를 위한 좋은 빌미를 제공하였다. 미국은 이를 위해 동서 진영 간 '냉전체제' 구축 전략을 채택하였는데, 이같은 **냉전체제를 빌려서** 미국은 종전 후 경제와 군사 두 측면에서 자신의 **일시적 우위를 항구적인 것으로** 바꿀 수 있었다.

실제로 카터 정부에서 백악관 국가안보보좌관을 역임한 브레진스키는 그의 대표적 저서인 〈거대한 체스판(The Grand Chessboard)〉에서, 오늘날 국제질서를 좌우하는 결정적 요소인 소위 '미국체계'에 대해 "미국체계의 대다수 내용은 냉전 기간에 출현"하였다고 서술한 바 있다.[125] 그리고 이 과정은 종전 후 자본주의 국제질서가 초기의 다소 모호하고 때론 '이상주의적'이기까지 한 색채를 벗어 던지고 점차 제국주의적인 것으로 바뀌어 가는 과정을 수반하였다.

예컨대 미국 권력층 내에서는 애초 종전 후 수립될 국제질서와 관련한 상당한 노선대립이 있었던 것으로 알려진다. 즉 한쪽에선 전쟁 중 수립한 소련과의 우호적인 관계에 기초한 국제질서를 구축해야 한다는 일명 '비둘기파'가 존재하였으며, 다른 한쪽에선 소련을 배제하고 서유럽만으로 소위 자유 진영을 구축하고 소련에 대해선 더 이상 공산주의가 확장되지 못하도록 봉쇄전략을 펼쳐야 한다는 '매파'가 존재하였다. 비둘기파는 루스벨트 대통령의 제3기 집권 시 부통령을 역임한 당시 상무부 장관이었던 헨리 월리스를 대표적인 인물로 하였으며 대체로 민주당 내 좌파 세력이 그 주변에 결집하였다. 매파는 당시 부통령으로 나중에 루스벨트의 후임이 된 트루먼과 덜레스를 대표적인 인물로 하고 민주당 내 우파와 공화당 연합세력의 광범위한 지지를 받았다. 이러한 두 노선 간의 대립은 1946년에 접어들면서 우파의 우세가 드러났다. 결국 후자가

---

[125] [美]兹比格纽·布热津斯基, 〈大棋局—美国的首要地位及其地缘战略〉, p.24-25.

주도권을 잡으면서 1947년 이후에는 '트루먼 독트린'과 '마셜 플랜'으로 이어지는 대소련 봉쇄와 대결 정책이 본격화되었다.[126]

여기서 현대 제국주의의 출현에 있어 중요한 역할을 한 냉전체제의 성격에 대한 올바른 이해가 필요하다. 이하에서 이 문제를 좀 더 살펴보도록 하자.

5.1.2. 냉전체제와 '동맹적 제국주의'의 수립

미국에 있어 냉전체제의 수립은 무엇보다도 먼저 자신이 의도하는 국제질서 구축에 필수적인 **전 지구적 배치를 갖는 군사력**을 어떻게 창출할 수 있는지의 문제를 해결해 주었다는 점에서 중요한 의의가 있다. 앞서도 언급했지만, 종전 직후 미국의 군사적 영향력은 아직 서유럽과 아시아태평양 지역 일부에만 머물러 있었기에, '전 지구적 배치를 갖는 군사력' 창출이라는 문제가 해결될 때라야 비로소 현대 제국주의가 성립할 수 있다. 그렇다면 냉전체제는 어떻게 미국의 이 같은 '전 지구적 배치를 갖는 군사력' 창출을 도왔을까?

냉전체제의 가장 중요한 특징은 자본주의와 사회주의 양 진영 간의 이데올로기적 대립이다. 그런데 당시 이데올로기적 대립이 국제문제의 가장 주요한 이슈로 등장할 수 있었던 이유는, 다른 무엇보다도 종전 후 전쟁으로 파괴된 자본주의 질서 속에서 서유럽 각국 내부의 계급투쟁이 격화할 수밖에 없었던 시대적 상황 때문이다.

본래 일국적 상황으로 전개되던 계급투쟁이 국제적 차원에서 다시 이데올로

---

126 이상 내용은 [中]刘金质, 〈冷战史〉上卷, p.98-99 참조.

기를 중심으로 한 양대 **진영 간의 대립**으로 질적 전환하는 데에는 많은 복잡한 요인들이 작용하였다. 예컨대 제4장에서 살펴보았듯이 미국을 중심으로 한 각국 국가독점자본주의 간 국제적 대단결의 성공, 당시 서유럽의 가장 강력했던 프랑스와 이탈리아 공산당의 전후 국제정세에 대한 전략적 판단 오류 및 타협주의 노선, 소련의 경직된 '양대 진영' 이론과 패권적 야심 등을 들 수 있다.

어떻든 이 같은 이데올로기에 기초한 동서 양대 진영의 분화는 서유럽 각국의 노동자계급이 전쟁이 가져온 폐허와 생활고 속에서 기존체제에 대한 불만이 높아지고 계급투쟁의 수위가 임계점에 접근함에 따라, 그리고 미국과 같은 패권적 야심을 가진 국가의 전략적 의도가 첨가됨에 따라, 어렵지 않게 한 단계 수위를 높인 **전면적인 군사 대결적 성격으로 발전**할 가능성을 가지고 있었다. 왜냐하면 그렇게 함으로써만 미국과 서유럽 각국의 통치계급은 국내의 불만을 국제적인 긴장 조성을 통해 상대적으로 완화하고, 대중의 관심을 외부로 돌릴 수 있었기 때문이다.

이 경우 처음 양대 진영이 성립하는 데 원인을 제공하였던 이데올로기적 차이와 대립은, 점차 본격적으로 **군사 집단화**하는 양대 진영에 다시 명분과 합법성을 부여하였다. 이리하여 **냉전체제는 먼저 각국의 일국 내 계급투쟁을 국제적인 이데올로기 대립으로 수렴시킨 후, 다시 이를 군사 집단화한 양대 진영 간의 대립으로 탈바꿈시키는 과정을 통해 성립**되었다. 그리고 이 같은 냉전체제의 형성은 당시 미국이 주도하는 '동맹적 제국주의'가 성립할 수 있었던 '시대적 상황'으로 작용하게 되며, 또한 그 동맹이 기본적으로 이데올로기적이고 군사적인 성격을 띠도록 규정하였다.

냉전체제의 구축을 통해 미국은 현대 제국주의의 성립에 필수적인 지구적 범위에서의 군사력 배치를 완성할 수 있었으며, 이로부터 국제관계의 규칙을 자신에게 유리한 방향으로 '해석'하고 '집행'할 수 있는 실질적인 능력을 확보하게 된다. 이러한 과정은 **점진적**으로 이루어졌는데, 그것은 세계적 범위로 냉전체제가 확산하는 것과 맥을 같이한다. 역사적으로 보면 냉전은 처음 1945~49년 기간 유럽에서부터 시작되었다. 그리고 미·소가 유럽대륙에서 각자 비교적 안정적인 전략적 구조를 건립한 후인 1950~60년대에 점차 아시아와 중동 그리고 라틴아메리카 및 전 세계 각지로 확대되었다.[127] 이러한 냉전체제의 세계적 확장에 수반하여 미국은 유럽과 지중해 그리고 아시아와 근동지역에서 필요한 군사기지를 확보하게 되며, 또 자신이 주도하는 각종 지역 안보동맹체계를 구축할 수 있었다.

냉전체제 구축과정에서 특히 중요한 것은 **미국과 영국 간의 동맹**관계이다. 미국은 당시 정치상으로 영국의 지지가 대단히 필요하였다. 영국의 지지가 있어야만 유럽에서의 군사적 주둔을 계속할 수 있고, 또 반드시 유럽을 '발판'으로 하여야만 자신의 경제적·군사적 영향력이 전 세계로 확장될 수 있었기 때문이다.[128] 그 때문에 종전 직후 미국이 현대 제국주의 국가로 성장하는 데 있어 반드시 해결해야 할 중요한 절차는, 그 당시만 하더라도 여전히 세계 각지에 많은 식민지를 거느리고 있으면서 국제정치 무대에서도 상당한 영향력을 행사하던 영국과 상호이익의 기초위에서 세계 분할에 대한 암묵적인 합의를 이루는

---

127 냉전은 다른 사물과 마찬가지로 발생, 확대, 종식의 역사적 과정을 밟았다. 필자가 참고한 [中]刘金质, 〈冷战史〉(上·中·下卷)는 46년간에 이르는 냉전의 역사를 5단계로 구분한다. 즉 냉전의 개시(1945-1949), 냉전의 확대(1950-1962), 냉전의 완화(1963-1979), 냉전의 재현(1980-1984), 냉전의 종식(1985-1991)이다.

128 미국의 전략가 브레진스키는 유럽이 미국 패권 전략에 있어 갖는 중요성에 대해 이렇게 말하고 있다. "만약 미국의 서부 파트너(서유럽을 지칭함-역주)가 미국을 그 주변 지역의 근거지로부터 쫓아낸다면, 미국은 자연스럽게 유라시아 대륙의 체스판에서의 경쟁을 중단할 수밖에 없게 된다.", "유럽은 무엇보다도 미국의 유라시아 대륙의 지역 정치에 있어 없어서는 안 될 **교두보**이다. …미·일 관계와는 다르게, 대서양 동맹은 유라시아 대륙에 있어 미국의 정치적 영향력과 군사력을 직접적으로 확립시켰다. …유럽의 어떠한 확대도 모두 자연스럽게 미국의 직접적인 영향력 범위의 확대로 된다. 반대로, 만약 범대서양 간의 긴밀한 관계가 없으면, 미국의 유라시아 대륙의 주도적 지위는 곧 존재하지 않게 된다." 〈大棋局—美国的首要地位及其地缘战略〉, p.30, pp.47-49.

일이었다.

이와 관련하여 영국은 당시 국민당 장개석 정권 통치하에 있던 중국과 일본에 대한 미국의 권리를 인정해 주었으며, 그 대가로 미국은 영국의 인도와 인도네시아에 있어 정책과 행동을 지지하는 식의 타협이 이루어졌다.[129] 그러나 미국과 영국은 지중해의 세력범위를 분할 하는 문제에 있어서는 큰 어려움에 직면하였다. 지중해는 전통적으로 영국을 포함한 서유럽 열강의 세력범위에 속했기 때문인데, 미국의 독점자본은 근동지역(터키를 중심으로 한 중동지역 일대)에 진입하고 싶어 했다. 그런데 이 경우 특히 영국 자본은 가장 크고 완강한 경쟁상대가 되었으며, 만약 미국 해군이 지중해에서 활동하게 된다면 대영제국의 이익과 장차 크게 충돌하게 될 것이 우려되었다. 우리는 제1차 세계대전이 발발했던 배경과 관련하여 당시 독일 자본의 근동지역 진출을 둘러싸고 이 지역에 기득권을 갖고 있던 영국 자본과 대립이 발생한 기억을 상기할 필요가 있다. 때마침 미국이 이러한 곤란한 문제를 자연스럽게 해결할 수 있는 기회가 왔는데, 이하에서 소개하는 1947년 2월에 발생한 그리스사태가 그것이다.[130]

그리스는 다른 유럽 국가들에 앞서 일찍이 1944년 10월 해방을 맞이하였으며, 이 과정에서 나치 점령 치하에서 무장투쟁을 이끌었던 공산당이 기의 전역을 석권하게 되었다. 그러나 곧이어서 옛 종주국인 영국의 군대가 진주하면서 자신의 대리 정권을 내세웠고, 이에 따라 내부 계급모순과 민족모순이 격화하여 마침내 1946년 전면적인 민중봉기가 발생하였다.

이듬해 봄 영국은 4만 명의 군대를 파견하고 또 전쟁 피해로 여의치 않은 자

---

[129] 미영 양국 간의 타협 내용은 《冷战史》 上卷, pp.98-99의 내용을 참조함.

[130] 이하 그리스사태와 관련한 내용은 위의 책, pp.107-110 참조함.

국 경제 사정에도 불구하고 당시로선 거액인 4.6억 달러의 원조를 제공하였지만, 여전히 사태의 발전을 통제하지 못하였다. 영국 정부는 이 때문에 국내적으로 커다란 재정과 정치 양면의 압력에 직면하게 되었으며, 자신의 힘만으로는 사태를 해결하는 데 한계가 있음을 깨닫고 할 수 없이 미국에 원조를 요청하게 되었다.

1947년 2월 21일 영국 정부는 마침내 정식으로 미국 정부에 각서를 보내 경제적 곤란 때문에 3월 31일 이후 그리스에 경제와 군사원조를 제공할 수 없다면서 미국이 이 중임을 맡아줄 것을 희망한다는 공식 의사를 표명하였다. 당연히 미국이 이 같은 요청을 거부할 리가 없다. 미국 정부는 이것은 영국이 '세계의 영도력'을 자신에게 건네준 것과 마찬가지라고 간주하였으며, 기꺼이 이 역사적 임무를 감수하겠다고 선뜻 회답하였다. 당시 트루먼 정부의 고위 관리였던 에치슨은 자신의 회고록에서 다음과 같이 적었다. "역사의 전환점이 이미 이르렀으며, 미국은 필히 용감히 나서서 몰락 중인 영국을 대신해 자유세계의 지도자가 되어야 한다."[131]

미국 정부는 장차 이 사태에 대한 개입으로부터 얻게 될 다음 3가지 전략적 이익에 주목하였다. 첫째, 대영제국의 기반을 접수하여 자신이 세력범위를 확대하고 그 세력을 중동과 지중해까지 넓힐 수 있다. 이는 미국이 꿈에도 그리워하던 숙원이다. 둘째, 자신의 세력을 소련의 변경 지대까지 밀어붙임으로써, 유럽의 허약한 복부(腹部)인 중근동지역에서 소련에 대한 '억제정책'을 펼 수 있는 전초기지를 세울 수 있다. 셋째, 원조의 제공자이자 자유의 수호자로서 그리고 공산주의 확장에 대항하는 중임을 떠맡을 수 있는 자유세계 지도자로

---

131 《创造世界的现场记-我在国务院的岁月》, 纽约1969年, p.220. 《冷战史》上卷, p.110에서 재인용.

서의 형상을 수립할 수 있다.

1947년은 잘 알려지다시피 '마셜 플랜'이 발표되는 등 유럽에서 냉전체제가 본격적으로 구축되기 시작한 중요한 한 해이다. 우리는 이 같은 해의 년 초에 발생한 그리스사태의 새로운 진전과 그 이후 동서 간 냉전 대립을 촉진하는 일련의 사태 발전이 긴밀한 인과관계에 있음을 어렵지 않게 이해할 수 있다.

미국은 이후 한국전쟁을 계기로 유럽에서 시작된 냉전을 동아시아에까지 확대하는 데 성공하였다. 미국의 군사력이 비교적 일찍 유럽과 아시아·태평양 지역에 진출하였던데 반해 중동지역에의 진출은 다소 늦어졌다. 이 역시 주요하게는 영국이 여전히 2차 대전 이후에도 자신의 식민지였던 중동 각국과의 관계를 유지하고 있었기 때문이다. 그러나 미국 실력의 지속적인 상승에 따라 영국은 점차 중동지역에서도 철수하게 되는데, 1956년 수에즈운하 위기 이후 영국은 완전히 이 지역을 포기하고 대신 미국은 영국군이 사용하던 일련의 군사시설을 포함하여 영국의 중동지역에서의 영향력을 고스란히 접수하였다.

그러나 미국이 진정으로 중동에 군사기지를 설립하고 본격적인 영향력 확장에 나서게 된 것은 소련이 1979년 아프가니스탄에 침입한 후의 일이다. 브레진스키는 〈거대한 체스판〉에서 이에 대해 다음과 같이 적고 있다.

"냉전의 최후 단계에 세 번째 방위 '전선' 즉 남부 전선이 유라시아 대륙의 지도상에 출현했다. 소련의 아프간 침공은 미국의 두 측면에서의 반응을 일으켰다. 첫째는 미국이 직접 아프간 민족 항쟁을 원조해서 소련을 곤궁에 빠지게 하였다. 둘째는, 페르시아만에 대규모 군사기지를 건설해서 위협역량으로 삼은 것이다."[132]

미국과 중동 각국의 군사 관계 및 군사기지는 이후 냉전이 종식된 직후 비교적 큰 변화를 겪었다. 이때부터 미국 군사시설과 군대가 더 많은 중동 국가에 진입하였으며, 이후의 10년간 미국은 중동의 군사기지를 통해서 이라크에 대한 '비행금지구역'을 유지하였다. 이 밖에도 1990년대 중반부터 미국은 나토의 '동쪽 확대'를 추진하였는데, 최근까지 이미 동유럽 몇 개 국가에 군사기지의 효능을 갖춘 시설들을 계속해서 설립하였다. '9·11테러' 사건 이후 미국은 반테러 전쟁을 전개하는 동시에, 계속해서 아프가니스탄과 중앙아시아에 진출하여 반테러 전쟁의 필요성이라는 명분으로 군사기지를 설립하였다.

1968년이 되면 미국은 월남전을 비롯하여 전 세계에 대한 간섭이 그 정점에 이르게 된다. 이 시기 월남전에 참여한 54만 명의 미군을 포함하여 100여만 명의 미군이 유럽과 아시아 대륙 및 인근 도서에 주둔하였으며, 30만 명의 미군은 본국 해안에서 멀리 떨어진 군함에서 생활하였다. 미국은 이 무렵 전 세계에 2,000여 개의 군사기지를 설치하였으며, 40여 개 국가와 지역에 대한 정식 보호 외무를 떠맡았다.[133]

이상의 종전 후 미국이 주도하는 현대 제국주의가 건설되는 과정을 정리하면 이러하다. 종전 후 미국의 경제와 군사력은 서유럽제국과 소련 등 다른 경쟁국들에 대해 상당한 우세를 점했지만, 그러나 여전히 현대 제국주의가 필요로 하는 전 지구적 범위에서의 패권 구축에는 역부족이었다. 그러한 상황에서 서유럽이 지니고 있던 경제·정치·정신상의 영향력과 군사상의 잠재력 그리고 지

---

132 〈大棋局—美国的首要地位及其地缘战略〉, p.6.

133 [中]刘绪贻 杨生茂 总主编,〈美国通史〉第6卷, p.388.

정학적 위치는 미국의 지구적 전략을 실현하는 데 있어 매우 중요하였다. 미국의 독점자본과 지배집단은 종전 후 서유럽경제의 침체와 사회 동란 그리고 서유럽 국가들의 '공산주의에 대한 공포'를 이용하여 냉전 구도를 설계하고 추진하였으며 최종적으로 그것을 완성하였다. 이 과정을 통해 서유럽제국과의 정치와 경제 및 군사 제방면을 포괄하는 동맹관계를 결성하고 이에 기초한 새로운 제국주의 세계질서를 구축할 수 있었다. 이 때문에 냉전체제를 배경으로 성립되고 존속한 현대 제국주의는 기본적으로 **'동맹적 제국주의'**의 성격을 갖는다. '동맹적 제국주의'는 이후 미국이 지역 차원의 강대국에서 진정한 세계적 패권국가로 성장할 수 있는 기반이 되었다.

덧붙이자면, 이렇게 성립된 '동맹적 제국주의'는 내부 관계에서 몇몇 우여곡절에도 불구하고 전체적으로 보면 냉전 시기 내내 그 구성 주체 간의 관계에 있어 '동맹적' 성격의 틀을 끝까지 유지하였다고 할 수 있다. 여기서 '동맹' 성격을 갖는다고 하는 것은, 비록 이들 간의 관계에서 미국의 지도력이 인정된다고 할지라도 그것은 종적인 복종 관계보다 횡적인 평등 관계에 가깝다는 점을 의미한다. 즉 형식에 있어 기본적으로 동등한 **'파트너 관계'**임이 공식적으로 천명되었으며, 내용적으로도 비록 미국이 간혹 패권적 행동을 보일지라도 종국에 가서는 원래의 파트너 관계로 복귀함으로써 그 테두리를 크게 벗어나지는 않았다는 것이다. 이와 관련한 사례로, 케네디 대통령은 1962년 7월 4일 필라델피아에서 소위 '웅대한 계획'이라 이름 붙인 유럽 정책에 관한 중요한 성명을 발표하였는데, 그중 다음과 같은 내용이 있다.

"우리는 이러한 유럽을 동반자(파트너)로 간주하며, 그들과 완전히 평등한 기초 위에서 함께 자유 국가 공동체를 건설하고 수호하는 모든 중대하고 지난한 임무에 종사할 수 있다."[134]

이렇듯 종전 후의 제국주의가 그 내부 관계에서 기본적으로 '동맹적' 성격을 유지할 수 있었던 데에는 냉전체제 자체의 성격과 구속력이 크게 작용하였다. 미국은 종전 후 자신이 패권국가로 성장하기 위한 전략으로 '냉전'을 구상하고 적극 실천하였는데, 이러한 냉전적 국제질서는 이후 반대로 미국과 다른 서구 국가들이 상호 장기간 '동맹적' 성격을 유지하도록 강제하였다.

첫째, 냉전은 동서 진영 간에 사회주의와 자본주의의 '이념대립'을 기본으로 삼는다. 이 경우 유럽은 근대문명의 출발지로서, 인류 문명에 대한 기여도나 역사의 유구함 그리고 학문적 전통과 이론적 깊이에서 미국보다 훨씬 앞서 있었다. 다른 한편, 2차 대전이 끝난 직후 강고한 독일 파시즘을 패망시키는 데 결정적인 기여를 한 소련과 그 제도인 사회주의가 세계 인민으로부터 높은 위신과 기대를 모으고 있었던 사정도 고려하여야만 한다. 그 때문에 미국은 냉전에서 계속해서 이념적 우세를 점하기 위해선 반드시 서유럽의 정신적·도덕적 힘을 빌리지 않으면 안 되었다.

둘째, 냉전체제가 요구하는 직접적인 군사적 대결의 측면에서 볼 때도 그러하였다. 종전 후 미국이 아무리 슈퍼군사 강국이고 막강한 공업과 높은 수준의 과학기술을 갖고 있었다고 할지라도, 당시 세계 최강의 육군 병력을 보유한 소련과 그 사회주의 동맹국들을 혼자서 상대하는 것은 역부족이었다. 미국의 핵 독점은 1949년 소련이 원자탄 실험에 성공함으로써 일찍이 무너졌으며, 1960년대 중 후반에 이르러선 미·소 양국의 핵전력은 비슷한 수준에서 전반적

---

[134] 《美國通史》第6卷, p.274. 인용문 중 굵은 글자는 인용자 강조.

인 균형에 이르게 되었다. 또 1957년과 1959년에 소련이 미국보다 한발 앞서 세계 최초의 인공위성과 유인 우주선을 각각 지구궤도에 쏘아 올린 데서 볼 수 있듯이, 과학기술 측면에서도 소련은 첨단 강국에 속했으며, 그 경제력 역시도 미국에 이어 세계 제2위 자리를 오랫동안 지켰던 데서 볼 수 있듯 만만치가 않았다.

냉전 후기인 1980년대 초 소련 경제는 한때 미국 GDP의 2/3에 이를 정도까지 발전하였다. 이렇듯 소련 한 나라만 가지고서도 미국은 상대하기가 벅찼는데, 여기에 사회주의권 전체를 적으로 삼아야 하는 냉전적 대결 구도를 전 지구적 범위에서 형성하고 유지하기 위해서는 반드시 서유럽과 일본의 힘을 빌려야 하였다. 아래 표 5-1은 미국이 1970년대 중반 들어 군사비 지출 면에서 소련에 오히려 뒤처진 상황을 보여주며, 표 5-2는 나토의 집단적 힘을 빌려서야 비로소 소련과 그 동맹국에 대항할 수 있었던 상황을 말해준다. 이 때문에 미국은 서유럽 국가들에 자신과 동등한 동맹국 지위를 부여하지 않을 수 없었다.

표 5-1. 소련과 미국의 군비 지출 비교 　　　　　　　　　　　　　　　　단위: 억 달러

	1970년	1975년	1976년	1977년	1978년	1979년	1980년
소련	540	1,240	1,270	1,330	1,480	-	-
미국	780	890	910	1,010	1,050	1,150	1,430

출처: 영국 런던전략연구소 <군사 역량 대비>[135]

---

[135] 〈世界经济统计简编1982〉, p.70에서 재인용.

표 5-2. 바르샤바조약기구와 북대서양조약기구(나토)의 군비 지출   단위: 억 달러

	1970년	1975년	1976년	1977년	1978년
바르샤바 기구	692	758	773	785	798
나토	1,274	1,208	1,177	1,212	1,194

출처: 스톡홀름 국제평화연구소 <세계 군비와 군축> 1979년도[136]

이상의 요인 때문에 냉전 기간 현대 제국주의의 내부 관계는 기본적으로 '동맹적' 성격을 유지했다. 물론 이러한 동맹적 관계가 순탄하게 저절로 실현된 것은 아니다. 사적 영역의 카르텔과 마찬가지로, 현대 제국주의 내부에서도 각국 힘 관계의 변화, 미소 관계, 제3세계 진영과의 관계 등 주변 조건과 환경의 변화에 따라 끊임없는 동요와 갈등이 나타났다. 그 때문에 현대 제국주의 내부에서 '동맹관계'라는 기본적 성격의 규정은, 상호 간의 갈등과 투쟁을 통해서 도달한 일종의 종합적 '균형'의 결과이며 표현이라 할 수 있다.

이 같은 상호 간의 갈등과 투쟁은, 미국과 서유럽 관계를 실례로 들면 다음과 같이 정리할 수 있다. 종전 직후에서 1940년대 말까지는 서유럽이 미국에 대해 경제와 군사상에서 일방적으로 의지하는 관계였다. 예컨대 1949년 4월 북대서양조약기구(나토)가 정식 출범하였는데, 미국은 그 지휘권의 장악을 통해 서유럽을 정치와 군사상으로 확실하게 통제할 수 있었다. 그러나 1950년대 초 서유럽 국가들의 전쟁 피해 복구가 어느 정도 일단락되고 경제부흥이 시작되면서 양자 관계는 조정을 받게 된다.

그 첫 번째 상징적 사건이 1953년 2월 서유럽 6개국의 '유럽 석탄 강철공동체'의 설립이다. 이는 프랑스와 서독을 중심으로 서유럽 국가들이 미국의 통제

---

[136] 위의 책, p.71에서 재인용.

에서 벗어나기 위한 초기적 시도라 할 수 있다. 이 같은 노력은 이후 1958년 1월 6개국 유럽경제공동체와 유럽원자력공동체 건설에 관한 조약(로마조약)이 성사됨으로써 더욱 진전하게 된다. 이 같은 단합을 바탕으로 1950년대 중반부터 서유럽은 미국에 대해 자신들의 실력에 상응하는 정치·경제·군사상의 합당한 지위를 요구하기 시작했다.

1960년대 들면서 이 같은 양자 관계의 조정은 더욱 적극적으로 진행되었는데, 그 힘의 균형은 후반으로 갈수록 미국에 불리해졌다. 한편에서, 미국은 그간 계속된 군비 지출 특히 월남전의 확전으로 막대한 국제수지 적자가 발생함으로써 날로 서유럽 국가들에 대한 경제 의존도가 높아졌다. 이와 함께 강력한 민족주의자인 프랑스의 드골이 1958년 정권을 잡은 이후 독자노선을 노골적으로 천명하면서, 미국의 주도권에 정면 도전하였다. 그는 핵무기를 보유하는 문제를 포함하여 모든 문제에서 미국과 동등한 지위를 갖기를 요구하였으며, 미국 대통령 아이젠하워와 영국 총리에게 비망록을 보내 미·영·불 3국으로 구성되는 '안전 조직'을 결성하여 지구적인 정치와 전략 문제를 해결할 것을 제안하였다. 드골은 심지어는 미국을 현대문명의 어머니인 유럽의 '자식'이라고까지 불렀으며, 유럽이 마땅히 인류의 진보에 더욱 적극적인 역할을 할 것을 요구하였다. 그는 또 유럽이 미국의 국제수지 균형을 유지하도록 도와주는 것에 대해 단호하게 부정적인 태도를 보였다.

드골의 이러한 자주 정책의 영향을 받아, 그간 미국 혼자서 조종해오던 나토 조직이 크게 쇠약해졌다. 미국의 이러한 곤궁은 1970년대 초 닉슨 정권이 들어서고 나서야 새로운 돌파구를 찾을 수 있었다. 미국은 우선 서유럽과 일본을 압박하여 달러의 금 불태환과 변동환율제로의 이행을 관철시켰는데, 이러한 국제통화체계의 변화는 날로 누적되던 미국의 국제수지 적자 문제에 나름의 해결책을 제시해 주었다. 이 과정에서 서유럽 동맹국들과의 관계가 한때 상당히 악화하기도 하였지만, 이것도 1973년 중동전쟁 이후 OPEC의 석유 가격 인상을 계기로 화해의 실마리가 찾아졌다. 즉 제3세계권의 도전에 맞선 공동 대처의 필요성에 공감하였던 것이다. 이후 카터 대통령 시기 미국과 서유럽 동맹국 간의 일정한 관계 개선이 이루어졌으며, 레이건 정부가 들어선 1980년대에 양자 관계에 더욱 적극적인 진전이 나타났다. 미국은 이 시기 소련과의 신냉전을 획책하였으며, 이 과정에서 서유럽 동맹국들과의 공동전선을 재정비하면서 그간 약화한 주도권을 상당 부분 만회할 수 있었다.

이리하여 현대 제국주의 내부 각국 힘 관계의 변화, 미소 관계, 제3 세계진영과의 관계 등 시간의 흐름에 따라 자연적으로 소실되거나 인위적으로 해결 짓게 된 것들이 생겨났고, 그에 따라 현대 제국주의의 성격에서 새로운 변화가 발생하였다.

5.2. 탈냉전과 '단일패권적 제국주의'

'동맹적 제국주의'와 마찬가지로, '단일패권적 제국주의' 개념이 일차적으로 주목하는 것은 그것의 외부적 표현으로서의 단일패권적 국제질서의 객관적인 실현보다도, 현대 제국주의를 형성하는 기존 동맹세력 내부 **상호관계의 (성격) 변화**이다. 즉 이전 '동맹적 제국주의'가 주요하게는 미국을 비롯한 서구 선진자본주의 국가 간의 **형식상** 평등한 동맹을 기초로 이루어진 것이었다고 한다면, '단일패권적 제국주의'는 이와는 달리 그 주도국인 미국이 이 같은 동맹국 내부의 형식상 평등 관계를 공식적으로 혹은 사실상 부정하는 **일방주의적** 태도를 보이고, 또 그 내부 기존 동맹국과의 관계에서와 대외적으로 자신의 단일패권적 세계질서 수립에 대한 의지와 지향을 분명히 하다.

물론 여기서 우리는 이 같은 현대 제국주의 내의 주도국인 미국이 실제 현실에서 자신이 추구하는 단일패권을 어느 만큼 실현하였는지의 문제는 별도로 바라보아야 한다.

5.2.1. 현대 제국주의의 새로운 변화

'단일패권적 제국주의'의 출현이 가시화된 것은 1990년대 들어서이다. 이 시기는 마침 기존 냉전체제가 해체되고 탈냉전 시대가 막 시작되던 무렵이기도 하다. 미국 위주의 단극적 세계 패권을 기초로 한 국제질서의 수립을 옹호하는 세력은 그간 미국 권력 집단 내에서 정통적으로 소위 '매파'라고 불리어 왔던 세력과 긴밀한 계보 관계를 형성한다. 미국 정계에서 이러한 '매파' 세력은 일찍부터 존재하였지만, 이들이 미국 국내외 외교정책과 전략적 결정에서 주도적 역할을 하게 된 것은 제1차 이라크전쟁(걸프전)과 소련과 동구권 국가의 사회 격변 이후, 즉 세계 양극 구조가 종식된 이후의 일이다.

이들의 주장은 처음 조지 부시(2001년 취임한 조지 워커 부시의 아버지) 정권의 '세계 신질서의 건립'이라는 정책구상의 형태로 모습을 나타냈다.[137] 1990년 8월 초 주(駐)사우디아라비아 미국대사 프리만은 자국 정부에 보낸 전보에서 미국은 쿠웨이트에 대해 곧 개시될 이라크의 침략행위를 마땅히 제지하여야 하며, 만약 미국이 행동을 취한다면 "세계질서를 다시 결정"할 수 있다고 건의하였다. 조지 부시 대통령과 그의 국가 안전 고문 스코크루프터는 이 건의의 기초위에서 '세계 신질서'에 대한 구상을 좀 더 구체화하였다.

1990년 9월 9일 부시는 핀란드 수도 헬싱키에서 소련의 고르바초프 대통령과 걸프만 위기를 논의할 때 처음으로 이 개념을 공개적으로 제기하였다. 그 후 3일 후 미국 국회에서 연설할 때 그는 다시 '세계 신질서'에 대해서 이렇게 묘사했다.

---

137 이하 '세계 신질서' 관련 내용은 〈帝国主义历史的终结〉, pp.316-317 참조함.

"세계 신질서는 테러리즘의 위협이 없는, 더욱 유력하게 정의를 추구하고 더욱 안심하고 평화를 추구할 수 있는 새로운 시대이다. 이 시대에는 세계의 동서남북을 불문하고 모두 번영과 발전을 이룰 수 있으며, 서로 화목하게 지낼 수 있다. 세계 신질서의 최종적 목표는 법률 질서로 약육강식의 원칙을 대체하고 강자가 약자의 권리를 존중하는 세계이다."[138]

이와 동시에 부시는 이러한 세계 신질서는 응당 미국의 전통적인 자유·민주·평화·인권과 법제적 관념을 기초로 한다는 점을 강조하기를 잊지 않았다. 〈신 미국 제국주의〉의 저자 영국의 푸스카스는 이에 대해, 당시 부시 정부는 이러한 미국 주도의 세계 신질서를 구축하는 데 대해 아직 자신감이 부족하였기 때문에 "화려한 말로 자신을 숨기고, 패권을 추구하는 것을 국가이익 심지어는 인류의 이익을 위한 것이라고 말했다"[139]라고 평하였다.

이후 소련과 동구 사회의 해체와 그에 더한 미국의 걸프만 전쟁의 예상외의 순조로운 진행으로, 미국 권력자들은 자신들 주도하에 세계 신질서를 세울 수 있다는 자신을 갖게 되었다. 특히 1990년대 중반 이후 IT 기술을 중심으로 '신경제'가 크게 발전하자, 미국의 패권주의적 기세는 더욱 고조되기에 이르렀다. 클린턴 정부의 '참여와 확장' 외교 전략은 이러한 상황을 잘 반영하고 있다. 클린턴 정부는 집권 초기 국내 경제문제에 치우쳤던 것과는 달리, 집권 후기에 들면서 대외정책에 적극성을 보이는 방향으로 기조를 선회하였다. 그 방식에서도

---

[138] [英]瓦西利斯·福斯卡斯 [英]比伦特·格卡伊 共著, 〈新美帝国主义〉, p.16.

[139] 위의 책, p.16.

날로 군사력을 강조하고 간섭주의 방향으로 발전하는 추세를 보였다.[140] 1993년 3월 24일 클린턴 정부는 유엔의 동의 없이 나토 병력을 동원하여 무려 40여 일간에 걸친 유고슬라비아 공습을 감행하였다. 이는 제2차 세계대전 종식 후 소위 **'주권에 앞선 인권'**이라는 명목을 내세우며 직접적인 군사수단을 동원하여 다른 나라의 민족과 종교 문제에 개입한 첫 번째 선례가 되었다.

클린턴 정부에 이어서 2001년 조지 워커 부시 정부가 들어서면서 이 같은 '단일패권적 제국주의'는 그 전성기를 맞이하게 된다. '일방주의'와 '선제공격전략'으로 대표되는 부시 정권의 국제 전략과 대외정책은, 냉전체제 하에서 그리고 탈냉전 시기 초기만 해도 아직 어느 정도 남아있던 미국의 '다자주의'적 색채를 완전히 벗어던지도록 하였다. 이러한 변화에 대해 〈신 미국 제국주의〉의 저자는 다음과 같이 지적한다.

"미국의 국제 전략과 대외정책에서 항상 다자주의와 일방주의는 혼합되거나 교차하였는데, 2002년 9월 20일(이날은 부시 정권의 〈미국국가안보전략〉이 공표된 날이다-인용자)부터 시작해서, 미국 정부는 이전의 국제문제에서의 다자주의를 포기하고 정식으로 인종의 제국주의 자세를, 즉 군국주의와 제국주의에 기인하면서 신권(神權)정치 색채를 띠는 소위 '부시 주의'를 취하기 시작했다."[141]

이 같은 부시 정부의 '일방주의'는 미국의 전통적인 서유럽 동맹국 언론으로부터도 강력한 비판을 받았다. 예컨대 독일의 주간지 〈슈피겔〉의 한 기사는

---

140 [中]潘锐, 〈冷战后美国的外交政策—从老布什到小布什〉, p.235.

141 〈新美帝国主义〉, pp.14-15.

"미국은 다른 나라를 불량국가라고 부르는 것에는 익숙하지만, 미국 자신이 불량국가의 길에 들어서는 중이다"[142]라고 비꼬았다.

그간 미국 정계 요인들의 상관된 발언 및 미국 국내외의 평론들을 종합해보면, 미국의 '일방주의'의 의미는 다음 4가지로 개괄할 수 있다.

첫째, 미국의 필요와 미국의 이익만을 고려하며, 다른 국가 내지는 **과거 동맹국의 필요와 이익 때문에 망설일 필요가 없다.**

둘째, 미국은 단독으로 자신의 국제 전략과 목표를 실현할 충분한 역량을 지니고 있으며, 다른 나라의 힘을 빌려야 할 필요가 항상 있는 것은 아니다. 동맹국이 미국의 행동에 협조하지 않을 때는 미국은 완전히 독자적으로 자신의 계획을 실행할 수 있다.

셋째, 유엔과 다른 국제조직 그리고 국제조약에 더 이상 집착하거나 구애받을 필요가 없다. 유엔과 다른 국제조직과 국제조약이 미국의 필요와 이익에 부합하지 않을 때는 그것들을 우회해갈 수 있다.

넷째, 미국과 패권을 다투거나 대항하는 초강대국 혹은 국가집단의 재출현을 용납하지 않는다.[143]

실제로 부시 정부는 자신의 일방주의 정책을 추진하는 데 있어 여러 중대한 국제조약을 연속적이고 일방적으로 폐기 혹은 탈퇴하는 등으로 세인들을 놀라게 했다. 예컨대 〈생화학 무기금지조약〉, 〈핵실험 전면 금지조약〉, 소련과 쌍방 간 체결한 〈탄도미사일 방위조약〉, 그리고 환경보호 방면의 〈교토의정서〉 등의 일방 폐기와 탈퇴가 그 실례이다.

---

142 〈而美国正走在通向流氓国家的道路上〉, [德]〈明镜〉周刊网络版 2001.2.16. 〈帝国主义历史的终结〉, p.294에서 재인용.

143 이상 '일방주의'와 관련한 내용의 출처는 〈帝国主义历史的终结〉, p.305.

부시 주의의 또 다른 주목되는 사항은 '선제공격전략'이다. 이 전략에 따르면 미국은 자신이 어떤 국가가 미국의 안전에 위협이 된다고 느끼거나 인식하면, 심지어는 미국이 보유한 위협역량이 어떤 경쟁자에게 유효하지 못하다고 느끼는 경우에도, 미국은 '사전에' 또는 '예방성' 차원의 공격을 감행할 권리가 있다고 보았다. 이는 매우 심각한 위험신호이며 국제법과 국가관계의 통상적인 원칙에 대한 엄중한 도전이다. 그 때문에 이 같은 내용을 담은 위의 〈전략〉이 발표되자마자 미국 국내외에 강력한 반향을 불러일으켰다.

예컨대 미국의 〈파이낸셜위크〉지의 한 평론 기사는 "유감스러운 것은 조지 부시 대통령이 국회에 제출한 31페이지 분량의 보고서 〈미국국가안보전략〉은 실망스러운 것일 뿐만 아니라, 또한 전 세계 벗들과 동맹국들을 무시하는 것이다. 경멸과 오만이 이 보고서의 주요한 논조이다. …간단히 말해서, 부시 주의는 미국은 더 이상 국제사회의 전통적 준칙과 규정에 예속 받지 않는다고 말하는 것이다"라고 썼다.

기사는 또 "1648년 〈베스트팔렌조약〉이래, 국가 주권은 줄곧 신성불가침한 것이었다. 국제적으로 일치된 인식은, 오직 어떤 국가가 위협을 가하거나 다른 나라에 손해를 입혔을 경우에만 그것을 공격할 수 있다. 그러나 부시 주의에 따르면, 어떤 국가가 대규모 살상 무기를 비축하기만 해도 주권을 상실할 수 있게 된다"[144]라고 강조하였다.

위의 〈미국국가안보전략〉이 마지막에 공공연하게 밝히고 있는 다음 구절은 우리가 한번 음미해 볼 필요가 있다.

---

[144] [美]布鲁斯·努斯鲍姆, "外交政策, 布什对了一半", 载〈商业周刊〉 2002.10.7. 〈帝国主义历史的终结〉, p.311에서 재인용.

"우리가 앞으로 필요한 행동을 취해 전 세계의 안전 의무를 이행하고 미국인을 보호하기 위해 지불하는 노력은, 국제 사법소의 조사나 질의 혹은 기소를 받지 않을 것이다. 미국은 더 이상 국제형사법원의 관할 범위 내에 속하지 않으며, 우리는 또한 그것의 관할권을 인정하지 않는다."[145]

미국의 권력자들은 이렇듯 한편에선 '세계 신질서' 건립을 천명하면서도, 다른 한편에선 국제법에 대한 난폭하고 멸시적인 태도를 취했다. 이는 명백한 자기모순이자 안하무인격의 패권적인 태도라 아니할 수 없다. 이 성명이 나온 후 얼마 지나지 않아 발생한 제2차 이라크전쟁에서 미국 군대의 끔찍한 '포로와 죄수 학대' 소식이 전해졌다. 이 성명은 아마도 이 같은 사건에 대비해 나름의 합리화를 위한 법적 근거를 미리 마련한 것이라고 보여진다.

끝으로 현대 제국주의의 전기와 후기 두 가지 형식 간의 내적 연관에 대해서 잠깐 짚고 넘어가도록 한다. 현대 제국주의의 전기인 '동맹적 제국주의'는 두 가지 기본요소를 특징으로 한다. 즉 경제적으로는 금 태환이 가능한 달러의 기축 통화제도이며, 정치·군사적으로는 NATO로 상징되는 집단 안보 형식의 군사동맹 체제가 그것이다. 현대 제국주의는 사실상 이 같은 자신의 두 가지 기본요소 때문에 '동맹적 제국주의'로부터 '단일패권적 제국주의'로 전화할 수 있는 내적 요인을 갖게 되었다고 할 수 있다.

우선 경제적 측면에서 보자면, 시간이 흐름에 따라 동맹국들을 포함한 세계 경제의 달러에 대한 의존도가 자연스럽게 높아졌다. 이는 전후 각국의 경제회

---

[145] [美]罗伯特·赖特, "超级大国的矛盾", 2002.9.29. 〈纽约时报〉. 〈帝国主义历史的终结〉, p.313에서 재인용.

복과 새로운 생산력 발전으로 인해서 국제무역이 활성화되고 자본의 해외투자가 증가함에 따라, 당시 공식적인 국제적 결제 수단이던 달러의 사용도가 증가하면서 생긴 자연스러운 결과라 할 수 있다. 그리하여 달러의 중요성도 이에 비례하여 애초 예상보다 훨씬 높아졌으며, 그 결과 세계 각국은 비록 미국이 금태환의 약속을 어기더라도 함부로 달러 사용을 포기할 수 없는 지경에 이르렀다. 이는 미국의 방만한 재정 운영에 대한 면책특권을 주는 것과 마찬가지였으며, 미국은 이후 이 같은 달러패권을 이용하여 유일 패권국가로서의 목표를 추구해 갈 수 있었다.

다음 정치·군사적 측면에서 보자면, 냉전체제가 주로 동·서 양대 진영 간의 군사적 대결 형태를 취하면서 진행됨에 따라 그것의 세계적 확산은 이하 두 가지 결과를 초래하였다. 첫째, 미군의 해외기지와 미국이 주도하는 지역 안보 체제가 전 세계에 구축되어 미국 군사력의 전 지구적 배치가 완료되었다. 둘째, 양대 진영 간 군비경쟁의 격화에 따라 핵무기와 그 운반체계를 비롯한 첨단 군사기술이 급속하게 발전하였다. 이상 두 가지 결과는 군비경쟁을 주도하는 미·소 양국과 이들의 다른 동맹국들과의 전반적인 군사력의 격차를 크게 확대하는 결과를 낳았다.

이 같은 경제와 정치·군사 양 측면에서 '동맹적 제국주의' 내부의 변화가 일정 기간 축적되면서 동맹국 내부의 균등성은 차츰 파괴되었으며, 결국에는 그 주도국인 미국과 다른 서구 국가 간의 전반적인 실력 차이가 역전이 불가능할 만큼 현저해졌다. 이에 따라 현대 제국주의의 **질적 변화**, 즉 '동맹적 제국주의'에서 '단일패권적 제국주의'로의 성격 전환이 발생하였다.

5.2.2. '단일패권적 제국주의'의 경제적 기초

앞 절에서 우리는 현대 제국주의의 '동맹적 제국주의'에서 '단일패권적 제국주의' 전환을 살펴보았다. 그런데 여기서 제기되는 한 가지 문제는, 냉전체제가 시작될 무렵 미국은 지금과 비교할 때 경제와 군사 면에서 다른 경쟁국들에 비해 압도적인 우위에 있었지만, 시간이 갈수록 그 격차가 좁혀졌다는 사실이다. 그런데 이 같은 상황에서 어떻게 '단일패권적 제국주의'로의 전환이 가능하냐는 문제이다.

예컨대 경제력의 경우, 1950년 미국의 GDP는 2,848억 달러였는데, 서구 진영에서 제2위인 영국은 363억 달러(미국의 12.7%), 프랑스와 서독은 각각 288억 달러와 231억 달러에 불과하였다.[146] 같은 해 미국의 산업은 세계 산업 총생산의 42%를 차지하였는데, 제2위인 영국은 겨우 8%, 독일·프랑스·일본은 각각 4%, 3%, 2%이었다.[147] 요컨대 국력에 있어 가장 근본적인 요인인 경제력에 있어 미국은 서구의 기타 동맹국과 비교할 때 압도적 우위에 있었다고 할 수 있다. 그러나 이 같은 격차는 현재에 와서 많이 좁혀졌다. 2008년 세계 GDP 총량은 60.7조 달러인데, 그중 미국은 14.3조 달러로 23.6%를 차지하였다. 2013년 이 수치는 각각 74.9조 달러와 16.8조 달러로 미국의 비중은 다시 22.4%로 축소되었다.[148]

이 같은 추세가 계속되면 2035년이 되면 미국이 전 세계 GDP에서 차지하는 비중은 10%에 불과할 것이라는 예측도 나온다. 이렇듯 미국과 다른 동맹국 간

---

[146] 〈世界经济统计简编1982〉, pp.18-21.

[147] 〈国际货币基金组织编〉〈国际金融统计年鉴〉(1985), p.108.〈帝国主义历史的终结〉, p.122에서 재인용.

[148] 2008년 수치는 IMF WEO 데이터베이스 수치임. 2013년 수치는 세계은행 WDI 데이터베이스 수치임.

의 경제력 격차가 날로 줄어들고 있음에도 미국은 어떻게 단일패권 국가로 나아갈 수 있는 것일까? 현대 제국주의 내부 관계를 '동맹' 관계에서 '단일패권' 관계로 바꾸기 위해서는 상식적으로 볼 때 그 리더 국가인 미국은 다른 국가들에 비해서 더욱 압도적인 역량이 필요하다.

이에 대해 우리는 다음 두 가지 사항을 고려할 수 있다. 우선, 국가 간의 국력 비교 시에 사용하는 통상적인 기준은 슈퍼 패권국가의 총체적 역량 판단 기준으로는 적합하지 않기 때문에 양자를 구분할 필요가 있다는 점이다. 미국과 같은 슈퍼 패권국가에 있어 국제적 영향력을 포함한 총체적 힘은 그 경제와 군사의 개별적 지표에 대한 국가 간 단순 비교만으로는 파악하기가 어려운 측면이 있다.

2010년 2월에 발표된 미국국방부의 〈4년 국방검토보고서〉 중에는 자국의 종합적인 역량에 대한 다음과 같은 자체 평가가 있다.

> "미국은 전 지구적인 대국으로서 그 역량과 영향력은 하나의 더욱 광범위한 국제체계의 운명과 깊숙이 교차 되어 있으며, 이러한 국제체계는 동맹과 협력관계 그리고 과거 60여 년간 우리가 건설하고 유지해 온 디지긴 기제로 구성된다."[149]

이는 현대 슈퍼 패권국가의 역량에 대한 함축적 내용을 담고 있다고 보인다. 본서가 앞 절에서 지적한 대로, '동맹적 제국주의' 체제에서 달러를 중심으로 한 국제통화체계와 군사동맹 체계가 미국의 종합적인 국제적 영향력을 크게 향상한 점을 놓쳐서는 안 된다. 이런 사정을 고려하면 미국은 그간 다른 동맹

---

[149] Department of Defense Review Report, February 2010. http://www.defense.gov/QDR/images/QDR_as_of_12 Febl0_1000. pdf. 〈美国军事—冷战后的战略调整〉, p.304에서 재인용.

국과의 격차를 크게 벌려 놓았다고 할 수 있다.

다음으로, 미국이 단일패권 국가로 나아가는 것을 재촉하는 지구화 시대의 **'시대적 요구'**라는 좀 더 눈에 보이지 않는 요소가 고려되어야 한다. 이는 자본주의의 전반적인 경제적 토대의 변화와 관련이 있다. 이 요소를 고려하면 우리는 왜 미국 일부 경제지표의 상대적인 후퇴에도 불구하고 현대 제국주의가 '단일패권적 제국주의'로 성격 전환을 할 수밖에 없는지에 대한 좀 더 심층적인 인식이 가능하다. 아래에서 설명하도록 한다.

오늘날 지구화 시대의 현대 제국주의를 이해하는 데 있어, 그 물질적 기초라 할 수 있는 현대 국제독점자본이 직면하고 있는 과제와 관련 속에서 그것을 파악하는 일이 필요하다. 이는 지구 경제의 일체화와 과학기술혁명이라는 국제 경제 환경의 근본적인 변화가 야기하는 국제독점자본의 자본축적 운동 상의 요구와 관련되며, 우리는 미시와 거시 양 측면에서 이를 살펴볼 수 있다.

먼저 미시적 측면 즉 개별 국제독점자본의 축적 운동 측면에서 볼 경우, **현대 독점자본은 상품의 생산과 그 실현에 있어 국제 분업과 세계시장에 날로 의존하고 있다.** 그 때문에 **지구 경제의 일체화를 강력히 추진할 수 있는 국제적인 정치·군사적 주체가 필요**하다.

오늘날 자본주의사회에서 지배적 분파의 지위에 오른 국제독점자본은 처음부터 세계시장을 무대로 활동하며, 또한 생산과정에선 '지구적 공급 사슬'과 같은 전 지구적 범위에서 국제 분업을 실천하는 단계에 와 있다. 여기서 수많은 개별 국가와 지역 단위로 나누어진 기존의 파편적 시장들은 이들 세계시장과 세계자원의 활용을 요구하는 국제독점자본에게 있어서는 애초부터 부정되어야만 할 장애물이다. 특히 전기 국가독점자본주의의 '복지국가' 모델 하에서 국가의 시장에 대한 무소불위의 간여는 각국의 독특한 시장구조와 자기 완결적인 국민 경제 체계를 구축하도록 하였다. 이는 지구화 시대의 자본주의에 와서는 거추장스러운 걸림돌이 되었기에 일차적으로 제거되지 않으면 안 되는 대상이다.

우선 그간 이념 측면에서 이 역할을 담당한 것이 신자유주의였다. 신자유주의는 시장에 대한 국가의 지나친 간섭을 비판하면서 국가의 구속으로부터 그것을 해방시킬 것을 주장하였는데, 이는 전 지구적 차원의 자본의 자유로운 운동을 보장하기 위한 국제독점자본의 요구를 반영한 것이다. 그런데 이러한 각국의 반(半) 폐쇄적이고 보호적인 시장의 벽을 허무는 데 있어 어느 정도 반(半)강압적 방식이 사용되는 것은 자본주의 관점에서 보면 불가피한 측면이 있다. 역사적으로 자본주의의 초기적 생산관계를 확립하기 위한 자본의 원시적 축적이 국가권력을 동원한 무자비한 약탈적 방식을 동원하여 진행되었듯이, 복지국가와 냉전 시기를 거치면서 이미 상당히 자기 완결적이고 반(反) 개방적 경제구조로 굳어져 버린 각국의 국민 경제를 다시 개방체제로 바꾸는 데 있어 (그것도 단시간 내에), 단순히 WTO를 통한 다자간협상이나 UN 기구 내에서 협력만으로는 한계가 있으며 경제·외교·군사적인 총체적 협박과 금융적 기만이 일정 동원될 수밖에 없다.

이렇게 볼 때 패권국가 미국은 냉전에서 탈냉전으로 넘어가는 과도기인 1980년대 말부터 2000년대 초반에 걸쳐 국제독점자본이 요구하는 이 같은 역할을 나름대로 수행하였다고 볼 수 있다. 그러나 국제독점자본의 객관적 요구에 비추어 볼 때, 진정한 지구적 단일시장의 성립을 위해서는 지금보다도 훨씬 더 강력한 '자본주의 세계정부'의 출현이 필요하다. 왜냐하면 현재 세계시장의 통합 정도는 현 국제독점자본의 생산력 수준과 운동력에 비추어 볼 때 아직도 상당히 미흡한 것이기 때문이다. 이러한 관점에서 보면 현재로선 그 같은 '세계정부'에 가장 가까운 형식이 '단일패권적 제국주의'라고 할 수 있으며, 이를 통해 국제독점자본은 가장 신속히 지역 간 분할 구도와 각국에 잔존하는 각종 규제와 장벽이 제거될 것을 기대한다고 볼 수 있다.

다음으로, 거시적 측면에서 볼 때 **지구화 시대의 자본주의 '균형 문제'**는 또 다른 차원에서 국제독점자본의 절박한 요구이자 현대 제국주의의 성격 변화를 재촉하는 요인이다. 원래 자본주의는 그 자체 심각한 불균형적 요소를 내포하고 있어 이는 매번 자본주의를 위기로 몰고 가는 근본적 요인으로 작용한다. 특히 독점단계로 접어들어 자본주의는 시장 자체의 힘만으로는 균형을 회복하기가 더욱 힘들게 되었다. 이 때문에 종전 후 각국에서 국가독점자본주의가 성립하는 것을 계기로 국가가 경제에 직접 개입하여 생산과 소비, 산업 제 부문 간, 국내시장과 해외시장 간의 균형과 비례적 발전을 도모하는 것이 관행이 되어 왔다.

지구화 시대에 접어들면서 마찬가지로 전 지구적 차원의 자본주의 균형 문제가 국제독점자본 운동에 있어 날로 심각한 문제로 대두되고 있다. 작금의 금융위기와 유로존의 위기에서 보듯, 그것은 날로 지구적인 범위에서 진행되는 자본 재생산과정의 원만한 진행을 방해하고, 위기를 장기화함으로써 점차 자본주의의 심각한 생존 문제로 변화하고 있다. 통제받지 않는 국제독점자본 간의 무한경쟁은 필연적으로 전 지구적 차원의 공황을 야기하고 국제시장 질서를 교란한다. 비록 개별 국제독점자본에 있어 그 조직력·관리력·계획성은 그 이전의 독점자본에 비해 한층 더 발전하였지만, 그러나 지구시장의 방대함과 통제 불능적 요소의 증가에 비추어 볼 때 국제독점자본의 이 같은 능력도 한참 부족할 수밖에 없으며, 이들 간의 맹목적인 무한경쟁을 부추기는 경향은 날로 더해갈 수밖에 없다.

이 때문에 개별 국제독점자본들이 이미 보유한 거대한 생산력과 이를 충분히 만족시켜 줄 수 없는 협소한 지구적 시장 규모 간의 모순은 더욱 심화하게 된다. 2008년 금융위기 전까지 이 같은 지구적 차원의 불균형 문제는 주로 국가 간 무역 불균형, 예컨대 세계 소비시장의 역할을 하는 미국과 일본·독일·

중국 등 수출 중심국 간의 무역 불균형의 고착화 등 다소 변형된 형태를 빌려서 표출되었다. 그러나 그 본질에 있어 볼 때 이는 지구적 시장이 이미 심각한 과잉생산에 시달리고 있음을 보여주는 단면이며, **지구적 단일시장 차원으로 진입한 자본주의의 새로운 '무정부성' 형식**이라 할 수 있다.

이러한 자본주의의 무정부성과 과잉생산은 지구화 시대에 들어 과거 일국 차원보다 더욱 복잡하고 심각한 문제를 낳는다. 예컨대 현대 국제독점자본이 보유하고 있는 그 이전 독점자본에 비해 한 층 강화된 생산능력과 자본 규모는 시장의 자동 조절 능력을 더욱 무기력하게 만들며, 또 여전히 존재하는 각국의 경제 간여와 보호 무역 조치는 전 세계 단일시장의 측면에서 볼 때 새로운 균형 찾기를 더욱 어렵게 한다. 이 때문에 지구화 시대에 자본주의 공황이 일단 발생하면, 그 규모나 파괴력은 기존보다 훨씬 심각한 것일 수밖에 없으며, 적절한 통제 수단이나 구심점이 없기에 위기는 더욱 장기화하고 빈번해진다. 이는 결국에는 전 세계적 차원에서 자본주의의 **전반적 위기**를 촉진한다.

이처럼 전기 국가독점자본주의와 마찬가지로, 그 후기에 들어서도 거시적 차원의 '강력한' 균형 기제는 자본주의의 필수적인 생존요건이다. 다만 그 범위에 있어 일국 차원이 아닌 지구적 차원의 균형 기제가 필요하다는 점이 다를 뿐이며, 이 같은 역할을 담당하는 데 이상적인 형태는 두말할 나위 없이 '자본주의 세계정부'라 할 수 있다. 비록 이 같은 통제 주체와 조절 기제가 존재할지라도 자본주의 생산방식에 있어 무정부성과 과잉생산 문제는 완전히 제거될 수는 없다. 하지만 케인스주의가 그 전성기에 보여주었던 바와 같이 지구적 차원의 통일적인 화폐 및 재정정책 그리고 각국 간의 협력 강제 등을 통해 사전에 그 위기의 폭발을 상당 정도 지연 혹은 완화하는 것은 가능할 것이며, 또 일단 위기가 폭발한 후에는 그것이 통제가 가능한 범위 내에 머물도록 하고 조기

에 그 수습책을 마련할 수도 있을 것이다.[150]

이상의 요인 외에도, 오늘날 지구화 경제 시대의 현대 독점자본은 다음의 몇 가지 이유 때문에 사실상 자본주의 세계정부의 역할을 할 수 있는, 그 이전 시기보다 더욱 강력한 제국주의 즉 '단일패권적 제국주의'의 출현을 요구한다.

(1) 새롭게 부활하고 있는 현실 사회주의의 위협에 대처할 필요성

20세기 초 러시아의 소비에트 혁명을 통해 인류 최초로 사회주의 국가가 탄생한 이래, 사회주의에 대한 세계자본주의의 공동 대응은 필수적인 과제가 되었다. 특히 제2차 세계대전을 거치면서 '진영'으로서 사회주의권의 성립은, 더 이상 각국 자본주의 국가의 개별적 대응만으로는 역부족이게끔 만들어 자본주의권의 통일적인 행동을 재촉하게 되었다.

이 같은 요구는 종전 후 미국을 중심으로 한 서구 자본주의 제국이 냉전체제를 구축함으로써 현실화되었다. 자본주의 각국은 이를 통해 과거 상호 간의 경쟁 과정에서 나타났던 대립과 갈등을 일정 정도 극복하고 반사회주의 통일전선을 형성할 수 있었다. 만약 이 같은 동맹체계가 없었더라면 당시 자본주의의 전반적인 퇴조와 대조되는 욱일승천하는 사회주의진영에 맞서기가 힘들었을 것이다

비록 반세기에 걸친 냉전 대결 끝에 소련 및 동구권이 자체 붕괴함으로써 과거와 같은 자본주의 국가들의 동맹체계가 존속할 필요성은 많이 약화하였지

---

[150] 제4장에서 이 같은 국제적인 거시적 차원의 경제 조절과 관련해서는 국가독점자본주의의 국제 독점동맹, 즉 '생산관계' 범주로 다루었다. 사실 이 문제는 성격상 생산관계(하부토대)와 상부구조 양 측면에 함께 걸쳐있는 경우가 많다. 예컨대 각국 정부 간 조정이 순수하게 경제적 협상만으로 진행되기 어렵기 때문에, 어느 특정한 패권국가의 주도에 의한 '반(半)강압적'인 협상 방식이 사용될 수밖에 없다. 1980년대 중반 이후 엔고 현상을 가져왔던 '프라자 협의'(1985년)도 그 같은 예에 속한다. 그 때문에 이는 현대 제국주의 범주에서 다루어야 할 문제라 볼 수 있다.

만, 그러나 잔존 현실 사회주의 국가의 존재는 국제독점자본에 있어 범 자본주의 동맹체계의 필요성을 여전히 제기하게 한다. 특히 중국과 같이 14억 인구와 드넓은 영토를 가진 사회주의 국가가 과거 '계획 사회주의'가 경험했던 실패를 딛고 '사회주의 시장경제'로 새롭게 성장하고 있는 현실은, 국제독점자본에게는 장기적 우환일 수밖에 없다. 그 때문에 어떻게든 이 같은 현실 사회주의의 굴기를 막는 일은 이 역시 자본주의 생존과 관계되는 근본 문제라 할 수 있다.

현실 사회주의의 재기에 대응할 수 있는 방도가 현재로선 마땅치가 않다. 왜냐하면 냉전 종식 이후 '경제 제일주의'를 추구하는 국제정세의 변화된 현실 기류를 감안할 경우, 과거처럼 '진영 대 진영' 간의 이데올로기적 냉전 구도를 다시 추진하는 것은 더 이상 타당성이 없어졌기 때문이다. 또 지금처럼 단일한 지구시장이 이미 일정하게 구축된 조건에서, 그리하여 경제적 유대를 매개로 사회주의와 자본주의 국가 간의 상호침투가 상당 정도 진행된 상태에서 사회주의 국가에 대한 효과적인 봉쇄정책을 펼치기가 쉽지 않다.

이런 때일수록 국제독점자본은 지구적 단일시장을 주관할 수 있는 국제적인 권력 주체가 절실히 필요하다. 그나마 그 같은 존재가 있을 때라야 자본주의 각국의 정책을 조정하고 정치 군사 방면의 역량을 통일시켜 낼 수 있기 때문이다. 이렇게 볼 때 과거보다 훨씬 강화된 '단일패권적 제국주의'만이 다시금 부활하고 있는 현실 사회주의의 새로운 위협에 대처할 수 있는 국제독점자본의 남은 희망이라 할 수 있다.

(2) 개발도상국과의 관계

이들 국가는 지구 상에서 아시아·중남미·아프리카 등 광대한 면적에 걸쳐 존재하며, 여전히 절대다수의 국가가 이 범주에 속한다. 이들 국가를 계속해서 저개발 상태와 서구 선진제국의 경제 및 정치적 예속 하에 묶어두는 것은 국제

독점자본의 근본적인 이해와 직결된다.

첫째, 당대의 과학기술혁명 시대에 새로운 과학기술의 급속한 발전은 자본의 유기적 구성도를 급속히 제고시키는데, 개발도상국의 저렴하고 풍부한 노동력은 이에 대한 일정한 완충장치로써 작용한다.

오늘날 자동화의 빠른 보급추세와 '지식경제'의 확산은 생산과정에서 단순노동을 지속해서 축출하거나, 아니면 기존의 인간노동을 지식 자본을 보유한 '값비싼 노동'으로 변모시킴으로써, 자본의 이윤 축적을 방해하는 중요한 요소로 작용한다. 만약 이 같은 추세의 진행을 막거나 늦추지 못한다면 종국에는 모든 자본축적 운동이 멈출 수밖에 없게 된다. 여기서 광범위한 개발도상국의 값싼 노동력의 존재는 국제독점자본에는 초과이윤의 원천이 될 뿐 아니라, 장기적으로는 생산과정에 있어 자동화의 진행 속도를 늦추어주고 저렴한 인간노동의 지속적인 사용을 보장케 해주는 의미를 지닌다.

현재 형성 중인 단일한 지구시장은 자본에 대해서만 그 자유로운 이동을 보장해 줄 뿐, 노동에 대해선 과거 및 현재와 마찬가지로 미래에도 영원히 폐쇄적일 수밖에 없다. 이는 민족국가의 경계가 자본주의 세계체제에서 결코 사라질 수 없음을 뜻한다. 만약 노동의 자유로운 이동이 허용된다면, 그 최종적인 결과는 중심국과 주변국 간의 경계가 사라짐으로써 단일 지구시장 차원에서의 '평균임금'의 성립을 가져오게 된다. 이는 위에서 지적한 바와 같이 자본 간의 경쟁을 통해 결국 자본주의의 말로를 재촉하는 '자동화'와 '값비싼 지식노동' 시대를 앞당겨 실현하는 결과를 초래한다.

그 때문에 노동의 국제적인 자유로운 이동을 금지하고 이를 위해 국경을 보존하는 것은, 국제적으로 보면 국가 간 '차별 임금'과 '등급 임금' 체계를 존속시키고, 광범위한 저개발국가 권의 풍부하고 저렴한 노동력을 계속해서 이용할 수 있게 보장함으로써 위의 과정을 훨씬 지연시키는 작용을 한다. 이 측면의 중요성은 향후 과학기술혁명이 진행될수록 더욱 부각할 것이며, 이미 어떤 의미에선 석탄·석유와 같은 전통적인 천연자원보다도 서구의 자본주의 제국에게 있어선 더욱 중요한 의미를 지닌다.

둘째, 이 같은 국제간 임금 등급 체계를 존속시키는 일은 서구 자본주의 제국에 있어 국내 정치적으로도 중요한 의미를 지닌다. 이는 국제독점자본의 초과 수탈을 보장해 줌으로써 자국민의 복지요구를 충족시키는 중요한 원천이 될 뿐만 아니라, 또한 자본주의가 매번 위기에 처할 때마다 그 모순을 전가하는 완충장치로도 작용한다.

예컨대 심각한 국내 실업문제를 불법 이주노동자나 개발도상국으로부터의 값싼 수입품의 범람 탓으로 돌리는 것이 그것이다. 지난 세계적인 금융위기 이후 튀니지·이집트·리비아·시리아 등 개발도상국의 소요 사태가 끊임없이 이어지고 있는데, 이 같은 소요 사태의 배경을 보면 서구 선진국들이 경제위기 때문에 이들 국가에 대해 취한 수입제한 조치가 사태를 유발한 측면이 적지 않다. 선진국들의 수입제한 조치는 그나마 취약한 개발도상국들의 내부적인 사회모순을 더욱 격화시켜 정치적 소요가 빈번하게 발생하게 만든다. 이로써 서구 선진자본주의 제국들은 자국 경제위기로 인한 내부의 긴장된 이목을 많은 부분 외부로 돌릴 수 있으며, 자국 대중들이 외부의 불행으로부터 상대적인 위안을 느끼게끔 만든다. 이렇듯 이들 저개발국가의 존속은 서구 자본주의 제국의 존속에 필수적이며, 이 같은 중심국과 주변국의 관계가 해체되지 않는 한 자본주의는 쉽게 소멸하지 않는다.

이렇듯 광범위한 개발도상국들을 서구 선진제국의 경제·정치적 예속 하에 계속해서 묶어두고, '중심국-주변국'의 범주가 현실에서 계속해서 작동토록 하는 것은 국제독점자본의 근본적인 이해에 해당한다. 그런데 지구화 시대의 변화된 현실 속에서 이 같은 역할은 사실상 '세계정부'로서 기능할 수 있는 '단일패권적 제국주의'만이 수행할 수 있다.

그것은 첫째, 브라질과 인도 등 브릭스 국가들의 부상에서 볼 수 있듯이 오늘날의 개발도상국들은 더 이상 과거와 같이 절대적으로 낙후된 국가만은 아니다. 이들 중 경제적으로 이미 상당 정도 산업화를 이루고 있거나 빠른 속도로 이루어가고 있는 국가들이 늘고 있으며, 정치·군사적으로도 현대식 무기로 무장하거나 심지어는 핵무기를 보유한 국가들도 있다. 이렇듯 이들의 전반적으로 성장한 역량을 감안하면 서구 자본주의 각국의 개별적인 대응만으로는 이들 국가의 지속적인 성장과 도전에 대응할 수 없으며, 오직 냉전체제에서보다 훨씬 강력하고 전체 선진자본주의 제국을 하나로 묶어낼 수 있는 통일적인 체계와 역량만이 이들 개발도상국을 계속해서 통제권 안에 묶어 둘 수 있다.

둘째, 지구적 단일시장의 성립과 각국 간의 긴밀한 유기적 관계는 더욱 '규범'에 의한 통치를 필요로 하며, 현대 독점자본의 입장에서는 서구 선진제국의 이익을 절대적으로 보장하는 기조하에서 전 지구적 공통규범을 제정하고 이를 광범위한 개발도상국들에 강제할 힘의 존재가 더욱 절실하다. 앞서의 논의를 종합하면, 이는 결코 전 세계인의 평등선거에 기초하여 성립되는 명실상부한 '세계정부'일 수는 없으며, 결국 과거 냉전체제 하의 '동맹적 제국주의'보다 한층 강력한 단일패권 체계의 제국주의일 수밖에 없다.

지금까지 지구화 시대에 들어 '단일패권적 제국주의'의 출현과 관련한 몇 가지 이유를 살펴보았다. 그런데 본 장 도입부에서 이미 지적한 바대로, 현대 제국주의는 처음부터 전 지구적 범위에서 성립하는 제국주의이다. 이 때문에 그 내부 관계에서 서구 자본주의 제국 간의 '동맹'적 요소의 일정한 존속은 필연적이다. 왜냐하면 비록 미국이 주도하기는 하나, 그 독자적인 역량만으로는 전 세계를 통치하기에는 아무래도 역부족이다. 이 때문에 여전히 상당 부분 영국·독일·프랑스·일본 등 유럽 및 아시아 맹방의 역량에 의존할 수밖에 없다.

그리하여 냉전 종식 후의 제국주의도 냉전 시기와 마찬가지로 미국과 서유럽 국가 및 일본 등 전통적인 선진자본주의 제국 간의 '연합형태'의 제국주의 색채를 일정 정도 간직할 수밖에 없다.

이렇게 보면 냉전 종식 후의 현대 제국주의를 '단일패권적 제국주의'로 규정하면서 그 전기와 성격상 구분 짓는 일은 **이론적으로만** 가능하다. 현실에서는 이들 간에 명확하고 절대적인 구분을 짓기가 매우 어려우며, 전기와 후기 두 형식을 오가는 경우가 많이 있다.

사실상, '단일패권적 제국주의'의 전성기를 누렸다고 볼 수 있는 부시 정부도 그 집권 후기 들어 소리 없이 자신의 외교정책을 수정하였다. 2006년 1월 18일, 라이스 국무장관이 조지타운대학에서 행한 〈외교적 전환: 21세기 미국 외교 형세의 묘사〉라는 제목의 강연은 이러한 조정의 중요한 신호로 받아들여졌다. 그녀는 강연에서 "외교적 전환은 가부장적 권위주의가 아니라 파트너 관계에 입각하여야 한다. 대중을 위해서가 아니라 그들과 함께 일하는 것이어야 한다."[151] 라고 강조하였다. 이 때문에 적지 않은 국제관계 연구자들은 라이스의 이 연설을 미국 국제정책의 조정을 핵심으로 하는 '신부시주의' 출현의 중요한 표식으로 간주하였다.

현대 제국주의의 내부 동맹국 간의 관계는 각자의 경제적 부침과 또 사회주의 및 개발도상국들의 도전이라는 외부요인의 영향을 받으면서, '동맹'과 '단일패권'을 오가는 **유동적**인 성격을 띠게 된다. 실제로 '동맹적 제국주의'의 '단일패권적 제국주의'로의 한 단계 상승은 매우 지난한 역사적 과정이며, 아직 완성된 것으로 볼 수는 없다.

---

[151] 〈帝国主义历史的终结〉, p.372.

5.3. 달러패권의 특별한 중요성

현대 제국주의의 두 가지 형태, 즉 '동맹적 제국주의'와 '단일패권적 제국주의'에 있어 세계화폐가 갖는 의미는 매우 다르다. 전자에서 세계화폐는 본래 국제무역의 원활한 진척을 위한 단순한 결제 수단의 의미가 강했다고 한다면, 후자에 이르러 세계화폐는 전 지구적 자원에 대한 '무상사용권'의 의미를 갖게 되었으며, 이로써 진정한 **슈퍼 패권국가의 출현을 위한 유력한 수단을 제공**하였다.

이는 전후에 일국 내에서 국가독점자본주의가 성립하는 과정과 비슷하다. 2차 대전 종식 후 자본주의 선진 각국은 국내 화폐제도에서 금본위제를 정식 폐기하고 중앙은행을 중심으로 한 신용화폐제도를 수립하게 되었으며, 이로써 국가는 경제 과정에 직접 개입할 수 있는 유력한 수단을 얻게 되었다. 만약 국가가 화폐 권력과 같은 경제적 수단과 실질적인 물질적 기반을 갖지 못한다면, 정부가 수립하는 경제정책이란 사실상 공허한 것에 불과하다. 국가독점자본주의가 수행하는 여러 가지 경제기능은 결국 궁극에는 이러한 국가의 무한한 신용화폐의 발권력에 기초를 두고 있다. 이렇게 볼 때 금본위제에서 이탈한 신용화폐 체제로의 이행은 종전 후 국가독점자본주의가 탄생하는 진정한 기초이자 관건이라 할 수 있다.

이 같은 원리는 '단일패권적 제국주의'의 성립에서도 마찬가지다. 국제무대에서 이처럼 완전히 **신용 화폐화한 세계화폐**-금 태환의 의무에서 완전히 벗어난 세계화폐-에 대한 발권력을 어느 특정 국가가 독점하게 되면, 그 나라는 전 지구적 자원을 빌려 먼저 자국 내에서 수행하는 국가독점자본주의 기능을 더욱 강화할 수 있게 된다. 예컨대 지속적인 복지정책의 실행에서 가장 고질적인 문제인 복지기금의 부족 사태에서 벗어날 수 있으며, 이로부터 국내의 사회·정치 기반의 안정을 도모할 수 있다. 또 강력한 경제력과 군사력 구축에 필수적인 현대 과학기술 발전에 필요한 막대한 자금 투자를 장기간에 걸쳐 수행할 수 있다. 이것들은 모두 슈퍼 패권국가 성립에 있어 필수적인 사회 및 정치·경제적 조건이다.

이러한 관점에서 볼 때 오늘날 슈퍼 패권국가 출현의 기원을 따지자면 1970년대 초반 당시 세계화폐였던 달러가 금 태환의 구속으로부터 완전히 벗어났던 시기로 거슬러 올라갈 수 있다. 이 시점을 기점으로 미국은 진정한 전 세계적인 '화폐 권력'을 획득하게 되었으며, 이후 슈퍼 패권국가로 성장할 수 있는 발판을 구축하게 되었다.

5.3.1. 화폐 권력과 군사 패권

지구화 시대의 현대 제국주의와 관련한 주요 문제 중 하나는 그것을 구성하는 두 기본요소인 군사력과 화폐 권력 간의 상호관계에 관한 것이다. 적지 않은 사람들은 아직도 슈퍼 패권국가인 미국이 자신의 화폐 권력을 유지하기 위해 지구적 군사력을 활용하는 것이 아니라, 그 반대로 지구적 군사 패권을 유지키 위해 화폐 권력을 사용하고 있다고 생각한다. 이는 현대 제국주의의 의미에 대한 오해로부터 비롯된다. 군사 패권 자체는 제국주의의 목적이 될 수 없으며 결국 그것은 궁극적으로는 경제적 목적에 복무하기 마련이다. 다만 그 형식에서 영토에 대한 직접적 지배방식을 채택하는지 아니면 다른 방식을 사용할 것인지가 문제 될 뿐이다.

그런데 현대 제국주의에서 영토적 지배와 같은 구 식민지적 방식은 이미 불가능한 것이 되었다. 그 때문에 군사적 수단의 중요성은 현대 제국주의에서 상대적으로 감소하고 있으며, 특히 핵무기 시대에 접어들고서부터는 더욱 그러하다. 그 대신 규범과 질서에 입각한 통치가 주요한 방식이 되어가고 있는데, 그 경우 시장경제를 숭상하는 자본주의는 모든 교환관계를 매개하는 **'화폐'**가 이러한 규범과 질서의 **제도적 근간**으로 될 수밖에 없다. 그 때문에 화폐 권력의 중요성은 시간이 갈수록 더욱 부각한다.

현대 제국주의에서 군사와 경제와의 관계는 과거 냉전체제 하에서는 그 특수한 상황 때문에 어느 정도 왜곡되고 감추어져 있었다. 공산주의의 확장을 억지한다는 정치 이념적 성격이 표면상 앞세워졌기 때문에, 특히 냉전체제가 성립되고 정착되던 20세기 50년대까지는 군사 목적이 경제에 우선하는 것인 양 포장되었기 때문에 그럴 수밖에 없었다. 그러나 이 같은 상황은 1960년대 들면서 상당 정도 변화하기 시작하였다. 미국 존슨 정부에 의한 월남전 확전의 경우, 동기를 분석하자면 그 이면에는 냉전적 이데올로기적 요소 외에도 군산복합체의 이윤추구 요구를 만족시킴과 함께 국내의 경기 부양 목표도 상당 정도 포함되어 있다.

현대 제국주의에서 군사력과 경제와의 관계는, 냉전체제가 종식된 이후 더욱 순수한 형태로 그 본질을 드러냈다. 이제 과거처럼 더 이상 이데올로기의 신비한 외관을 걸칠 수 없게 되었으며, 슈퍼 패권국가의 군사력과 자국의 경제적 목적과의 관련성은 날로 분명해지고 있다. 간단히 말하자면, 슈퍼 패권국가에서 **최고의 경제 목표인 화폐 권력** 즉 세계화폐에 대한 독점권의 획득과 유지를 위해서 군사력이 복무하는 것이다.

이 같은 화폐 권력을 유지하는 데 지구적 차원의 군사 패권에 의한 뒷받침은 꼭 필요하다. 그런데 전 지구적 차원의 군사 패권을 수립하고 유지하는 과정에서 또한 세계 각국과 패권국가와의 갖가지 충돌이 발생하게 마련이다. 예컨대 핵무기와 화학무기 등 대규모 살상 무기에 대한 확산 금지 조치는 미국의 군사 패권의 유지를 위해 필요한 것들인데, 이와 관련하여 미국은 이란·이라크·북한 등과의 갈등이 끊임없이 발생한다. 이 과정에서 미국의 군사행동이 표면에 돌출하는 빈도가 자연히 높아지면서, 마치 군사 패권 자체가 어떤 독자적인 목적성을 갖는 것처럼 보이기도 한다. 그러나 이 같은 상황은 엄연히 화폐 권력과 군사 패권 간의 기본관계, 즉 화폐 권력을 지키기 위한 지구적 차원의 군사 패권 수립 및 그 유지과정으로부터 생겨나는 '파생적'인 것으로써, 양자의 기본 관계를 뒤집는 것은 아니다. 현대 제국주의가 요구하는 전 지구적인 군사력의 배치와 운영 및 끊임없는 군사기술 상의 우위의 확보는, 화폐 권력을 장악하지 않는 한 비록 단기적으로는 가능할지 모르나 장기적으로는 절대 불가능하다. 그 때문에 만약 화폐 권력이 흔들린다면 오늘날 미국과 같은 슈퍼 패권국가의 지구적 차원의 군사력은 그 막대한 유지비용 때문에 얼마 가지 않아 붕괴할 수밖에 없다.

이와 비교할 때 화폐 권력의 군사 패권에 대한 의존도는 상대적으로 덜 한 편이다. 화폐 권력의 수립은 원래 경제 논리와의 연관 속에서 그 기원을 찾을 수 있다. 기본적으로 그것은 한 국가의 경제력과 본질적인 관련을 갖는다. 예컨대 종전 후 달러가 처음 영국 파운드를 대체하고 세계화폐로 등장할 때, 주요하게는 미국의 세계 산업생산에서 차지하는 비중과 황금 보유량 등과 같이 경제적 요인이 고려되었다. 당시 미국의 군사력은 세계 최강이었음에도 브레턴우즈협정 체결에 있어선 별반 결정적 요인이 되지는 못하였다. 이후 달러가 세계화폐의 지위를 더욱 굳혀 가는 데서도, 1960년대 중후반까지 미국의 경제력이 다른 경쟁국들에 비해 압도적인 우위를 차지하였던 요인이 주요하게 작용하였다.

이 같은 화폐 권력의 기본적인 경제적 성격이야말로, 이후 1970년대 초 세계화폐가 슈퍼 패권국가의 성립을 위한 수단으로 성격을 바꾸는 순간에 다른 국가들이 그것을 알면서도 저지할 수 없었던 최대 원인이다. 예컨대 "미국은 그 해외채무의 상환을 거절함으로써 세계화폐체계의 붕괴를 가져올 수 있는 능력을 갖고 있었다. 이 점을 의식해서 유럽은 주저하며 물러섰다"[152]는 말에서 알 수 있다.

물론 이때 미국의 군사 패권도 한 몫 작용했던 것도 사실이다. 이와 관련된 실례로, 〈뉴욕타임스〉 1971년 5월 12일 "미국의 협박이 보도됨"이라는 제목으로 다음과 같은 기사가 실렸다.

"3년 전 미국은 은밀히 만약 서독 중앙은행이 잉여 달러에 대해 미국의 황금으로 태환하는 권리를 포기하지 않으면, 미국은 장차 서독에 주둔하는 군대를 철수시킬 것이라고 위협했다. 서독 〈주간 쉬피겔〉지에 발표된 한 편의 인터뷰 기사는 일련의 단서와 함께 세부 상황을 묘사한다. 1971년 4월 25일 세상을 떠난 도이치연방은행장 칼 브라신 박사의 인터뷰 기사는 특별히 중요한 의의를 갖는데, 왜냐하면 유럽의 과잉 달러 위기는 주요하게는 서독에서 발생했는데, 미국 상원의 새로운 동

---

[152] 〈金融帝国—美国金融霸权的来源和基础〉, p.279. 이 같은 상황은 현대에 와서도 지속되고 있다. "미국 전 재무장관 사모스가 말한 대로 지구적인 '**금융 공포의 균형**'의 구조가 이미 형성되었다. 즉 만약 유럽·아시아 그리고 기타 지역의 중앙은행이 갑자기 자신의 자금을 미국 금융시장에서 빼내게 되면, 달러 가치가 폭락하여 그들 자신도 큰 손실을 입게 된다." 〈美元霸权与经济危机〉, pp.525-526. 인용문 중 굵은 강조는 인용자에 의한 것임.

향은 바로 미국 군대의 서독 철수를 추진하는 것이었다."[153]

그러나 이는 당시의 정황에 비추어 볼 때 어디까지나 보조적 측면이었다. 세계화폐로서 달러는 이렇듯 1970년대 들어 본격적으로 자신의 성격을 변모하기 시작했지만, 1990년대 들어 미국의 화폐 권력이 최종 완성되기까지는 대체로 다음 두 번의 계기가 더 필요하였다. 첫째, 1973년 중동 위기 이후 석유 가격이 달러로 표시되었으며, 이어서 다른 관건적인 원자재와 대종 상품들도 그 뒤를 따랐다. 둘째, 1991년 냉전 종식 후 각종 규제에서 벗어나 지구적 금융시장이 형성되기 시작하였는데, 이로부터 국경을 넘는 자금흐름의 추동이 일상화된 것이 그것이다.[154]

이렇듯 40여 년이 넘는 세월을 거쳐 점진적으로 확립된 달러패권은 오늘날 매우 복잡한 지구적 금융 질서를 구축하기에 이르렀다. 그 때문에 이러한 기반 위에 구축된 달러패권은 미국의 군사 패권이 아니더라도 그 자체로서 강한 생명력을 지니고 있으며, 다른 어떤 경쟁적 요소에 의해서 쉽게 전복될 수 있는 성격이 아니다.

이상의 슈퍼 패권국가에 있어 화폐 권력과 군사력과의 관계를 이해하는 것은, 오늘날 지구화 시대의 현대 제국주의를 어떻게 종결시킬 것인가 문제와 관련하여 시사점을 준다. 결론적으로 말하면, **지구화 시대의 제국주의는 달러패권의 종결과 함께 종식**되며, 양자는 운명을 함께한다고 할 수 있다.

---

153 〈金融帝国—美国金融霸权的来源和基础〉, p.310. 위 기사 내용은 1970년대 초 국제통화체제의 격변이 있던 무렵 금융 권력과 군사 권력 간의 관계를 잘 보여준다.

154 〈美元霸权与经济危机〉, pp.517-518 참조.

5.3.2. 금융전쟁의 무기

세계화폐가 슈퍼 패권국가의 화폐 권력으로 성격이 전환하면서 기존에 없던 새로운 기능들이 생겨났다. 그중 하나가 금융전쟁의 무기인데, 즉 만약 패권적 지위를 노리는 다른 경쟁국이 등장하는 것을 저지할 필요가 있거나, 또는 다른 나라에 대한 금융적 수탈을 감행하고자 하는 경우 패권국가는 '금융전쟁'의 무기로서 화폐 권력을 사용할 수 있다.

주변에서 흔히 볼 수 있는 '무역마찰' 과정에서 우리는 미국이 어떻게 자신의 화폐 권력을 이용해 경쟁국을 굴복시키는지를 관찰할 수 있다. 미국이 무역 분쟁과 화폐 권력을 처음 결합하기 시작한 것은 국제통화체제가 고정환율제를 포기하고 변동환율제로 이행하던 무렵인 1970년대 초반이다. 이 시기 미국은 종전 후 처음으로 '쌍둥이 적자'라 불리는 재정적자와 무역 적자가 동시에 출현하는 현상이 나타났다. 그러나 당시 미국에 진짜 심각한 것은 거액의 재정적자 문제였다. 무역 적자는 1969년 1월 처음으로 월별 무역 적자를 기록한 이래 1970년 4월 두 번째 월별 무역 적자가 발생하긴 하였지만, 그때까지만 하더라도 그 규모는 그리 크지 않았다.

그런데도 미국은 이 같은 무역 적자를 빌미로 당시 주요 국제수지 흑자국이자 거액의 달러 보유국인 서독에 대해 강한 무역 압박을 가하는 한편, 국내적으로는 계속해서 재정적자를 메우기 위한 대량의 국채 발행을 감행하였으며 낮은 이자율 정책을 실행하였다. 이는 사실상 미국 정부가 자국 내 인플레이션을 고의로 조장하는 조치였다. 이를 통해 무역 적자보다도 '훨씬 많은' 달러가 해외로 방출되어 미국의 국제수지는 더욱 악화했다. 결국 미국은 이를 자국 달러가 금 태환의 구속에서 벗어나고 국제통화제도를 고정환율제에서 변동환율제로 전환시키는 기회로 삼았다(본서 제3장 참조).

무역 분쟁과 달러 권력을 결합하는 이 같은 방식은 생각보다는 매우 넓은 활용 폭을 지닌다. 이 방법은 미국처럼 세계기축통화국의 지위를 확보한 국가로서는 언제든지 경쟁국을 타격하기 위한 목적으로 매우 **주동적**으로 교묘하게 활용할 수 있다. 예컨대 어떤 이유에서든지 일단 자국의 무역 적자가 누적되게 되면, 미국은 이 문제를 여론화하고 상대 흑자 국가에 이를 시정할 것을 요구하기 시작한다. 만약 이 정도로 사태가 마무리될 수 있다면 이는 교역 국가 간의 통상적인 무역 분규와 별반 다를 게 없다. 그러나 미국은 이처럼 일반적인 무역압력 수단 외에도 인위적으로 상대방을 '환율조종국가'로 내몰 수 있는 수단을 가지고 있으며, 이를 통해 다른 정치적 수단을 포함하여 여러 가지 합법적인 보복 조치를 채택할 수 있는 여지를 갖게 된다.

예컨대, 1970년대 초반의 닉슨 정부는 고의로 평상시보다 더 많은 달러를 찍어 내어 우선 국내적으로 과잉유동성을 만든 다음, 다시 자신의 기축통화국 지위를 이용해 국내의 과잉 달러를 해외로 방출시켰다. 국제 금융 투기꾼들은 미국 정부와 연방준비이사회가 달러 약세 정책을 채택할 것이라는 점을 일단 눈치채기만 하면 언제든지 미국의 달러를 가지고 해외로 나갈 준비가 되어 있었다.[155] 이 경우 그들의 해외투자의 일차 목적지는 당연히 대미 흑자로 인해 자국 화폐가 강세를 보이는 국가가 될 것이다. 왜냐하면 그들은 이를 통해 환차익

---

[155] 이 점은 1970년대 초반까지의 금 태환과 고정환율제하의 기존 국제통화체제 하에서뿐만 아니라, 이후 금불태환과 변동환율제하에서도 마찬가지로 적용된다. 최초 미국 국내에서 연준위가 달러의 유동성 공급을 확대하게 되면, 이것이 세계적인 인플레이션을 일으키기까지는 일정한 시차가 존재한다. 즉 확대 발행된 달러가 최종적으로 소비자들의 손에 쥐어져서 시중의 달러가 넘쳐나는 것이 확인된 연후라야 달러 가치는 비로소 과잉 공급된 만큼의 가치 절하를 하게 되며, 그 과정은 일정한 시간을 필요로 한다. 이는 상대적으로 안정적인 상품공급량에 비해서 갑자기 많아진 화폐가 실제 '유효수요'로 전화됨에 따른 상품 가격의 상승(인플레이션)이 나타남으로써 실현된다. 이렇듯 화폐가 발행자로부터 몇 차례의 중간 단계를 거쳐 최후의 소비자에게로 순차적으로 옮겨가는 동안, 확대 발행된 달러를 최초로 사용하는 사람들은 기존의 가치대로 달러 가치를 이용할 수 있는 이점을 누릴 수 있다. 그 때문에 국제 금융 투기꾼들은 기축통화인 달러가 인플레이션을 일으키게 되는 이 같은 시차를 잘 활용하면 상당한 금융적 이득을 얻을 수 있다. 그 방법은 매우 간단한데, 다름 아닌 고평가된 달러를 다른 나라의 화폐 특히 국제수지 흑자국의 '강세 화폐'와 재빨리 교환하면 된다.

을 노릴 수 있으며, 이들 국가는 또한 미국 정부가 내심 손을 보기 위해 벼르고 있는 경쟁상대이기도 하기 때문이다.

1970~80년대 그것은 독일과 일본이었으며, 2000년대 들어서는 주로 중국이 지목된다. 그런데 이들 핫머니는 여러 경로를 통해서 상대 국가에 유입된 후, 그곳 외환시장에서 먼저 달러를 상대국의 화폐로 바꾼 다음 그것을 다시 현지의 주식·채권·예금 등의 금융상품이나 부동산에 투자하여 자체 증식을 꾀한다. 그런데 이들 투기자본이 가지고 가서 교환한 달러는 결국 상당 부분 상대국의 중앙은행이 보유하게 된다. 왜냐하면 1970년대 초반 미국 정부의 고의적인 달러의 해외 방출에 직면해야 했던 서독 정부와 마찬가지로, 상대국 중앙은행이 취할 수 있는 정책은 결국 이하 두 가지 중 하나를 선택하는 길밖에 없기 때문이다.

하나는 자국 화폐의 급격한 절상을 방지하기 위해 외환시장에 적극 개입해 달러를 중앙은행이 매수하는 방법이다. 이는 미국 정부를 대신해서 달러 가치를 방어해 주는 셈이지만, 자국의 수출과 고용안정을 위해서는 어쩔 수 없다. 다른 하나는 그냥 자국 화폐의 절상(달러 환율의 절하)을 용인하여 자국의 수출과 고용을 어느 정도 희생하는 것을 감수하는 것이다. 어느 쪽을 선택하든 미국 정부는 앉아서 막대한 이득을 챙길 수 있다

그런데 많은 경우 경쟁국은 달러 매수를 통한 자국 화폐의 급격한 절상 방지 쪽을 선택한다. 그것은 수출과 고용안정이 자국의 경제성장과 사회 안정에 직접적으로 관련되기 때문이다. 이 경우 미국 정부는 '자국 부채의 화폐화'라는 중요한 목표를 일차로 실현할 수 있게 되는데, 상대방(흑자국) 중앙은행은 달러를 매입한 후 그 가치 보존과 증식을 위해 다시 이들 달러 대부분을 미국 국채에 투자하기 때문이다. 이 때문에 미국 정부는 늘어나는 재정적자와 국가부채 때문에 너무 걱정하지 않아도 된다. 경쟁국의 중앙은행이 이처럼 미국 국채

를 대신 매입해주기 때문에, 미국 금융시장은 유동성 경색을 우려할 필요도 없고 이자율의 급격한 상승을 걱정할 필요도 없다. 물론 과도한 통화 증발로 인플레이션이 국내에서 유발될까 걱정하지 않아도 된다.

미국이 얻는 이점은 이것으로 그치지 않으며, 경쟁상대를 '환율조작국'으로 내몰 수 있는 새로운 카드 또한 보유한다. 왜냐하면 위의 과정에서 보았듯이, 경쟁국의 중앙은행은 확실히 외환시장에 개입하여 환율을 안정시킴으로써 자국의 수출경쟁력을 유지하는 선택을 하였기 때문이다. 이 방법은 당장은 아니더라도 이후 미국 정부가 필요하다고 판단되는 적절한 시기에 전가의 보도처럼 꺼내서 사용할 수 있다. 예컨대 미국경제가 지나친 군비 지출로 인해서 경쟁력을 회복하지 못하고 누군가 그에 대한 '희생양'이 필요하다고 생각할 경우, 또 전략적인 경쟁국을 정치적으로 공격할 필요가 있는 경우에 그러하다. 특히 선거 때가 되면 이러한 방식이 심심찮게 등장하는 것을 우리는 목격할 수 있다. 상대방 흑자국은 미국 정부를 대신해서 그 국가부채를 '화폐화' 시켜주면서도, 결국 '환율조작국'이라는 오명을 뒤집어쓰고 이중의 고통을 맛보아야만 한다. 얼마 전까지 1조 달러 이상의 미국 국채를 보유하면서도 수시로 환율조종국가로 비난받는 중국이 그 전형적인 예이다.

여기서 처음 논의가 시작되었던 부분, 즉 '무역 적자'의 발생으로 되돌아 가보자. 만약 무역 적자가 발생하지 않았다면 위의 시나리오들은 모두 그것이 발생할 때까지 기다려야만 하는 것일까? 그렇지는 않다. 화폐 권력을 지닌 슈퍼 패권국가는 무역 적자는 필요할 경우 경쟁국을 공격하거나 약화시키기 위해 얼마든지 인위적으로 창출하는 일이 가능하다. 그 시발점은 국가독점자본주의하에서는 우선 재정적자일 수 있다. 막대한 군비 지출과 거대한 복지체계를 유지해야 하는 슈퍼 패권국가에 있어 재정적자는 일상적 현상일 수밖에 없다.

재정적자 때문에 발행하게 되는 국채를 중앙은행이 매입할 경우, 사실상 그

만큼의 화폐는 상응하는 상공업 활동이나 추가적인 상품공급 없이 증가하는 셈이므로, 만약 그것이 국내에 그대로 머무르면 물가 상승을 통해 화폐의 가치 하락(인플레이션)을 일으킨다. 그러나 달러와 같은 세계통화에 있어선 상황이 달라진다. 이 '초과 발행된' 달러들은 그 세계통화 지위 때문에 언제든지 해외 상품에 대한 유효수요로 전화되는 것이 가능하며, 실지로 이 때문에 자연스럽게 수입이 늘어나서 무역 적자가 발생하게 된다. 요컨대 미국 정부는 군사비 지출이든 복지지출이든 재정지출만 늘리면 곧 무역 적자가 발생할 수 있는 조건을 갖추고 있다.

그 외에도 클린턴 정부 때처럼 비록 재정적자가 잠시 발생하지 않거나 그리 많지는 않은 경우에도, 만약 미 연준이 필요하다고 인정하고 이자율을 낮게 유지하기만 하더라도 미국의 무역 적자가 발생한다. 왜냐하면 이로부터 시중은행의 대출이 확대되어 유동성이 증가하게 되기 때문이다. 증가한 유동성이 당장 국내의 상품공급으로부터 만족을 얻지 못하면 결국 해외의 상품공급에 의지하게 될 것이다. 결국 재정적자에 의해서든 미 연준의 이자율 정책에 의해서든, '무역수지'를 빌미로 한 압력 수단은 화폐 권력을 장악한 슈퍼 패권국가가 자신의 패권적 지위를 유지하기 위한 경쟁국과의 투쟁에서 매우 융통성 있고 **주동적**으로 사용할 수 있는 효과적인 무기인 셈이다.

2004년 미국에선 〈한 경제킬러의 고백〉이라는 제목의 책이 출간되어 한때 화제가 된 적이 있다. 이 책의 저자 존·파킨스는 그 자신이 한때 미국 국가안전국(NSA)의 비밀고용원으로 소위 '경제 킬러'가 되어 직접 활동한 경험이 있다. 저자는 이 책에서 미국이 다른 국가를 상대로 금융전쟁을 획책하고 그들 나라를 파괴하는 내막에 대해 적나라하게 폭로하고 있다. 이 책에 따르면, 핵무기의 출현 때문에 전쟁을 일으키는 위험비용이 크게 증가함에 따라 1960년대 후반부터 미국의 전통적인 '군사 전쟁'은 점점 더 은밀한 '경제금융 전쟁'으로 대체

되고, 사용되는 무기도 점점 더 군함과 대포에서 경제금융 수단으로 바뀌게 되었다.[156]

예컨대 경제 킬러가 즐겨 사용하는 교묘한 '경제모형 이론'을 이용한 사기, 로비 홍보, 세계은행과 IMF가 제공하는 경제원조와 대출 융자, 미국 정부와 권위 있는 국제기구가 합의하고 적극 추천하는 '워싱턴 컨센서스', 정부의 금융 감독을 취소케 만드는 금융 자유화 정책의 주장, 개발도상국을 유인하여 국제 핫머니가 들어갈 수 있도록 빗장을 활짝 열도록 만드는 금융 개방화 정책, 거품경제를 육성하여 금융위기를 의도적으로 준비하고 그 틈을 타서 개발도상국의 경제와 금융의 근간을 공격하고 통제하기 등등이 그것이다. 이 같은 은폐된 경제금융전쟁은 오늘날 현대 제국주의가 패권을 도모하는 새로운 형식이며, 또한 국제독점자본이 초과이윤과 재화를 약탈하는 새로운 착취방식이다.

이와 관련해 주목할 것은 미국의 금융 과두 세력이 경제금융전쟁을 준비하기 위하여 1970년대 이래 소로스와 같은 '금융 크록(악어)'을 의식적으로 육성해 오고 있다는 사실이다. 이들 금융 크록은 외형상 각종 헤지펀드의 모습을 띠고 나타나는데, 그들은 기회를 노려 지구 상에서 말을 잘 듣지 않거나 약세인 국가를 골라 심심치 않게 금융대란을 일으킨다. 1997년 동남아 금융위기와 그에 연이은 러시아 금융위기 등이 그 대표적인 사례이다. 이 같은 형세에 직면하여 약체 경제권들은 자신의 금융 안전과 경제적 안전을 위해서 부득불 달러로 표시되는 거액의 외환 보유고를 항시 유지할 수밖에 없게 되며, 이를 통해 미국은 자신의 달러패권과 슈퍼 패권국가로서 지위를 더욱 강화시킬 수 있다.[157]

---

156 [美]约翰·珀金斯, 〈一个经济杀手的自白〉, p.48.

157 〈美元霸权与经济危机〉, p.432.

이상에서 살펴본 대로, **화폐 권력은 지구화 시대의 '단일패권적 제국주의'의 가장 본질**적 부분이라 할 수 있다. 일찍이 레닌은 금융자본에 의한 통치는 자본주의의 최고단계이며, 금융자본은 일종의 일체 경제 관계와 모든 국제관계 가운데서 거대한 역량이자 결정적 작용을 하는 역량[158]이라고 규정한 바 있다. 오늘날 지구화 시대의 현대 제국주의의 화폐 권력을 통해서 우리는 금융자본의 이 같은 진수를 더욱 유감없이 확인할 수 있다. 또한 이 같은 세계화폐에 기초한 현대 제국주의는 **제국주의 발전의 새로운 최고단계**라고 부를 수 있다. 끝으로 조금 길긴 하지만, 슈퍼 패권국가인 미국에 있어 달러패권의 중요성을 언급하고 있는 다음 글을 소개하면서 본 절을 마치기로 한다.

"주권 민족국가가 형성된 이래, 그 어떤 국가도 세계 다른 나라를 희생하는 대가로 장기간 이득을 취할 수는 없었다. 그러나 1971년 이래 지구 상에서 유일하게 슈퍼대국인 미국은 날로 형성되는 자신의 달러패권에 기대어, 상호의존도가 깊어지는 국제사회에서 세계 경제로 하여금 미국경제에 복종토록 만들었으며, 세계 각국이 자신에게 변형된 형태의 '조공'을 바치는 제국(帝國)으로서의 지위를 유지할 수 있었다.

전통적인 주권 민족국가로 구성된 세계에서, 군사적으로 야심 있는 국가들은 하나같이 채무국이자 높은 세율과 고비용의 경제체제로 변모하여, 최후에는 스스로 유지하기가 힘들게 되어 결국 전쟁을 포기하였다. 나폴레옹이 이끌었던 프랑스, 해가 지지 않는 제국이었던 영국, 두 차례의 세계대전을 일으킨 무렵의 독일 등등이 그러하며, 이들의 경우 모두 예외

---

158 〈列宁选集〉第二卷, pp.780,802.

가 없었다. 그러나 오늘날 주권 민족국가로 구성된 세계에서, 지구 상에서 유일한 슈퍼대국인 미국은 이미 가볍게 4차례의 국부적인 전쟁을 치른 후, 다시 한차례 이란과의 전쟁을 준비하고 있다.

전통적인 주권 민족국가로 구성된 세계에서는 각국이 앞다투어 경쟁적으로 수출을 시도하고, 이로부터 진정한 재화인 황금 혹은 기타 경화(硬貨)를 획득하여 자국 생산을 확대하려고 하며, 그 어떤 나라도 장기간 무역 적자를 유지하길 원하지 않고 또 그렇게 할 능력도 없다. 그러나 오늘날 주권 민족국가로 구성된 세계에서 지구 상에서 유일하게 슈퍼대국인 미국만이 수십 년을 하루같이 수입이 수출보다 큰 상황을 유지하고 있으며, 세계무역은 미국이 지폐 달러를 발행하고 다른 나라들은 이 달러로 구매하는 제품을 생산하는 '유희'로 변모되었다. 이리하여 지구 상의 최대 무역 적자국은 경제의 고도한 번영과 지구적 패권을 유지하는 반면, 지구 상의 수많은 무역 흑자국은 '수출 조공 국가'로 전락하여 국내의 빈곤과 자본 부족 가운데서 허우적거리게 된다.

전통적인 주권 민족국가로 구성된 세계에서는, 채무에 시달리는 국가들은 세계 권력을 상실할 뿐만 아니라, 자국정책과 중앙은행이 금융정책을 제정할 수 있는 자주권마저도 상실하게 된다. 그런데 오늘날 주권 민족국가로 구성된 세계에서 지구 상에서 최대의 채무국인 미국은 지구 상의 유일한 슈퍼대국이며, 채권국들은 오히려 날로 자국의 국내 정책과 중앙은행의 금융정책을 제정할 수 있는 자주권을 상실해가고 있다. 달러패권은 이미 완전하고 철저하게 세계를 거꾸로 뒤집어 버렸다."[159]

---

159 〈美元霸权与经济危机〉, pp.522-523.

5.4. 현대 제국주의하의 세계 경제의 균형

1980년대부터 2008년 하반기 금융위기가 발생하기 전까지, 지구적 차원에서 '소비 중심'과 '제조 중심'이 분리되는 **경제구조의 이원화** 현상이 나타났다. 이 같은 세계 경제의 이원 구조에서 미국은 '소비 중심'의 역할을 맡았으며, 주로 아시아로부터 대량 수입을 통해 거액의 무역 적자를 누적하는 대가로 세계의 소비와 성장을 일정 추동하였다. 이에 반해 중국과 일본 및 독일은 '제조 중심'의 역할을 맡아 대량의 대미수출을 통한 거액의 무역흑자를 달성하였다. 이러한 세계 경제의 이원 구조를 빗대어 일각에선 '신 브레턴우즈 체제'라는 풍자적 용어를 사용하기도 한다. 이 같은 이원 구조는 사실 지구화 시대 세계 경제가 도달한 일종의 '균형' 형식으로 현대 제국주의하에서 나타날 수 있는 독특한 현상이다. 본 절에서는 이 문제에 관해 살펴보기로 한다.

미국이 세계 '소비 중심'의 역할을 맡게 된 기원을 따지면 1970년대 중반으로 거슬러 올라간다. 미국은 2차 대전 종전부터 1960년대 말까지 줄곧 경상수지 흑자국의 지위를 유지하였으며, 심지어 서구 7개국 흑자의 거의 절반을 차지하였다. 이렇게 볼 때 미국이 처음부터 세계 '소비 중심'의 역할을 맡았던 것은 아니다. 그러나 1970년대 들어 이 같은 흑자 폭이 줄어들더니 1976년에는 마침내 적자로 반전되었으며, 이후 그 적자 폭은 날로 확대되었다.

1980년대 들어 레이건 정부 시대에는 이미 무역 적자 규모가 당시로선 역대 최대 규모로 불어나 **'쌍둥이 적자'** 현상이 중요한 국제문제로 등장하였다. 미국의 무역 적자는 이후 노(老) 부시와 클린턴 정부 시대엔 약간 수그러들긴 하였어도 꾸준히 지속되었으며, 2001년 조지 워커 부시 정부 이후에는 다시 급격히 확대되어 금융위기가 발발하기 직전엔 그 사상 최대 규모를 기록하기에 이르렀다(아래 표 5-3 참조). 이리하여 미국은 점차 1970년대 중반의 일반적인 무역 적자 국가에서, 1980년대 이후에는 만성적인 대규모 무역 적자 국가인 세계 **'소비 중심'**으로 질적인 전환을 하였다.

표 5-3. 1990년도 이후 미국의 경상수지 (단위: 10억 달러)

년도	1990	1991	1992	1993	1994	1995	1996	1997	1998	1999	2000
경상수지	-79	3	-52	-85	-122	-114	-125	-141	-215	-296	-411

년도	2001	2002	2003	2004	2005	2006	2007	2008	2009	2010
경상수지	-395	-458	-521	-634	-745	-807	-719	-691	-384	-442

출처: IMF와 KOSIS에서 획득한 자료에 기초해 필자가 정리함.

이렇듯 미국이 세계의 '소비 중심'이 되고 다른 지구 상의 국가들이 '제조 중심'이 되는 것은, 2000년대 조지 워커 부시 정권과 함께 나타난 잠시의 우연적인 현상이 아님을 알 수 있다. 다만 이 무렵 부시 정권의 '일방주의'와 관련한 노골적인 군사 위주 정책 때문에 이러한 현상이 가장 두드러지고 전형적인 모습으로 나타났을 뿐이다.

모든 사물이 그러하듯 장기간 지속되는 현상의 이면에는 필연적인 내적 요인이 존재한다. 이 같은 세계 경제의 이원화 현상에도 마찬가지로 이를 필연적이게끔 하는 내적 요인과 기제가 존재하는데, 그 핵심은 미국의 달러패권이라 할 수 있다. 구체적으로 말하자면, 여기에는 다음 세 가지의 기술적 운행 기제가 작동한다.

첫째, 세계화폐(달러)의 발권력을 가진 미국이 경상수지 적자를 통해 전 세계에 '지폐 달러'를 수출하고, 세계 다른 나라들은 미국에 '실질 자원'(일반상품)을 수출함으로써 미국의 국내 소비자를 만족시켜 주는 대가로 세계화폐(달러)를 획득한다.

둘째, 미국의 무역상대국이 무역흑자로 쌓은 달러 보유고는 미국 국채를 매입하는 형식으로 다시 미국으로 되돌아오게 유도됨으로써, 미국은 그 경상계정의 적자를 메우는 융자를 받게 된다. 이로부터 경상수지 적자가 지속할 수 없는 상황을 피함과 동시에, 달러 환율의 안정과 미국 국내 이자율의 비교적 낮은 수준을 유지할 수 있다.

이 같은 달러의 '회귀' 기제는 매우 중요하다. 만약 이 회귀 기제가 없다면 곧 전 세계에 통제되지 않는 달러가 지나치게 범람하여 달러패권은 붕괴하고 말 것이다. 미국이 이러한 회귀 기제로 마련한 것은 두 가지 통로인데, 하나는 위에서 언급한 바와 같이 각국 정부가 보유한 달러가 '달러-미국 국채'의 회귀 기재를 통해 미국으로 돌아오도록 압박하는 것이며, 또 다른 통로는 '달러-금융파생상품'의 회귀 기제이다. 후자는 신자유주의 경제정책과 미국 '경제구조의 의제화'라는 배경 속에서 발전하였다.

셋째, 미국은 무역 적자를 통해 외채를 누적시키는 동시에, 다른 한편 계속해서 대외 자본수출을 수행한다. 여기서 대미 흑자국이 누적하는 미국의 외채는 '달러'나 '미국 국채'와 같은 무이자 혹은 낮은 이자 형식의 부채를 위주로 하는 반면에, 미국의 자본수출은 해외 직접투자와 같은 고수익 자산을 위주로 한다. 이 경우 달러 채권에 대한 이자 지불액이 미국이 해외에서 수행한 직접투자와 간접투자의 이윤과 이자소득을 합한 것보다 적기만 하면, 미국은 이상

의 정부 채권을 통한 외국의 무역흑자를 흡수하는 방식을 지속할 수 있다.[160]

미국의 정책 입안자들은 이러한 기제의 존재와 의의를 잘 인식하고 있었다. 예컨대 1993년 1월, 일찍이 골드만삭스 회장을 역임한 로버트 루빈이 클린턴 정부의 재무장관 재직 시, 그는 "강한 달러는 미국 국가이익에 부합한다"라는 기치를 들고, 미국의 무역 적자가 직선 상승하는 것을 개의치 않았다. 루빈의 입장은 미국 무역 적자는 '양성순환(良姓循環)' 한다는 것인데, 왜냐하면 그것은 미국 자본계정 순차에 의해서 상쇄될 수 있기 때문이다.[161]

이처럼 일단 내적 기제가 형성된 이후에는 세계 경제의 소비 중심과 제조 중심의 분화는 점차 시간의 흐름에 따라 비교적 자기 안정성을 갖는 **체계**를 형성하면서 **구조화**한다. 이러한 구조하에서 미국은 만성적인 경상수지 적자 때문에 붕괴의 위협에 내몰리는 것이 아니라, 오히려 세계 소비 중심과 슈퍼 패권국가로서 지위를 유지하는 것이 상당 기간 가능해 진다.

세계 경제에서 '소비 중심-제조 중심'의 이원 구조의 형성은, 비록 기형적이긴 하지만 나름대로 오늘날 전 지구적 차원의 '**균형**' 형식의 일종이며, 또한 현대 제국주의 하의 세계 경제의 균형 형식이다. 이렇듯 조금 기이한 세계 경제의 이원 구조가 갖는 의의를 이해하기 위해서는, 우선 이 구조가 출현하게 된 배경을 이해할 필요가 있으며 이를 위해 우리는 잠시 1970년대로 거슬러 올라가야 한다.

이 시기는 국가독점자본주의가 전기에서 후기로 전환하던 무렵으로, 기존의 일국 내 국민 경제 중심의 균형 기제가 기능을 상실함으로써 지구적 차원

---

160 이상 세 측면의 기제와 관련된 부분은 〈美元霸权与经济危机〉, p.523의 내용을 참조함.

161 관련 내용은 Henry C K Liu. "America's Untested Management Team" Asia Time. Jun 17, 2006. 〈美元霸权与经济危机〉, p.517에서 재인용함.

의 새로운 균형 기제를 모색하게 되었다. 이는 각국 자본 간의 세계시장 쟁탈전의 본격화를 통해서 진행되었는데, 이 같은 자본 간의 경쟁은 필연적으로 지구적 차원에서 수출과 수입의 유기적 연관을 파괴함으로써 세계 경제의 불균형을 한층 심화시켰다. 만약 이 같은 경쟁에서 누구나가 승리자가 되기를 원한다면, 이로부터 지나친 과잉 공급이 출현하게 되고 수요부족으로 인한 세계 경제의 혼란과 위기는 더욱 가중될 것이다. 그 때문에 이러한 국제적 과잉생산 문제를 완화하기 위해선 세계 경제 차원에서 일정한 출구가 필요하다.

이와 관련하여 종전 후 서구의 국가독점자본주의가 소위 '**제3부문**'의 창출을 통해 과잉생산 문제를 일정 완화하였던 경험을 상기할 필요가 있다. 즉, 종전 후 각국은 복지국가 하에서 사회복지 부문에 대한 지출 확대와 공무원의 채용 규모를 늘리는 한편, 또 군비 지출과 같은 비생산적 부문의 의식적 확충을 통해 새로운 사회적 수요를 인위적으로 창출하여 국내 과잉 공급의 압력을 일정 정도 낮출 수 있었다. 이와 마찬가지로 1970년대 이후 전 지구적 차원에서 과잉 공급을 해소할 수 있는 새로운 지구 경제 차원의 '제3부문'을 창출하는 것이 객관적으로 요구되었다.

이는 특정 국가에 자신의 경제 능력의 한도를 넘어서는 소비를 할 수 있는 특권을 부여함을 통해 실현되었다. 결국 그 특권은 자연스럽게 '세계화폐'의 발권력을 보유한 미국에 귀속되었다. 이처럼 인위적으로 세계 '소비 중심'을 창출함을 통해 자본주의의 세계적인 과잉생산 문제를 해결하는 방식은 분명 왜곡된 것이다. 하지만 어떻든 지구화 시대에서 이 같은 '소비 중심-제조 중심'의 이원 구조는 세계 경제의 균형을 위한 하나의 해결책이며, 또한 현대 제국주의가 존재하는 한 그럴 수밖에 없는 객관적 필연성을 갖는다.

다음으로 위 이원 구조하에서 세계 경제 균형이 각국에 갖는 의미를 따져보도록 하자. 과거 국가독점자본주의를 통한 일국 내에서 '제3부문'의 창출을 통한 해결방식은 그래도 비교적 광범한 대중에게 나름의 혜택이 돌아가게끔 하였다. 이와는 달리, 위의 '소비 중심-제조 중심' 이원 구조하에서 세계 경제는 각국이 처해있는 현대 제국주의와의 관계에 따라 매우 다른 득실을 가지며, 그 혜택은 극히 소수집단에만 한정된다.

우선 '소비 중심'을 담당하는 미국은 이 구조의 최대의 수혜국임은 의심할 여지가 없다. 세계화폐의 발권 국가로서 사실상 거의 무상으로 다른 나라의 재화와 서비스를 이용할 수 있는 특혜를 누림과 함께, 또한 달러 회귀에 따른 저렴한 융자(즉 다른 나라 중앙은행에 의한 미국 국채 매입) 혜택도 동시에 덤으로 누리게 된다.

세계 경제의 이원 구조가 주는 피해를 가장 많이 받는 것은 대다수 개발도상국이다. 이들 국가에 있어 무역흑자가 발생하는 것은 결코 생산력 우위에 의해서가 아니라, 본국의 기본수요와 국내 발전에 필요한 수입품을 희생하는 대가인 경우가 많다. 그 때문에 이 같은 무역흑자는 상당한 고통을 동반한다. 이들 국가는 수출을 위해 임금을 낮추고 자연 자원의 소모와 환경을 파괴하는 대가를 지불해야 하며, 교육과 의료 그리고 기타 사회 기초설비 등에 투여될 자금을 희생하여야만 한다.

그뿐만 아니라 이렇듯 어렵게 벌어들인 수출의 과실도 도로 빼앗겨서 국내 경제 발전에 필요한 자금은 항상 심한 결핍상태를 겪는다. 왜냐하면 앞서 보았듯이, 세계 경제의 이원적 균형 구조를 유지하는 내적 기제는 해외의 잉여 달러가 필히 미국 국채에 재투자하도록 강제하기 때문이다. 만약 미국 국채와 같은 언제든지 유동화가 가능한 외환 보유고를 평소 충분히 확보하지 못할 경우, 개발도상국들은 현재의 미국 달러패권 하에서 자국의 화폐체계가 언제든지 붕괴할 수 있는 위험에 노출된다.

참고로 세계은행의 통계에 따르면, 20세기 80년대에서 90년대 말까지, 전 세계적으로 크고 작은 금융위기가 모두 **108차례** 발생했다(1980년대 45차례, 1990년대 63차례). 이들 금융위기는 대부분 신흥공업국과 개발도상국 등 경제 약체 국가에서 발생했는데, 이는 미국의 달러패권과 밀접한 관련이 있다.[162]

중간 위치에 있는 국가들, 즉 미국의 전통적인 서구 선진자본주의 동맹국들에 있어 그 득실은 전체적으로 중립적이라 볼 수 있다. 한편으로 이들 국가도 미국 화폐 권력의 영향 밑에 있기에 미국의 '화폐 주조세' 징수에 의한 일부 경제 잉여의 수탈을 모면할 수 없다. 이러한 의미에서 달러 지폐의 발행을 통한 화폐 주조세의 획득은 미국 자신을 제외하고는 세계 모든 나라에 공동의 부담이 된다. 그러나 다른 한편 비록 달러에 비해 보조적 위치에 머물긴 하지만, 이들 서구 동맹국의 화폐 역시도 '세계화폐' 대열에서 한 석을 갖고 있기에 일부 만회가 가능하다.

그 외에도 미국이라는 '소비 중심'의 존재는 이들 국가의 독점자본에게 필요한 시장을 제공해주어 과잉생산에 대한 일정한 출구를 열어준다. 이는 이들 국가의 국가독점자본주의 체제의 안정을 위해 적지 않은 기여를 한다. 물론 이들 국가의 사적 독점자본은 미국 자본과 함께 현 국제 분업 체계의 상류를 차지하며, 그 때문에 이를 보완하고 강화하는 기능을 하는 위의 이원 구조를 결코 거부할 수는 없는 입장이다.

종합하자면, 세계 경제의 이원 구조를 통한 현대 제국주의하에서의 경제 균형은 그 본질에 있어 세계 경제의 요구와 각국 경제의 요구가 일정 정도 종합된 결과라 할 수 있다. 특히 세계화폐에 대한 발권력을 가진 슈퍼 패권국가 미국의 국내 경제적 요구가 일차적으로 관철된 결과이다. 그 때문에 비록 이런 방식

---

[162] 〈美元霸权与经济危机〉, p.465.

으로 세계 경제가 일시적인 균형에는 도달할 수 있을지언정, 그것은 본질상 매우 **불공평**하기에 **취약**하다고 할 수 있다. 과거 일국 차원의 '제3부문'의 창출이 국가독점자본주의의 내부균형을 오래 지켜줄 수 없었듯이, 국제적 차원에서 또한 그러하다.

결국 달러패권을 기초로 한 현대 제국주의 하의 세계 경제의 균형은 그것이 왜곡된 국제 분업구조와 국제무역을 기초로 하는 만큼 장기간 지속될 수 없는 균형임은 명백하다. 이러한 구조하에서 자본주의의 고유한 모순은 더욱 악화하며, 고질적인 과잉생산은 한층 심각해진다. 2008년 하반기 금융위기가 폭발한 데서 볼 수 있듯이, 최종적으로 그것은 경제위기의 도래를 막을 수가 없다.

끝으로 이러한 현대 제국주의하에서의 세계 경제의 균형이 2008년 하반기 금융위기를 통해 붕괴하는 과정을 살펴본다.

원래 위의 '이원 구조'의 형성에서 금융업 자본의 역할은 매우 관건적이었으며, 또 이런 구조에서 이들이 준동할 여지 또한 다분했다. 예컨대 금융업 자본은 슈퍼 패권국가 미국의 국내외 정책으로부터 유발되는 통화 증발과 달러의 해외 유출에 대해 그 '회수 기능'(즉 유출된 달러의 미국 내 재유입)을 담당하였으며, 이 때문에 달러의 자기 완결적인 운동체계의 구축에 있어 매우 중요한 위치에 있었다. 이 같은 미국의 지구적 패권 체계에서 갖는 금융업 자본의 중요성 때문에 미국경제의 전반적인 '경제 의제화' 경향은 가속화되었다('경제 의제화' 관련해서는 본서 제3장 참조).

2000년대 초 IT 거품이 빠지자 경제 불황을 막기 위해 미국 정부가 금리 인하와 통화팽창 정책을 펼칠 무렵, 때마침 발발한 이라크전쟁은 금융적 팽창과 '경제 의제화' 과정에 더욱 불을 지폈다. 부시 정부의 사상 최대 규모의 '쌍둥이 적자' 출현은, 무역 계정의 적자를 자본계정의 흑자를 통해서 보존하는 위 '이원 구조'의 내적 기제를 본격 가동시켰다. 미국은 이 기제를 통해 세계 각국의 잉여 자본을 끌어들였으며, 이 때문에 미국 국내는 자금의 과잉과 유동성의 범람을 겪었다. 미국 내 금융기관(은행, 증권사, 헤지펀드)들은 세계에서 몰려드는 이들 자금에 대한 적절한 투자처를 제공하기 위해 각종 금융상품을 앞다투어 개발하였다. 이것이 결국에는 금융위기를 낳는 화근이 되었다.

대량의 현금을 보유하게 된 시중 은행들은 어떻게든 최소한의 이자라도 지불할 수 있는 출로를 찾아야만 하였다. 이리하여 은행들은 모기지 대출의 기준을 대폭 낮추어 충분한 소득증명이 없는 대량의 저소득층에게도 모기지 대출을 허락하고, 심지어는 일차 계약금을 낼 필요조차 없도록 하였다. 이로써 위험성이 높은 고객들이 대량으로 들어오는 것을 방지할 수 없었다. 시중 은행은 서브프라임 모기지론을 실행한 후, 스스로 그 위험성을 인식하면서도 돈을 벌 욕심에서 각종 새로운 금융상품을 계속해서 고안했으며, 그것들을 서브프라임 채권상품으로 포장하여 위험을 제3자에게 전가하였다. 여러 차례의 포장을 거친 후 일반투자자들은 이미 그 상품이 포함한 리스크를 전혀 이해하지 못하게 되었다. 마침 경제 상황이 안 좋아 지고 부동산가격이 하락하면서 서브프라임 상품의 위약률이 급격히 상승하였다. 투자자들이 이에 따라 앞다투어 이들 관련 상품을 투매하자 시장의 폭락을 가져왔으며, 최종적으로 금융위기를 폭발시켰다.

이렇듯 세계 경제의 '소비 중심-제조 중심'의 이원 구조와 2008년 금융위기는 깊은 내적 연관이 있다. 이 같은 이원 구조는 비록 취약하고 불공평한 것이긴 하지만, 경제위기가 일단 폭발한 후에 저절로 해체되지는 않으며, 나름의 자기 회복능력을 지니고 있다. 한두 차례 경제위기가 발생한다고 해서 그 구조의 핵심을 차지하는 미국의 패권적 지위가 사라지는 것은 아니기 때문이다. 오히려 애초 원인 제공자인 미국은 전 세계적으로 위기가 진행되는 와중에서도, 자신의 달러패권을 이용하여 그 피해를 다른 나라에 전가함으로써 자신은 누구보다 빨리 회복될 수 있었다. 이는 위의 이원 구조가 갖는 특성 중 하나인데, 그 **재순환 가능성**을 보여 준 것이다. 따라서 만약 **다른 변수**를 고려하지 않는다면, 경제위기 후 패권국가 미국은 시간이 지남에 따라 원기 회복과 함께 점차 이 구조를 다시 복구시킬 것이다. 물론 여기에는 '다른 변수'라는 조건이 달렸는데, 그것은 중국과 개발도상국의 이해를 대변하는 브릭스를 말한다. 이에 대해서는 제6장에서 다루기로 한다.

5.5. 현대 제국주의의 쇠퇴

자본주의가 출현한 이후 세계역사를 놓고 볼 때 세계 패권과 관련한 **성쇠 주기**가 존재한다는 사실을 알 수 있다. 이러한 주기는 결국 각국 **산업의 번영과 정체에 기인**한다. 화폐자본이 생산영역을 벗어나 금융영역에 주로 유입되고, 이로부터 금융업의 번영과 산업의 쇠퇴가 병존하는 것은 기존 패권국가가 쇠락의 길로 들어서는 패권 쇠퇴기의 전형적인 특징이었다. 역사적으로 17세기~18세기 초반 유럽의 강국이었던 네덜란드가 그러하였으며, 18세기~20세기 중엽까지 세계에 군림하였던 영국 또한 그러하였다. 아래 인용문은 네덜란드의 쇠퇴 원인과 관련한 것이다.

"끊임없이 이어지는 정부 대출에 대한 수익은 네덜란드연방 경제가 점점 생산적인 경제에서 벗어나도록 하였으며, 일종의 고리대금 식 경제로 변모하게끔 했다. 그 은행가들은 모험을 무릅쓰면서까지 자금을 18세기 말의 대규모 공업건설 항목에 투자하길 원치 않았다. 쉽게 받을 수 있는 대출은 최종적으로는 네덜란드 정부가 거액의 채무부담을 지도록 만들었으며, 소비세에 의존해 상환하려 하자 임금과 물가를 인상시켰다. 그 결과 네덜란드 상품은 경쟁력을 상실하였다."[163]

오늘날 슈퍼 패권국가인 미국의 통치 집단과 엘리트들이 이 같은 사정을 모를 리가 없다. 그런데도 미국은 1970년대 이후 점차 금융 국가의 길을 걷고 있는 모습을 보여준다. 오늘날 미국의 금융 국가화의 심화 정도는, 앞서 살펴본 대로 종전 후 세계 제일의 산업 국가에서 지금은 '소비 중심' 국가로 전락한 데서 확인할 수 있다. 미국은 1970년대 중반 이후 처음 단순한 일반 무역 적자 국가에서 1980년대 들어선 이후 점차 구조적인 '소비 국가'로 전락하였다. 세계 경제의 '소비 중심―제조 중심'의 이원 구조는 미국경제의 상응한 산업 공동화와 금융 국가화의 진행을 수반하였다.

제국주의 패권국가에 있어 '금용 국가화'는 그 **'군사화'**와 밀접한 관련이 있다. 일단 군사화가 진행되면 패권국가의 다음 순서는 필연적으로 금융 국가화의 길을 밟는 것이다. 영국은 19세기 중엽 이후 자신의 세계 패권을 유지하기 위해 세계 각지의 전쟁에 개입하다 보니 차츰 후발주자인 독일과 미국에 산업 경쟁력이 뒤처지게 되었으며, 이로부터 방대한 제국경영과 관련한 금융적 초과이윤의 유혹에 더욱 빠져들게 되었다. 이의 관련한 다음과 같은 통계자료가 있다.

1911년 영국의 해외투자 수입은 1억 9,400만 파운드였음에 비해 그해 산업 부문 수입은 겨우 5,000만 파운드에 불과하였다. 해외투자 수입이 국내 산업 수입의 근 3배를 넘어선 것이다. 영국은 이렇듯 해외로부터 막대한 이윤이 계속해서 유입했던 관계로 기술 개발에 대한 동력을 상실하였다. 이 같은 요인이

---

163 〈大国的兴衰〉上卷, p.78.

겹쳐서 영국의 국내 생산은 비교적 심각한 정체 현상을 보였다. 예컨대 1874년부터 1914년 기간 다른 세계열강들의 산업생산 연평균 성장률은 일본이 12%, 미국 3.8%, 독일 2.5%, 프랑스 2.4%였음에 비해서 영국은 겨우 1.6%에 그쳤다.[164]

이와 비슷하게, 1970년대 이후 가열되는 세계 각국의 경쟁에서 '군사경제' 비중이 과다한 미국은 전반적으로 산업경쟁력에서 독일과 일본 등 경쟁국에 비해 점차 뒤처지게 되었다. 이 같은 상황에서 기존 산업부문의 경쟁력 우위를 더 이상 지키기가 힘들어진 미국은 패권 유지와 직접 관련되는 일부 첨단산업 분야를 제외한 나머지 분야의 제조업을 포기하고, 점차 금융업 중심의 '소비 중심' 국가의 길에 들어섰다. 이 같은 사정 때문에 설령 미국의 엘리트들이 금융 국가화의 폐단을 사전에 인식하고 있다손 치더라도, 그 경향을 다소 완화시킬 수는 있을지언정 그 근본적 추세를 바꾸기는 쉽지 않았을 것이다. 이하에서 이 문제에 관해 좀 더 살펴보도록 하자.

제국주의 패권국가는 역사적으로 볼 때 하나같이 **필연적으로 '군사화' 경향**을 보인다. 그렇다면 이 같은 군사화 경향은 어디에서 비롯되는 것일까? 그것은 제국주의 자체의 '본질'과 '패권국가'라는 두 측면이 함께 결합 되어 나타난다.

우선 제국주의 자체의 본질과 관련해서 보면, 만약 자본 간의 경쟁에서 순수한 경제적 논리만 작동한다면 '제국주의'는 굳이 존재할 필요가 없을 것이다. 그러나 자본 간의 경쟁이라는 큰 틀에서 볼 때 제국주의는 일종의 정치와 군사적 압력 수단을 통한 특수한 경쟁형식, 즉 **'경제외적인 경쟁'**이라 할 수 있다. 이러한 경쟁은 특히 지구화 시대의 자본주의를 포함한 독점단계의 자본주의

---

164 이상 통계수치 출처는 [中]马建行 等共著, 〈垄断资本概论―马克思主义的帝国主义理论·历史与当代〉, pp.316-317.

에서는 매우 필수적이다.

예컨대 경제 일체화와 과학기술혁명이 끊임없이 진행되고 있는 지구화 시대에, 미국을 비롯한 세계 각국의 독점자본은 모두 한편으론 타국에 대한 개방 및 자유화를 요구하면서도, 다른 한편 자국 정부가 국내시장을 좀 더 강력하게 보호해주길 기대한다. 이는 고전적인 자본주의가 강조하는 자유롭고 공정한 경쟁 이념과는 분명 배치되는 일이지만, 현실에서 이 같은 모순된 요구를 관철할 수 있는 유일한 길은 제국주의적 방식뿐이다. 즉 경제외적인 정치·군사적 수단을 동원하여 경쟁국이 자신의 일방적인 요구를 받아들이게끔 하는 것이다.

만약 이 같은 제국주의적인 일반적 경향에 더 해 그 나라가 '패권국가'라고 한다면, 그 군사화 경향은 더욱 심해질 수밖에 없다. 현대 제국주의는 일반적인 제국주의에 더해 반드시 '패권국가'일 것을 요구받는데, 지구화 시대에는 더욱 그러하다. 그 때문에 우선 전 세계를 상대로 자신의 패권적 지위를 유지해야 하기에 군비 지출은 훨씬 더 많아질 수밖에 없다. 그 대신 이에 대한 보상이라고 할 수 있는 패권적 지위로부터 얻는 경제적 이득(예컨대 금융적 약탈)은 과거의 제국주의와는 비교할 수 없을 만큼 막대하다. 이 점은 미국이 달러패권의 수립을 통해 얻는 이익을 생각한다면 쉽게 이해할 수 있다. 이 때문에 현대 제국주의는 훨씬 더 큰 '군사화'의 유혹을 받는다.

실제로 미국은 냉전 시기에 끊임없이 군사화의 길을 걸어왔다. 1945년에서 1990년 기간 미국은 약 3조 7천억 달러(1972년 불변가격), 즉 토지를 제외한 미국에 있는 모든 재화를 살 수 있는 돈을 국방비에 투입했다. 미국의 방위비 지출은 매년 미국 GNP의 평균 7%에 달했으며, 이는 일반적으로 정상적인 국방비 부담으로 간주하는 GDP의 2~3%를 훨씬 초과하는 수치이다. 냉전 후기에 접어든 1980년대 중반에도 미국의 방위비는 연평균 연방 예산의 약 1/3에 달하였다. 미국의 군수 지향적 부문들은 1977년 제조업 센서스에서 모든 첨단

기술제조업 직장의 47%를 차지하였으며, 약 225만 개의 직장을 제공했다.[165]

이 같은 사정은 냉전이 종식된 이후에도 별반 크게 변화하지 않고 있음을 아래 인용문은 말해준다.

> "산업부문별로 보면, 미국의 국방공업 기초는 주요하게는 항공우주 유도탄, 군사용 전자, 조선, 핵과 병기 공업 등인데, 국방공업과 상관있는 업종은 모두 200여 종이다. 그중 군수품 판매가 전체 업종 판매액의 10% 이상인 것은 61종이며, 25% 이상은 21종이다. 예컨대, 조선공업 판매액의 80% 이상, 항공기공업의 55%, 무선전기와 TV 통신설비 판매액은 51%이다."[166]

군사화는 장기적으로 패권국가에서 **산업 공동화**를 야기하고, 또 이 같은 산업 공동화에 대한 일종의 대안으로서 금융 국가의 길을 재촉한다. 이 같은 군사화에 따른 산업 공동화 추세는 이미 과거 냉전 시기에도 엄중하였지만, 냉전이 종식된 오늘날에는 다음과 같은 이유에서 특히 심각하다.

첫째, 냉전 종식에 따라 미국은 자국의 국방비 부담을 다른 자본주의 국가에 분담시키는 일이 점점 어렵게 되었다.

세계화폐를 가진 미국은 그간 자국 군사비 지출의 상당 부분을 지폐 달러의 발행을 통해 보충해 왔다. 이 같은 방식의 세금 징수가 가능했던 이유는 그것이 다른 자본주의 국가에 집단으로 부과되는 일종의 **'국제 방위세'**의 성격을 띠었기 때문이다. 그러나 냉전의 종식은 미국이 그간 공산주의의 위협으로부

---

[165] 이상 마뉴엘 가스텔, 〈정보도시〉, p.326,332.

[166] [中]陈波 主编 , 〈国防经济学〉, 2007년, p.303. 인용문 중 굵은 강조는 인용자에 의한 것임.

터 자본주의 국가들을 보호한다는 명분으로 걷어온 이 같은 방위세의 합리화를 더 이상 어렵게 만들었다.

이데올로기 명분이 크게 약화한 지금 여전히 방대한 군사비 지출과 무력남용을 계속하고 있는 미국이 국제사회에 주는 인상은, 자국의 사리사욕을 위해 세계화폐의 발권력을 남용하고 있는 모습일 뿐이다. 이는 국제사회가 달러패권을 약화시켜야 한다는 공감대를 형성하게끔 만들며, 이에 따라 유로·엔화·위안화 등 경쟁 화폐의 등장이 속속 진행되고 있다. 미국은 이 때문에 앞으로 자신의 화폐 권력에 점점 더 많은 제약을 받게 될 것이며, 그 때문에 미국은 한정된 국내 자원과 재정예산의 투입 방향을 놓고 진지하게 고민하지 않을 수 없다.

즉, 패권적 지위의 약화를 감내하면서까지 국방예산을 대폭 삭감할 것인가, 아니면 세계 최강의 군사력을 계속해서 유지하기 위해 어쩔 수 없이 민간경제 부문의 희생을 일정 감내할 것인가 하는 것이다. 패권적 지위를 스스로 포기한다는 것은 미국의 지배 엘리트로서는 상상할 수 없는 일이며, 또 이미 경직된 군사비를 대폭 삭감하는 일도 힘들기 때문에 미국은 결국 그 부담을 자국의 민간경제에 지울 수밖에 없다. 이는 미국의 산업경쟁력을 계속해서 약화시키고 산업 공동화를 촉진하는 요인으로 작용한다.

둘째, 과학기술이 산업경쟁력의 핵심으로서 날로 그 중요성을 더하고 있는 오늘날, 지나친 군비 지출은 민간경제 분야의 발전을 어렵게 만들며 이 분야의 **기술격차**를 기존보다 심화시킨다.

과학기술혁명 시대인 오늘날, 패권국가의 군사화와 산업경쟁력의 관계는 사실 그리 단순하지 않다. 군사기술의 개발과 그것의 일반 산업에서 상용화하는 문제는 현재에도 중요한 쟁점 중의 하나이다. 양자 관계에서 무엇보다도 관심을 끄는 것은 첨단무기 개발이 과학기술 발전에 미치는 영향이다. 실제 반도체산업의 태동기인 1950~60년대에 공공예산에 기초한 '정부 시장'은 당시 미국 반도체 시장의 90%를 차지하여 해당 산업이 발전할 수 있는 보호 장치가 되었다.

이렇듯 첨단무기개발과 관련한 미국 정부의 막대한 예산투자는 컴퓨터·반도체·정보통신 등 미국 IT산업의 기초를 닦아주었으며, 이는 1990년대 들어 미국경제가 다시 경쟁력을 회복하는 데 있어 중요한 밑거름이 되었다. 그러나 국방 부문에 대한 지나친 투자는 전반적인 경제 발전에 걸림돌이 된다는 기본 상식은 여전히 유효하며, 첨단무기개발과 관련하여서도 예외는 아니다.

그 좋은 사례가 1980년대 레이건 정부가 추진했던 일명 '별들의 전쟁'이라 불리는 SDI 프로젝트이다. 1980년대 중반 미국국방부는 통상적으로 연방 연구개발(R&D) 예산의 60%를 사용하였는데, SDI 프로그램이 한창 진행되던 1988년에는 무려 70%를 초과하였다. 1986년도 미국 의회예산국의 추정에 따르면, 국방부 또는 방위 관련 산업들은 미국에서 항공기술자의 47%, 수학자의 30.3%, 물리학자 24.4%, 전기기술자의 18.3%, 산업 및 기계기술자의 15.7%, 그리고 과학 및 공학 졸업자 총수의 28%를 고용한 것으로 나타났다.[167] 이렇듯 최고급 과학기술 인력의 국방 부문에의 집중은 당연히 민간 부문에서 숙련전문가의 부족을 유발하고, 이들 분야의 발전에 상당한 지장을 초래할 수밖에 없다.

그런데 이렇듯 막대한 연구비와 기술 인력을 투입한 것에 비하면 이 프로젝트의 경제 전반에 대한 공헌도는 생각만큼 그리 크지 않았다. 이는 이후 조지 부시와 클린턴 정부가 들어선 후 이 계획이 흐지부지되고 다른 경제 우선 정책으로 대체되는 운명을 맞이한 데서도 잘 알 수 있다. 이 계획은 레이건 정부 시절 발생한 재정과 무역 분야에서의 사상 유례없는 적자와 일본 등 경쟁국에 경

---

[167] 〈정보도시〉, p.327.

쟁력이 뒤처지게 되는 중요한 요인의 하나로 지목받아 국내외적으로 많은 비판을 받았다.

레이건의 후임자인 부시 대통령은 그 전임자의 잘못된 정책의 부담을 모두 떠안아야 했다. 부시가 집권한 첫해 즉 1989년의 경제성장률은 전해에 비해 낮아서 겨우 2.5%였으며, 1990년에는 더욱 하락하여 1%를 기록한 후 1991년에는 마이너스 0.7% 성장을 했다. 이렇듯 1992년 대선 무렵까지 미국경제는 여전히 매우 곤란하였으며, 그에 대한 책임이 상당 부분 레이건 정부에 돌려졌다. 예컨대, 아래 인용문을 보자.

"훗날 미국 정부와 경제학계는 모두 1990년부터 시작해서 미국이 다시 한차례 매우 엄중한 경제침체에 빠져들었다는 사실을 인정하였다. 이번 경제침체는 미국경제의 구조적 결함에 뿌리를 두고 있는데, 레이건 경제학은 그것을 더욱 조장하는 역할을 하였다."[168]

이후 도래한 클린턴 정부 시절의 경기 호황은 당시 'IT 혁명' 때문이며, 이는 레이건 정부의 군사 방면의 지출과 얼마간 연관은 있을지라도 직접적인 관련성은 적다. 그보다는 1970년대 이후 긴 시간 동안 준비되고 축적되어온 컴퓨터와 정보통신기술을 중심으로 제4차 과학기술혁명이 마침 이 시기에 폭발한 결과로 보는 것이 더욱 타당하다.

그렇다면 왜 국방 부문에 대한 지나친 투자는 경제 전반에 대한 공헌도가 그

---

[168] 〈美国通史〉第6卷, p.512.

리 높지 않고 오히려 경제 발전에 걸림돌이 되는 것일까? 그 이유는 다음 글을 보면 잘 알 수 있다.

"군수산업 회사와 군사 의존적이고 비경쟁적인 산업구조의 창출은 일반 기술적인 기예(技藝) 수준을 촉진하는 대신 특정한 군사적 제품 응용의 발달에 초점을 두는 군사적 프로그램에 의해 지원된다. 이 군사 프로그램은 관련 산업의 상업적 시장 요구에 상응하는 기술적 응용의 개발로부터 비법적(祕法的)이고 지나치게 정교해진 군사적 응용으로 상업적 생산자의 주의를 돌리고, 경쟁적인 제품 개발과 효율적이고 일반화할 수 있는 생산 기술들을 촉진하는 대신 단일 원천 계약과 비용 첨부적이고 무기 경쟁적인 생산 기술에 의존하며, 규모의 경제 및 범위의 경제를 창출함에 목적을 둔 대량 생산이나 유연적 정교화 대신에 소분 공장, '한 종류의' 주문생산을 촉진하며, …기술적 과잉 정교화 또는 직접 수출과 출판 통제를 통해 군사적으로 지원된 향상의 확산을 제약하며…"[169]

국방 관련한 연구의 이러한 비밀스럽고 폐쇄적인 속성과 비상용적 성격은,

---

[169] 〈정보도시〉, p.329. 참고로 '소분 작업'은 대량으로 생산된 제품이나 원료를 작게 나누어 재포장하는 작업을 말한다. 〈강대국의 흥망성쇠〉의 저자 폴 케네디도 이에 대해 비슷한 견해를 제시하고 있다. "이들 문제를 종합해서 고려하면 곧 발견할 수 있듯이, 오늘날의 군수공업은 날로 상업과 자유무역 시장의 생산궤도를 벗어나고 있다. 군수공업은 통상 소수의 본국 국방 부문과 특수 관계가 있는 대기업에 집중된다. 국가는 시장관리에 있어 자주 전문적인 계약을 통해 제품에 대해 원가비용을 초과하는 가격제정 방식을 통해 군수산업을 보호하는데, 왜냐하면 이러한 제품은 오직 국가(와 우호국가)만이 구매자이기 때문이다. …이 같은 시장에서, 질량에 대한 요구, 소비자의 취향과 가격은 모두 정해지지 않는다. 당시에 가장 선진적인 무기를 획득하고 싶어 하는 군인들을 만족시키기 위해, 군대의 모든 가능한(어떤 때는 정말 믿기지 않을 정도로) 전쟁상의 전투 욕구를 만족시키기 위해, 국가는 갈수록 비싸고 복잡하지만 수량에 있어 더욱 적은 제품을 생산해야만 한다." 〈大国的興衰〉下卷, p.182.

오늘날 각 분야의 과학기술 연구가 상호 긴밀한 연계와 개방적 분위기 속에서 통용성을 중시하는 '**모듈화**' 방향으로 나아가는 추세와도 어긋난다. 이로부터 빚어지게 되는 군수 부문 연구에서 거둔 혁신 성과의 민간경제에의 확산 속도의 완만함은, 지구화 시대의 국가경쟁력에 있어 적지 않은 약점이 되고 때로는 치명적이기까지 한다.

오늘날 각국에서 과학기술 혁신의 성과가 직접적인 경제적 성과로 전화하는 데 걸리는 시간은 과거에 비해 크게 줄어드는 추세이다. 그 때문에 시간은 곧 경쟁력이며, 적시에 상업화되지 못한 연구 성과는 얼마 지나지 않아 쓸모없는 것으로 폐기되고 만다. 이 경우 국가로서는 결국 그간 쏟아온 귀중한 인력과 연구자원만 낭비한 셈이다. 또 오늘날의 지식경제에 기초한 기술 혁신과 그 전파 **속도는** 과거에 비해서 훨씬 빨라졌기 때문에, 막대한 자금과 인력을 투여하여 어렵게 획득한 군사기술 상의 우위를 계속해서 확보할 수 있는 시간도 점점 단축되어 가는 추세이다.

미국 시카고 대학 정치학 교수인 로버트 페이퍼는 〈The National Interest〉지 2009년 1-2월호에 발표한 〈미국 제국의 쇠퇴-쇠망의 길로 들어선 단극세계〉에서 조금 다른 각도에서 그 점을 지적하였다.

"미국은 지금 지식경제 시대의 주요한 산업 국가 중에서 기술 패권의 지위를 잃어가는 중이다. 파레드·자카리아가 그의 신 저작 〈미국 이후의 세계〉에서 서술한 것처럼, 기술과 지식이 오늘날 전파되는 속도는 더욱 빨라졌으며, 또 이들의 지구적인 신속한 전파는 다른 나라들이 미국과의 실력 차이가 축소되는 심층적인 원인이다."[170]

필자가 보기에는 이 같은 전파 속도의 빠름은 지식경제의 특성에 기인하는데, 이 때문에 마찬가지로 지식경제의 발전에 크게 의존하는 오늘날의 국방 기술에도 적용될 수 있다고 본다.

이상은 **군사 강국에 기초한 패권국가의 길과 산업경쟁력의 강화 양자는 생각처럼 양립하기가 쉽지 않다**는 것을 말해준다.

지금까지 살펴보았듯이 국방비는 오늘날 시각에서 볼 때도 여전히 본질적으로 **비생산적**이라는 기본 사실에는 변함이 없다. 국방비로 쓰인 자금은 국민 경제의 정상적인 재생산의 순환을 떠난 채 별도로 운동한다. 일부 경제학자의 연구 결과에 따르면, '국방비의 총기회비용'(즉 국방비 중 민간과의 공용 성질의 비용을 제한 나머지를 민간용 경제 부문에 투자할 경우 가져오게 될 수입)을 따질 경우, 국방비 중의 과학연구비의 60%는 군사적이고 나머지 40% 정도만이 민간경제에 효과를 낳을 수 있다고 한다.[171] 그 때문에 미국경제의 군사화로 인한 지나친 군비 지출은 자국 내 산업 공동화를 심화시키고 금융 국가의 길을 걷도록 재촉한다.

이는 미국 패권 권력의 핵심인 달러패권이 점차 경제력이 아닌 군사력에 의지하게끔 만들고, 또 미국이 이렇듯 자신의 화폐 권력을 경제력이 아닌 군사력에 의지할수록 산업 공동화와 금융 국가화는 더욱 심화한다. 이는 일종의 악순환이다. 자신의 패권적 지위가 산업경쟁력이 아닌 군사력에 의지하는 비중이 높을수록, 미국 역시 역사적으로 출현했던 다른 패권국가와 마찬가지로 그

---

[170] 〈新华网专稿〉, 2009.2.4. 자에서 재인용.

[171] [中]贾来喜 谢茜 编著, 〈国防与维稳经济学〉, p.48.

패권적 지위를 상실할 수밖에 없다. 역사적인 냉전 종식에도 불구하고 미국이 오늘날 계속해서 군사화의 길을 걷고 있으며, 심지어는 부시 정부가 보여주듯이 같은 경향이 과거보다 더욱 심해지는 현상은 미국으로 대표되는 현대 제국주의 앞날과 관련하여 우리에게 적지 않은 시사점을 던져 준다.

패권 유지를 위한 비용의 관점에서 본다면, 이데올로기와 문화적 확장으로 대변되는 **정치적 수단**을 사용할 경우 그 비용은 가장 낮다. 이에 비해 군사적 수단은 비용이 가장 높을 뿐만 아니라 효과 또한 적다. 따라서 현대 제국주의는 군사적 수단을 마땅히 예비용이자 최후의 수단으로 사용해야 하는데, 오늘날 미국의 통치자들은 그것을 일상적인 수단으로 변모시키고 있다. 이는 패권국가 미국이 현재 직면하고 있는 딜레마를 잘 보여주며, 자신의 강대함을 증명하는 것이 아니라 오히려 그 쇠퇴의 표현이자 도덕적 역량의 저하 내지는 상실을 반증한다.

패권국가 미국의 이 같은 '딜레마'의 근원에는 자신이 보유한 **능력과 설정한 전략목표 간의 비대칭**이 존재한다.[172] 소련의 해체와 함께 미국이 전 지구적으로 유일한 패권국가가 되자마자 기존에 잠재해 있던 이 같은 모순이 첨예한 형태로 불거져 나왔다. 패권국가 미국이 수행하는 현재의 '지구 통제형 제국주의'는 과거 지역성의 '식민지 점령형 제국주의'와 비교할 때 그 생존환경이든 생존 수단이든 모두 훨씬 복잡해졌으며 곤란 또한 많다. 미국으로 대표되는 현대 제국주의가 직면하는 상대는 모두 독립된 주권을 가지고 있거나 종종 큰 범위에서 연합한 각종 국가집단이다. 이 때문에 세계 각국이 승인하고 준수하는 국제질서를 세우고 이에 의거한 방식이 아니고서는 패권을 유지할 수 없다.

---

172 이하 현대 제국주의의 '실력과 목표 간 비대칭'의 모순 관련한 내용은 〈帝国主义历史的终结〉, pp.108-109 참조함.

이렇듯 직접적인 영토점령 방식을 사용할 수 없는 현대 제국주의는 고전적 제국주의와 비교할 때 상대적으로 '**선천적 결핍증**'을 갖고 있다. 그러면서도 다른 한편 그 야심은 과거 제국주의보다 몇 배나 크다. 이처럼 자신의 실력(정치·경제·군사·문화 제 방면)과 전 세계를 통치하려는 전략목표 사이의 비대칭은 현대 제국주의의 생존과 발전에서 각종 모순을 낳는다. 종전 후 그간 미국 패권주의가 형성되고 발전되어 온 역사는 이러한 능력과 목표 간에 존재하는 비대칭이 시대의 발전에 따라서 부단히 증폭되는 과정이었다. 이는 결국 고전적 제국주의에 이어서 미국으로 대표되는 현대 제국주의 또한 필연적으로 내리막길로 들어설 수밖에 없음을 뜻한다.[173]

현대 제국주의의 쇠퇴와 관련하여 우리는 다음 두 가지 사항에 특별히 유념하여야 한다.

첫째, 당대의 패권국가 미국은 구제국주의의 최후의 '유복자'이며, 미국으로 대표되는 현대 제국주의의 쇠퇴는 **전체 제국주의의 역사적 종식**을 의미한다. 앞으로 더 이상 이를 대체할 수 있는 다른 계승자가 있을 수가 없다는 뜻이다.

물론 이론적으로는 자본주의가 존재하는 한 새로운 패권국가가 나타날 가능성을 '절대적'으로 배제할 수는 없다. 그러나 현실적으로 제2차 세계대전 이후 미국이 세계적인 슈퍼대국이 될 수 있었던 것은, 일정 정도 자신이 세계 패권을 구축할 수 있는 능력을 보유했던 사정 외에도, 수백 년 동안 대서양과 태평양에 의해서 유럽과 아시아 대륙으로부터 분리되어 보호된 특수한 지리적

---

[173] 이 같은 '비대칭성'에 대한 지적은 일찍이 1988년 폴 카네기에 의해 먼저 지적되었다. 그는 이렇게 지적했다. "기왕의 강대국의 성쇠와 매우 비슷하게, 미국 역시 '**제국의 전선이 너무 긴**' 위험에 직면하고 있는데, 다시 말해서, 워싱턴의 정책결정자들은 다음과 같은 난처하고 오랫동안 지속된 현실을 부득이 직시하지 않으면 안 된다. 즉 **미국의 전 지구적 이익과 그가 담당하는 의무의 총합은 이미 그가 동시에 보호할 수 있는 능력을 훨씬 초과**해 있다." 〈大國的興衰〉 下卷, p.256. 굵은 강조는 인용자에 의한 것임.

조건과 역사적 조건에 기인한 바 크다. 이러한 조건은 둘도 없는 유일무이한 것으로서 다시 복제되거나 재현하기 힘들다.

무엇보다 중요한 점은, 그간 시대가 발전함에 따라서 세계 각국 민중의 공정하고 합리적인 국제질서에 대한 요구가 높아졌으며, 또 이를 실현할 능력 또한 제고된 점이다. 따라서 그들은 다시는 지구적 차원의 패권국가가 나타나는 것을 용인하지 않을 것이다(이와 관련한 더 자세한 논의는 제6장 '다극화' 관련한 주제에서 다룸). 이 때문에 미국은 인류역사상 최후의 패권국가가 될 것이며, 그리고 이 같은 '슈퍼 패권국가'가 없는 현대 제국주의는 성립할 수 없으므로 인류 역사에서 제국주의는 최종적으로 종식된다.[174]

다음으로 현대 제국주의 종식의 구체적인 **과정**과 관련해서 보면, 그것은 '직선 운동'이기보다는 '**나선형식 하강**'을 보일 가능성이 크다.[175] 이는 우선 미국의 종합국력과 세계적인 영향력이 비록 상대적으로 저하하고는 있지만, 그래도 지금까지 여전히 경제·군사·문화 등 모든 방면에서 세계 유일한 슈퍼대국이며, 단일 국가로서도 아직 이에 견줄 만한 나라가 없다는 이유 때문이다. 인구와 국토 면적 그리고 자연 자원 등 객관적 지표만을 고려할 경우, 미국은 정상적인 상황에서 충분히 전 세계 재화의 16~18% 몫을 차지하는 것이 가능하다. 물론 특정 시기 유리한 역사 및 기술 환경 때문에, 세계 재화와 역량 비중에서 미국은 그 최고 전성기인 1945년경 40% 내지 그 이상을 차지할 수 있었다. 참고로 영국의 경우를 보면, 그 면적·인구·자연 자원 등의 일반적 기준에 비추어 대략 세계 재화와 역량의 3~4% 정도를 차지할 수 있다. 그러나 그 또한 특수한 역사적인 조건으로 인하여 최고 전성기 때는 세계 재화와 역량의 25%를 차지

---

174 이상 제국주의 역사의 종식과 관련해서는 〈帝国主义历史的终结〉, pp.380-381 참조함.

175 위의 책, p.375.

할 수 있었다.[176]

그 밖에, 현대 제국주의는 또한 고전적 제국주의와 그 생존 형태에 있어 큰 차이점이 있다는 점을 고려하여야 한다. 고전적 제국주의는 '강성'인데 비해, 현대 제국주의는 **상대적으로 유연성**을 지닌다. 그 때문에 현대 제국주의가 일련의 확장정책을 실행할 때도 과거의 식민주의자와는 달리 노골적인 침략 정책보다는 보통 '자유'나 '인권'과 같은 그럴듯한 명분으로 위장하는 경우가 많고, 자신 역량의 성쇠에 조응하여 그때그때 마다 '단일패권적' 방식과 '동맹적' 방식을 자유롭게 넘나든다.

이렇듯 현대 제국주의의 유연성 때문에 그 **쇠락 과정 역시 점진적**일 것으로 예상된다. 그 과정은 미국 통치 집단의 국제 전략과 정책의 점진적 조정, 그리고 그 패권주의와 강권 정치의 점진적 약화를 기본 내용 및 표현형식으로 한다. 이 때문에 현대 제국주의의 완전한 종식까지는 앞으로도 상당히 긴 역사적 기간을 요하게 될 것이며, 중간중간에 어느 정도 오르내림의 기복이 발생하는 것은 불가피하다.

---

176 이상 〈大国的兴衰〉 下卷, p.274.

5.6. 국가독점자본주의인가 국제독점자본주의인가?

현대 제국주의에 관한 논의를 마치기에 앞서, 이제 본서의 기본 화두인 현시기 자본주의의 성격에 대한 결론을 내려야 할 때가 되었다. 앞서 제2장과 제3장에서 부분적으로 이 문제를 다루기는 하였지만, 여기선 조금 각도를 달리하여 **계급**과 **국가**의 상관관계로부터 접근하도록 한다.

만약 자본주의가 이미 국제독점자본주의 단계에 진입하였다면, 개별적인 각국의 국제독점자본가 이외에도 이런 국제독점자본주의의 주체인 '국제독점자본가계급'이 자연히 존재하게 될 것이다. 이에 따라 현 자본주의 단계에 관한 규정문제는 **계급 문제와 관련**된다.

실제 국제독점자본가계급의 존재에 대해 긍정적으로 답하는 학자들도 있는데, 미국학자 윌리엄 로빈슨과 제리 해리스가 바로 그들이다. 이들이 미국 〈과학과 사회〉(2000년 봄호)에 발표한 '현재 형성 중인 통치계급: 지구화와 국제자본가계급'이란 글에서 주장한 내용을 보면 다음과 같다.

"(지구화의 심화에 따라) 자본가계급의 내부에도 분화가 일어난다. 즉 민족국가의 자본가계급과 국제자본가계급으로 나누어진다.", "이 국제자본가계급은 전 지구적 통치계급이며, 그들은 현재 형성 중인 국제기구와 지구적 정책 결정을 통제하고 있다…. (이 계급 성원은) 다국적기업과 다국적 금융기관 그리고 초 국가경제계획기구의 관리 엘리트, 집권 정당 내의 주요 세력, 대형 매스컴의 지배 엘리트, 기술 엘리트 내지는 북방·남방 국가의 지도자로 구성된다. 이러한 통치 집단의 정치적 주장과 정책은 새로운 지구화한 자본증식과 생산구조에 의해 결정된다.", "국제자본가계급은 자각적인 계급의식이 있고, 자신의 국제성을 의식하고 있으며, 자본주의 지구화와 하나의 국제국가 기구의 건설이라는 자신의 계급적 목적 실현을 줄곧 추구한다."[177]

본서 제2장에서 서술한 바와 같이 국제독점자본은 이미 상당히 발전하여 오늘날 사실상 자본주의를 대표하기에 이르렀다. 그러나 만약 이로부터 각국의 국제독점자본가들 역시 이미 민족국가의 울타리를 넘어서서 전 지구적 범위에서 하나의 통일적인 계급을 형성하였다고 결론을 내린다면, 이는 현실 상황을 과장한 것이 될 것이다. 국제독점자본집단 내부의 일체화 정도, 국제독점자본가의 자아의식과 자각 정도 등 하나의 계급으로서 정식 성립하기 위한 몇 가지 주요 기준에 비추어 볼 때, 이들은 아직 여러 가지 부족한 점이 많다.

우선 객관적으로 지구적 국제독점자본은 ㄱ 내부의 분산성과 무순성이 아직 통일성보다 크다. 또 주관 상으로는 이들 자본가가 자신을 하나의 통일적 계급과 집단으로 간주하고 상호 협력하는 경우는 비교적 드물며, 아직 주류를 형성하고 있지 않다.[178] 다시 말해서 객관적으로든 주관적으로든 이들 집단이 하나의 의식적이고 자각적인 통일적 계급이 되기에는 현재로선 너무 이르다는

---

[177] 〈帝国主义历史的终结〉, pp.219-220에서 재인용.

[178] 위의 책, p.221.

것이다. 각국의 국제독점자본은 사실상 본국 정부의 지지와 협력을 국제시장에서의 경쟁 무기로 삼고 있으며, 앞서 '지역경제 집단화' 현상에서 보았듯이(제4장) 국제시장에서 각국 독점자본 간 차이와 투쟁은 그들 간 공동이익과 협력보다 크다. 그들은 다만 제한된 문제에 있어서만 공동보조를 취하며, 또 종종 본능에 따라 행동할 뿐이지 하나의 '통일적 계급의식'에 기반하여 협력하는 것은 아니다.

하지만 주변의 적지 않은 사람들이 미국과 같은 슈퍼 패권국가의 존재와 이들이 한때 열심히 선전한 신자유주의 이념 및 '세계화'의 구호에 미혹되는 것을 목격할 수 있다. 그러나 조금만 달리 생각해보면 바로 이러한 **슈퍼 패권국가의 존재야말로** 현시기 각국 독점자본 간의 심각한 이해 대립이 존재하며, 심지어는 화해할 수 없는 모순을 반영하는 것임을 알 수 있다. 왜냐하면, 앞서도 지적하였듯이, 제국주의 자체는 일종의 각국 독점자본 간 '경쟁'의 특수형식이기 때문이다.

다음으로, 만약 현재 자본주의가 국제독점자본가계급이라는 사회 계급적 기초 및 그 실현의 사회경제적 기초를 이미 형성하였다면, 필연적으로 그에 **상응하는 상부구조** 또한 존재할 것이다. 역사적으로 보면, 매 시기 당시의 자본주의 성격에 조응하고 또 그 지배적인 자본주의 분파의 이해를 대변하는 상부구조가 존재하였음을 알 수 있다. 예컨대, 19세기 중엽까지 자유경쟁 자본주의 단계에 조응하는 자유방임적 '야경국가'가 존재하였으며, 제2차 세계대전까지 시기에는 일반 사적 독점자본주의에 조응하는 '금융과두정치'가 존재하였다. 그리고 2차 대전 후에는 국가독점자본주의가 보편적으로 성립함에 따라 그에 조응하는 상부구조로서 '복지국가'가 출현하여 통치계급의 필요를 충족시킬 수 있었다.

그렇다면 지금 시기에 자본주의가 국제독점자본주의 단계에 진입하였다고 한다면, 분명 그에 조응하는 상부구조가 존재할 터인데, 과연 그것은 무엇일까? 국제독점자본이 지구적 차원의 자본축적 운동을 이미 본격화한 점을 감안하면, 그것은 무엇보다도 우선 '세계정부'일 것이 요구된다. 따라서 현시기 자본주의의 성격 규정에 관한 문제는 이 지점에 이르러선 국제적으로 하나의 '지구적 정부' 혹은 이와 비슷한 어떤 국제적 권력기관이 형성되었는지 여부, 즉 **'세계정부'의 존재 유무**로 바뀐다.

'세계정부' 문제와 관련하여 국가와 국가 주권의 소멸을 주장하는 세계주의자들이 소수이긴 하지만 주변에 확실히 존재한다. 예컨대 미국의 마이클 하터와 이탈리아 안토니오 나이거리가 그들이다. 이들의 견해에 따르면 지구화 경제 시대에 이르러 자본·기술·인력·상품의 흐름이 국경을 초월하여 진행되기 때문에 '세계정부'는 이미 형성되었으며, 이는 일종의 '체제'와 '규칙'과 '패러다임'으로 구성된 국경이 없고 중심을 세우지 않는 '제국'이라는 것이다. 예컨대 그들은 "제국은 하나의 정치 주체로서, 이 같은 지구적인 교류를 유효하게 통제하고 있으며, 세계를 통치하는 최고의 권력이다"라고 주장한다.

이렇듯 '세계정부' 혹은 '지구 정부'와 같은 개념을 제기하고 이에 동조하는 학자들이 세계 곳곳에 존재하긴 하지만, 그들은 "행정적 경계가 이미 사라졌다", "국가 주권이 이미 효력을 상실했다", "국제 정부가 이미 형성되었다"와 같은 설교 외에는, 구체적으로 이러한 국제 정부가 도대체 어디에 있는지, 현존하는 세계의 모든 정치경제 조직 가운데서 어떤 것들이 이러한 세계정부의 기능을 담당할 수 있는지 아직 분명한 답을 주지 못하고 있다.[179]

필자는 현시기 자본주의 단계의 규정문제와 관련하여 볼 때 2008년 금융위

---

179 이상 실례와 인용문은 〈帝国主义历史的终结〉, p.222 참조.

기는 매우 중요한 시사를 준다고 생각한다. 지난 금융위기의 심각성과 의미는 무엇보다도 미국이라는 슈퍼 패권국가의 몰락과 또 그것이 구축하려고 시도해 온 새로운 국제질서의 실패를 최종적으로 확인한 데에 있다. 이로써 세계자본주의는 **'국가독점자본주의'에서 '국제독점자본주의'로 이행에 실패했다**는 결론을 내릴 수 있다.

전 지구적인 자본주의 상부구조의 형성 문제와 관련하여 볼 때, 냉전 종식 직후 미국이라는 유일 패권국가가 등장함으로써 한 때 '초제국주의'의 실현 가능성을 보여 준 적이 있다. 그것은 대략 1990년대 초~2000년대 초 무렵인데, 이는 비록 역사적으로 긴 시간은 아니지만, 국제독점자본주의로의 이행에 필요한 상부구조를 성립할 수 있는 최적의 조건이 출현하였다. 이 시기 미국을 중심으로 한 현대 제국주의가 세계자본주의의 국제독점자본주의 단계로의 이행을 위한 **충분조건**인 '자본주의 세계정부'에 가장 가까웠다고 보는 것은 다음과 같은 이유에서다.

첫째, 지구적 상부구조에 필수적인 이데올로기로서 이 시기에 '자유화'와 '사유화(私有化)'로 대변되는 신자유주의가 전 세계적으로 가장 맹위를 떨쳤다.

둘째, 현대 국가의 성립에서 화폐 권력은 매우 관건이라 할 수 있는데, 이 시기 미국은 자신의 주권 화폐인 달러를 중심으로 하고 그 주변에 유로와 엔화 등을 보조화폐로 하는 세계통화체계를 완성하였다.

셋째, 이 시기는 G7의 전성기이며, 이를 통해 세계자본주의는 전 지구적 차원의 경제 조절을 수행할 수 있는 기재(시스템)를 일정 정도 형성하였다.

넷째, 당시 미국은 유일무이한 슈퍼군사력을 바탕으로 스스로 '세계 경찰국가'로 자임하였으며, 심지어는 민주와 인권을 내세워 다른 나라의 주권을 제한하는 데까지 나아갔다. 잘 알다시피 무장력은 어떠한 정치적 상부구조에서도 가장 본질적인 요소이다.

미국은 이렇듯 이 시기 국내적으로는 국력이 2차 대전 이후 최전성기를 맞이하였으며, 국제적으로는 '초제국주의 세계체제'의 성립을 강력히 주도함으로써 잠시나마 국제독점자본주의 단계로의 이행 가능성을 보여주었다. 자본주의는 이처럼 초제국주의가 주도하는 세계체제라는 형식을 통해서만 자신의 '세계정부' 수립의 목표를 실현할 수 있으며, 각국의 평등·호혜에 입각한 '세계공민'이 구성하는 지구적 연방정부의 성립은 애초 불가능하다. 1990년대 세계자본주의가 누렸던 비교적 긴 호황은 기술적으로는 IT 혁명에 기인한 바가 컸지만, 다른 한편 상부구조 측면에서 보면 이 시기 이처럼 '초제국주의 체제' 성립을 향한 사업 진척이 비교적 순조로웠던 요인 역시 빼놓을 수 없다.

그러나 미국이 자국 발 금융위기를 맞이하면서 그 국력의 쇠퇴와 함께, 세계자본주의의 새로운 단계로의 이행 가능성도 **사실상** 물거품이 되었다. 자본주의는 초보적인 초제국주의 국가를 탄생시키는 데는 일시적으로 성공하였지만, 그것을 장기적으로 안정적이게끔 하는 **구조화 작업**에는 실패하였다. 지난 금융위기를 통해 신자유주의 이념은 그 설득력을 대부분 상실하였으며[180], 미국 군사력도 이에 따라 그 실력을 충분히 발휘하는 데 필요한 '이념적 지지'를 상실하게 되어 그 기능은 현저하게 저하되었다. 또 경제위기 기간 중 미국이 보여준 자국 경제위기를 다른 나라에 전가하는 태도는 국제적으로 미국 달러패권에 대한 의문을 강하게 제기하도록 만들었으며, G7 전반의 지도력도 경제위기

---

180 패권국가 미국의 도덕 역량의 쇠퇴와 관련하여 그것이 앞서 표방해온 신자유주의의 운명은 매우 중요한 시사를 준다. 2008년 세계 금융위기의 폭발은 과거 30년 가까이 추진해온 미국 자본주의 발전의 주요한 이데올로기와 실천을 커다란 모순에 부딪치게끔 만들었기 때문이다. 이에 대해 미국 공산당은 다음과 같이 분석하였다. 금융위기는 "넓은 의미에서 미국 자본주의 이데올로기, 정치 그리고 경제상의 커다란 실패이다. 금융화, 금융 주도의 지구화와 신자유주의는 비록 아직 완전히 쇠망한 것은 아니지만, 그러나 그 미래에 있어 문제가 첩첩이 쌓여있다. 다른 각도에서 보면, 미국 금융시장의 붕괴는 미국 제국주의의 21세기 패권에 대한 야심에 커다란 타격을 주었다. 금융위기와 이라크에서의 재난, 세계 민중의 세계 신자유주의와 구조조정 정책에 대한 분노 및 각 지역의 새로운 강국의 출현은, 미 제국주의의 패권 위기가 새로운 단계에 들어섰음을 의미하며, 단극세계가 이미 종편에 진입하였음을 뜻한다." 〈美元霸权与经济危机〉, pp.598-599.

로 인해서 심각한 타격을 입게 됨에 따라 그 지위를 개발도상국의 신흥강국들이 대거 참여하는 G20에 점차 넘겨주게 되었다.

이 시기 잠깐 선보였던 미국과 같은 슈퍼 제국주의의 존재는 현대사회에서 두 번 다시 그 사례를 찾아보기 힘들며, 향후 재현되기도 어렵다. 비록 미국을 비롯한 세계자본주의 국가가 이 체제의 '복구' 시도에 나서겠지만, 그러나 다시 이 같은 국가가 출현하거나 더 나아가 항구적으로 그것을 구조화하는 것은 거의 불가능하다. 금융위기 발발 후 미국과 다른 서구 선진국들의 국력이 지속적으로 약화하는 모습은 이를 잘 보여준다. 자본주의는 이 때문에 앞으로 경제토대에 있어 세계적 다국적기업들이 실현하고 있는 전 지구적 생산체계에 걸맞지 않게, 정치적 상부구조에서는 여전히 '일국적' 국가형태를 벗어나지 못하는 **모순**에 시달릴 수밖에 없게 되었다. 이는 **자본주의 기본모순인 생산의 사회화와 자본주의적 사적 점유 간 대립의 새로운 발전양상**을 보여준다.

결론적으로 아직 지구적으로 통일적인 국제독점자본가계급을 형성하지 못하고 있고, 또 무엇보다도 자신의 진정한 자본주의적 '세계정부'를 성립시키지 못하고 있는 현 단계 자본주의는, 비록 국제독점자본주의로의 발전을 지향하고는 있지만 여전히 국가독점자본주의라고 불러야 할 것이다.

[보론] 국가독점자본주의의 기본형식과 신자유주의 하의 '사유화'

1. 국가독점자본주의의 세 가지 기본형식

지구화 시대의 자본주의가 여전히 국가독점자본주의라고 한다면, 현실에서 국가독점자본은 어떠한 형식을 취할까? 일반적으로 국가독점자본이 현실에서 취하는 구체적 형식은 일반 사적독점의 그것과는 상당히 다르다. 이는 주요하게는 국가와 독점자본의 상호결합 과정의 특성과 관련이 있으며, 또 국가독점자본 운동이 사적 독점자본 운동과는 다른 특성을 가지기 때문이다. 국가독점자본이 현실에서 취하는 형식은 구체적으로 다음 세 가지를 들 수 있다.

(1) 국가의 경제 조절

이는 총독점자본가로서의 국가가 재정과 금융 등의 경제적 수단을 통해 자본주의 재생산과정에 직접 간여하여 그 관리 및 조절을 수행하는 것이다. 이 형식에서 국가독점과 사적독점은 기업의 외부에서 결합한다.

여기서 국가가 재정과 금융 등의 경제적 수단을 통해 경제정책을 실행하는 것을 단순히 '국가의 통치행위'가 아닌 **국가독점자본의 운동으로 파악**하는 것이 중요하다. 이는 국가독점자본주의를 이해하는 데 관건이라 할 수 있는 부분인데, 만약 그렇게 파악하지 않을 경우 상부구조인 국가가 자의적으로 경제적 하부토대에 참여하는 것을 허용하게 된다. 이는 결국 국가독점자본주의를 상부구조(즉 국가권력)와 하부토대(즉 독점자본)의 어물쩍한 혼합물이 되도록 함으로써 개념상의 혼란을 초래한다.

물론 국가의 행위를 이처럼 '국가독점자본의 운동으로 파악'하는 것이 일견 이해하기 어려울 수도 있다. 이는 첫째로, 무엇보다도 주로 국가의 재정 항목에 서로 성격이 다른 잡다한 항목들이 함께 존재함으로써 생기는 인식 상의 혼란에서 기인한다. 그러나 이러한 잡다한 항목들의 성격을 구분한다면, 현대 국가의 재정에 포함된 국가독점자본주의적 형식을 포착할 수 있다.

2차 대전 이후 성립한 현대 국가는 그 자체 방대한 재정예산을 갖고 대량의 '공공재'를 사회에 제공한다. 그 재정구성은 크게 행정과 국방, 경제건설 투자, 그리고 교육·의료·사회복지 등의 사회투자 세 부문으로 이루어진다. 여기서 현대 국가 예산의 가장 큰 부분을 차지하는 후자 두 부분의 경우, 그것은 정치적 성격인 전자와는 달리 **국가 행위의 경제적 성격**을 띤다. 그중 '경제건설 투자'와 관련한 부분은 말할 것도 없고, 교육·의료·사회복지와 관련해서도 그것이 제공하는 공공재는 '사회자본'의 형성에 직간접적으로 기여한다.

그리고 그것의 제공방식에서도 이것들은 상당 정도 일종의 '시장적 등가물'에 해당한다고 볼 수 있다. 예컨대 '사회보장기금'은 오늘날 각국이 세금에 포함해서 징수하는 경우가 많다. 이는 비록 사적 보험과 구분되는 공적 보험을 위한 기금을 형성하지만, 그것의 원천은 보험 가입자의 보험료 납부에 있다는 점에서, 따라서 그것이 제공하는 서비스는 이러한 보험료 납부에 대한 반대급부로 주어진다는 점에서, 그 기금은 본질상 일반 보험 자본의 특수성으로서의 '사회 보험 **자본**'의 성격에 가깝다고 할 수 있다.

국가의 경제 조절을 국가독점자본의 운동으로 파악하는 것이 어려운 두 번째 이유는, 그 같은 경제 조절에 대해 겉으로 드러난 국가의 정책적 행위만을 주목하는 것이 아니라, 그것이 이루어질 수 있는 **전제**를 주목하지 못한 데에서 기인한다. 국가는 그것이 본래 경제 직능을 갖기 때문에 경제 조절을 수행할 수 있는 것이 아니라, 국가 스스로 독자적인 독점자본(즉 국가독점자본)으로서의 경제적 능력을 지니게 되었기 때문에 비로소 국민 경제에 대한 관리와 조절 기능을 갖게 되었다고 말 할 수 있다. 다시 말해서, '국가독점자본'이라는 **물적 기초, 즉 '국가독점 소유제'**가 먼저 성립해야 하며, 바로 이 같은 '국가독점자본'이라는 물적 기초야말로 원래 상부구조인 자본가계급의 국가가 국민 경제에 전면적인 간여와 조절을 수행할 수 있는 직능을 갖게 만든 원인이다.

18~19세기 중엽까지 자유경쟁 자본주의 단계에서 자본주의 국가는 애덤 스미스의 '야경국가론'이 보여주듯 주로 '정치적 직능'만을 담당하였다. 이 '야경국가론'에 따르면, 국가는 민간 경제주체들이 경제활동을 충분히 할 수 있도록 대내적으로는 개인의 소유권을 보장하고, 대외적으로는 외부의 침략을 막아주는 두 가지 역할을 하는 것으로 충분하였다. 이에 따라 국가는 행정·치안·국방과 관련한 최소한의 예산만을 배정받았으며, '국가독점 소유제'는 별반 발전하지 못하였다. 그 때문에 국가는 설령 경제에 간여하고 싶어도 간여할 수 있는 자체 수단을 갖지 못하였다

여기서 우리는 **국가독점자본 소유제를 창출한 가장 큰 원천인 '국가재정'**에 대해 다시 주의를 기울일 필요가 있다. 우리가 만약 '국가재정'에 대해 좀 더 추상 차원을 높여 본다면, 국가가 동원하는 것은 주로 '화폐' 형태의 자본이며, 이는 잘 알다시피 가장 '일반적' 형태의 자본임을 깨닫게 된다. 자본주의에서 **화폐의 집중**은 항상 매우 중요하고 특별한 의미를 지니는데, 사실상 자본축적 운동의 출발점을 이룬다.

예컨대 은행의 경우, 우선 수많은 저축자로부터 화폐를 빌려 사회적으로 집

중시킨 후 이를 다시 대부함으로써 '은행자본' 범주를 성립시킨다. 또 은행이 예금된 화폐를 산업자본에 대부하는 경우에는, 이로부터 '금융자본' 범주가 탄생한다.

다만 여기서 국가가 화폐를 집중시키는 행위는 은행과는 달리 주로 '세금 징수'라는 특수한 방식에 입각한다는 점에서 양자는 차이가 있는데[181], 이 자체만 보면 그것은 물론 정치적인 행위에 속한다. 그러나 이렇게 **일단 징수된 세금이 '재정'이라는 거대한 화폐자본을 형성한 후에는 새로운 질적 성격을 갖게 되며**, 이로써 소위 '국가독점자본 운동'이 시작될 수 있는 조건이 마련된다. 특히 종전 후 중앙은행제도가 보편화되면서 국가는 화폐 발권력을 완전히 장악하였는데, 이로써 국가는 '국가독점 소유제'의 원천인 화폐의 집중을 더욱 용이하게 만들었다.

전후 자본주의 선진국들에 있어 국가독점자본주의 발전의 특징 중 하나는 국가의 경제생활에 대한 간여와 조절이 부단히 강화된 점이다. 만약 국가독점이 탄생한 이래 제2차 세계대전 전까지의 수십 년 동안 국가독점자본주의 주요 형식이 '국유기업'과 같은 유형(有形)의 국가독점 소유제라고 한다면, 제2차 세계대전 이후 특히 **1960년대 이후 국가독점자본주의 발전의 주요 형식은 '국가의 경제 조절'**이다.[182] 이 같은 변화가 발생한 것은 주요하게는 생산 사회화의 고도한 발전과 독점 간 경쟁이 일으킨 생산의 무정부 상태 간의 모순이 끊임없이 심화한 때문이다. 현대 과학기술의 부단한 진보와 생산 사회화의 고도한 진

---

[181] 오늘날 국가 예산의 거의 1/3을 차지하는 사회복지비용의 경우 나라마다 징수하는 형식이 다르다. 그것은 때로는 '기금'의 형식을 취하기도 하고, 때로는 '세금'의 형식을 취하기도 한다.

[182] 〈论国家垄资本主义〉, p.5. 국가독점자본주의가 선진자본주의 각국에 널리 보급된 것은 제2차 세계대전 이후이지만, 그것이 형성되기 시작한 것은 1914년 제1차 세계대전 발발 직전부터이다.

전은 사회적 분업을 계속해서 강화하는 한편 국민 경제 각 분야의 부단한 증가를 가져옴으로써, 국가를 통한 사회생산에 대한 **비례적 조절**을 절실히 요구하게 되었다.

(2) 공사혼합기업

이는 국가독점과 사적독점 두 종류 소유제의 **기업 내적인** 결합이다.[183] 이 형식은 국가독점자본과 사적독점자본이 함께 투자하여 기업을 창설하는 경우, 또는 양자가 상대방 기업의 주식을 서로 매입하는 경우에 생겨난다. 이 경우 국가독점과 사적독점은 소유제 상으로는 이미 결합하였지만, 형식상 주식회사 형태를 취하는 경우가 많다. 국가독점자본주의의 이 같은 형식은 서구 선진제국에서 상당히 유행하였는데, 1970년대 이탈리아의 산업 총생산의 1/3, 서독 1983년 총투자의 15.2%와 취업인구의 9%는 이 부류의 기업들이 제공하였다. 잠시 후에 언급하겠지만, 국가독점자본주의의 이 같은 형식은 1980년대 이래 신자유주의의 '사유화' 물결 속에서도 크게 위축되지는 않았을 뿐만 아니라, 앞으로도 순수 국영기업 형식을 대체하면서 더욱 확대될 것으로 보인다.

순수 국영기업이 기초설비와 첨단 과학기술 부문에 비교적 집중되어 있다고 한다면, 공사혼합기업이 포괄하는 경영범위는 광범위하며 기초설비 부문뿐만 아니라 일반생산 부문에도 많이 출현한다. 예컨대 유럽의 최대 전력회사인 사유화 이전의 독일 이온그룹(E.ON)과 폴크스바겐, 그리고 이탈리아의 3대 '국

---

[183] 이하 공사혼합기업과 국영기업 관련한 부분은 〈论国家垄断资本主义〉, p.6, pp.54-55의 내용을 참조.

가 참여제 기업"[184] 등이 그것이다.

공사혼합기업이 출현하고 발전하는 가장 중요한 요인은, 무엇보다도 자본주의사회의 생산 사회화가 맹렬히 진행되는 상황 속에서 사적 독점자본의 실력 부족과 이윤추구 본성 때문이다. 이점은 이런 형식의 기업에 있어 국가독점과 사적독점이 결합하는 다음 두 가지 상황을 보면 잘 이해할 수 있다.

첫 번째는 사적독점이 국가독점의 직접적인 통제를 받는 경우이다. 이는 국가가 지배주주인 공사혼합기업에서 발생한다. 사적 독점자본이 국가독점자본의 통제를 받기를 원하는 것은 다음 몇 가지 이유에서인데, 예컨대, 자금력의 한계 때문에 해당 기업에서 사적 독점자본이 점하는 주식 비중이 작거나, 또는 사업 전망의 불투명성 때문에 아직 스스로 투자분의 이윤 보장에 대해 확신이 안 서 있거나, 혹은 스스로 경제적 기술적 준비가 불충분하다고 느끼기 때문이다. 이 같은 상황에서 사적 독점자본은 국가가 지배주주인 혼합기업에 투자하여 자신의 투자 위험도를 낮추면서도, 독점이윤을 추구할 수 있다.

두 번째는 사적 독점자본이 국가독점자본과의 결합을 이용하여 자신의 실력과 경쟁력을 더욱 강화하는 상황이다. 이런 부류의 기업에서 사적 독점자본은 국가를 대신하여 지배주주로서 주도권을 장악하게 되는데, 국가독점자본이 여기에 참여하는 것은 사실상 사적 독점자본에 대한 국가의 일종의 '지원'이라고 볼 수 있다. 물론 이런 유의 기업 중 국가의 투자분도 일정 존재하기 때문에, 여기의 사적 독점자본이 주도하는 경영활동은 다소나마 국가의 통제와

---

[184] 이탈리아는 서유럽 국가 중 국민 경제에서 국유경제 비중이 비교적 큰 나라에 속한다. 이탈리아의 국유기업은 그 소속관계에 따라 4종류로 분류되는데, 국유자치 기업, 시정(市政)기업, 국유화기업, 국가 참여제 기업이 그것이다. 그중 나머지 형식은 모두 국가가 직접 관리를 하는 데 비해, **국가 참여제 기업**은 국가가 지배주주로서 다른 사적 자본과 함께 참여하는 형식으로 간접관리를 하며, 그것은 또한 국유경제 중에서 주도적 위치를 점하고 있다. 여기서 이탈리아의 3대 국가 참여제 기업이라고 함은 에리(Elle), 에니(Eni), 아이프밍(Afming) 그룹을 지칭한다. 그중 규모가 가장 큰 에리의 경우 산하에 263개 자회사를 거느리고 있었다. 이상 [中]顾宝炎 主编, 〈海外国有企业的管理和改革〉, pp.66-67 내용 참조함.

조절을 받게 된다.

지금까지 살펴본 바처럼, 공사혼합기업은 국가독점과 사적독점의 기업 내적 결합의 실현을 통해서 국가독점은 사적독점을 위한 직접적인 이윤추구의 수단이 된다. 이 같은 기업의 주식은 국가와 사적 자본가가 함께 소유하기 때문에 국가독점과 사적독점은 생산·유통·분배에 있어 더욱 긴밀히 결합하며, 양자의 공동운명체적 속성이 더욱 직접적으로 된다. 자신의 투자지분 때문에 국가가 이 기업에 주는 투자 및 대출 등의 우대 조치는 당연히 사적 독점자본의 투자 위험도를 낮추면서 독점이윤의 취득을 보장할 수 있게끔 해준다. 심지어 일부 국가에서는 공사혼합기업에 있어 사적 자본의 이윤 취득을 명문으로 보장해 주는 규정을 두기도 한다. 예컨대 독일의 경우, 일부 탄광회사에서 회사가 적자가 생긴 경우에도 민간 보유의 주식 지분에 대해서는 정부가 5%의 이윤 배당을 보장해 주었는데, 반대로 정부 보유의 주식 지분에 손실이 생길 경우는 스스로 책임을 졌다.

(3) 국영기업

여기서는 국가가 하나의 독점자본가로서 기업의 단독적 소유자가 되며, 국가와 독점자본은 하나로 융합된다. 이 경우 국가는 독점자본을 직접 장악하여 일종의 새로운 독점자본형식, 즉 국가가 소유하고 직간접적으로 전체 독점자본주의를 위한 생산 및 잉여가치의 실현에 사용되는 독점자본을 형성한다. 현대 자본주의 국가의 '재정수입'은 국가가 **총독점자본가**로서 전체 잉여가치 중의 일정 비율을 점유하는 것을 의미하며, 이는 다른 한편 국영기업과 같은 국유 독점자본의 형성 규모를 측정할 수 있는 주요 지표가 된다. 왜냐하면 이것들은 주요하게는 재정예산의 지출로부터 형성되기 때문이다.

표 5-4. 선진자본주의 국가의 중요 산업부문 중의 국유경제 비중(%)

	석탄	석유	강철	자동차	조선	전력	가스	철도	항공	우편	전신
미국						25		25		100	
일본								75	25	100	100
서독	50	25		25	25	75	50	100	100	100	100
프랑스	100		75	50		100	100	100	75	100	100
영국	100	25	75	50	100	100	100	100	75	100	100
이탈리아			75	25	75	75	100	100	100	100	100
캐나다			75	25		100		75		100	25

출처: [영국]<이코노미스트> 1978년 12월 30일[185]

종전 후 국가독점자본주의의 발전은 국민소득의 재분배나 상품화폐의 유통영역을 중심으로 이루어졌으며, 국영기업과 같은 소유제를 중심으로 한 경우는 드물었다. 일반적으로 자본주의에서 국유경제의 발전은 국가의 경제 조절의 필요에 맞춘 여러 수단 중의 하나로서만 존재해왔다. 그 때문에 자본주의 국가의 경제에 대한 간여와 조절은 그 중점이 당연히 분배와 유통영역에 두어지고 결코 소유제 영역에 두어질 수 없으며, 이는 자본주의 사유제의 본질적 제약 때문임은 자명한 일이다. 한국의 경우 헌법 제126조는 "**국방상 또는 국민경제상 간절한 필요**로 인하여 **법률**이 정하는 경우를 제외하고는, 사영기업을 국유 또는 공유로 이전하거나 그 경영을 통제 또는 관리할 수 없다"고 명확한 제한 규정을 두고 있다.[186]

이상 언급한 국가독점자본주의 세 가지 형식 가운데서 **'국가의 경제 조절'은 가장 중요한 형식**이라 할 수 있다. 오늘날 현대자본주의 국가에서 사회자본의 재생산과정과 경제 운영에 대한 간여는 주요하게는 국가의 경제 조절을 통해서

---

185 〈论国家垄断资本主义〉, p.68에서 재인용.

186 관련한 내용은 성낙인, 〈헌법학〉, pp.260-263 참조.

이루어진다. 공사혼합기업과 국영기업은 자본주의 사유제의 천연적인 제한을 받기 때문에, 이들의 발전은 대단히 제약된다. 그 때문에 이들은 국가독점자본주의의 주요한 형식이 될 수 없을뿐더러, 그들의 발전은 단지 사적 독점자본에 유리한 전제하에서만 적당한 정도의 발전을 이룬다. 이 점이 자본주의사회의 국영기업이 왜 사회 전반의 생산 사회화가 고도화하는 정도에 발맞추어 지속적으로 자기 발전을 이루지 못하는지에 대한 근본 이유이다.

2. 신자유주의 '사유화'와 국가독점자본주의

1980년대 들어 신자유주의가 득세한 이래 자본주의 각국은 공기업에 대한 대대적인 사유화 조치를 감행하고 시장 질서를 강화했다. 사유화 조치는 1990년대를 거치면서 비록 그 기세가 한풀 꺾이긴 하였지만, 21세기인 오늘날에도 세계 곳곳에서 여전히 계속되고 있다. 신자유주의자들은 사유화를 감행하는 주요한 이유로 국유기업 등 공기업의 일반적인 비효율성을 든다. 그러나 국유기업이 원래 효율성이 낮기에 적자가 불가피한 것은 아니다. 현실의 실증자료를 보더라도 국유기업이 모두 적자기업만은 아니라는 사실을 증명할 수 있는 사례는 얼마든지 있다.

그러나 이 문제에 관한 전문적인 논의는 본서의 목적이 아니다. 다만 여기서 지적하고 싶은 것은, **자본주의제도에서 국유기업의 손실은 사회 총 잉여가치와 국민소득에 대한 국가의 일종의 재분배 형식**에 불과하다는 점이다.[187] 국유기업

---

[187] 〈论国家垄资本主义〉, p.82.

의 손실은 사적 독점기업의 이득이 된다. 바로 '적자의 사회화, 이윤의 개인화'를 통해서이며, 국유기업의 적자는 최종적으로 납세자(주요하게는 대다수 민중)가 부담하고, 그 이윤은 주로 사적 독점자본이 취득한다.

여기서 우리가 좀 더 관심 있게 다루어야 할 것은 1980년대 이후 사유화 물결이 과연 국가독점자본주의의 퇴조와 수축을 의미하는가이다. 이 문제에 답하는 관건은 다음 두 가지를 분명히 하는 것이다. ① 사유화의 두 가지 형식 즉 완전 사유화와 부분 사유화를 구분하는 문제 ② 국가독점자본주의 발전 수준을 평가하는 일반기준의 문제이다.[188]

첫 번째 문제와 관련해서, 사유화 물결의 실상을 잘 파악하기 위해서는 먼저 현실의 사유화에 대해 **'완전 사유화'와 '부분 사유화'를 구분하여야 한다**. 1987년에 IMF 한 연구자의 조사에 따르면, 1980년대 이후 서구 국가들이 선언한 1,000여 개의 사유화 계획 중 겨우 100~150개 기업만이 매각되었다. 이는 10%~15% 정도의 진척에 불과하다. 당시 사유화 조치가 가장 심했던 대처 정부가 이끄는 영국에서도 겨우 1/3의 국유기업만이 완전매각 되었을 뿐, 대부분은 국가 보유주식의 부분 매각을 통해 **대량의 공사혼합기업이** 탄생했다.

이 때문에 공사혼합기업은 현재 서구 경제에서 유행하는 소유제 형식이 되었는데, 앞으로도 이 분야에서 상당한 발전이 있을 것으로 보인다. 미국 경제학자 아이 그레이치는 20세기 말에 국가가 주식 지분을 갖고 참여하는 공사혼합기업의 비중이 현재의 15%에서 20% 정도까지 상승할 것으로 예측하였다. 앞서 살펴본 대로, 공사혼합기업은 국가독점자본과 사적 독점자본이 기업의 내적 결합을 이루는 것으로 국가독점자본주의 주요한 형식 중 하나이다.

---

188 이하 '사유화 조치'와 국가독점자본주의의 퇴조를 판단하는 문제는 〈论国家垄断资本主义〉, pp.91-93 내용 참조함.

다음으로, 국영 경제의 강약이나 그 양적 비중을 가지고서 국가독점자본주의의 전진이나 후퇴를 판단할 수 있는가에 관해서이다. 소위 국가독점자본주의는 국가와 독점자본이 상호 결합하여 형성된 일종의 독점자본주의이다. 그 중 국영 경제는 국가독점자본주의 세 가지 기본형식 중 하나로서 사적 독점자본이 거액의 이윤을 획득하는데 복무하는 것을 주요 목적으로 삼는다. 그 때문에 일단 사유제로 전환하는 것이 사적 독점자본에 유리하면 자본주의 국가는 즉각 국영기업을 사유화한다.[189]

여기서 지적할 것은, 국가와 독점자본이 상호 결합하여 형성된 **국가독점자본주의는 국영화로만 표현되는 것이 아니라 비(非)국영화로도 표현**될 수 있다는 점이다. 즉 일정한 조건에서 국가는 국영 경제를 축소하고 더 많은 부분은 다른 국가독점의 형식으로, 예컨대 공사혼합기업이나 국민 경제에 대한 거시경제 조절과 같은 형식을 빌려 사회자본의 재생산과정에 참여하게 된다. 다시 말해 서로 다른 역사적 조건에서 **국가독점자본주의는 얼마든지 서로 다른 형식으로 출현**할 수 있다. 그 때문에 국영기업의 많고 적음을 기계적으로 국가독점자본주의의 발전과 후퇴 기준으로 적용할 수는 없다.

이상을 종합할 때, 신자유주의의 사유화 물결을 통하여 서구 국가들은 다만 국가독점자본주의 구체적 형식에 대해 필요한 조정을 한 것일 뿐, 국가독점자본주의 전체가 전반적인 후퇴를 한 것은 아님을 알 수 있다. 국가독점자본주의는 앞으로도 당분간 공사혼합경제와 국가의 거시경제 조절 이 두 가지 형식을 강화하는 것을 특징으로 할 것이다.

---

189 여기서 **국영기업**과 **국유기업**을 구분하는 것이 필요하다. 국영기업은 국가가 기업을 100% 소유하고 또한 직접 경영하는 것을 말한다. 이에 비해 국유기업은 국가가 대주주로서 그 경영권을 장악하고 있는 기업을 말한다. 따라서 후자는 앞서 언급한 공사혼합기업을 포함하며, 기업 경영에서도 반드시 국가가 직접 경영하는 것이 아니라, 전문경영인에 위탁하여 대리 경영을 할 수 있다.

더불어 우리는 국영기업은 역대 국가독점자본주의에 있어 결코 주요한 부분은 아니었다는 사실을 상기할 필요가 있다. 신자유주의 사유화 조치로 국가의 재정과 금융 조절은 국가독점자본주의에 있어 더욱 중심적인 위치에 놓이게 되었다. 지난 사유화 물결이 다시 한 번 확인시켜 주는 것은, 국가독점자본주의는 그 생산수단 소유제의 기초가 사적 자본주의 소유제 특히 사적 독점자본주의 소유제에 있으며 결코 국가 소유제에 있지 않다는 사실일 뿐이다. 국가독점자본주의하에서 국가독점은 사적독점을 벗어나 결코 독자적으로 존재하거나 발전할 수는 없다.

그렇다면 **국가독점자본주의 발전 수준을 측정할 수 있는 핵심 기준**은 무엇일까? 그것은 사회자본의 재생산과정에 사용되는 **국가 재정지출의 성장 속도와 국민소득에서의 비중**이다. 국가 재정지출에서 사회자본의 재생산 운동에 투여되는 비중이 확대되어 국가와 독점자본의 경제적인 결합이 날로 밀접해지고, 독점자본주의의 생산·교환·분배·소비 각 영역에서 국가의 경제적 기능이 날로 강화될 때 국가독점자본주의의 발전 수준 또한 비례하여 높아진다.

왜냐하면 국가독점자본주의의 각종 형식은 모두 국가 재정지출과 직접 상관이 있기 때문이다. 현재 선진자본주의 국가들의 재정지출은 국민총생산에서 차지하는 비중이 1950년대 10%에서 1980년대에는 30%에서 50%까지 성장하였으며, 또 그것들의 주요 부분이 사회자본의 재생산과정에 투여됨을 통해서 **국가독점자본주의는 신자유주의에서도 지속적인 발전 추세**를 보여주고 있다. 예컨대 1996년 주요 선진자본주의 국가 재정지출이 GDP에서 차지하는 비율을 보면, 미국 35%, 영국 43%, 프랑스 55%, 독일 50%, 일본 37%로 1980년대 중반과 크게 변동이 없거나(미국, 영국), 오히려 상승(프랑스, 독일, 일본)하였다.

최근 통계지표를 보면, 대표적인 자본주의 국가인 미국의 경우 2023년 정부

지출은 GDP의 34.4%로 기록하였다. 참고로, 1900년부터 2023년까지 미국의 정부지출은 GDP의 평균 25.68%를 차지했으며, 1907년에는 최저치인 6.55%를 기록했고, 2020년에는 GDP의 최고치인 47.01%를 기록했다.[190]

자본주의 선진국들의 재정지출 비율의 증가는 국가 부채비율의 상승을 통해서도 확인할 수 있다. 2023년 기준 주요 선진국 35개국의 GDP 대비 국가 부채비율 평균은 74.7%이다. 그중 주요 7개국(G7)의 GDP 대비 정부부채 비율은 더욱 높다. 일본(252.4%), 이탈리아(137.3%), 미국(122.1%), 프랑스(110.6%), 캐나다(107.1%), 영국(101.1%)은 이미 모두 GDP의 100%를 초과하였는데, 독일(64.3%)만이 예외를 기록하고 있다.[191]

이렇듯 비록 사유화 물결 후 국유경제 부분은 감소하였지만, 그러나 공사혼합경제와 국가의 경제 조절 등 다른 형식의 강화를 통해서 국가독점자본주의는 위축되거나 후퇴한 것이 아님을 알 수 있다.

---

[190] 출처: U.S. Bureau of Economic Analysis. https://ko.tradingeconomics.com/united-states/government-spending-to-gdp

[191] 출처: 구글 AI 개요.

6장

다극화와 신국제질서

지금까지는 자본주의사회 그중에서도 특히 선진자본주의 국가를 중심으로 논의를 전개하였다. 이제부터는 시야를 전체 국제사회로 돌리도록 한다. 이 경우 현대 제국주의는 비록 여전히 무시할 수 없는 강력한 영향력을 가지고 있지만, 그것은 국제질서를 규정짓는 한 요소에 불과하며 국제사회에는 그 밖에도 다른 힘들이 존재한다는 사실을 깨닫게 된다. 예컨대 광범위한 개발도상국과 사회주의 국가가 그것이며, 또 주권 국가의 상호작용을 통해서 형성되는 유기적 통일체인 '국제질서' 역시 빠트릴 수 없다. 이제부터 이러한 요소들을 염두에 두면서 논의를 전개토록 한다.

국제사회는 지금 냉전 시대 종식 후의 새로운 국제질서를 수립해야 할 과제를 안고 있다. 냉전이 종식되던 무렵만 하더라도 많은 사람이 좀 더 나은 미래에 대해 낙관하였지만, 기대와는 달리 이미 30여 년의 세월이 흘러간 지금 국제사회는 여전히 혼돈에 쌓여있다. 이렇듯 새로운 국제질서의 수립이 지체되고 있는 이유는 무엇일까? 또 미국의 패권적 지위가 얼마나 오래갈 것이며, 만약 미국의 패권이 무너지는 경우 이후 새로운 국제질서는 어떠한 모습일까? 본 장은 이러한 문제들에 대해 답하기로 한다.

6.1. 다극화로 가는 세계

국제역량 관계를 고려할 때 **단극**(單極)과 **다극**(多極)은 유용한 개념이다. 탈냉전 후 국제질서가 아직 과도적인 양상을 보여주는 것은, 다른 각도에서 보면 국제역량 관계가 단극과 다극 사이에서 아직 그 방향을 확실히 결정하지 않았음을 의미한다. 그러나 시간이 흐를수록 특히 2008년 하반기 세계 금융위기가 폭발한 이래 일련의 사태 진행은, '다극화' 추세가 강화되는 느낌을 준다. 본 절에서는 이 같은 '다극화'의 필연성과 지금 시기의 다극화가 과거에 존재했던 다극화와는 어떻게 다른지 살펴보기로 한다.

6.1.1. 다극화 추세

냉전 종식 후 다극화 추세가 강화되고 있는 것은, 유일 패권국가인 미국의 국제적인 지위의 상대적 약화와 함께 그의 경쟁국들의 부상과 관련한 다음 몇 가지 지표들을 통해서 확인할 수 있다.

첫째, 유일 패권국가인 미국의 경제적 지위가 날로 약화하고 있다. 경제력은 군사력 등 다른 각종 역량을 결정짓는 기본 요소이기에, 강대국 간의 역량 관계를 판단하는 데 있어 그것은 우선적인 고려 대상이다. 아래 표 6-1이 보여주 듯, 미국 GDP 성장률은 2000년대 들어 지속적으로 하락하는 추세를 보여주 며, 동시에 세계 다른 지역 특히 개발도상국과의 성장 속도 격차가 커지는 모습 을 보여준다.

   2000년 전 세계와 개발도상국의 GDP 성장률은 각각 미국의 1.24배와 1.5 배이었는데, 2007년에 이르러 1.69배와 2.48배로 확대되었다. 미국 GDP의 성장률과 세계 평균 수준의 격차가 커짐에 따라, 미국이 세계 경제에서 차지 하는 비중도 눈에 띄게 줄어들고 있다. 예컨대 2000년 시장 환율에 따른 세 계와 미국의 GDP 총량은 각각 31.4조 달러와 9.8조 달러로, 후자는 전자의 31.3%를 차지하였다. 그러나 2005년에 이르러 이들 수치는 각각 44.5조 달러 와 12.5조 달러로 28%가 되었다. 이는 미국 GDP가 세계에서 차지하는 비중이 2000~2005년 기간에 3%가 줄었다는 것을 뜻한다.

표 6-1. 미국 GDP 성장률 및 다른 국가와의 대비 (단위: %)

	1980-1990	1990-2000	2000	2001	2002	2003	2004	2005	2006
미국	3.19	3.20	3.8	0.3	1.6	2.5	3.9	3.2	3.4
세계	-	-	4.7	2.2	3.0	4.1	5.3	4.9	5.1
선진국	-	-	3.8	0.8	1.5	1.9	3.2	2.6	3.1
개발도상국	-	-	5.7	3.9	4.8	6.7	7.7	7.4	7.3

출처: <帝国主义历史的终结>, p.378.

   금융위기가 본격화한 2008년 이후 미국경제가 세계 경제에서 점하는 비중 의 하락 추세는 더욱 가속화되고 있다. 2009년 세계와 미국의 GDP 총량은 아 래 표 6-2를 보면 각각 57.9조 달러와 14.3조 달러로, 후자의 전자에 대한 비중 은 24.7%로 축소되었다. 금융위기가 진행된 5년 후인 2013년에 이르면 세계와 미국의 GDP 총량은 각각 74.9조 달러와 16.8조 달러로, 후자의 전자에 대한 비중은 다시 22.4%로 축소되었다. 만약 이 같은 추세가 지속된다면, 2035년에는 미국 GDP가 세계에서 차지하는 비중은 10%대로 축소되게 될 것으로 전망된다.

표 6-2. 세계와 미국, 브릭스 4개국의 GDP 비교 (단위: 조 달러)

	2008	2009	2010	2011	2012	2013
세계	60.7	57.9	62.9	69.7	71.7	74.9
미국	14.3	14.3	14.7	15.1	15.7	16.8
중국	4.4	4.9	5.9	7.3	8.2	9.2
인도	1.2	1.2	1.5	1.7	1.8	1.9
브라질	1.6	1.6	2.1	2.5	2.4	2.2
러시아	1.7	1.2	1.5	1.9	2.0	2.1
브릭스합계	8.9	8.9	11	13.4	14.4	15.4

출처: <中国统计年鉴> 2011년, 2012년, 2013년 3개년 자료를 합산하여 필자가 재구성함.[192]

　미국의 경제성장률 둔화와 대비되는 것은 중국·러시아·인도·브라질 등 일명 '브릭스(BRICS)'로 불리는 신흥 국가군의 높은 경제성장률이다. 이들 국가의 근래 GDP 성장률은 대부분 미국보다 훨씬 높으며, 이러한 높은 성장률은 금융위기 이후 다소 둔화하긴 하였지만 그래도 전체적으로 여전히 상당히 높은 수준을 유지하고 있다.
　예컨대 금융위기 기간인 2008년~2013년 6년 동안 브릭스 4개국의 평균 경제성장률은 5.19%로 같은 기간 미국의 평균 경제성장률 0.81%를 훨씬 앞지르고 있다(표 6-3 참조). 이들은 이처럼 빠른 경제성장을 기반으로 새로운 경

192　그중 2008년~2012년 수치는 IMF WEO데이터베이스 수치임. 2013년 수치는 세계은행 WDI 데이터베이스 수치임.

제 대국으로 급속히 부상하고 있다. 2013년 이들 브릭스 국가군의 GDP 총합은 세계 GDP의 20.6%를 차지하였으며, 이미 미국의 22.4%와 상당히 엇비슷한 수준에 와있다. 중요한 점은 이 같은 비중의 증가가 아래 표에서 볼 수 있듯이 **꾸준히** 확대하는 추세에 있다는 점이다. 이들 국가는 개별적으로 보면 비록 그 경제 발전 수준이나 규모 면에서 아직 미국과 비교할 수는 없지만, 이 같은 추세가 지속된다면 개별 국가 차원에서도 그 경제 총량이 머지않아 미국에 근접하거나 심지어 따라잡는 것이 가능하다는 점을 충분히 예측할 수 있다.

표 6-3. 세계와 미국, 브릭스 4개국의 GDP 성장률 비교 (단위: %)

	2008	2009	2010	2011	2012	2013
세계	2.76	-0.59	5.22	3.95	3.15	2.19
미국	-0.34	-3.07	2.39	1.81	2.21	1.88
중국	11.31	9.21	10.45	9.30	7.80	7.67
인도	6.19	5.04	11.23	7.75	3.99	5.02
브라질	5.17	-0.33	7.53	2.73	0.87	2.49
러시아	5.25	-7.80	4.50	4.30	3.40	1.32
브릭스평균	6.98	1.53	8.43	6.02	4.02	4.13

출처: <中國統計年鑒> 2011년, 2012년, 2013년 3개년 자료를 합산하여 필자가 재구성함.[193]

전(前) 세계은행 총재 제임스 울펜슨은 2005년 당시 골드만삭스의 예측을 빌려 25년이 지나지 않아 중국과 인도의 GDP 총합이 G7을 초과할 것이며, 2030~2040년 중국은 장차 세계 최대의 경제 대국이 될 것으로 예측하였다. 이 예측에 따르면 2050년 중국과 인도의 GDP는 각각 48.6조 달러와 27조 달러에

---

[193] 그중 2008~2012년 수치는 IMF WEO데이터베이스 수치임. 2013년 수치는 세계은행 WDI 데이터베이스 수치임.

달하고, 미국은 37조 달러 수준이 된다. 이 같은 상황은 무엇을 의미하는가?

그것은 현재 국제관계에서 주요 국가 간의 역량관계에 심각한 변화가 발생하고 있으며, 이에 따른 국제질서의 큰 변화가 예견되고 있다는 사실이다. 지금까지 세계역사를 볼 때, 대략 세계 경제에서 차지하는 비중이 20% 이하로 내려갔을 때 기존 패권국가의 지위는 심각한 위협을 받았다. 일찍이 "해가 지지 않는 왕국"이라 불리던 영국이 그러하였는데, 19세기 중엽까지만 하더라도 영국은 세계 제조업의 절반 이상을 차지하였다. 그러나 이후 그 비중은 1880년 22.9%로 줄어들었으며, 제1차 세계대전 직전인 1913년에는 13.6%로 축소되어 마침내 그 패권 지위를 상실하였다.[194]

미국은 1960년대 이후 지금까지 세계 GDP 총량에서 차지하는 비중이 대체로 20%~30% 선을 유지해 왔다. 그런데 만약 이 비중이 20% 이하로 내려가게 될 경우, 그 정도 경제 실력으로 지금과 같은 슈퍼 패권국의 지위를 유지하기는 어렵게 된다.

둘째, 미국 패권 지위의 핵심인 달러를 기축통화로 하는 기존 국제통화체제의 개조가 본격화함에 따라 달러의 독점적 지위가 시간이 갈수록 위협받고 있다. 2000년 정식 출범된 유로(EUR)는 그간 비교적 안정된 화폐 가치를 기반으로 달러에 이어 세계 제2의 기축통화 지위를 구축하는 데 성공하였다. 이에 따라 끊임없는 약세로 가치 절하를 겪고 있는 달러의 지위를 위협하는 요소로 되고 있다. 전 세계 외환 보유고에서 달러가 차지하는 비중은 2016년 65.4%에서 2023년 58.4%로 약 7% 하락했다. 다른 화폐의 경우 유로가 20%, 일본 엔화 5.5%, 영국 파운드 4.8%이다(표 6-4 참조).

---

[194] 관련 수치는 〈大国的兴衰〉(上卷), p.210 참조.

표 6-4. 전 세계 외환 보유고 통화 구성 비율(2023년 4분기, IMF COFER)

순위	통화	비율	주요 특징
1	미국 달러(USD)	58.4%	절대적 우위, 점유율 점차 하락 중
2	유로(EUR)	20.0%	유럽연합 경제권 영향력 반영
3	일본 엔(JPY)	5.5%	저금리 정책 영향으로 점유율 감소 중
4	영국 파운드(GBP)	4.8%	브렉시트 이후 약세 지속
5	중국 위안(CNY)	2.6%	급속한 성장(+1.2%p since 2016)
6	기타 통화	8.7%	캐나다 달러(CAD), 호주 달러(AUD) 등

자료: IMF COFER(2023.12), 세계은행, 각국 중앙은행 보고서

표 6-5. 국제 결제 통화 점유율 TOP 5(2024년 6월, SWIFT 기준)

순위	통화	점유율	주요 사용 분야
1	미국 달러(USD)	46.3%	원자재(석유·금), 국제 채권, 무역 결제
2	유로(EUR)	28.1%	EU 역내 무역, 유로존 채권발행
3	영국 파운드(GBP)	6.8%	금융허브(런던) 기반 파생상품 결제
4	일본 엔(JPY)	3.9%	아시아 무역, 엔 캐리 트레이드
5	중국 위안(CNY)	3.2%	일대일로 참여국, 홍콩 결제 허브

자료: SWIFT RMB Tracker, BIS(국제결제은행), PBOC(중국인민은행)

이처럼 달러의 세계화폐로서의 독점적 지위는 이미 일정 손상된 상태인데, 여기에 더해 세계 제2위의 경제 대국으로 성장한 중국이 최근 들어 자신의 경제적 실력을 바탕으로 위안화의 국제화를 강력히 추진하고 있어 주목받고 있다. 위안화는 현재 국제무역 거래에서 상당히 광범위하게 사용되고 있으며, 2015년 말 IMF에 의해 정식으로 SDR (IMF의 특별인출권) 편입이 결정됨에

따라 각국 중앙은행의 공식적인 비축 화폐로서의 지위를 인정받게 되었다.[195]

이렇듯 달러에 대한 경쟁 화폐의 등장과 함께 우리가 유의해야 할 점은, 제2차 세계대전 이후 구축된 기존 IMF와 세계은행을 골간으로 하는 국제통화체계가 큰 폭의 재편을 요구받고 있다는 사실이다. 주지하다시피 기존 'IMF-세계은행' 체계는 지금까지 미국이 주도하는 국제통화체계의 골간을 이루어왔는데, 그것이 최근 '아시아 인프라 투자은행(AIIB)'과 '브릭스 개발은행'의 설립으로 근본적인 도전을 받게 된 것이다.

아시아인프라투자은행(AIIB)은 2014년 10월 중국이 주도적으로 추진하였으며, 주요하게는 아시아 국가들의 도로·철도·항만 등의 인프라(사회간접자본) 건설자금 지원을 목적으로 한다. 2015년 4월 15일 57개국의 창단 회원국이 확정되었으며, 같은 해 6월 29일 공식적으로 출범했다. 출범 당시 북아메리카를 제외한 나머지 지역들에서 적어도 1개 이상의 국가가 이 기구에 참여할 정도로 그 포괄범위가 광범위하며, 여기에는 영국·독일·프랑스 등 미국의 전통적인 서유럽 동맹국들도 포함되어 있다. 이 은행이 출범한 날로부터 그리 멀지 않은 2015년 7월 8일, 러시아의 중소 도시 우파에서 개최된 제7차 브릭스 정상회담에서 '브릭스 개발은행'과 브릭스 독자의 '긴급외한 비축기금'을 정시 출범시켰다. 이 두 기구는 자본금 규모가 각각 1,000억 달러로, 그중 브릭스 개발은행은 2016년 4월부터 첫 대출을 시작하였다.

이상과 같이 유로·위안화 등 강력한 경쟁 화폐의 등장, 그리고 아시아 인프라 투자은행과 브릭스 개발은행의 출범은, 현재 미국 패권을 직접 떠받치고 있는 달러의 기축통화 지위가 근본적으로 동요하고 있음을 보여주며, 국제통화

---

195 위안화의 SDR 편입 조치는 2016년 10월 1일부로 정식 효력이 발생하였다. 이에 따라 SDR에서 각국 화폐가 차지하는 비중은 다음과 같다. 달러(41.73%), 유로(30.93%), 위안화(10.92%), 엔화(8.33%), 파운드(8.09%).

체계에서 다원화의 진척이 상당 정도 이루어지고 있음을 말해준다.

셋째, 미국의 통제를 벗어나 경제·정치적으로 경쟁적인 성격을 띠는 새로운 지역조직 혹은 국가집단들이 다양하게 출현하고 있다. 예컨대 1993년에 출범한 유럽연합(EU)은 급속히 발전하여 그 경제 총량에서 이미 미국을 추월하였으며, 정치적으로도 그 독립성이 부단히 높아지고 있어 미국의 지휘가 상당 정도 먹히지 않는 실정이다.

특히 21세기에 들어 브릭스로 대표되는 신흥 국가군의 빠른 성장과 이들 간의 상호협력 강화는 주목할 만하다. 알다시피 브릭스(BRICS)는 브라질·러시아·인도·중국·남아프리카공화국 이상 5개국 영문 명칭의 첫 번째 자음 조합명이다. 2009년 러시아 예카테리나 회의에서 첫 번째 정상회담을 개최한 이래, 브릭스는 2024년 현재까지 모두 16차례의 정상회담을 개최하였으며, 정상회담 외에도 점차 그 실무기구를 정비하여 현재 산하에 외교·안보·무역·재무 및 중앙은행· 농업 등 각 전문 분야별 장관급 회의를 두고 있다.

이 밖에도 브릭스는 독자적인 싱크탱크 포럼을 설치하는 등 조직화와 정례화가 진척되고 있다. 금융위기가 발생한 2008년 이후 브릭스의 세계 경제성장에 대한 연평균 기여도가 50%를 초과함으로써 그 국제적인 영향력도 날로 증대하는 추세이다 이들은 점증하는 자신들의 경제적 실력을 바탕으로 새로운 국제질서 수립에 앞장서고 있다. 이들은 "더욱 민주적이고 공평한 국제적인 다극화 질서의 구축을지지"하고, 또 "더욱 안정적이고 예견 가능하며, 더욱 다원화된 국제통화체계 건설의 추동"[196]을 공개적으로 선언하는 등, 현시점에서 미국 주도의 단일패권적 세계질서에 대한 가장 강력한 도전 세력으로 부상하고 있다.

---

[196] 〈金砖国家研究〉(第一辑), pp.발간사 1-2.

또 브릭스와는 별도로 러시아와 중국이 주도하는 '상하이협력기구(SCO)'와 같은 지역 협력 기구 또한 발전하고 있다. 2015년 회의에서 인도와 파키스탄을 새로운 회원국으로 받아들이기로 결정 함으로써 이제 그 규모는 동아시아·중앙아시아·남아시아·동유럽에 이르는 광대한 지역을 포괄하게 되었다. 관여하는 사무도 단순한 안보적 협의체로부터 지금은 일부 경제와 정치 영역까지 포함함으로써 점차 종합적인 국제기구의 성격을 띠어가고 있다. 이에 따라 이 기구의 국제적인 영향력이 앞으로 더욱 제고될 것으로 예측된다.

그 밖에 그동안 느슨한 관계를 유지해 왔던 동남아 국가들이 아세안(ASEAN)으로 재결속하면서, 세계의 작지만 하나의 독립된 '극'으로서 국제적인 지위를 인정받아가고 있는 점도 주목할 만하다. 이 기구는 회원국 수가 현재 10개국인데, 비록 지역적인 중소 개발도상국들의 연합체 성격을 갖고 있지만 그런데도 지역 차원을 넘어 세계 경제와 정치 생활에 날로 중요한 영향을 미치고 있다.

넷째, 미국 군사력의 압도적인 우세가 날로 약화하고, 미국의 슈퍼군사력에 도전하는 무장력이 다른 경쟁국들에 의해 형성 중이다. 미국의 군사력은 달러와 더불어 그 세계 패권 유지의 양대 축이다. 그런데 군사력 분야에서 그간 미국의 독보적인 지위가 2000년대 들어 심각한 도전을 받고 있다. 그것은 주요하게는 러시아와 중국 두 강대국 군사 역량의 강화와 이들 간 긴밀한 협력관계의 구축 때문이다.

먼저 러시아의 경우를 보면, 최근 다극화의 진전에서 이 나라는 중요한 역할을 하고 있으며 그 중요성은 특히 이 나라가 보유한 강력한 군사력에 있다. 러시아는 과거 슈퍼대국이었던 소련의 군사 유산을 대부분 물려받았다. 그 때문에 지금도 미국과 대등한 핵전력을 보유하고 있으며, 상호 상대를 초토화할 수 있는 세계 유일한 나라로 꼽힌다. 1990년대 후반까지 러시아는 소련 해체에 따른 후유증과 급격한 체제 전환이 가져오는 진통으로 경제와 사회 및 군사 전 방면에서 심각한 후퇴를 경험하였다.

그러나 강력한 지도력을 가진 푸틴의 등장과 함께 러시아는 2000년 이후 새롭게 국가체계를 정비하여 어느 정도 경제회복에 성공하는 한편, 국방건설에도 힘을 기울여 과거의 군사 강국의 면모를 신속하게 회복하는 데 성공했다. 이러한 실력을 기반으로 러시아는 최근 리비아·시리아·우크라이나 사태에서 감히 미국과 그 서구 동맹진영에 정면으로 대항하는 대담한 모습을 보여주었다. 이러한 러시아가 공개적으로 패권주의와 강권 정치에 반대하는 입장을 분명히 천명함으로써, 현시기 세계 다극화의 진전을 가속화 하는 중요한 변수가 되고 있다.

중국 군사력의 최근 급속한 성장 및 미국과의 격차 축소는 더욱 눈길을 끈다. 중국은 1990년대까지 경제 발전에 우선적으로 힘을 기울이면서, 국방건설에는 상대적으로 뒤처져 있었다. 그러나 2000년대 들어선 이후 이 같은 국방 부문의 낙후성을 만회하기 위해 군사비 투자를 점차 증가하기 시작했다. 이 같은 결정에는 1999년 5월 7일 미국의 B2 폭격기에 의한 유고슬라비아 중국대사관에 대한 폭격 사건이 중요한 계기로 작용하였다.

이리하여 특히 2011년부터 2015년까지 중국 국방예산은 두 자리 수자의 증가를 계속한 결과 현재는 미국에 이어 세계 제2의 국방예산 규모를 갖게 되었다(표 6-6, 표 6-7 참조). 이 같은 국방예산의 높은 증가율에도 불구하고 그것이 전체 중국 GDP에서 차지하는 비율은 낮은 편이다. 예컨대 2014년도의 경우 1.27%로, 이는 제2차 세계대전 패전국으로서 군비 확장에 국제적 제약을 받는 일본과 독일 두 나라의 수준과 거의 비슷하며(각각 1.14%와 1.19%), 중국의 국방비가 정부 재정지출에서 차지하는 비중 또한 6% 미만으로 세계 평균치인 9.86%에 아직 못 미친다(한국은 약 10% 수준). 이 점은 향후 중국 국방건설의 지속적인 발전 가능성과 잠재력을 보여준다. 군사기술 측면에서도 젠-20, 젠-35와 같은 스텔스기의 동시 개발 성공과 실전배치에서 볼 수 있듯이, 최첨단 무기 분야에서 미국과의 격차가 날로 줄어드는 추세이다.

표 6-6. 중국 국방예산 증가율 (2011~2015년) (단위: %)

	2011	2012	2013	2014	2015
증가율	12.7	11.2	10.7	12.2	10.1

출처: <中华人民共和国国防部网站>[197]

표 6-7. 각국 국방예산과 GDP 점유 비율(2014년) (단위: 억 달러, %)

	미국	중국	영국	프랑스	러시아	일본	사우디	독일	인도	이탈리아
국방예산	5,521	1,320	596	593	587	545	452	452	413	370
GDP 대비	3.17	1.27	2.13	2.04	2.85	1.14		1.19	2.01	1.74

출처: 이하 인터넷 사이트에 실린 국방예산 수치를 참조하여 필자가 재구성함. http://www.360doc.com/content/14/0909/19/6205369_408233350.shtml.

러시아와 중국 두 나라는 옐친 정권 시절인 1997년 양국 정상회담을 통해 과거 양국 간의 적대관계를 공식 청산하고 국교를 정상화한 이래, 줄곧 우호친선 관계를 유지하고 강화해 왔다. 특히 미국과 서방에 대해 독자노선을 분명히 한 푸틴 정권이 들어서면서부터 양국 관계는 더욱 친밀해졌다. 이 두 나라는 상하이협력기구의 주도 국가이기도 하며, 이 국제기구의 틀을 통해 미국과 그 동맹국들의 정치·군사적 압력에 공동 대항하는 과정에서 양국 간 협력 수준이 날로 높아지고 있는 점이 주목된다. 미국 시카고대학 정치학 교수 로버트·페이

---

[197] http://www.mod.gov.cn/wqzb/2014-10/23/content_4546073.htm.

프는 격월간지 〈National interest〉 1-2월호(2009년)에 발표한 〈제국의 쇠락〉이란 글에서, 만약 현재와 같은 추세가 2013년 내지는 더욱 오래 지속된다면, 중국과 러시아에 다른 어떤 주요 국가를 더하기만 하면 이들은 충분한 경제적 실력을 기반으로 군사적으로도 미국에 대항할 수 있다고 지적하였다.[198] 최근 진행되는 국제정세의 추이는 이 같은 예언이 적중하고 있는 모습을 보여준다. 필자의 생각엔 굳이 다른 제3국의 추가 없이 두 나라의 협력만으로도 이미 충분할 것 같다.

6.1.2. 다극화의 요인

다음으로 탈냉전 이후 국제질서의 다극화 추세를 필연적으로 만드는 요인에 대해 살펴보도록 한다. 현시기 신국제질서의 수립을 둘러싸고 단극 경향과 다극화 경향 간에 치열한 경쟁이 벌어지고 있는 가운데, 이 양자 간에는 또한 보이지 않는 내적 연관이 존재한다. 양자는 지구화 시대의 경제 일체화라는 공통의 배경에서 출현하였다. 따라서 단극 추세를 낳는 배경은 곧 다극화를 추동하는 요인이기도 하다. 앞장에서 서술하였듯이, 현 패권주의적 다극 추세를 추동하는 객관적 요인은 새로운 과학기술혁명과 이에 기초한 지구화 시대의 본격 개막을 들 수 있다(제5장 2절). 이는 동시에 현시기 다극화의 강력한 추진력이자 그 객관적 가능성으로 작용한다. 이를 좀 더 살펴보도록 하자.

---

[198] 〈美元霸权与经济危机〉, pp.259-260.

(1) 지구화의 진행은 다극화에 유리한 조건을 제공한다.

다음 두 가지 측면에서 이 명제는 성립한다. 첫째, 지구화는 슈퍼 패권국가의 출현을 재촉하면서 동시에 패권국가가 자신의 역량을 충분히 발휘하는 데 상당한 제약조건으로 작용한다. 둘째, 지구화는 패권국가에 대항할 수 있는 새로운 강대국의 출현에 유리하며 또한 이를 촉진한다.

먼저 첫 번째 측면부터 살펴보자. 기존 패권국가는 태생적으로 신흥 강대국의 부상을 전 방위로 견제하고 억제하려 한다. 이를 위한 수단으로 패권국가는 정치·군사적 수단과 경제적 수단을 사용하는데, 이 두 가지 모두 지구화로 인해 각국 간의 **상호침투**와 상호의존성이 더욱 긴밀해지는 상황에서 과거만큼 그 효과를 기대하기가 어렵다.

우선 정치·군사적 수단의 경우를 보자면, 전통적으로 패권국가는 자국의 군사력 우위를 지키기 위해 타국보다 훨씬 많은 국방비를 지출한다. 그러나 가공할 핵무기가 존재하는 오늘날 국제관계에 있어, 강대국 간의 마찰이 발생하더라도 패권국가가 동원할 수 있는 수단은 근본적인 제약을 받는다. 설령 핵무기를 사용한 전면전이 아니고 재래식 무기에 의한 국지전을 상정할지라도, 일단 강대국이 직접 개입한 전쟁이 발생하게 되면 이것이 국제 안보와 세계 경세에 미치게 될 여파는 상상할 수 없을 정도로 크다. 그 때문에 패권국가는 자신이 비교적 뚜렷한 우위를 점하는 군사 방면에서 충분히 역량을 발휘하기가 어려우며, 또 그 기회도 줄어들 수밖에 없다.

그와 관련한 사례를 하나 소개한다. 2016년 7월 국제중재법원에서 필리핀 아키노 정부가 제소한 영토 문제에 대한 판결이 나올 즈음, 미국과 중국 간의 남중국해를 둘러싼 긴장은 최고에 달했다. 미국은 핵 항공모함 두 척이 이끄는 함대를 인근 지역에 파견하였으며, 그중 한 척은 소위 '자유항행의 권리'를 수호한다는 명목으로 남중국해에 직접 진입하였다. 이렇듯 항공모함 두 척의 동시적인 작전 상황은 흔치 않은 일인데, 원래 준전시 상태라야 가동된다. 그러나 이 사건은 미 해군의 무력시위에 그쳤을 뿐 더 이상의 긴장 고조는 없었다. 뒤돌아보면 두 나라는 처음부터 근본적으로 무력을 사용할 생각은 없었다. 단지 시위를 통해서 상대방에게 '간접적인' 압력을 줄 뿐이었으며, 주변에 자신의 힘을 과시하는 것이 더욱 중요한 목적이었다.

또한 당사국들은 이 같은 서로의 의중을 잘 읽고 있었다. 그러기에 실제로 국제중재법원의 판결이 나오고 그것이 중국 측에는 대단히 불리하였지만[199], 미국은 막상 단호한 중국의 의지 앞에 더 이상 긴장을 고조시키는 행동을 자제했다. 판결 직후 미국의 해군 사령관이 중국을 방문하여 분위기를 전환하였으며, 양국은 이후 목청을 낮추면서 무력시위를 조용히 거두었다. 이 사례는 당대의 강대국 간에 군사력이 어떻게 정치문제에 사용되고 그 효과와 한계가 무엇인지를 잘 보여준다.

결국 경제적 제재 수단이 패권국가의 좀 더 유효한 수단으로 남는다. 하지만 이 역시 지금처럼 지구화로 인해서 경제 일체화가 상당히 진행된 상황에서는 별반 효과를 거두기가 어렵다. 왜냐하면 만약 경제적 수단 중 가장 강력하다고 할 수 있는 '경제봉쇄'를 실시할 경우, 이는 곧 세계시장의 위축과 자국 투자자본의 손실을 동시에 초래하기에 자국 경제도 적지 않은 타격을 받을 각오를 해야 한다. 그와 관련한 사례로 1989년 천안문사태 직후 서방 국가들이 취한 중국에 대한 제재를 들 수 있다. 미국은 당시 다른 서구 국가들과 함께 중국에 대해 노골적인 봉쇄 조치를 취하였지만, 효과는 제한적이었다. 이 조치는 당시 중국경

---

[199] 원래 국제중재법원은 해양 주권 문제에 대해 관여할 수 있지만, 그 전제조건은 반드시 '중재 개시를 위해 양국 동의가 필수'라는 점이다. 하지만 당시 남중국해 분쟁에서 당사자인 중국 측은 명백히 중재에 동의하지 않았음에도, 필리핀 측만의 제소로 이 재판이 개정했다. 이렇듯 국제중재법원이 이 문제에 적극 개입한 것은 미국의 입김이 강하게 작용했기 때문이다. 하지만 정작 미국은 국제중재법원의 정식 회원국이 아니다.

제의 고도성장에 일시적 제동을 거는 데는 성공하였지만[200], 그 피해는 중국 시장에 대한 의존도를 더해가던 미국경제와 서구 독점자본 자신들에게도 돌아왔다. 그리하여 결국 두 해가 채 못 가서 그들은 제재를 스스로 철회해야만 하였다. 미국은 클린턴 정부 이래 중국의 부상을 막기 위해 소위 '접촉과 억제'라는 정책을 지속적으로 펼쳐왔는데, 그것이 지금까지 뚜렷한 성과를 내지 못하는 이유는 바로 양국 경제의 상호의존성이 갈수록 높아지기 때문이다.

이렇듯 지구화 시대의 상호의존성 강화는 강대국 간의 대규모 정치·군사 및 경제적 충돌을 회피하도록 만든다. 만약 충돌이 발생하는 경우 서로 간의 손실과 상처만 깊어질 뿐 누구도 승자가 될 수 없기 때문이다. 지금은 과거 냉전시기와는 달리 피아간의 경계가 명확하지 않고 서로 혼재되어있는 경우가 많다. 그뿐만 아니라 환경·인구·식량·범죄·테러 등 세계 각국이 함께 힘을 합해야 풀 수 있는 지구적 차원의 공동과제들이 갈수록 많아지는 실정이다. 이러한 것들은 모두 패권국가가 자신의 우세 중에서 특히 군사력 사용을 크게 제약시키는 요인이라 할 수 있다. 이와 관련하여 카터 정부에서 국가안전보좌관을 지낸 브레진스키는 다음과 같이 말했다.

"미국의 지도력이 지금 직면하고 있는 곤란 가운데에는 국제정세 특징 자체의 변화로부터 기인한 것들이 포함된다. 과거와 비교할 때 권력을 직접적으로 사용하는 것은 곧바로 큰 제약을 받는다. 핵무기의 존재는 전쟁을 정책 수단이나 위협 수단으로 삼는 효력을 대폭 떨어뜨렸다. 국가 간에 경제의 상호의존 정도가 증대한 것은 경제를 정치적 목적으로

---

200 1989년과 1990년 중국의 경제성장률은 각각 4.2%와 3.9%로 1980년대 들어 가장 낮은 수치를 기록하였다. 그러나 1991년에 중국 GDP 성장률은 9.3%를 기록함으로써 다시 고도성장 추세를 회복했다.

사용하려는 책략이 잘 먹혀들지 않게 만든다. 그 때문에 유라시아 체스판에서 성공적으로 지연(地緣)전략 역량을 운용하려면 현재 주요한 방법은 임기응변, 외교 수단의 사용, 동맹관계의 구축, 선택적으로 새로운 성원을 동맹에 끌어들이기, 그리고 이와 함께 매우 교묘하게 자신의 정치적 자원들을 배합해야 한다."[201]

두 번째, 지구화가 어떻게 패권국가에 대항할 수 있는 새로운 강대국들의 출현을 촉진하는지를 살펴보기로 하자. 결론적으로, 지구화는 국제 분업을 촉진하여 저개발 상태인 개발도상국들의 경제성장과 이로부터 신흥공업국의 출현에 유리한 조건을 제공한다.

서구 선진국들이 그간 주도해온 경제 일체화는 비록 한 측면에선 개발도상국에 재난을 몰고 오기도 하였지만, 그러나 경제 일체화는 동시에 인류가 이룩한 사회적 생산력의 일종의 진보적 표출이기도 하다. 그 때문에 이 과정의 진척에 따라 세계 경제지도가 바뀌고, 일부 제조업이 개발도상국들로 이전되어 지구적 차원의 산업구조조정이 적극 추진된다. 개발도상국들은 지구화 과정에의 적극적인 동참을 통해 여러 가지 이점을 얻고 자국 경제의 낙후성을 빠르게 극복할 수 있다.

예컨대 외자를 끌어들여 국내 경제건설 자금의 부족을 메울 수 있으며, 자국 내 결핍한 기타 경제 자원들을 쉽게 이용할 수 있는 기회가 확대된다. 또 선

---

[201] 〈大棋局—美国的首要地位及其地缘战略〉, p31. 다음의 글도 흥미롭다. "중국이 현행 국제질서에 융합 (도전이 아닌) 하는 방식을 사용하여 빠르게 궐기하고 있기에, 중국과 미국 간에 거역하기 힘든 **상호의존을 초래할 뿐만 아니라, 또한 미국 내 각 이익집단 간의 정책 취향을 크게 분화**시켜 놓았다. 이들 각 이익집단이 중국의 빠른 발전에서 얻는 이해가 서로 다르기에, 미국의 정치세력 간에 중국 정책상에서 일치점을 찾기 어렵게 만든다. 그 결과 미국의 중국 정책은 일관된 전략적 구상을 오랫동안 결여하였으며, 조령석개(朝令夕改)하였다." 황징(黃靖), 〈포퓰리즘의 범람은 미국의 '방향 상실'을 비춰준다〉, 환구시보(环球时报), 2016.5.5. 저자는 싱가포르 국립대학 교수이다. 인용문 중 굵은 강조는 인용자에 의한 것임.

진적인 기술과 관리 경험을 도입하고, 이러한 지구적 교류를 통해 세계 각국의 첨단 기술과 지식 및 우수한 문화를 배움으로써 각 방면의 능력을 갖춘 전문 인력들을 신속히 배양할 수 있다. 한국을 비롯한 대만·싱가포르·홍콩의 소위 '아시아의 작은 4마리 용'으로 불리는 제1세대 신흥공업국의 성장 과정이 그 같은 과정을 거쳤으며, 또 제2세대 신흥공업국으로 부상한 브릭스 국가들도 이 같은 국제 분업과 선진국들로부터의 산업과 자본 이전의 혜택을 많이 받았다. 브릭스 국가들이 현시기 강력한 다극화의 추진역량으로서 급속히 성장할 수 있었던 것도 따지고 보면 바로 이 같은 지구화 과정의 덕택이라 할 수 있다.

(2) 신 과학기술혁명은 다극화의 진전에 유리하다.

신 과학기술혁명과 지구화는 긴밀한 관계를 지니며, 현시기 지구화 과정의 근저에는 과학기술혁명이 작용하고 있다. 현대 과학기술은 국제간의 교류 거리를 축소하고, 국제관계 행위 주체 간의 교류의 범위를 확대하며, 또 그 교류 빈도를 높임으로써 국가 간의 상호의존 추세와 지구화를 진일보하게 촉진한다.

우선 최근 50년간 과학기술의 경제성장에 대한 공헌도가 급속히 상승해 온 사실을 시석할 필요가 있다. 신진국의 경우 20세기 50·60년대 그것은 30% 수준이었는데, 1970년대엔 50~70%로 상승하였으며, 1990년대엔 90%에 달하였다.[202] 이처럼 과학기술은 오늘날 명실상부한 '제1의 생산력'으로 자리 잡게 되었으며, 세계 각국은 날로 치열해지는 국제 경쟁에서 유리한 고지를 차지하기 위해 자국의 과학기술 발전에 총력을 기울이고 있다.

이 같은 신 과학기술혁명은 분명 초 패권국가의 등장에 유리한 측면이 있다.

---

202 《科技革命与社会发展》, p.172.

예컨대, 최근 과학기술혁명의 대표적인 성과물인 인터넷 기술과 운송수단의 혁명은 전 지구적 분업을 촉진함으로써 국제독점자본(다국적기업)의 글로벌 경영을 가능케 만들며, 또 국제 금융업 자본이 각국 자본 시장을 자유롭게 넘나들며 왕성하게 활동할 수 있는 기술적 조건을 제공한다. 또 최근의 과학기술혁명은 군사기술의 획기적인 발전을 가져와 지구 상의 어느 곳이라도 짧은 시간 내에 병력투여가 가능하게 만든다. 직접 병력을 투여하지 않더라도 먼 거리에서 인공위성으로 유도되는 순항미사일을 발사해 기존보다도 훨씬 정교한 타격이 가능하다. 이는 지구적 차원의 패권국가가 출현하는 데 있어 필수적인 군사 능력들이다.

그러나 신 과학기술혁명은 패권국가에는 양날의 칼이며, 불리한 점도 많이 있다. 현재의 과학기술혁명은 그 **지식 경제적 특성**으로 말미암아 진행 속도와 전파 속도가 빠르고 개방적이다. 이 때문에 개별 자본과 국가를 불문하고 각자의 영역에서 국제적인 경쟁 판도가 비교적 짧은 시일 내에 뒤바뀌는 경우가 허다하다. **'경쟁은 격화하고 독점은 단기화'**하는 현상이 매우 뚜렷하게 나타나고 있다.

이 같은 특징은 군사 분야에서도 그대로 적용된다. 첨단 군사기술의 변화 속도가 점점 빨라지고 있으며, 또 그 개발 및 구매 비용이 대폭 상승하고 있다. 그리하여 첨단 군사기술의 이러한 빠른 변화 속도와 비싼 비용으로 말미암아 경쟁국에 대한 절대적인 군사 우위의 유지를 위해 끊임없이 자신의 군사기술을 새롭게 혁신하여야만 하는 패권국가의 부담 또한 더불어서 증가한다.

〈강대국의 성쇠〉의 저자 폴 케네디는 현대 무기 가격이 비싼 것에 대해 이렇게 적고 있다.

"에드워드 7세(1841~1910년, 영국 왕-주) 시대의 정치가들이 현재 살아 있다면 아마 다음 사실을 발견하고 놀랄 것이다. 1914년 이전에 한 척당 250만 파운드였던 전함이, 오늘날에는 1억 2,000만 파운드 이상의 구축함으로 대체되었다. 1930년대 후기 일찍이 흔쾌히 1,000대에 이르는 B-17 폭격기 생산의 예산지출에 동의하였던 미국 국회의원들은, 오늘날 국방부가 100대의 신형 B-1 폭격기에 2,000억 달러를 써야 한다고 말하면 손발을 움츠릴 수밖에 없다. 모든 군사 영역에서 비용이 급격히 상승하고 있다. 2차 대전 때와 비교할 때 오늘날 폭격기의 가격은 과거의 200배, 전투기는 100배, 항공모함은 20배, 탱크는 15배가 비싸졌다."[203]

이 책에는 2020년에 이르면 비행기 한 대 가격이 전체 국방부 예산을 삼켜 버릴 수도 있을 것이라는 시니컬한 사람들의 말도 소개한다. 이 책은 1988년에 쓰였는데, 지금 와서 보면 이 같은 예측이 전혀 터무니없는 것만은 아니다. 왜냐하면 미국 제5세대 스텔스 전투기인 F22 한 대 가격은 2.9억 달러이며, 최신형 항공모함 한 척의 건조 비용은 이미 100억 달러를 넘어섰기 때문이다. 미국이 비록 달러라는 세계화폐를 보유하고 있지만, 이처럼 날로 비싸지는 천문학적인 무기 비용을 감당해 내는 일은 상당한 부담이 될 수밖에 없다.

폴 케네디는 현대 무기 기술의 발전양상에 대해서도, 그것이 나선식 상승을 보인다면서 첨단무기의 특징에 대해 이렇게 말한다. "첨단무기일수록, 제조하는 시간은 더욱 길며, 유지 보수하는 시간도 더 많이 들고, 장비의 중량은 더욱 크며, 제조 가격 역시 더욱 높고, 또 생산 수량은 줄어든다." 그리고 현대 첨단무기가 이렇듯 비싼 이유는 주요하게는 "무기가 불가피하게 날로 복잡화하기

---

[203] 〈大国的兴衰〉下卷, p.181.

때문이다. 예컨대, 한 대 현대 전투기의 부품은 10만 개에 달한다." 그리하여 현대에 들어 선진적 무기 기술의 이러한 지속적이고 빠른 발전은, 지금까지 애써 구축한 "기존 무기체계를 아무 소용 없게 만들 뿐 아니라, 또한 어떤 무기체계를 갱신하는 데 소요되는 제조 비용 역시 더욱 비싸게끔 한다."[204]

이렇듯 패권국가의 군사력 우위를 위한 유지비용이 커짐에 반해서, 그 우위를 사용할 수 있는 환경과 효력은 앞서 기술한 것처럼 날로 제한되는 추세이다. 예컨대 원자력·레이저·입자빔과 같은 무기들은 모두 가공할 파괴력을 지니고 있기에 세계 주요 강대국 간에는 일종의 '공포 속의 평화'를 계속할 수밖에 없으며, 군사력이 더 이상 국제문제를 해결하는 일반적 수단일 수 없도록 만든다.

결론적으로 신 과학기술은 국제관계에 있어 날로 중요한 변수로 되고 있으며, 시간이 갈수록 그것은 국제관계에서 긴장 완화와 협력의 진전에 유리한 방향으로 작용하고 다극화의 진전에 기여한다.

(3) 각국 주권의 강화는 다극화를 추진하는 데 빠트릴 수 없는 또 다른 중요한 요인이다.

국제관계에서 '평등 주권' 사상은 오래된 국제사회의 기본적인 원칙이다. 특히 종전 후 체결된 일체 쌍무 긴 조약과 협의에는 모두 이 같은 '평등 주권' 원칙이 들어있다. 그 때문에 오늘날 국가 주권의 강화는 단극 경향과 패권주의의

---

204 이상 인용문은 차례로 〈大国的兴衰〉下卷, p.243, p.182, p.229. 이러한 상황은 냉전 후기 미국과 소련의 중간에 끼인 프랑스와 같은 중간 수준의 핵전력 보유국을 매우 곤란한 처지로 만들었다. 이들은 다음과 같은 선택에 직면했다. 즉, 중요한 (핵무기나 첨단 기술 관련된) "일부 무기 계통의 연구를 완전히 중단하든가, 국민 경제를 아예 군사화하든가"(p.229)가 그것이다. 또 다른 예로, 최근 남중국해 영유권 분쟁에서 미국이 '항해 자유권'을 빌미로 미국의 항공모함을 이곳에 파견해서 자주 순항케 해야 한다고 주장하는 미국 국회의원에 대해, 미국의 〈국가이익(National Interest)〉 잡지는 다음과 같이 비꼬았다. "미군이 항공모함을 남중국해에 파견하여 무력시위를 하려면, 한 개 항모전단을 구축하는 비용만 하더라도 130억 달러에 이르고, 그 하루 행동 비용은 650만 달러이다. 미국의 국가채무는 이미 19조 달러를 초과하였다. 누군가가 소위 '항해자유 행동'을 취할 것을 주장하는 경우, 과연 그는 미국 납세자들의 지지를 얻었는지 모르겠다."(환구시보, 2016.4.29.)

횡행을 제약하는 중요한 요인이다. 〈유엔헌장〉에서 규정한 '국가 주권' 원칙을 옹호하는지 여부는 이미 두 종류 '신질서' 간의 투쟁에 있어 초점이 되고 있다.

17세기에 근대 주권개념이 국제관계에서 최초로 출현한 이래, 주권의 강화는 인류의 근대사와 현대사를 관통하는 일관된 추세이다. 제2차 세계대전 이후 이 같은 주권의 강화는 먼저 국제사회에서 활동 중인 주권 국가의 수가 크게 증가한 사실에서 확인될 수 있다. 유엔이 처음 성립할 무렵인 1945년만 하더라도 그 회원국은 51개에 불과하였는데, 2024년 현재 이 숫자는 193개로 증가하였다. 이 기간 새로 증가한 회원국들은 1950~60년대에 서구의 구 식민체제로부터 독립한 국가들이 대부분이며, 이들은 아시아와 아프리카 및 중남미에 걸쳐 광범위하게 분포한다.

다음으로, 현대에 들어 주권이 강화되는 추세는 이들 국가가 활동할 수 있는 UN이나 WTO와 같은 다자간 국제기구가 대폭 늘어나고 있다는 점에서도 확인할 수 있다. 이러한 국제기구는 소위 '다자간 외교'를 펼칠 수 있는 안정적인 공간을 제공함으로써, 국제외교에서 민주화와 공개화 및 사무효율을 높이는 데 도움이 된다.

특히 이 '다자간 외교' 형식은 국제사회에서 지위가 높지 못하고 강력한 언론매체를 갖지 못해 여론주도력이 미약한 개발도상국들에 더 유리하다. 이들은 다자간 국제기구와 회의를 통해 중요한 국제적 사안 및 국제정세와 관련된 정보를 얻을 수 있고, 더 나아가 세계를 향해 국제문제에 대한 자신의 주장을 펼치고 자국 권익을 옹호할 수 있는 기회도 얻게 된다. 예컨대, 오늘날 많은 개발도상국은 유엔을 다른 국가들과 교류하고 연대하는 중요한 장소로 활용하고 있으며, 때론 유엔의 연단을 활용하여 본국의 대외정책을 천명하고, 또 때로는 자기들끼리 연합하여 집단투표를 수행하면서 자국의 권익을 옹호하는 모습을 보여준다. 이 같은 광경은 과거 소수 강대국 간의 밀실 외교를 통해 국제사무를 처리하던 시기에는 상상하기 어려웠다.

근래의 WTO의 협상 과정을 보면, 이 같은 다자간 국제기구에 대해서 서구 선진국과 개발도상국 간의 태도가 확연히 다름을 볼 수 있다.

> "개발도상국은 주요하게는 기제(시스템)를 통해 선진국들의 실력에 대항하려는데 반해, 선진국들은 자신의 강력한 실력을 통해서 집단적 기제에 대항한다. 구체적으로 말하면, 개발도상국은 주요하게는 자신의(1국 1표-역자) 투표권, 국제법에 입각한 평등한 국가의 권리를 쟁취하려고 하는 데 비해, 선진국은 권력(현실적 역량-역자)에 입각해 목적을 달성하려고 한다. WTO 체계의 전형적인 사례는 그 정책 결정 기제 가운데에서 나타나는데, 개발도상국은 협상에 의한 만장일치의 모든 회원국의 권리를 강조함에 비해, 선진국들은 '그린 룸' 회의(밀실 회의-역자)를 통해서 개발도상국의 단결을 와해시켜 패권적 목적을 실현하려 한다."[205]

개발도상국들의 다자간 국제기구에서의 활발한 활동과는 대조적으로, 이들 기구에서 패권국가의 영향력은 현저하게 감소하고 있다. 현재의 유엔은 창립 초기에 그러했던 것처럼 미국의 '투표 기계'라고 말하기 어려워졌으며, 미국의 많은 주장과 제안이 유엔에서 통과하기 어려운 상황이 자주 발생하고 있다. 유엔의 명의를 빌린 이라크출병이 불가능했던 것이 그 대표적인 사례이다. 심지어는 미국이 소수 내지는 외톨이가 되는 경우도 종종 있는데, 최근 들어 미국의 인권 상황이 유엔의 관심사가 되거나 비판의 대상이 되어 미국 대표가 유엔

---

205 〈WTO体系的矛盾分析〉, pp.132-133.

인권 회의에서 낙선되는 사태가 발생한 것은 그 좋은 실례라 할 수 있다.

물론 국제기구의 발전은 다른 한편으론 각국 주권을 약화시키고 패권주의의 강화에 이용되기도 한다. 주권의 약화는 지구적 단일시장을 추진하는 현재 상황에서는 분명 불가피한 측면이 있다. 그러나 비록 유엔과 같이 가장 강력한 권위를 가진 국제기구라 할지라도, 그것은 여전히 주권 국가의 자발적인 동의에 기초해서만 운영될 수 있다. 유엔은 자체 독자적인 군대나 재정을 갖고 있지 못하기 때문에 그 권력은 근본적인 제약을 받으며, 실제 운행과 집행에서 여전히 주권 국가의 협조에 전적으로 의존할 수밖에 없다. 이 같은 의미에서도 당대의 다자간 국제기구의 발전은 주권의 강화라는 역사적 추세를 부정하는 것이 아니라, **그 발전의 기초위에 서 있음**을 알 수 있다.

지금까지 현시기 다극화 추세와 그것을 뒷받침하는 요인들에 대해 살펴보았다. 그런데 현실을 보면 냉전 종식 후 지금까지 여전히 미국의 패권주의가 국제질서를 주도하고 있음을 볼 수 있다. 이렇듯 단극 경향이 그 주도적 지위를 차지할 수 있었던 것은 주로 과거의 전통이나 관성과 같은 '역사적 요인'에 기인하는 바가 크다. 구체적으로 보면, 첫째, 양대 진영이 대립했던 냉전체제가 한쪽의 급속한 붕괴로 인해서 종식되었지만, 다른 한편 그 놀연성으로 인해서 그것을 대체할 새로운 국제질서가 미처 형성되지 못한 점을 들 수 있다. 이 같은 상황에서 그 공백의 상당 부분을 과거 냉전 시기에 결성된 기존 국제기구나 동맹체계(예컨대 UN, IMF, GATT, NATO, 한미일 지역동맹 등)를 그대로 가져가면서 채울 수밖에 없는 실정인데, 이러한 것들은 미국과 서구 국가들의 기득권이 강하게 관철되는 것들이다. 이런 측면에서 볼 때 단극 경향을 대표하는 세력은 구질서인 냉전체제 유산의 상속자라 할 수 있다.

둘째, 이에 비해 현재 다극화를 추진하는 세력인 개발도상국과 사회주의 국가는 그 빠른 성장에도 불구하고 아직 기존 질서를 바꿀 만한 역량을 갖추지는 못하고 있다. 이 때문에 미국이 주도하는 단극 경향이 잠시 주도권을 장악할 수밖에 없다. 그러나 지금까지의 분석이 보여주듯이, 현시기 단극과 다극화 두 경향이 명확히 충돌하고 있는 국제정세에서 단극 경향은 다분히 '**보수**' 세력을 대변하며, 다극화는 상대적으로 '**개혁적**'이고 '**진보적**'인 **세력**을 대변한다. 이에 따라 양자는 같은 지구화라는 토양 속에서 성장하였음에도 불구하고, 단극 경향은 다극화에 대해 전략적으로 **방어적인** 입장에 서 있다.

여기서 다극화가 '개혁적'이라고 말하는 것은, 냉전체제로부터 유래하는 현 국제질서에 대한 '개조'를 요구한다는 측면에서 그러하다. 또 그것이 '진보적'이라고 하는 것은, 그것을 추진하는 주체들이 지금의 불공정하고 억압적인 '과도적 질서'에 대해 그 불합리한 요소들을 개혁할 것을 주장하고, 평화와 공정을 앞세운 새로운 국제질서의 구축을 요구하고 있다는 점에서 그러하다. 인류 역사가 보여주는 바는, 이 같은 진보와 보수 간의 대립에 있어 궁극적으로는 진보를 대변하는 세력이 승리하였다는 사실인데, 이 점이 다극화의 필연성에 대한 믿음을 더욱 굳게 갖도록 한다.

6.2. 지구화 시대 다극화의 진보성

앞 절에서 현시기 다극화가 진보적이라고 한 부분에 대해 얼마간 보충 설명이 필요하다. 국제질서가 단극인가 다극화인가만 가지고서는 그 진보성을 규정할 수 없다. 진보성 여부에 대한 판단에서 중요한 것은 그것이 실제 국제사회에서 어떠한 긍정적 변화를 가져오는지이다. 그런 면에서 볼 때 오늘날 지구화 시대의 다극화는 과거에 존재했던 다극화와는 질적으로 다른 점이 있다. 이하에서 그 몇 가지 특징을 살펴보기로 한다.

6.2.1. '국제관계 민주화'의 구현

과거의 다극화와는 달리 현시기 다극화는 먼저 그 **추진 주체** 면에서 크게 다르다. 과거의 다극화가 지역적 혹은 세계적 차원의 패권을 다투는 소수 강대국을 중심으로 한 것이었다고 한다면, 오늘날 다극화는 이들 외에도 주로 개발도상국에 속한 신흥공업국들이 대거 참여함으로써 이루어지고 있다는 점에서 가장 큰 특징이 있다.

세계역사를 돌이켜 보면, 국제질서에서 다극화는 과거 이미 몇 차례 존재했었다. 가깝게는 19세기 후반~제1차 세계대전 직전까지 존재했던 영국·프랑스·독일·미국·러시아의 **신 5강 체제**가 그것이다. 또 조금 멀게는 나폴레옹전쟁 직후 영국·프랑스·러시아·오스트리아·프로이센 등의 **구 5강 체제**가 존재하였다. 그러나 이 같은 다극 체제는 모두 소수 강대국이 지역 내지 세계적으로 '세력균형'을 통해 기존의 '세력 분할'을 지키기 위해 형성한 것이었다. 그 때문에 국제관계의 측면에서 볼 때 이는 소수집단의 **독점적 특권**의 성립 및 유지에 기여하는 의미를 지녔다.

당대의 다극화, 즉 냉전 종식과 함께 새롭게 형성되고 있는 오늘날의 다극화는 그 의미가 완전히 다르다. 냉전 시기에 자본주의와 사회주의 양대 진영간 이데올로기 대립 때문에 그동안 뒷전에 밀려나 있던 '경제문제'가 냉전의 종식과 함께 세계 각국의 첫 번째 관심사로 떠올랐다. 이와 함께 그간 가려져 있던 남북 간의 경제적 불평등 문제도 자연스럽게 수면 위로 부상하면서, **남북문제**는 이제 동서 간의 이데올로기 대립을 대체하는 국제사회의 **주요모순**이 되었다. 현재의 다극화가 이러한 배경 속에서 추진되는 것임을 우리는 우선 명심할 필요가 있다.

그간 개발도상국 진영에 속한 신흥공업국이 속속 부상함으로써, 지금까지 북부 국가(서구 선진자본주의 국가)가 세계 정치·경제 영역에서 구축한 독섬체제를 뒤흔들고 진반석으로 남북 간 힘의 균형이 재조정되는 모습을 보여주고 있다. 이 점은 앞 절에서 다극화 추세와 관련하여 서술한 4가지 요인들이 대부분 브릭스를 포함한 개발도상국과 관련된다는 사실에서도 확인할 수 있다. 개발도상국 진영은 현재 지구 상의 광범위한 국가군과 지역을 포괄한다. 소련과 동구권의 변동 직전에 전 세계에는 약 191개의 국가와 지역이 있었는데, 그중 개발도상국은 약 163개 정도이다. 소련과 동구권 해체에 따라 소위 '전환국가'인 동구권 국가 대부분은 제2세계에서 제3세계 즉 개발도상국으로 하향 이동하였다. 이렇게 하여 개발도상국과 지역은 180개로 증가하였으며, 인구와 토

지 면적도 각각 4억 명과 2,500만 제곱킬로미터가 더 늘어났다.[206]

이렇듯 개발도상국은 그 국가 수와 인구 및 면적 등에서 모두 절대적 비중을 갖고 있음에도 불구하고, 그간 국제사회에서는 이에 상응하는 지위와 권리를 인정받지 못한 채 소외당해 왔다. 이 때문에 소수의 서구 선진국이 주도하고 그들에게만 유리한 국제질서가 아닌, 이들 광범위한 다수 국가가 적극 참여하고 또 이들의 이해가 반영되는 새로운 국제질서를 요구한다는 측면에서 다극화는 **민주적**이며 **진보적**이라 할 수 있다.

여기서 브릭스와 전체 개발도상국 진영과의 관계를 이해할 필요가 있다. 먼저 세계 정치와 경제에 있어 브릭스는 매우 중요한 위치를 차지한다. 정치적 측면에서 보면 러시아와 중국 두 나라는 유엔안보리 상임이사국이다. 경제적 측면에서는 2022년 기준 브릭스 5개국(브라질, 러시아, 인도, 중국, 남아프리카공화국)의 GDP 총액은 26조 달러로, 세계 GDP의 25.77%를 차지했다. 또 이들의 세계 경제성장에 대한 공헌도는 종종 50%를 넘어선다(표 6-3 참조). 여기에 전 세계 영토 면적의 거의 30%, 세계 총인구의 43%인 점까지를 감안하면 브릭스가 오늘날 국제무대에서 상당한 대표성과 영향력을 가진 하나의 '극'을 형성한다는 사실은 누구의 눈에도 분명하다. 이중 남아프리카공화국은 그렇다손 치더라도, 나머지 4개국은 각기 단독적으로도 다극화 체제의 한 '극'을 형성할 수 있는 충분한 잠재력을 지니고 있다.[207] 그런데도 여기서 개별 국가의 측면보다는 '브릭스

---

[206] 〈美元霸权与经济危机〉, p.368.

[207] 브릭스는 2023년 개최된 15차 정상회의에서 아르헨티나, 이집트, 에티오피아, 이란, 사우디아라비아, 아랍에미리트(UAE)를 신흥 회원국으로 받아들이기로 결정하였다. 그중 아르헨티나가 정권 교체로 브릭스 가입을 철회한 것을 제외하고, 나머지 국가들이 이 결정을 각각 인준함으로써 현재 브릭스는 기존 5개국에서 10개국으로 확대되었다. 여기서는 잠시 논의의 편의상 기존 브릭스 5개국을 중심으로 전개하도록 한다. 그렇더라도 제6장의 중심 주제인 다극화 및 신국제질서와 관련한 논의에서 크게 벗어나지는 않으리라 본다.

라고 하는 집단적 측면을 중시하는 까닭은, 이들이 그 같은 형식을 빌려 앞으로 구축될 신국제질서의 건설을 위한 보조를 맞추고 있기 때문이다.

　이 같은 공동전선의 형성은 브릭스 내부 성원 간의 공통성 때문에 가능하다. 지금까지 그들은 모두 서구 선진국들이 주도하는 국제 분업 속에서 주로 원료와 값싼 노동력의 공급지로 기능하며 불리한 위치에 처해왔다. 그리고 그들 중 상당 부분은 IMF-세계은행으로 대변되는 현 국제통화체계 속에서 주기적인 외환위기와 국가채무 위기 등의 금융 불안을 겪어야 했다. 그 때문에 평소 충분한 외환 비축을 쌓기 위해 수출주도형 경제를 지향해야 하고, 이를 위해 자국의 환경파괴와 자원 낭비를 대가로 선진국 소비자들을 만족시켜야 하는 비참한 상황을 겪었다. 이처럼 과거 냉전체제에서 형성되어 지금까지 유지되고 있는 낡은 국제질서와 국제 분업으로부터 불공정한 대우와 억압을 받아왔기에, 이들은 자신들의 지속적인 발전을 위해서는 이렇듯 불리한 체제가 필히 개편되어야 한다는 데 공감하고 있다.

　물론 이들 간에 상호 대립적인 측면이 없는 것은 아니다. 중국과 인도 간의 국경 분쟁 및 지연정치를 둘러싼 상호견제가 그 대표적이다. 하지만 이는 이들 간의 공통이익에 비하면 부차적이라 할 수 있다. 이들이 **국제통화체제의 개혁을 위해 함께 행동할 것에 동의하는 것만으로도 '브릭스'의 역사적 의의는 충분**하다. 왜냐하면, 그로 인해 미국 패권이 무너지고 이로부터 필연적으로 국제질서의 근본적 변화가 초래될 것이기 때문이다. 이는 브릭스 내지는 개발도상국 상호 간의 그 어떤 대립과 모순보다도 더욱 중요하고 근본적인 의미를 지닌다. 물론 어느 측면이 더욱 이들 상호 간의 관계를 주도하고 주요한 측면이 될 것인가는 앞으로의 '투쟁'-상호 간, 그리고 보다 중요하게는 이들 내부를 분열시키려는 현대 제국주의 세력과의-과 주체적 노력을 통해서 결정되겠지만, 이 역시 커다란 역사적 흐름을 거스를 수 없다.

이처럼 브릭스 국가들은 개발도상국 진영에 속한 국가들과 보편성을 공유한다. 그들 스스로 이를 잘 의식하고 있으며, 이 때문에 자신들을 '공개적'으로 개발도상국으로 규정하기를 주저하지 않으며 그 이익을 공공연히 대변하고자 한다. 이로부터 이들이 추구하는 신국제질서는 필연적으로 기존의 그것과는 다를 수밖에 없고, 국제질서의 민주화, 독점과 패권을 부정하고 평등과 호혜 원칙을 강하게 옹호할 수밖에 없다.

개발도상국 진영의 강력한 부상 하에 추동되고 있는 현 다극화의 진보성은 이들이 공식적으로 요구하는 '새로운 민주적 국제질서' 수립과 관련한 내용을 통해서도 확인된다. 2002년 5월 10일 중국의 국가주석 장쩌민은 아시아개발은행이사회 제35차 연례 회의에서 '국제관계의 민주화'에 대해 발언하면서, "국제관계의 민주화는 바로 각국의 일은 각국 인민이 주인이 되며, 국제적인 일은 각국이 평등한 협상을 통해 처리하고, 전 세계적인 도전에 대해 각국은 협력해서 대처한다."[208]라고 주장하였다.

2009년 6월 16일 브릭스 4개국 제1차 정상회담 후 발표한 〈브릭스 정상 예카테리나 회의 공동성명〉은 국제금융기구의 개혁 추진, 개발도상국의 발언권 제고, 국제무역과 투자환경의 개선 등을 주장하고 이것들을 향후 브릭스의 주요한 사업 방향으로 설정하였다. 우리는 이를 통해 브릭스 국가들이 추진하는 새로운 국제질서의 내용이 무엇인지를 엿볼 수 있다.

다극화에 기반을 둔 새로운 민주적 국제질서 개념에 관한 포괄적이고 전면적인 규정을 한 공식 외교문서로는, 현재 브릭스를 이끌고 있는 중국과 러시아

---

[208] 〈人民日報〉 2002년 5월 11일에 게재된 任晶晶의 글 〈新世紀以來中國推動國際關係民主化的理論与實踐〉 (신세기 이래 중국이 추진하는 국제관계 민주화의 이론과 실천)에서 재인용. http://www.hprc.org.cn/gsyj/yjjg/zggsyjxh_1/gsnhlw_1/d11jgsxsnhlw/201411/t20141106_300761.html

양국 정상이 일찍이 1997년에 공식 발표한 합의문 〈중화인민공화국과 러시아 연방의 세계 다극화와 신국제질서 수립에 관한 공동성명〉을 들을 수 있다. 조금 길긴 하지만 이들이 주장하는 '신국제질서' 개념을 보다 잘 이해하기 위해 그 내용을 잠시 소개하도록 한다.[209]

-쌍방은 상호 주권과 영토 완전성, 상호불가침, 상호 내정불간섭, 호혜평등, 평화공존 및 기타 공인된 국제법 원칙이 마땅히 국가 간 관계를 처리하는 기본 준칙이자 국제 신질서 수립의 기초임을 주장한다. 각국은 본국의 상황에 근거해서 자주적이고 독립적으로 그 발전방식을 선택할 권리가 있으며, 타국은 이에 간섭하지 말아야 한다. 사회제도, 이데올로기, 가치관의 차이는 마땅히 정상적인 국가관계를 발전시키는 데 있어 장애가 되지 말아야 한다. 각국은 그 크기와 강약 그리고 빈부를 불문하고 모두 국제사회의 평등한 성원이며, 어떠한 국가라도 패권을 도모하거나 강권 정치를 추진하며 국제사무를 독점하려 해서는 안 된다. 경제 관계에 있어 차별정책을 배제하며, 호혜 평등의 기초위에서 경제무역과 과학기술 및 인적·문화적 교류와 협력을 강화하고 확대하며, 공농 발전과 번영을 촉진한다.

-쌍방은 새로운 보편적 의미의 안보관을 확립할 것을 주장한다. 필히 '냉전적 사고방식'을 포기할 것과 집단정치를 반대하며, 평화적 방식으로 국가 간 의견 차이나 분쟁을 해결하며, 무력에 호소하거나 혹은 무력으로써 상호 위협하지 않고, 대화와 협상으로 상호 이해와 신임 구

---

209 이 성명은 1997년 4월 24일 〈人民日报〉에 게재되었다. http://www.fmprc.gov.cn/web/gjhdq_676201/gj_676203/oz_678770/1206_679110/1207_679122/t6801.shtml

축을 촉진하며, 쌍무 및 다자 간 협조와 협력을 통해 평화와 안전을 추구한다. 쌍방은 군축의 진전이 촉진되길 바라며, 전면적인 핵실험 금지조약에 서명하고 핵무기 비확산조약 집행의 중요성을 강조한다. 쌍방은 군사 집단을 확대하고 강화하려는 기도에 깊은 우려를 표한다. 왜냐하면 이 같은 추세는 특정 국가의 안전에 위협이 되고 지역과 전 세계적 긴장 상태를 가중시킬 것이기 때문이다.

-쌍방은 유엔과 안보리의 역할을 응당 강화해야 한다고 보며, 유엔의 세계평화 옹호와 안보 방면에서의 노력을 적극적으로 긍정하는 데 의견이 일치한다. 유엔은 주권 국가로 구성된 가장 보편적이고 권위 있는 조직이며, 그 국제무대에서의 지위와 역할은 다른 어떠한 국제조직으로도 대체될 수 없다고 간주하며, 그것은 '국제 신질서'를 건설하고 옹호하는 데 있어 중요한 역할을 할 것으로 확신한다. 유엔의 평화유지를 위한 노력의 중점은 마땅히 충돌의 발생과 만연의 방지에 두어져야 한다. 평화유지 행동은 유엔안보리의 결정에 의지해서 이루어져야 하며, 또한 필히 당사국의 동의를 구하여야 하고, 또 엄격하게 안보리의 권한 부여와 그 감독하에서 실시하여야 한다.

-쌍방은 광범위한 개발도상국과 비동맹운동이 세계의 다극화를 추진하며 '국제 신질서'를 건설하는 중요한 역량임을 강조한다. 개발도상국의 단결은 자조 의식을 강화하며, 국제정치에 있어 역할을 증대시키고 세계 경제에서의 비중을 강화하며, 그 부상은 국제 신질서 건설의 역사적 진척을 힘 있게 추동한다. 그들은 응당 미래의 국제 신질서에 있어 자신의 마땅한 지위를 차지해야 하며, 평등하고 어떠한 차별도 받지 않고 국제 업무에 참여토록 해야 한다.

이상의 성명은 우리가 지금까지 접할 수 있는 작금의 다극화에 기초한 신국제질서의 내용과 관련한 가장 오래되면서, 완성되고 권위 있는 공식적인 국제 문헌의 하나라고 할 수 있다. 그것은 중국과 러시아 양국의 세계 다극화에 대한 기본 인식과 주장이 담겨 있을 뿐만 아니라, 많은 부분에서 전 세계 민중 특히 개발도상국 민중들의 보편적인 요구와 새로운 국제질서에 대한 기대를 반영하고 있다.

이렇듯 그 성격에서 보자면 **현시기 다극화는 제국주의 패권 질서의 '대립물'** 로서 그 분명한 존재 의미를 지닌다. 그것은 국제질서에서 '독점'과 '패권'에 대한 부정을 의미하며, 이 때문에 궁극적으로 현대 제국주의의 종식에 크게 기여한다. 다극화에 대한 이러한 성격 규정이 가능한 이유는, 무엇보다도 현시기 패권주의적 단극체제의 성립을 부정하는 주요 역량이 다름 아닌 그 **일차적 피해자인 개발도상국** 스스로부터 생겨나고 있다는 점 때문이다. 이점이 과거에 존재했던 모든 다극화와 가장 근본적인 차이점이라 할 수 있다. 과거의 그것들은 모두 소수 강대국의 지역 내지는 세계적 차원에서의 독점적 세력 분할을 위한 것이었다. 이 때문에 그것들은 국제질서에서 '독점'을 폐지하는 것이 아니라 그것의 존속 혹은 다른 독점으로의 대체를 목적으로 하였다. 이러한 이유에서 소수 강대국이 각축하던 과거와 같은 다극 체제로의 복귀만 가지고서는, 결코 단일패권으로 상징되는 오늘날 현대 제국주의의 대립물이 될 수 없다. 오직 호혜 평등과 평화공존에 입각한 새로운 차원의 다극화만이 그 진보적인 역할을 다할 수 있다. 여기서 '낡은 다극화'인가 혹은 새로운 '진보적 다극화'인가 성격을 규정하는 데 있어 그 **추진 주체**가 누구인지는 매우 중요한 의미를 갖는다는 사실을 알 수 있다.

물론 개발도상국 진영 외에도 오늘날 다극화를 추진하는 세력에는 미국을 제외한 다른 서구 자본주의 국가들 역시 그 주체의 하나로 꼽을 수 있다. 그러나 서유럽 국가와 일본 등 미국의 전통적인 동맹국들의 경우, 이들은 '이중성'을 갖고 있음에 주의하여야 한다. 이들은 과거 자신들을 이념적으로 굳게 결속시켰던 냉전체제의 종식과 그리고 지구화가 급속히 전개되는 새로운 정세에서, 한편에선 경제와 정치의 주도권을 놓고 미국의 패권주의에 저항하고 경쟁하는 관계를 형성하면서도, 다른 한편 이들은 '국제독점자본'으로서 공동의 이해를 지닌다. 왜냐하면 이들 국가 내부에서 국제독점자본은 마찬가지로 통치적 지위를 차지하며, 전체 자본분파를 대표하는 주도적인 위치에 있기 때문이다.

이 같은 '국제독점자본'의 공동이익에 비추어 볼 때, 현재 미국이 주도하는 지구적 통일시장의 수립은 설령 그것이 패권주의적 방식이라 할지언정 완전히 자신들과 적대적 이해관계를 형성하는 것은 아니다. 이 점에서 그들은 과거와 마찬가지로 지금도 여전히 타협할 수 있는 여지를 많이 갖고 있다. 이 같은 자신들의 이중성 때문에 그들은 미국의 패권 역량이 매우 강할 때는 그 하위동반자의 지위를 기꺼이 감수한다. 그러나 세계의 다극화 추세가 더욱 강화된다면 이들도 미국의 영향권 하에서 벗어나서 당연히 미국의 패권주의에 대한 경쟁 세력으로 전환하게 될 것이며, 다극화를 지지하고 강화하는 요소로 될 수 있다.

유럽연합의 성립과 유로의 탄생, 그리고 최근 미국의 반대에도 불구하고 중국과 개발도상국이 주도하는 아시아인프라투자은행에 그들이 적극 참여한 것은 그 같은 경향을 잘 보여준다. 그러나 그들은 어쨌든 현시점에선 미국의 단일패권에 대항하는 다극화의 핵심 세력이 될 수 없다. 현대 제국주의를 부정하는 대립물은 그것을 함께 구성하는 내부의 동맹국에서 찾아지기보다는, 그 외부 요소인 개발도상국 진영에서 찾아지는 것이 타당하다. 유럽연합과 일본은 미국이 이끄는 단극체제에서 하위 파트너가 되거나 다극화의 추종적 요소가 될 수는 있어도, 그 자신이 미국을 대신하여 새로운 패권주의 세력이 되거나 혹은 단극 경향을 부정하는 다극화의 결정적인 역량은 되지 못한다.

개발도상국 진영의 부상을 주요한 추동력으로 삼아 진행 중인 지금 시기의 다극화에서 사회주의 국가인 중국의 역할은 특별하다. 중국은 사실상 브릭스 가운데서도 그 핵심역량이라 할 수 있다. 앞서 표6-2와 표6-3에서 알 수 있듯이, 중국은 브릭스 내에서 가장 큰 경제 규모를 갖고 있으며 또한 가장 빠른 경제성장률을 유지하고 있다. 또 브릭스 내부 상호 간의 경제 관계를 놓고 볼 때도 중국은 그 중심에 위치한다. 사실상 이들 국가군의 최근의 빠른 경제성장은 상당 부분 중국의 경제 발전에 기인하는 바가 크다. 스탠더드은행이 2013년 발표한 보고서는 브릭스 국가 간의 더욱 긴밀한 경제무역의 연계를 보여준다.

> "2012년 중국과 인도 그리고 브라질 절반 이상의 수출과 남아프리카공화국 48%의 수출은 모두 신흥시장을 목적지로 하며, 브릭스 5개국 간의 무역액은 3,100억 달러에 이르러서, 2002년 280억 달러의 11배 이상이다. 브릭스 국가 간 자국 화폐에 의한 결산 협정, 남남 합작 은행(브릭스 은행) 등 항목의 합의 및 실시에 따라, 중국은 남남 경제무역 협력의 주축 국가가 되고 있으며, 지구적인 경제 질서의 중심이 신흥국가 집단으로 이전하는 추세는 이미 되돌릴 수 없다."[210]

이 때문에 '개발도상국 진영이 추동하는 다극화'라는 표현은 사실상 **'개발도상국과 사회주의 국가 중국의 연합에 의해 추동되는 다극화'**라는 표현으로 바뀌는 것이 더욱 적합하다. 일각에서는 중국의 국제사회 위상 규정과 관련하여 'G2'라는 개념을 사용한다. 여기에는 현 국제정세가 미국과 중국 두 나라의 세

---

[210] 〈金砖国家研究〉(第一辑), p.9에서 인용.

계 패권 쟁탈전을 중심으로 돌아가고 있으며, 중국 역시 현재 미국의 자리를 노리는 새로운 패권 추구 국가에 지나지 않는다는 인식이 깔려있다. 이 같은 관점은 객관 사실을 심각하게 왜곡하는 것이며, 이 때문에 현 국제정세에 대해 인식상의 오류를 가져온다. 중국은 이 같은 주변의 시각을 의식해서 'G2'라는 개념 사용에 대해 그간 명확히 거부감을 표시해 왔다. 그리고 기회가 있을 때마다 국제사회를 향해 자신이 개발도상국 진영의 일원임을 상기시키는 작업을 계속하고 있다.[211]

그간의 실제 역사적 행보를 보면 우리는 중국이 개발도상국 진영 내에서도 가장 일관되고 철저하게 반독점과 반패권주의 태도를 분명히 밝혀온 국가라는 사실을 잘 알 수 있다. 물론 역사적 경험이 보여주듯, 사회주의 국가라고 해서 무조건 반(反)패권주의와 반독점 세력이 되는 것은 아니다. 그러나 역사는 사회주의 국가가 만약 자본주의 열강처럼 스스로 패권국가의 길을 걷는다면 과거 소련처럼 결국 실패할 수밖에 없다는 교훈을 가르쳐 주었다. 그 같은 방식으로는 자본주의 국가가 다수를 차지하는 지금의 국제사회에서 영원한 '소수자'가 될 수밖에 없으며, 이 때문에 오히려 제국주의 세력이 다시금 국제적 차원의 이데올로기 대립을 조성하고 사회주의권에 대한 포위망을 형성하기 위한 좋은 구실을 제공한다.

현실의 사회주의 국가가 세계자본주의 진영의 포위망에서 벗어나 독자적인

---

211 이는 중국 역대 지도자들의 그간의 언행을 보면 잘 알 수 있다. 그들의 태도는 비교적 일관성이 있으며, 그중 개혁개방의 설계사인 덩샤오핑은 다음과 같은 말로 대외정책에 있어 중국의 입장과 자국의 신분을 명확히 했다: "중국의 대외정책은 주요하게는 두 마디이다. 하나는 패권주의에 반대하며 세계평화를 옹호하는 것이고, 다른 하나는 중국은 제3세계에 속한다는 것이다. 중국은 현재 제3세계에 속하며, 장래에 발전하여 부강하게 되더라도 여전히 제3세계에 속할 것이다. 중국과 제3세계 국가의 운명은 공통적이다. 중국은 영원히 패권을 추구하지 않을 것이며, 영원히 남을 괴롭히지 않고, 또 영원히 제3세계 편에 설 것이다."〈邓小平文选〉제3권, p.56. 실제로 중국은 그간 줄곧 제3세계 진영의 국제적 혹은 지역조직들과 협력 강화에 힘을 기울여 왔다. 중국은 비동맹운동의 관찰국가이며, 개발도상국으로 구성된 '77개국 집단'과도 밀접한 관계를 맺고 있다. 또 중국은 스스로 2001년 개발도상국의 신분으로 WTO에 가입하였다.

자기 발전의 길을 가기 위해서는, 무엇보다도 현재 전체 자본주의 진영 '단결의 핵'인 현대 제국주의 세력을 무력화해야 한다. 그 관건은 다름 아닌 후자가 주도하는 패권적 국제질서를 '민주적'인 것으로 개조하는 것이다. 즉 앞에서 중·러 양국 정상 간의 〈성명〉에서도 언급했듯이, 각국이 사회제도와 이데올로기 및 가치관의 차이와 상관없이 자신의 발전방식을 자유롭게 선택할 수 있는 권리를 보장받을 수 있는 신국제질서가 구축되어야 하는 것이다. 이 때문에 지금 시기 현대 제국주의의 가장 큰 경계와 견제 대상인 **사회주의 중국은, 자신의 생존을 위해서도 현대 제국주의에 대한 투쟁에서 그 한가운데에 설 수밖에 없다.** 또 실제로 그간 중국은 일관되게 국제질서에서 일체 '독점'과 '패권'에 대해 반대한다는 태도를 분명히 견지해왔다. 중국의 이러한 일관된 태도는 객관적으로 보면 현대 제국주의의 존재로 인해서 피해를 보고 있는 대부분의 다른 개발도상국의 이해를 대변한다고 할 수 있다.

결국 자의든 타의든 간에 중국은, 개발도상국 진영과의 연대를 통해 현대 제국주의의 지배로부터 광범위한 이들 국가를 해방시키는 것을 자신의 숙명적 사명으로 삼을 수밖에 없다. 그렇게 함으로써 비로소 그 자신도 미국과 서구 금융자본의 견제와 봉쇄에서 벗어나 자유로운 자기 발전의 길을 갈 수 있기 때문이다.[212] 다른 한편, 중국은 자신이 천명한 '평화적 발전(和平崛起)'을 실현할 수 있는 내적 조건을 갖추고 있다. 14억에 달하는 인구에 의해 뒷받침되는 국내시장의 거대한 잠재력 외에도, 그 경제 제도에서 다른 나라에서는 볼 수 없는 특유한 '사회주의 시장경제' 체제를 구축함에 의해 제국주의나 패권국가로

---

212 다음의 중국 대학 교재를 통해서도 그 같은 입장을 확인할 수 있다. "광범위한 개발도상국은 패권주의와 강권 정치에 반대하고 세계평화와 발전을 추진하는 **기본역량**이며, 공정하고 합리적인 국제 신질서의 수립을 추동하는 **주력군**이다. 광범위한 개발도상국과 우호 협력관계를 발전시키는 것은 중국의 전방위적 외교의 근본적인 구현일 뿐 아니라, 또한 중국이 자신의 국제적 지위를 드높이는 중요한 방식이기도 하다." 〈国际关系学〉, p.480. 인용문 중 굵은 강조는 인용자에 의한 것임.

의 길을 가지 않고서도 내생적 발전의 길을 갈 수 있는 여력이 충분하다. 이러한 중국의 사회 성격을 올바로 이해하는 일은 당대의 국제정세를 올바로 파악하는 데 있어 대단히 중요한 의미를 지닌다.

6.2.2. 지구화의 한층 진전을 위한 필요조건

이제 조금 화제를 달리해서 지구화와 관련 속에서 다극화 문제를 살펴보도록 하자. 지금 시기 새로운 국제질서가 경제 일체화를 한 단계 진전시킬 수 있는지는, 앞서 '민주화' 기준과 함께 그 진보성을 판단하는 데 있어 중요하다.

어떠한 국제질서이든 그것이 진정으로 '진보적' 성격을 갖기 위해선, 즉 궁극적으로 인류해방에 기여하기 위해서는 각국의 생산력 발전에 공헌할 수 있어야 한다. 과학적 사회주의는 '생산력 발전'이야말로 인류 역사 발전에 있어 가장 강력한 '기관차'라고 인식하며 이를 중시한다.

맑스는 자신의 저서인 〈독일이데올로기〉에서 인류가 해방되기 위한 사회의 물질적 전제조건과 관련하여, **생산력의 발전이 "절대적으로 필요한 현실적 전제조건"**이라고 말하였다.

> "이러한 생산력의 발전(…)은 절대적으로 필요한 현실적 전제조건이다. 만일 이러한 발전이 없다면, 궁핍이 보편화되어 결국 필요한 것들을 둘러싼 투쟁이 다시 시작되고 온갖 오랜 쓰레기들이 재생산될 수밖에 없

기 때문이다."[213]

또 "생산력의 이러한 보편적 발전과 더불어 비로소 인간의 보편적 교류가 확립되고… 지역적으로 제한된 개인들을 세계사적이며 경험적으로도 보편적인 개인들로 바꾸어 놓는다"라고 했다.[214] 이는 오늘날의 언어로 바꾼다면, 더 높은 차원의 세계화(즉 '보편적 교류')가 인류해방 사회의 구현을 위한 필요조건임을 의미한다. 이러한 측면에서 볼 때도 다극화가 세계화의 진전에 기여할 수 있는지는 그 진보성을 판단하는데 빠트릴 수 없는 기준이다.

그렇다면, 개발도상국이 주축이 되는 다극화는 경제 일체화를 비롯한 전반적인 지구화의 발진에 방해가 되지 않을까 하는 의문이 들 수 있다. 사실 1980년대 들어 본격화한 경제 일체화 과정은 그간 미국을 비롯한 서구 선진국들에 의해서 주도되었으며, 개발도상국은 줄곧 수세적인 입장이었다. 그러나 이 같은 상황은 2000년대 들어 역전되는 조짐을 보이고 있다. 이 무렵부터 중국을 포함한 브릭스 국가들의 발전이 눈에 띄게 두드러졌으며, 이와는 대조적으로 미국·유럽·일본 등 서구 선진국들은 경제침체와 금융위기의 늪으로 점차 빠져들어 갔기 때문이다.

중국을 포함한 브릭스 국가들은 객관적으로 보면 서구 주도의 초기 지구화 과정에서 혜택을 입은 측에 속한다. 이들 국가는 능동적으로 지구화 과정에 적극 대처함으로써 자국의 산업화와 사회발전을 앞당길 수 있었다. 그 때문에 이들 국가는 자연히 시간이 갈수록 지구화에 대해 적극적인 태도를 보이는 데 비해, 미국과 서구 국가들은 점차 소극적인 태도로 돌아섰다. 이는 서구 선

---

213 《독일이데올로기》, 돌베개, p.105.

214 위의 책, p.107.

진국들이 그동안 보여주었던 자신감에 동요가 있음을 말해준다. 그 가장 단적인 사례가 2000년 이후 다자간 국제무역 협상에 임하는 그들의 태도다. 최근 WTO 협상에서 서구 선진국들은 과거와는 다르게 불평을 자주 털어놓는다. 그 이유는 그간 신흥공업국들이 과거 수십 년간 지구화와 선진시장 개방에 따른 혜택은 충분히 누리면서도, 지구적 무역체계에서 상응한 의무를 지지 않으려 한다는 것이다. 이에 따라 그들은 소위 '공평 무역'과 '대등한 개방'의 시행을 요구하고 나섰으며, 자신들의 다자간체제에 대한 주도 능력이 현저하게 저하됨에 따라 이들은 소위 '순서 있는 협상(quential negotiation)' 모델을 채택하는 쪽으로 전략을 바꾸었다.[215]

즉, 먼저 지역과 쌍무 차원에서 따로 협상을 진행하여 높은 수준의 FTA 모범안을 만든 다음, 이것을 근거로 다른 개발도상국들도 이 같은 협상 내용을 받아들이도록 하는 전략이다. 그렇게 되면 개발도상국들은 국제무역 협상에서 고립을 피하기 위해서도 어쩔 수 없이 선진국이 주도하는 자유무역협정에 가입할 수밖에 없게 되고, 이 과정에서 일부 자국에 불리한 조약도 수용할 수밖에 없고, 최종적으로는 미국과 유럽이 주도하는 국제무역규칙 협상에 참여하게 될 것이다. 쌍무 간 FTA(자유무역협정) 체결이 최근 국제무역 협상에서 새로운 조류가 되고 있는 것은 이러한 배경이 있다. 이는 사실상 서구 선진국들이 애초 자신들이 설립하고 주도한 다자간 무역체제를 스스로 배척한 셈이며, 지구적 경제관리가 다자간에서 지역 혹은 쌍무 간으로 후퇴하고 있음을 보여준다.

이상의 상황에 비추어 볼 때 개발도상국 진영이 추동하는 다극화와 그것이 수반하는 '국제질서의 민주화'는 현시기 **지구화를 한 단계 촉진**하는 의미를 담

---

[215] 이상 국제무역 협상과 관련한 내용은 〈金砖国家研究〉(第一辑), pp.8-9 참조함.

고 있다. 서구 선진국들이 지구화를 주도하던 1980년대부터 2000년대 초반까지, 그들은 국제 금융자본을 앞세우거나 때로는 무력을 동원하면서까지 다른 주권 국가의 무력화를 통한 '급진적인' 지구화를 추진하였다. 비록 그때보다 속도에 있어 다소 더딜지라도, 그러나 상호평등과 호혜의 원칙에 입각한 경제 일체화의 과정은 좀 더 안정적이고 지속성을 가질 수 있으며, 궁극적으로는 지구화를 한 차원 더 높은 수준으로 끌어올릴 수 있다. 어차피 지금처럼 고도하게 발전한 인류의 생산력 수준에 비추어 볼 때, 지구화 이전 시대로 되돌아가는 것은 이미 불가능하다. 인류는 오직 이 과정을 한층 더 추진함으로써만 새로운 돌파구를 찾을 수 있다.

이는 서구 선진국이나 개발도상국 양측 모두 사정은 마찬가지다. 다만 이 과정에서 필요한 것은 강자인 서구 선진국들이 약자인 개발도상국들에 대해, 보다 많은 관심과 배려를 보여주는 일이다. 그동안 신자유주의로 상징되는 서구 선진국이 주도하는 지구화는, 남북 간 그리고 각국 내부의 빈부 격차를 확대함으로써 다수의 반발을 가져왔다. 작금의 '지역경제 집단화' 조짐과 몇 년 전 영국의 유럽연맹 탈퇴와 같은 반 지구화 경향은 지금까지의 신자유주의식 지구화에 대한 반작용이라 할 수 있다. 이 같은 폐단을 시정하는 방법은 일국 내에서 빈부 격차를 해소하는 일과 비슷하다. 즉 약자인 개발도상국의 입장이 더욱 반영될 수 있도록 하고, 이들에게도 경제 일체화의 혜택이 돌아갈 수 있도록 배려하는 것이다.

그러나 지금까지 패권주의가 주도하던 국제질서 속에선 이러한 배려가 부족하였으며, '합의'보다는 '강압' 혹은 일방주의가 횡행하였다. 예컨대 국제무역협상에서 패권국가와 서구 선진국들은 자신들에게 유리한 서비스와 자본 시장 개방, 지식재산권 보호, 환경기준 등을 개발도상국이 수용하도록 강요하는 반면, 개발도상국들이 요구하는 농산물 개방이나 섬유제품과 같은 노동집약적 상품의 시장개방에 대해선 인색한 태도를 보였다. 이 같은 약자와 상대방을 배려치 않는 일방주의는 결국 국가와 국가 간, 지역 집단 간, 선진국과 개발도상국 간, 심지어 선진국 상호 간의 장벽만을 높이면서 다자간 무역 협상의 진전을 어렵게 만들고 있다. 이 같은 상황에 비추어 볼 때 '상호호혜' 원칙과 진정한 '평등' 원칙의 수립을 촉구하는 다극화와 그에 기초한 민주적 신국제질서의 수립은, 분명 선진국들이 그들끼리의 담합만으로 일방적인 국제규약을 제정하고 관철할 수 있는 능력을 제한시킬 것이며, 이로부터 지금보다 한 단계 높은 수준의 경제 일체화를 가져오는 데 기여할 것이다.[216]

6.3.3. 역사적 의의

다극화에 기초한 신국제질서가 수립된다고 하더라도, 그것은 여전히 여러 가지 점에서 한계를 갖기에 결코 인류의 이상적인 최종목표가 될 수는 없다. 다극회가 비록 독점과 패권을 부정하고 국제질서에서 민주적 원칙을 옹호한다고 할지라도, 그것은 결코 지구적 차원에서 자본주의를 근본적으로 부정하고 청산하는 것은 아니다. 그 때문에 다극화 체제에서도 자본주의의 각종 모순은 계속해서 존재하게 될 것이며, 어떤 의미에서는 더욱 심각해질 수 있다. 예컨대, 개발도상국들의 산업화가 기왕에 비해 전반적으로 더욱 촉진됨으로써

---

[216] 여기서 진정한 **평등원칙**이란 WTO 협상과 또 기후협상에서 채택된 '**공동으로, 그러나 차별화하여**'라는 '능력원칙'이 **실질적**으로 준수되는 것을 말한다. 전 WTO 간사였던 인도 국적의 반지아·라·다스(Bhajirath Lal Das)의 주장대로, 즉 WTO가 추구하는 목적은 자유무역의 실현이 아니라 각국이 진정한 '**발전**'을 이루는 것으로 바뀌어야 한다는 말을 새길 필요가 있다. 이에 대해 서구의 대부분 학자는 현재의 WTO 존재 자체가 발전을 촉진한다고 본다. 그리고 WTO가 만약 '발전을 위한 조직'으로 바뀌면 오히려 '부자클럽'에서 '가난뱅이클럽'으로 변모할 것이고 반대한다. 관련 내용 [南非]法扎尔·伊斯梅尔, 〈改革世界貿易組織：多哈回合中的发展中成员〉, pp.154-155, 〈WTO 体系的矛盾分析〉, pp.9-10. p.170 참조.

전 세계 과잉생산과 무정부적 생산이 더 심해질 수 있으며, 또 각국의 빈부 격차도 더욱 심각해질 수 있다. 자본주의 '불균등 발전법칙'의 작동으로 인해 과거 개발도상국 진영에 속했던 국가 간의 발전 속도가 달라질 수 있으며, 그중 일부는 선진국으로 진입하고 한발 더 나아가 패권국가의 야심을 가질 수 있다. 그렇게 되면 개발도상국 진영의 단합은 더 이상 어렵게 된다.

다극화는 이러한 모든 가능성을 부정하지 않는다. 이러한 문제들을 완전히 근절하기 위해서는 맑스가 일찍이 〈공산당선언〉에서 언급했던 바와 같이 자본주의적 지구화가 아닌 완전히 근본적으로 다른 새로운 지구화가 이루어져야만 한다.[217] 그러나 지금 시기 그 같은 국제질서의 수립은 직접적인 실현 목표가 될 수 없다. 만약 그렇게 한다면 이는 심각한 좌편향의 오류를 범하는 것이 될 것이다. 현시기 **국제적 차원의 주요모순**은 현대 제국주의(혹은 패권주의)와 개발도상국 간의 모순이 될 수밖에 없으며, 국제 진보 역량은 일차적으로 국제관계에서 '민주적 신국제질서'의 실현과 현대 제국주의(패권주의)를 종식시키는 데 온 힘을 기울여야 한다.

이 같은 전략은 주요하게는 객관적인 국제역량 관계를 고려한 때문이다. 마치 일국적 차원에서 '민주주의 혁명' 혹은 '민족해방혁명'을 매개로 궁극적 해방을 위한 유리한 길을 개척하는 것과 마찬가지로, 국제적 차원에서도 이 같은 '민주적 신국제질서' 수립이라는 중간 단계를 설정함으로써 국제적 차원의 대립 구도가 진보 세력에게 보다 유리하도록 설정하려는 것이다. 이 같은 전략은

---

217 〈공산당선언〉 중의 관련 내용은 이러하다. "자본가계급의 발전, 자유무역의 실현과 세계시장의 건립, 그리고 공업생산 및 그와 조응하는 생활 조건이 일치해 감에 따라, 각국 민중 간의 민족적 단절과 대립은 날로 사라지고 있다. 노동자계급의 통치는 장차 그것들을 더욱 빠르게 사라지도록 만들 것이다. 연대 행동, 최소한 문명국가 간 연대 행동은 노동자계급이 해방을 획득하기 위한 우선적 조건의 하나이다. 인간의 인간에 대한 착취가 소멸하자마자, 민족의 민족에 대한 착취도 곧 함께 소멸한다. 민족 내부의 계급대립이 소멸하자마자, 민족의 민족에 대한 착취도 곧 함께 소멸한다." 〈马克思恩格斯选集〉(第一卷), p.270.

아직 자본주의 발전 수준이 미숙한 개발도상국들이 지구 상에 광범하게 존재하고 있는 객관 현실에도 부합한다. 이들은 국내적으로 자본주의의 발달로 고통을 받기보다는 오히려 자본주의 발전의 미성숙으로부터 받는 고통이 더 크다. 그리고 이 같은 전략을 통해서 과거 냉전체제에서처럼 자본주의와 사회주의 양대 진영 간의 직접적인 이데올로기적 대립으로부터 초래되는 국제정세의 경직화를 피할 수도 있다.

물론 위의 '민주적 신국제질서' 수립을 위한 전략은 국제적 차원의 주요모순과 관련되며, 또 국제적 차원에서 의의를 지닌 전략임에 유의할 필요가 있다. 일국적 차원에서 본다면 각국의 상황에 따라 그 내부 모순은 다를 것이며, 이미 산업화를 이룩하고 자본주의 발전이 상당히 진척된 나라의 경우 그 주요모순은 직접적으로 노자 간의 계급모순이 될 것이다. 그럴지라도 이 점은 위의 국제적 차원의 주요모순 이론과 상충하지 않는다.

다극화와 민주적 신국제질서 수립의 전략을 통해 현대 제국주의는 국제 진보 세력의 공통의 적이 되며, 이 역사의 반동 역량이 무너지는 순간 인류 전체의 궁극적 해방을 위한 유리한 국면이 전 세계적으로 조성될 것이다.

[보론] 중국 사회의 성격 문제

  앞서 본인은 중국 사회의 성격 문제는 현시기 다극화에 기초한 신 국제질서의 수립과 국제정세를 판단하는 데 있어 매우 중요한 문제라고 하였다. 중국은 1978년 제11기 제3차 중앙위원회 전체회의에서 개혁개방노선을 채택한 이래 일련의 변화과정을 겪어왔다. 사회주의상품경제개혁(1978~1991년), 사회주의 시장경제의 확립을 위한 개혁(1992~2005년), 경제성장 방식의 전환과 산업구조고도화를 위한 개혁(2006년~현재) 이상 3차례의 변화가 그것이다. 본 절에선 중국이 제창하는 '사회주의 시장경제'와 관련된 주요한 이론적 쟁점을 살펴봄을 통해, 현시기 중국의 사회 성격에 대한 이해를 돕는 데에 주안점을 둔다. 중국의 '사회주의 시장경제' 이론은 사회주의 본질론, 사회주의 초급단계론, 개혁개방이론, 사회주의 시장체제론, 사회주의 상부구조 건설이론 등 일련의 완성된 체계를 갖고 있다. 여기선 지면 관계로 본 절의 주제와 직접 관련이 있는 '현대 중국의 사회주의관'('사회주의 본질론' 에 속한다)과 '시장경제와 사회주의' 이상 두 가지 주제만을 다루도록 한다.[218]

---

[218] 이하 내용은 중국 대학교재인 [中] 奚广庆 主编,《邓小平理论概论》을 주로 참조하였다.

1. 현대 중국의 사회주의관

중국에 처음 오는 사람들은 대체로 중국이 외관상 다른 사회와 별반 다름이 없다는 사실을 발견한다. 자본주의국가인 한국에서와 마찬가지로 중국에서도 사람들은 수많은 '상품 세계'에 둘러싸여 있다. 일상의 먹을거리인 쌀과 채소 및 과일을 비롯해서 옷가지·신발·가구·핸드폰·자동차는 물론이고, 그 외에 심지어는 주택까지도 시장에서 구입해야 한다. 이 때문에 많은 사람은 "중국이 사회주의라고 하는데 도대체 뭐가 다르지?"라는 의문이 쌓이게 된다.

그런데 겉으로 보기엔 다 같아 보이는 '상품'이라 할지라도, 중국에서 접하는 상품은 한국이나 다른 나라의 그것과 중요한 차이가 있다. 중국의 상품은 여러 종류의 '소유제' 기업을 통해서 생산되며, 그중에서도 특히 '국유기업'을 통해 생산된 상품이 많다는 사실이다. 실제 중국에서는 국유기업이 경제생활에서 매우 중심적인 위치를 차지한다. 이 때문에 시장경제를 한다는 겉모습만 보고 우리의 상식대로 중국 사회의 성격을 함부로 규정지을 수는 없다.

중국 사회를 잘 이해하기 위해선 먼저 현재 중국 사람들 스스로 사회주의를 어떻게 바라보고 있는지 사회주의에 대한 그들의 시각을 이해할 필요가 있다. 왜냐하면 주변의 사람들이야 무어라 하든지 간에, 막상 당사자들은 자신들은 분명 사회주의사회에서 살고 있으며, 개혁개방 이후 단 한 번도 이 '사회주의 길'에서 이탈한 적이 없다고 믿고 있기 때문이다.

중국 사람들의 사회주의관을 이해하는 데 있어 덩샤오핑만큼 쉽고 압축적으로 개괄하고 있는 사람은 없다. 그의 정치경력이 말해주듯 그는 오랜 풍랑을 겪으며 단련된 대중적 지도자이다. 그 때문에 그가 표현하는 사회주의는 비록 이론적이거나 체계적이지는 않지만, 대신 평범하고 소박한 표현을 빌려 핵심을 잘 담아내고 있기에 대중들에게 호소력을 갖는다. 그의 사회주의관은 "생산력 해방을 통해 생산력을 발전시키며, 착취를 소멸하고 양극 분화를 없애며, 최종적으로는 공동부유를 달성한다."[219]는 몇 마디 말로 압축된다.

먼저 덩샤오핑의 이 같은 사회주의관의 탄생과 관련하여 그것이 어느 날 아침에 갑자기 생겨난 '아이디어'가 아님에 주의할 필요가 있다. 그것은 덩샤오핑이 중국 인민을 이끌면서 문화대혁명에 대한 뒷수습과 개혁개방을 수행하는 과정 중 장기간에 걸친 탐색 및 사색의 결과이다. 덩샤오핑이 '사회주의 본질' 개념을 최초로 제기한 것은 1980년이었으며, 1992년에 이르러 위의 명확한 개괄에 이르기까지는 무려 12년이라는 시간이 소요되었다.[220]

덩샤오핑의 사회주의 본질에 대한 개괄이 지금까지 강력한 생명력을 갖는 이유는, 우선 그것이 중국 수억 인민이 그간 사회주의 건설과정에서 실제 경험한 '**현실 실천**'이라는 두꺼운 토양에 뿌리를 두고 있기 때문이다. 덩샤오핑은 현실로부터 문제의식을 출발하였는데, "무엇이 사회주의가 아닌가?"라는 부정을 통해 "무엇이 사회주의인가?"라는 긍정에 도달하는 방식으로 사회주의 본질을 밝혀냈다.

그는 당시 중국의 현실에서 사회주의의 본질적 요구에 부합되지 않은 많은 부분이 섞여 있는 점을 발견하고, 이 때문에 그것들을 부정하지 않고서는 사회주의의 긍정적인 본질은 밝혀지지 않는다고 생각하였다. 변증법적 사유 방식에 능숙한 덩샤오핑은 말하길, "빈곤은 사회주의가 아니다", "발전이 너무

---

219 《邓小平理论概论》, p62.

220 덩샤오핑 이론의 형성과정은 다음 3단계로 나누어 볼 수 있다. 제1단계는 1978년 3중 전회에서 1982년 제12차 당 대회까지이다. 이는 경제건설 중심 노선, 개혁개방의 실시 등 덩샤오핑 이론의 초기 관점이 형성되는 시기이다. 제2단계는 1982년에서 1987년 제13차 당 대회까지로, 덩샤오핑 이론이 점차 전개되고 윤곽을 형성하는 시기이다. '사회주의 초급단계이론'과 '사회주의 상품경제이론'이 이 시기에 나왔다. 제3단계는 1987년에서 1992년 '남순강화(南巡講話)'와 제14차 당 대회까지의 시기이다. 이 기간에 사회주의 본질론, 계획과 시장의 관계, 물질문명과 정신문명의 관계 등 주요한 이론적 문제에 대한 관점들이 정리되었으며, 체계적인 '사회주의 시장경제이론'이 형성되었다. 《邓小平理论概论》, p9.

늦는 것도 사회주의가 아니다", "평균주의와 양극 분화 또한 사회주의일 수 없다", "민주주의가 없으면 사회주의도 없다"라는 식의 부정적 표현을 즐겨 사용하였다. 덩샤오핑의 이러한 '부정'(즉 무엇이 사회주의가 아닌가)의 형식으로 표현된 주장이나 명제는 사실은 '형이상학적 부정'이 아니라 실제적 내용이 충만한 '변증법적 부정'이었다. 그는 사회주의의 비본질적인 것을 배제(排除)법을 통해 버리는 동시에, 부정적 형식을 통해 그것이 담고 있는 '긍정적 내용'을 표현하려 하였다.

예를 들면, "빈곤은 사회주의가 아니다"라는 말은, 당시 '십 년 대란'이라고 불리는 문화대혁명(1965~1975년)의 영향에서 사람들이 아직 완전히 해방되지 못한 상태에 있었기 때문에, 확실히 많은 사람의 귀를 얼얼하게 하는 효과를 낳았다. 문화대혁명 시기에 관념적인 평등관과 이상주의가 난무하였는데, 그때는 이 같은 정신적 고상함만을 지나치게 강조해서 이를 사회주의의 우월성이라고 잘못 생각하였다. 사회주의 우월성은 비록 정신적 측면에서도 나타나지만, 그렇다고 그것을 절대로 단순히 정신적 측면인 것으로만 편향되게 이해해서는 안 된다. 그런데도 좌편향 사상이 지배적이었던 당시엔, 많은 사람이 비록 자신들은 물질 면에선 자본주의만큼 풍요롭지는 않지만 정신과 정치면에서는 우세하다고 보았다.(아직도 한국 좌파 중에는 이런 사람들이 많이 있다!) 그리하여 생산력 수준이 높지 않더라도 자본주의를 이길 수 있다고 믿었다. 심지어는 '빈곤의 보편화'를 사회주의의 우월성으로까지 오해하기도 하였다. 예를 들면 '문혁 4인방'은 "차라리 가난한 사회주의를 원할지언정 부유한 자본주의는 거부한다"라는 황당한 이론까지 내걸었던 것이다. 일순간에 '부자'는 자본주의의 대명사가 되었으며, 그 때문에 누구도 감히 부자가 될 생각을 입 밖에 내놓지 못하는 대신, '가난'은 사회주의의 대명사가 되었으며 가난한 사람은 곧 영광스러운 사람이 되는 웃지 못할 사회적 분위기까지 조성되었다.

이 같은 관념들은 지금 생각하면 매우 유치하기 짝이 없다. 하지만 중국이 개혁개방을 시작할 무렵만 하더라도 아직 문화대혁명의 잔재가 많이 남아 있었기 때문에, '부자'에 대해 공개적으로 옹호하려면 여전히 큰 용기가 필요했다. 이럴 때 덩샤오핑과 같은 국가지도자가 나서서 가난을 비판하고 부자가 되는 것에 대해서 긍정한 것은 당시 잘못된 사회적 분위기를 일소하는 데 큰 도움이 되었다. 덩샤오핑의 사회주의 본질론에 있어 빈곤에 대한 부정은 곧 부유에 대한 긍정이며, 생산력 발전을 홀시하는 것에 대한 비판은 곧 사회주의가 생산력을 중시하고 발전시켜야 한다는 주장이 된다. 좌편향에 의해 혼란해진 당시의 사회적 분위기와 대중들의 정신 상황을 감안할 경우, 이처럼 부정적 표현을 빌려 사회주의 본질을 표명한 것은 더욱 비판적이고 충격적 효과를 가졌을 것으로 짐작할 수 있다.

다음으로, 덩샤오핑의 사회주의 본질에 대한 위의 개괄을 구체적으로 분석해 보도록 하자. 그것은 모두 5개 문장으로 구성되어 있다.[221] 언어가 모두 매우 간결하면서도 내용이 풍부하며, 각각이 하나의 완전한 서술을 이루면서도 또한 서로 내부적 논리로 연결되어 있어, 전체는 하나의 엄밀한 체계를 형성한다.

우선, 등소평이 위에서 개괄한 사회주의 본질은 크게 **두 개의 기본적 측면**을 포함한다. 첫 번째는 "생산력 해방을 통해 생산력을 발전시킨다"이며, 두 번째는 "착취를 소멸하고, 양극 분화를 없애, 최종적으로는 공동부유를 달성한다"이다.[222] 이 양 측면의 개괄 속에는 한편에선 사회의 '생산력'이 논해지고 있으며, 다른 한편에선 사회주의 '생산관계'에 대한 언급이 포함되어 있다. 즉, 위

---

221 생산력 해방, 생산력 발전, 착취소멸, 양극 분화 해소, 공동부유 달성을 가르킨다.

222 여기서 후자는 다시 "착취를 소멸하고, 공동부유를 달성한다."라고 축약할 수 있다. 왜냐하면 양극 분화는 사실상 착취 때문에 발생하므로, 그 범주에 포함할 수 있다.

의 첫 번째 측면이 주로 생산력에 관한 것이라고 한다면, 착취의 소멸을 언급한 두 번째 측면은 주로 생산관계와 사회관계에 대한 것이다. 또 위의 본질 규정에는 사회주의의 **'근본 임무'**(생산력 발전)와 사회주의의 **'근본 목표'**(공동부유)의 내용 또한 포함되어 있다. 이하에서 이에 대해 좀 더 설명을 깃들이도록 하자.

(1) 등소평의 위의 사회주의 본질에 대한 개괄이 중요한 이유는, 사회주의 **역사상 처음**으로 **생산력 해방과 생산력 발전을 사회주의 본질 문제와 연관**시켰으며, 또 생산력 해방과 생산력 발전을 사회주의 본질적 요구로 승화시켰다는 점 때문이다. 생산력 발전과 관련하여 볼 때, 과학적 사회주의이론의 창시자인 맑스와 엥겔스에 따르면 인류의 이상적 목표인 공산주의는 능력에 의한 소비가 아니라 "필요에 의한 소비"가 실현될 수 있는 경우라야 비로서 도달할 수 있는데, 이는 인류의 생산력이 고도로 발전한 단계에서만 가능하다는 것을 의미한다. 그런데 이 같은 수준의 생산력 발전은 주기적인 경제위기가 발생하고 갈수록 빈부격차가 심화하는 자본주의사회에서는 결코 달성될 수 없기에, 그것을 본격적으로 준비하는 임무는 사회주의사회에 맡겨지게 된다. 이렇게 볼 때 '생산력 발전'은 사회주의가 하나의 사회체제로써 객관적으로 존재하는 이유, 즉 그 '본질'이 되는 것이다.

다음으로 생산력 해방의 측면을 보자면, 등소평의 사회주의관이 주목받는 또 다른 이유는 그것이 '생산력 발전'의 과제를 제기함과 동시에 **그 수단으로써 '생산력 해방'**도 함께 제시하였다는 점 때문이다. 즉 사회주의혁명이 발생할 당시만 한 차례 생산력 해방이 발생하는 것이 아니라, 그 이후 사회주의 생산관계 하에서도 생산력 해방은 사회주의 발전을 위한 일상적 수단으로 계속해서 중요한 작용을 한다는 것이다.

이점은 지구화와 과학기술혁명으로 상징되는 오늘날에 있어서 특별한 의미를 지닌다. 왜냐하면 지구화와 과학기술혁명으로 인해 생산력발전 속도가 유례없이 가속화 하였으며, 이에 따라 그 같은 생산력 발전과 현존하는 생산관계 및 사회제도와의 충돌이 수시로 발생하고 있기 때문이다. 이 때문에 어떤 사회가 지속적으로 생산력을 해방할 수 있는 능력을 보유하는 것은 과거 그 어느 시기보다도 매우 관건적으로 되었으며, 여기서 '**개혁**'이 중요한 과제로 떠오르게 된다.

'개혁'은 다름 아닌 생산관계 및 상부구조를 생산력 발전의 객관적 요구에 맞춰 적시에 변화시키는 작업이라 할 수 있다. 이 경우 생산수단에 대한 공유제를 기초로 하는 사회주의 생산관계는 자본주의와 비교할 때 상당한 유연성을 지니며, 이 '유연성'은 생산력 해방을 실현하는 데 있어 큰 장점이 된다. 이같은 사회주의 생산관계가 갖는 유연성은 무엇보다도 협소한 이윤추구가 아니라, 사회 대다수 성원의 물질적·정신적 요구를 만족시킬 것을 제1 목적으로 삼는 사회주의 경제의 기본 성격과 관련이 있다. 이를 위해 사회주의는 사회생산의 '이윤 동기'와 '복지 동기'를 적절히 혼합할 수 있으며, 또 공유제와 사적 소유 내지는 국유기업과 민간기업의 비율 등을 의식적으로 조절할 수 있는 능력을 보유하고 있다. 이 같은 사회 **'소유제 구조'에 대한 의식적 조절 능력**은 현재 중국이 '실시하고' 있는 '혼합경제' (사회주의 시장경제)를 통해서 잘 확인할 수 있다. (표6-7 참조)

표 6-7 중국 소유제별로 산업 부가가치의 생산에서 점하는 비중(%)

년도	국유기업	집체기업	민간기업	외자기업
1980	66.07	24.86	8.76	0.31
1987	55.17	31.47	12.15	1.22
1996	32.92	36.93	20.78	9.69
2006	35.69	15.69	20.65	27.98

출처: 1980~2006년 기간 중의 《中国统计年鉴》으로부터 필자가 계산한 것임.

표 6-7을 보면, 중국은 개혁개방 초기인 1980년도에만 하더라도 산업생산에 있어 국유기업(66.07%)과 집체기업(24.86%)이 차지하는 비율이 90% 이상으로 매우 절대적이었다. 그러나 1996년에 이르면 국유기업(이것이 공유제의 핵심이다!)의 비중이 32.92%로 축소되어, 그간 비교적 빠르게 조정되었음을 알 수 있다. 이후 이 비중은 2006년에 35.69%로 대체로 큰 변동 없이 유지되고 있음을 알 수 있다. 이 같은 결과가 나오는 것은 사회주의제도 하에서 국가가 매우 의도적으로 생산관계의 조절을 수행한 덕택이다.

(2) 덩샤오핑의 사회주의 본질에 관한 개괄에는 사회주의 **'객관 운동 법칙'**과 **'주체 가치목표'** 간의 관계에 대한 깊이 있는 내용이 들어 있다. 이 문제는 그동안 우리나라를 포함한 전 세계 사회주의자들에게 있어 상당히 곤혹스러웠던 문제였다고 할 수 있다. 현실에서 이 문제는 주로 사회주의가 평등가치를 우선시할 것인가, 경제건설을 우선시할 것인가 하는 식으로 나타났다.

본래 이 양자는 사회주의에 있어서는 결코 충돌되는 것은 아니다. 그러나 이들 관계를 잘못 설정할 경우 과거 소련식 사회주의나 혹은 중국의 문화대혁명과 같은 사회주의 건설을 심각하게 저해하는 사태가 발생할 수 있나. 이경우 덩샤오핑의 사회주의본질 규정은 이 문제에 대한 상당히 명쾌한 해답을 준다.

즉, 공동부유(이는 '주체 가치목표'에 해당된다)를 **근본 목적**으로 삼으면서도, 또한 생산력 해방과 생산력 발전(이는 '객관 운동 법칙'에 해당된다)을 **근본 임무**로 제시한 것이다. 이렇게 되면 사회주의의 발전 방향을 명확히 할 수 있으며, 또한 그 발전과정과 동력 그리고 경로 역시 명료하게 할 수 있다. 즉 사회주의는 한편에선 흔들림 없이 착취소멸, 양극 분화의 해소, 최종적인 공동부유의 목표를 향해 나아가야 하지만, 다른 한편 이것은 또한 처음부터 이루어지는 것이 아니라, 생산력 발전에 따라서 **'점진적'**이고 **'단계적'**으로 **실현**되는 과정임을 이해할 수 있다. 그렇지 않으면 곧 생산력 발전의 객관 법칙을 위반하게 되는데, 과거 사회주의국가들은 사회주의 건설과정에서 이 관계를 올바로 정립하지 못하였다. 즉 그들은 전반적으로 생산력 발전보다는 '생산관계의 고도화' 측면을 중시했다. 그것은 소련에서 국유제적 공유화를 서두르고 전면적 계획경제 체제를 수립하는 것을 통해서, 그리고 유고슬라비아 사회주의가 '노동자 자치 관리'를 지나치게 강조한 측면에서 잘 나타난다. 과거 사회주의는 이렇듯 생산관계의 고도화를 통해, 공산주의적 이상과 현실의 낮은 물질적 생산력과의 괴리를 해결하려 하였다.

사회주의 본질과 관련한 '주체 가치목표'와 '객관 운동 법칙' 두 측면 간의 상호제약 중 그 **주요한 측면**은 후자 즉 **생산력 해방과 생산력 발전**에 두어질 수밖에 없다. 왜냐하면 일반적으로 볼 때 주체 가치목표의 실현은 반드시 사물의 객관 운동 법칙을 준수하는 기초위에서만 가능하며, 주체의 주관적 열망만 앞세운다고 해서 일이 이루어지는 것은 아니기 때문이다. 만약 생산력이 지속적으로 해방되고 발전되지 못한다면 다른 일체는 결국 사상누각에 불과하다. 이는 맑스주의 기본 관점과 완전히 일치한다. 맑스는 역사의 제1 추동력과 진보적 요소는 다름 아닌 '생산력 발전'이라고 보았다.

그리고 이는 또한 과거 사회주의 실패의 역사적 경험이 가르쳐준 귀중한 교훈이기도 하다. 기존 사회주의 건설의 가장 큰 잘못은 공동부유의 목표를 생산력 해방과 생산력 발전의 현실적 기초위에 확고히 세우지 못한 점에 있다. 만약 사회적 이상을 사회 역사의 객관적 운동 법칙의 기초위에 세우지 못하고 생산력 발전을 현실적 기초로 삼지 않는다면, 사회주의는 단지 빈곤한 '평균주의'일 뿐이며, 모두의 가난을 의미하는 것에 지나지 않는다.

2. 시장경제와 사회주의의 결합 문제

중국 사회주의를 이해하는 데 있어 부딪치게 되는 또 다른 곤란한 문제는, 도대체 시장경제와 사회주의의 결합을 어떻게 이해해야 하는가이다. 이 문제에 대해서도 덩샤오핑은 명쾌한 답을 주었는데, "계획과 시장은 모두 하나의 경제적 수단일 뿐이다"라고 한 것이다.

현실 사회주의에서 상품·화폐 및 시장과 관련한 문제에 대한 인식은 그동안 상당한 변화를 겪어왔다. 초기에 맑스주의자들과 서구경제학자들은 모두 시장경제를 자본주의의 동의어로 간주하였다. 시장경제에 대한 이러한 오해는 주요하게는 다음 두 가지 측면에서 기인한다.

첫째, 과학적 사회주의의 창시자들이 미래의 사회주의 경제에는 상품·화폐 관계가 존재하지 않을 것이라고 말한 것에 대한 후세 사람들의 교조주의적인 이해이다. 맑스와 엥겔스는 사회가 일단 생산수단을 점유하게 되면 상품생산은 곧 폐지되며, 사회적 생산은 장차 직접적인 계획에 따라 이루어진다고 말하였다. 또 그들은 노동자와 생산수단의 직접적인 결합, 또 개인적 노동이 직접적으로 사회적 총노동의 구성 부분으로 존재하게 된다는 측면에서도 사회주의에서 시장 관계가 존재할 가능성을 배제하였다. 그러나 현실 사회주의 국가들은 대부분 사회주의 '초급단계'라는 비교적 낮은 생산력 조건에 처해 있었기에, 맑스와 엥겔스가 강조한 상품·화폐 관계를 전면적으로 폐지할 전제 조건이 충족되지 못하였다.

우선, 농촌과 도시의 격심한 격차와 함께 농촌에는 소농·중농 등 수많은 소생산자가 존재하였으며, 도시 내에서도 다양한 수공업자와 자영업자가 존재하였다. 설령 공유제(公有制)적 소유제라 할지라도, 그 내부에는 또한 집체 소유와 국가 소유가 구분되어야만 하였다. 따라서 이 같은 생산력 수준이 낮은 사회주의 초급단계에서는 생산수단을 전 사회가 '전일적(全一的)으로' 점유하기는 매우 어려우며, 상당히 긴 역사 기간에 걸쳐 다양한 소유 형태가 공존하는 것은 불가피하다.

이처럼 소유 형태의 다양화와 사회의 전반적인 낮은 기술 수준과 관련되어, 필연적으로 개인적 노동 간의 격차 역시 해소되지 않으며, 그 때문에 개인적 노동은 '직접적'으로 사회적 총노동의 구성 부분으로 존재할 수 없게 된다. 개인적 노동은 이경우 반드시 '사회적 평균 노동'이라는 가치법칙의 매개 작용을 거친 후라야 사회적 총노동이 될 수 있다.[223] 이렇게 볼 때 **사회주의에서 상품·화폐 관계의 존재는 그 객관적 필연성이 존재한다**고 말할 수 있다. 그럼에도 불구하고 그간 사회주의자들은 단지 맑스와 엥겔스의 결론만을 인용하고, 이 같은 결론이 성립하기 위한 전제 조건에 대해 간과함으로써 시장을 배척해 왔다.

둘째, 사회주의는 시장 기제를 이용하여 합리적인 자원 배치를 할 수 없다는 서구 경제학자들의 주장이 일정하게 영향을 미쳤다. 그들은 처음부터 사회주의와 공유제를 부정하는 각도에서 사회주의에 시장이 존재할 가능성을 배제하였다. 이들 학자의 논리는 대체로 엇비슷한데, 즉 민간기업만이 자유롭고 창조적이며 책임감이 있는 시장 주체가 될 수 있고, 정부의 지령에 따라 피동적으로 움직이는 국유기업이 주체가 되는 사회주의에선 시장경제의 성립이 애초 불가능하다는 것이다. 이렇듯 그간 '사회주의=계획경제', '자본주의=시장경제'의 기계적 공식이 받아들여지면서 사회주의와 시장경제를 대립시켜 보는 관점이 상당 기간 보편화되었다.

---

[223] 예컨대 동종 제품을 생산하는 데 있어 소요 시간이 노동생산성의 차이 때문에 노동자 A의 경우 30분, 노동자 B의 경우 1시간 30분, 노동자 C의 경우 중간인 1시간이라고 가정하자. 이경우 사회적 평균 노동의 법칙에 따라 이 제품의 가치는 사회적으로 1시간의 노동으로 산정되며, 이에 따라 노동자 A는 30분의 이득을 보고, 노동자 B는 30분의 손실을 보게 된다.

이 같은 인식의 기초에는 고전적인 자본주의 경제는 정부의 간여나 통제를 배제하는 일종의 '순수한 자유 시장경제'이며, 이와는 반대로 고전적인 사회주의 경제는 시장을 배척하는 일종의 '고도로 집중화된 계획경제'라는 전제가 깔려있다. 이러한 계획과 시장을 대립시켜 보는 관점은 역사적으로 볼 때 초기 자본주의와 초기 사회주의의 당시 경제 상황과는 일정 부합한다. 그러나 자본주의와 사회주의의 부단한 발전에 따라 시장적 요소와 계획적 요소가 서로 상호침투를 겪게 되면서, 그 때문에 양자를 기계적으로 분류하는 방식은 점점 실제 상황과는 동떨어진 것이 되었다.

먼저 자본주의사회를 보면, 현대 자본주의 경제에 있어 국가는 이미 경제의 주요 주체가 된 지 오래다. 자본주의가 국가독점자본주의로 발전하면서부터 국가는 시장 규칙과 질서를 수호할 뿐만 아니라, 또한 국민경제의 생산과 분배 그리고 유통의 전체 과정에 간여하기 시작했다. 재정과 화폐 정책, 산업정책, 소득정책, 국제무역정책 등의 제반 정책 수단을 동원하여 국가는 국민경제의 운행에 끊임없이 계획적인 조직과 조절을 수행한다. 자본주의사회는 그간 이러한 과정을 통해 생산수단의 사적 점유와 생산의 사회화 간의 고질적 모순을 일정 정도 완화할 수 있었으며, 그 때문에 상당 기간 비교적 안정적 성상을 구가할 수 있었다.

다른 한편, 사회주의 국가들도 1950~60년대부터 정도는 다르지만 시장기제를 일부 도입하는 것을 기조로 한 경제 개혁을 여러 측면에서 시도하였다. 예컨대 유고식 '자치 사회주의', 폴란드와 헝가리 등 동유럽 국가의 시장개혁, 그리고 사회주의 종주국인 소련 내에서 흐루시초프와 브레즈네프 시대인 1950~60년대에 시도되었던 경제체제 개혁이 그것이다. 이처럼 시장이 사회주의 경제 내에서 그 작용범위와 영향력을 점차 확대해온 것이 대체적인 추세이며, 특히 1980년대 들어 중국에서 본격적인 시장 지향적 경제 개혁을 추진하면서부터는 계획과 시장 문제를 바라보는 데 있어서 인식 상의 획기적 변화가 발생했다.

이렇게 하여 오늘날 시장은 사회주의에 있어 이미 빠트릴 수 없는 핵심 요소가 되었다. 사실상 1990년대 동구권 붕괴 이후 전통적인 중앙집권적 계획경제 체제는 지구상에서 거의 존재하지 않게 되었으며, 크고 작은 차이만 있을 뿐 현실에선 '시장과 결합한 사회주의'만 존재하며, 마찬가지로 자본주의 역시 '계획과 결합한 자본주의'만 존재한다.

이상과 같이 자본주의든 사회주의든 계획과 시장을 각각 일정 정도 결합할 수밖에 없는 현실과 관련하여, 사회 성격을 규정하는 데 있어서 필히 상위 개념인 **'사회 기본제도'**와 하위 개념인 **'경제 조절 방식'**을 구분할 것이 요구된다. 소위 계획경제와 시장경제는 단지 사회의 자원 배분을 실행하기 위한 두 가지 방식일 뿐이며, 모두 사회의 성격 규정과는 다른 하위 개념에 속한다. 사회 성격은 상위 개념, 즉 생산관계(소유제)와 국가의 계급적 성격과 같은 '기본제도'를 통해서 규정되며, 거꾸로 **시장이냐 계획이냐 같은 하위 개념**을 통해서 규정되는 것이 아니다.

사회주의라 할지라도 국유기업들이 시장 주체로 참여하여 스스로 생산계획을 결정하고 그 결과에 책임을 지는 시장경제가 존재할 수 있다(현재 중국에서와같이). 반대로 과거 히틀러나 일본 군국주의 그리고 두 차례 세계대전 기간 중 서구 국가들이 실시한 전시 경제체제처럼, 자본주의 경제이면서도 필요하다면 국가가 민간기업을 대신해서 전체 생산과 유통과정을 직접 통제하는 계획경제를 취할 수도 있다. 비록 계획경제라고까진 할 수 없지만, 박정희 개발독재정권 하에서 한국경제는 국가가 수립한 계획에 따라 진행되는 경제개발과정을 경험하였다. 이것들은 모두 사회 성격 규정에는 하등의 영향을 미치지 않는다.

이에 대해 미국의 비교제도경제학자 뉴버거(E.Neuberger)는 자신이 설계한 'DIM 이론'을 통해 몇 가지 계획경제와 시장경제를 구분하는 기준을 제시하였다. 즉 의사 결정(Dcision) 구조, 정보구조(Informaition), 동기 구조(Motive)의 상호 비교에 의한 구분법이다. 이러한 'DIM 이론'은 의사 결정권이 경제 시스템의 참여자 간에 어떻게 배분되는지, 그들 간의 정보 교환과 유통 및 갈등 조정 방식이 어떻게 이루어지는지, 참여자들 행위에 대한 동기부여 방식이 무엇인지를 중요시한다.

이러한 기준에 따라 계획경제와 시장경제에 대한 개념 규정을 할 경우 다음과 같다. **계획경제는** 한 사회의 자원 배치방식과 관련하여 "단일한 중앙집권적 의사 결정 주체가, 행정명령을 통해서 경제단위 간의 갈등을 조정하며, 정신적 자극에 의한 동기부여를 중시"하는 경제체제이다. 이에 비해 **시장경제는** 한 사회의 자원 배치방식과 관련하여 "분산된 의사 결정 주체가, 시장경쟁을 통해서 경제단위 간의 갈등을 조정하며, 물질적 자극에 의한 동기부여를 중시하는 경제체제이다."[224]

이 같은 분류법의 핵심은 시장경제냐 계획경제냐를 자본주의나 사회주의와 직접 동일시하지 않고, 그 대신 그 나라 경제가 실제로 작동하는 구체적인 형태와 원리를 중시한다는 점이다. 이러한 관점은 이미 현대 서구 경제학의 한 영역으로 자리 잡은 '비교제도경제학(comparative institutional economics)'에서 널리 공인되고 있다.

계획과 시장은 두 개의 서로 다른 경제 조절 기제(system)로서 각각 장점과 부족한 점이 있으며, 현대경제에서 양자는 상호 보완하는 것이 절대적으로 필

---

[224] 이상, [中]中国社会科学院经济研究所编,《政治经济学大词典》, pp77-78.

요하다. 그간 중국과 베트남 등 현실 사회주의 국가들의 실천은 사회주의와 시장경제가 잘 결합할 수 있다는 사실을 충분히 증명하고 있다. 이들의 경험은 사회주의가 시장경제와 결합함으로써 경직된 계획경제를 개혁할 수 있을 뿐만 아니라, 한발 더 나아가 국유기업 등 공유제에 기반 한 국가의 시장에 대한 개입과 조절은 그 효과 면에서 사적 소유에 기반 한 자본주의를 능가한다는 사실도 보여준다.

이 점은 그간 이들 국가가 별다른 큰 기복 없이 근 40~50년의 장기적인 경제성장을 이루고 있는 점을 보면 잘 알 수 있다. 특히 2008년 하반기의 세계적인 금융위기 아래서도 이들 사회주의 시장경제를 실행하는 국가들이 보여준 안정적인 경제 운영의 모습은 매우 인상적이다. 그것은 주기적인 공황이 필연적인 자본주의국가에서는 상상할 수 없는 일이다.[225] 이는 생산의 사회화가 매우 고도한 단계에 이른 오늘날에 있어, 시장경제는 자본주의보다 오히려 사회주의와 더욱 잘 결합할 수 있음을 보여주는 역설적 단면이라 할 수 있다.

---

225 맑스의 〈자본론〉적 관점에 입각할 경우, 한 사회에 있어 주기적 공황이 존재하는지는 그 사회가 자본주의인가 아닌가를 판단하는 중요한 지표가 될 수 있다. 자본주의는 역사적으로 1825년 영국에서 최초로 경제공황이 발생한 이래 제2차 세계대전 직전까지 세계적 규모의 공황만 하더라도 1847년, 1857년, 1866년, 1873년, 1882년, 1890년, 1900년, 1907년, 1920년, 1929년, 1937년 모두 11차례 발생하였다. 이것들은 거의 10년 주기를 갖고 출현하였다. 국가독점자본주의가 보편적으로 성립된 제2차 세계대전 이후에도, 비록 경제공황의 형식은 얼마간 달라졌지만, 자본주의사회는 모두 6차례의 국제적인 경제위기를 경험하였다. 1957-58년, 1969-70년, 1973-75년, 1980-82년, 1997-98년, 그리고 최근의 2008년 금융위기가 그것이다.

참고문헌

제1장

· 지주형, 2011년, 《한국 신자유주의의 형성과 기원》, 책세상
· 장하준·정승일 지음/이종태 엮음, 2005년, 《쾌도난마 한국경제》, 부키
· 마뉴엘 카스텔 지음/김국한, 박행웅, 오은주 번역, 2014년, 《네트워크 사회의 도래》, 한울아카데미
· 장석준, 2011년, 《신자유주의의 탄생(왜 우리는 신자유주의를 막을 수 없었나)》, 책세상
· [中]李其庆 主编, 《全球化与新自由主义》, 广西师范大学出版社, 2003.
· [中]何秉孟 主编, 《新自由主义评析》, 社会科学文献出版社, 2004.
· [法]弗朗索瓦·沙奈 等, 《金融全球化》, 中央编译出版社, 1998.
· [日]桥本寿郎 长谷川信 宫岛英昭 共著, 《现代日本经济》, 上海财经大学出版社, 2001.
· [美]诺姆·乔姆斯基, 《新自由主义和全球秩序》, 江苏人民出版社, 2000.

제2장

· [中]中共中央马克思恩格斯, 《马克思恩格斯全集》(第25卷), 人民出版社, 2001.
　　　　　　　　　　　　　 《马克思恩格斯全集》(46卷上), 人民出版社, 2001.
· [中]陈秀英 刘仕国 主编, 《世界经济统计简编 2000》, 社会科学文献出版社, 2000.
· [中]宋则行 樊亢 主编, 《世界经济史》中卷, 经济科学出版社, 1998.
· [中]宋则行 樊亢 主编, 《世界经济史》下卷, 经济科学出版社, 1998.
· [中]姜春明 佟家栋 主编, 《世界经济概论》, 天津人民出版社, 2007.
· [中]张帆, 《美国跨国银行与国际金融》, 中信出版社, 1989.
· [中]郑飞虎, 《全球生产链下的跨国公司研究》, 人民出版社, 2009.
· [中]李琮, 《当代国际垄断—巨型跨国公司综论》, 经济管理出版社, 2007.
· [中]王滨, 《科技革命与社会发展》, 同济大学出版社, 2003.
· [中]宋涛 陈耀庭 主编, 《论国家垄断资本主义》, 安徽人民出版社, 1992.
· [中]刘刚 等著, 《后福特制—当代资本主义经济新的发展阶段》, 中国财政经济出版社, 2010.
· [中]谢家平 魏航 共著, 《跨国公司全球供应链运营模式》, 上海财经大学出版社, 2010.
· [中]李慎明 主编, 《美元霸权与经济危机》, 社会科学文献出版社, 2009.

제3장

· [法]弗朗索瓦·沙奈, 《金融全球化》, 中央编译出版社, 2006.

· [中]张宇 孟捷 卢荻 主编, 《高级政治经济学—马克思主义经济学的最新发展》, 经济科学出版社, 2002.
· [美]迈克尔·赫德森, 《金融帝国—美国金融霸权的来源和基础》, 中央编译出版社, 2008.
· [中]李其庆, 《全球化与新自由主义》, 广西师范大学出版社, 2003.

제4장

· 《새롭게 다르게》 2011 가을호 VOL. 04, 열다섯의 공감.
· [中]中共中央马克思恩格斯列宁斯大林著作编译局, 《列宁选集》 第2卷, 人民出版社, 1960.
· [中]程大为, 《WTO 体系的矛盾分析》, 中国人民大学出版社, 2009.
· [英]戴维·马什(David Marsh), 《欧元的故事—一个新全球货币的激荡岁月》, 机械工业出版社, 2001.

제5장

· 마뉴엘 가스텔, 2001년, 《정보도시》, 한울.
· 성낙인, 2009년, 《헌법학》, 범문사.
· [中]中共中央马克思恩格斯列宁斯大林著作编译局编译, 《列宁全集》(第29卷), 人民出版社, 1985.
· [中]王金存, 《帝国主义历史的终结》, 社会科学文献出版社, 2008.
· [英]保罗·肯尼迪, 《大国的兴衰》(上·下卷), 中信出版社, 2013.
· [美]兹比格纽·布热津斯基, 《大棋局—美国的首要地位及其地缘战略》, 上海世纪出版集团, 2007.
· [中]刘金质, 《冷战史》(上·中·下), 世界知识出版社, 2003.
· [中]樊吉社 张帆 共著, 《美国军事—冷战后的战略调整》, 社会科学文献出版社, 2011.
· [中]刘绪贻 杨生茂 总主编, 《美国通史》(1-6卷), 人民出版社, 2002.
· [中]中国社会科学院世界经济与政治研究所综合统计研究室, 《世界经济统计简编1982》, 三联书店, 1982.
· [英]瓦西利斯·福斯卡斯 [英]比伦特·格卡伊 共著, 《新美帝国主义》, 世界知识出版社, 2006.
· [中]潘锐, 《冷战后美国的外交政策—从老布什到小布什》, 时事出版社, 2004.
· [美]约翰·珀金斯(John Perkins), 《一个经济杀手的自白》, 重庆出版社, 2011.
· [中]马建行 等共著, 《垄断资本概论—马克思主义的帝国主义理论·历史与当代》, 山东人民出版社, 1993.
· [中]陈波 主编, 《国防经济学》, 中国财政经济出版社, 2007.
· [中]贾来喜 谢茜 编著, 《国防与维稳经济学》, 西安电子科技大学出版社, 2013.
· [中]顾宝炎 主编, 《海外国有企业的管理和改革》

제6장

· 맑스 지음/김대웅 역, 2011년, 《독일이데올로기》, 돌베개
· [中]李若谷, 《国际货币体系改革与人民币国际化》, 中国金融出版社, 2009.
· [中]复旦大学金砖国家研究中心, 金砖国家合作与全球治理协同创新中心 共编, 《金砖国家研究》(第一辑), 上海人民出版社, 2013.
· [中]肖德武, 《科技革命与社会发展》, 山东大学出版社, 2007.
· [中]蔡拓 等著, 《国际关系学》, 南开大学出版社, 2005.
· [中]邓小平, 《邓小平文选》 第3卷, 人民出版社, 2001.
· [南非]法扎尔·伊斯梅尔, 《改革世界贸易组织 : 多哈回合中的发展中成员》, 上海人民出版社, 2011.
· [中]中共中央马克思恩格斯列宁斯大林著作编译局, 《马克思恩格斯选集》(第一卷), (第三卷), 人民出版社, 1995.
· [中]奚广庆 主编, 《邓小平理论概论》, 中国人民大学出版社, 1998.
· [中]张卓元 主编, 《政治经济学大词典》, 经济科学出版社, 1998.

제7장

· 정성진 외 지음, 경상대학교 사회과학연구원 엮음, 2006년, 《한국 자본주의의 축적체제 변화:1987-2003》, 한울아카데미.
· 장하준·정승일·이종태, 2012년, 《무엇을 선택할 것인가》, 부키.
· 김진업 편, 2001년, 《한국자본주의 발전모델의 형성과 해체》, 나눔의집.
· 편집부 엮음, 1988년, 《신식민지국가독점자본주의 논쟁I》, 벼리.
· 편집부 엮음, 1989년, 《국가독점자본주의론 연구-제1분책 드라길레프 논쟁》, 벼리.
· 김석민 편저, 1989년, 《신식민지국가독점자본주의 논쟁—제1분책 비자본주의적 발전의 길을 중심으로》, 새길.
· 유철규 편, 2003년, 《한국자본주의 발전모델의 역사와 위기》, 함께읽는책.

· 편집부 편역, 1986년, 《현대제국주의의 정치경제학》, 미래사.

· 구해근, 2002년, 《한국 노동계급의 형성》, 창작과비평사.

· 미쓰하시 다카아키, 2011년, 《부자삼성 가난한 한국》, 티즈맵.

· 김인준·이창용 편, 2008년, 《외환위기 10년, 한국금융의 변화와 전망》, 서울대학교출판부.

· 《새롭게 다르게》 창간호, 2011년, 열다섯의공감.

· 한국복지연구원 엮음, 2008년, 《한국의 사회복지》, 한울.

· [日]桥本寿郎 长谷川信 宫岛英昭 共著, 《现代日本经济》, 上海财经出版社, 2001.

· [中]何勤华 主编, 《20世纪西方宪政的发展及其变革》, 法律出版社, 2005.

· [中]王浦劬 主编, 《选举的理论与制度》, 高等教育出版社, 2006.

· [中]何传启 主编, 《第六次科技革命的战略机遇》, 科学出版社, 2011.

제8장

· 이한구, 1999년, 《한국 재벌형성사》, 比峰出版社.

· 재단법인 시장구조연구원, 2006년, 《시장구조조사》

· 김용철, 2010년, 《삼성을 생각한다》, ㈜사회평론.

· 박상인, 2016년, 《삼성전자가 몰락해도 한국이 사는 길》, 미래를소유한사람들.

· 임종인·장화식, 2008년, 《법률사무소 김앤장》, 후마니타스.

· 삼성전자, 2016년, 《지속가능경영 보고서》

· 윤덕균, 2015년, 《포스트삼성》, 매일경제신문사.

· [中]马健行[等] 著, 《垄断资本概论—马克思主义的帝国主义理论·历史与当代》, 山东人民山版社, 1993.

· [中]李达昌等, 《战后西方国家股份制的新变化》, 商务印书馆, 2000.

· [中]马健行 等, 《垄断资本概论》, 山东人民出版社, 1993.

제9장

· 정수일 외, 2010년, 《재생의 담론, 21세기 민족주의》, 통일뉴스.

제10장

· 김성구, 2008년, 《신자유주의 시장절대주의의 위기와 사회화의 전략》, 사회공공연구소 설립 기념 토론

회 자료집 《자본의 신자유주의, 노동의 사회공공성》

· [中]于幼军 等编写，《十七大报告辅导读本》, 人民出版社, 2007.
· [中]王春法，《科技全球化与中国科技发展的战略选择》, 中国社会科学出版社, 2008.
· [德]赫尔曼·西蒙，《隐形冠军—未来全球化的先锋》, 机械工业出版社, 2015.
· [中]陈劲 张学文 编著，《创新型国家建设》, 科学出版社, 2010.
· [영]Meade, J.E. 1976, The Just Economy, Allen & Unwin.

후기 국가독점자본주의론과 한국사회 성격 - 상권

펴낸날 2025년 6월 30일

지은이 김정호
펴낸이 주계수 | **편집책임** 이슬기 | **꾸민이** 이슬기

펴낸곳 밥북 | **출판등록** 제 2014-000085 호
주소 서울시 마포구 양화로 156 LG팰리스빌딩 917호
전화 02-6925-0370 | **팩스** 02-6925-0380
홈페이지 www.bobbook.co.kr | **이메일** bobbook@hanmail.net

© 김정호, 2025.
ISBN 979-11-7223-092-0 (04300)
세트 ISBN 979-11-7223-090-6 (04300)

※ 이 책은 저작권법에 따라 보호받는 저작물이므로 무단전재와 복제를 금합니다.